U0102371

本書為國家社科基金重大項目《全西域文整理與研究》階段性成果之一

獲喀什大學學術著作出版基金及"喀什大學新疆中華民族多元一體格局歷史與文化研究中心"出版基金資助

清代戶部陝西司奏稿

光緒九年至十一年

李世忠 點校

中國社會科學出版社

圖書在版編目(CIP)數據

清代戶部陝西司奏稿：光緒九年至十一年 / 李世忠點校 . —北京：中國社會科學出版社，2023.12

ISBN 978 - 7 - 5227 - 2888 - 9

Ⅰ.①清…　Ⅱ.①李…　Ⅲ.①奏議—匯編—陝西—清代

Ⅳ.①K249.065

中國國家版本館 CIP 數據核字(2023)第 240416 號

出 版 人	趙劍英	
責任編輯	郭　鵬	
責任校對	劉　俊	
責任印製	李寡寡	

出　　版　　中國社會科學出版社

社　　址　　北京鼓樓西大街甲 158 號

郵　　編　　100720

網　　址　　http://www.csspw.cn

發 行 部　　010 - 84083685

門 市 部　　010 - 84029450

經　　銷　　新華書店及其他書店

印　　刷　　北京明恒達印務有限公司

裝　　訂　　廊坊市廣陽區廣增裝訂廠

版　　次　　2023 年 12 月第 1 版

印　　次　　2023 年 12 月第 1 次印刷

開　　本　　710 × 1000　1/16

印　　張　　28.5

字　　數　　398 千字

定　　價　　168.00 元

凡購買中國社會科學出版社圖書，如有質量問題請與本社營銷中心聯繫調換

電話：010 - 84083683

奏稿

戶部陝西司奏稿目錄

卷首目錄　一

卷一

請添街衢路燈用摺
屯田應歸還一片
議駁廿省陳錢人員借支薪摺
展議部駁伊犁摺過摺
議駁寧夏捐監事一摺
核議哈密將人員大臣調將辭四摺
議駁廿肅烏魯木齊都統恭擬初案收支軍摺
展議過殿南疆工程銀兩摺
會議督辦南疆工程銀摺
詳辦未就邪宜片
統籌廿肅新渭全局摺
會議塔城助分邊撥勤支單貼等項摺
戡議陝延榆綏部錢糧照例開報考成片
議駁陝西錢糧分散徵垦山陽縣徵存未解摺
議駁廿肅關內外光緒七八兩年正常開單銷摺

卷二

議駁廿肅辦後收支款項摺
伊犁開垦報銷逾限議令註冊片
議駁都察院五城緝捕輕戰生息摺
議駁計糧調內防勇口糧雜支章程摺

奏稿

戶部陝西司奏稿目錄

卷首目錄　二

卷三

議駁陝撫請將司庫錢糧檔銷繳摺
韻海等關解陝西司銷撥遵部照摺
常夏滿營兵銷照例裁撤片
核議護理烏魯木齊都統恭擬初案收支檔摺
奏催新疆南北兩路歷年收支檔啓報片
議駁為烏魯木齊都統恭請復官制應令變通摺
議駁預撥歸徹遵部款摺
議駁計糧關外防勇口糧雜支發程摺
議駁為烏魯木齊都統恭擬初案報銷摺
新疆蒙古王公俸餉在外借支摺
新疆蒙古王公俸銀摺
議駁陝汇總督請將胡光墉扣存行用等項免追摺
停止各省部統員路費照例支片
旗營生息銀照例支片
議駁寧夏將軍密請緝獲邪匪摺
議駁滿寧將里調督兵丁紅白賞銀摺
議駁四常辦事大臣請將游牧馬資銀兩器免片
議駁寧夏將里辦事大臣派游牧款遵循兩摺
奏報塔爾巴哈台參贊大臣派源款遵循兩摺

原著版式

成舫理較為切實臣等公同商酌現在新疆改設郡縣一應
當慎選廉能與民休息責人以廉者當務人以寬新疆道
員既正雜實任各官俸廉公費擬請一律按十成實銀發
給毋庸減折以示體恤其餘各省均不得援以為例如蒙
俞允由臣部行知該大臣即自奉
旨之日為始照例起支再查近來所謂節缺非上役
國帑即下朘民膏該大臣考察吏治當嚴定貪廉不
必較缺分為肥瘠今既優予廉俸公費該員等倘不知自
愛道府以隨員陋送為陋規州縣以地方設卡為利藪即
由該大臣據實嚴參以昭炯戒所有臣等遵
旨議奏緣由理合附片具陳伏乞
皇太后

皇上聖鑒謹
奏光緒九年十二月二十五日奉
旨依議欽此

奏催八旗領過俸餉米按月開單送部片
再查八旗奏銷於雍正三年十二月二十六日經大學士
馬齊等奏請嗣後將八旗支過俸餉銀米馬匹錢糧等項
黃冊造一冊造交戶部查對等因奉准在案臣等伏查八
旗奏銷向由各旗年終匯銷一次所有領過俸餉銀米公
費錢文等項數目統俟八旗具奏後其咨交臣部查覈計滿
蒙漢八旗銷冊必須各旗送齊再由臣部行催同日送齊
覈對數目相符方能核題歷經辦理在案今八旗承辦奏
銷造冊則有滿文漢文之不一銷部則有依限逾限之不
齊是以臣部僅查至光緒三年止推原其故實因正紅旗
滿洲光緒五年分鑲紅旗滿洲光緒四七二年分鑲紅旗
漢軍光緒五六七八四年分均未造冊送部臣部礙難

彙齊覈題臣部行催各旗迄未造送似此年復一年殊屬
遲延以致動用之款臣部無從查考更何由清結且開奏
銷未便聽其擱延其九年分除鑲黃旗滿洲鑲黃旗漢軍
正白旗滿洲正白旗蒙古正白旗漢軍鑲白旗滿洲鑲白
旗蒙古鑲白旗漢軍正藍旗漢軍正紅旗漢軍鑲藍旗滿
洲鑲藍旗蒙古鑲藍旗漢軍已將造冊送部不計外所有
各旗未送銷冊亦難遲緩造送勿稍遲延相應請
旨飭下鑲黃旗蒙古正藍旗滿洲正藍旗蒙古正黃旗滿洲正
黃旗蒙古正黃旗漢軍正紅旗滿洲正紅旗蒙古鑲紅旗
滿洲鑲紅旗蒙古鑲紅旗漢軍各都統嚴飭承辦參佐各
員迅將支過各年俸餉銀米數目分年分款一律造具滿
漢清冊限一月內送交臣部以憑覈算並嗣後八旗支

原著版式

前　　言

《戶部陝西司奏稿》（光緒九年至十一年）是清光緒年間，戶部部臣所撰寫向慈禧太后及光緒皇帝或請示問題、或彙報奉命議奏之事的文稿，誕生於政亂事繁之時代。

一　奏稿編纂目的

據該著卷首《凡例》可知，戶部編纂這部奏稿的目的有二：

一是便於今後處理相關事項進行查考參照。此即凡例第一條所言："辦事以案卷為憑，而案卷以奏稿為要，惟一切稿件例應存署，不能帶回私宅，同時辦事之人尚難全記並未經手者，尤苦無從考查。"也就是說，因奏稿原件必須存檔，不能私自挪移或帶回私宅，且有的奏稿只是個別人經手辦理，他人未知，所以為了方便辦事人員考查相關案例處理辦法，部臣"公同商酌"後，於是"將近歲奏稿按年編輯，用活字板排印"。

一是便於文獻保存。因這些奏稿所論事項，都是部臣上奏朝廷後，經皇太后、皇上親自閱覽批准的事項，故文獻價值甚大。然鑒於存檔原版文獻"閱時或久，積存案卷不無黴蝕破殘"，出於文獻保護目的，戶部於是派專人將該時段奏稿予以編纂、排印。

二　奏稿編排的時間斷限

本部奏稿的編輯時限，上起光緒九年冬，下訖光緒十一年。為什麼要選取這段時間內的奏稿編印？首先，因為這些奏稿涉及的事項或問題相對比較集中，大都涉及西路各軍餉項事宜。正如其《凡例》所言，光緒九年冬以前，"餉無定額，兵勇無定數，報銷無章程案據，一切照例應辦之事，多未舉行"，諸事之"漸立規模"，是在光緒九年冬以後，所以奏稿就從這個時間編起，截至光緒十一年止。因為編入這部書中的奏稿所涉及事項，均已獲御批首肯，對今後同類性質事項之辦理具有示範性和參照性，即具有案例法意義，所以它們受到了部臣的重視。按原計劃，"嗣後擬按年陸續排印一編，用資考核"，實際上自光緒十一年以後，並未有續編之作面世，故該部奏稿彌顯珍貴。

三　奏稿所涉及內容及其價值

本部奏稿內容豐富，對人們瞭解新疆建省初期兵勇員額數量，部隊人員結構，軍餉開支細目，餉項來源，省內部隊調防、餉項章程變動情況，將領與中央財賦主管部門關於軍餉使用上的意見分歧，關內各省協餉產生的問題及其與戶部的矛盾，甚至新疆物價、糧價變動，軍隊在平亂前後人數變化及遣散、安置情況，新疆各地的城池修建、學校舉辦等等，無不涉及。

尤其是在奏稿中，部臣還提出了不少解決新疆所存在實際問題的建議。如開辦屯田，部臣在《請辦新疆屯田折》所附新疆屯田事宜清單中，逐一列舉各處屯田地方宜豫行籌劃、承種地畝的分任責成，以及水利興修、農具購買修補、所獲糧食處理、屯田官兵獎懲等，提出的建議都十分具體。《屯田應歸劃一》一折，除主張屯田"必以得人為要"外，亦針對新疆統兵大員如將軍、都統、參贊更調頻繁，加之督辦、幫辦軍務大臣等都是朝廷要員，"位均勢敵，鈐轄殊難"，由此指出了屯田必得先事權專一的重要性。應該說，部臣指出來的這些問題，都是切中要害的，所以部臣建議轉督辦新疆軍務大臣劉錦棠後，也得到了劉的首肯。

另外，因為奏稿主撰部門為戶部陝西司，所以除反映甘肅、新疆軍隊行伍問題外，陝西域內各級官員在地方日常行政管理及糧餉奏銷等活動中存在的貪汙腐敗問題，在這部奏稿中也得到了反映。如，陝西巡撫邊寶泉上奏朝廷，解釋前署陝西撫臣葉伯英任內收支、兵雜等款不列交代之因，此本已得慈禧太后及光緒帝同意，但戶部在《議駁陝撫令將藩司交代各款統行造冊折》中，對這項已獲批之事仍予以反駁且語氣嚴厲。奏稿指出，"陝省原送交代清冊，既不將款目統行列入，即所造兵、雜兩款，又未聲明某項已支、某項未支，僅以不敷一語，含糊了結。……謂非任意捏報，夫將誰欺?" 經過這樣的駁議，朝廷最終同意戶部意見，推翻了前面作出的決定。又如邊寶泉上奏請將冬撥估餉冊展緩，戶部據其原奏在《議駁陝撫請將冬撥估餉展緩折》中，亦揭露其以厘金減色等為詞，請展緩造報各項錢糧，不過是意圖專擅錢糧、中飽私囊而已。這樣的奏報，對陝省官員貪汙狼藉久已成習的情況，進行了無情揭露。

就這部奏稿的價值而言，主要體現在以下方面：

首先，是它重要的歷史文獻價值。整部奏稿中的每一件文檔，都是戶部經與相關部門反復駁詰上奏朝廷後，又獲得皇太后、皇帝同意（每篇後皆恭載諭旨以便遵行）的文獻，故其所錄奏案，有的成為解決同類問題的藍本，有的為解決相關問題提供了方法與思路，這也就是原著編者在凡例中反復強調的以資"考核案據""以昭核實"的原因。入編奏案，"每年大致相同者，只載一案，其餘無庸贅登"，且所有入編奏稿，均"無論文義字句有無未協，概不增減一字"，"不計文字工拙"，所以其作為原始文獻，對今人瞭解清代光緒初期清王朝的軍事、政治、外交活動，瞭解當時的國民經濟運行狀況，尤其是新疆建省初期西路各軍的軍事佈防、部隊員額、人員構成、薪俸發放以及餉項結構、來源等，都是極具體的第一手資料。

其次，通過奏稿，人們也可以具體瞭解清代戶部陝西司的參政情況及其工作職能。從所錄各篇奏稿看，戶部陝西司的主要職能，除管理新疆及陝甘地區軍費、其他日常開支的分派、劃撥事宜外，其突出的工作職能還體現在以下方面：

第一，是對上報財務帳目的把關與審核。地方上報的各項開支是否合理，均需戶部審核。如，在光緒十年十二月上奏的《核議伊犁善後各局動用經費銀兩折》所附清單中，戶部對伊犁善後各局支用銀進行了大幅刪除。如委管回務錫伯營總管色蒲賽賢，上報支付口分銀八百九十六兩，戶部認為該員系有俸人員，應每月酌給津貼銀十五兩，在任二十個月，只准其銷銀三百兩，將五百九十六兩銀刪除；又如伊犁中俄事務局，自光緒八年四月十五日開辦起，截至九年十二月三十日止，上報支出銀兩為三千二十九兩四錢四分，戶部經審核後，只實准銷銀一千七百十三兩四錢六分，而將三百九十七兩五錢八分銀兩刪除，還有九百十八兩四錢劃入行查銀，這種審核力度都是極大的。但是從奏稿中也可看到，對涉及京畿防務中軍餉劃撥這樣的大事，戶部一般只是接受任務，並不駁查，這與涉及洋人事務時態度類似，另外凡是皇帝交代必辦事項，也是完全遵辦，不發表任何不同意見。

第二，對各地財賦數額、軍隊協餉任務的分配劃撥，以及機構設置合理與否的審定。按照清政府的議事程式，有關軍政財務方面的重大事項，往往先由封疆大吏或地方官員據實際情況或自己想法向朝廷奏報，然後朝廷交由戶部商議，拿出處理意見。而戶部提出的處理意見，往往又與地方所提建議相左，相左之因，無非是封疆大吏以各種理由欲多得撥款，而戶部因財政緊張不願多支。如在《會議督辦大臣奏請統籌新疆兵餉官制屯田折》中，戶部就劃撥軍餉與軍方各執一詞："該大臣（劉錦棠）謂臣部當持之以堅，不可久而覈減，臣部謂該大臣等當行之以果，不可改而議增。"可知在涉及到花錢及撥款問題時，戶部對各地財賦數額、軍隊協餉任務的分配劃撥，以及機構設置合理與否的審定等，都十分仔細謹嚴。

第三，對違紀官員的奏參。奏參違紀官員，旨在以儆效尤。如《奏參塔爾巴哈台參贊大臣並籌款歸還俄商折》對塔爾巴哈台參贊大臣錫綸的奏參，《奏參陝西藩司並議交代徵存未解處分折》對陝西藩司不能按時交解徵收錢糧的參劾等，都是為了達到這種懲戒的目的。因為西路軍餉基本全靠關內諸省協撥，而協撥各省，又常因財政拮

据或協撥款項數額過於龐大而不能及時解送，造成軍餉斷供。所以
戶部對每一批協撥款項，都有具體的解送時間要求及專責人員，為
避免各地在劃定軍餉解送中的延宕行為，戶部對軍餉延誤案件中的
責任人，常指名嚴參，有時涉及的被參奏人數較多。這也從一個側
面反映出，清光緒年間西路軍餉問題的嚴峻性。

　　除歷史文獻價值之外，這部奏稿的文學價值也不容忽視。本書
所錄奏稿，雖均以公文形式呈現，因其所涉問題多存在很大爭議，
故如何使皇太后、皇帝站在戶部一邊支持其所做出的決定，這就需
要部臣在奏稿中不斷臚列事實、分析利弊、講清道理。所以，擺事
實、講道理是這部奏稿最基本的表達方式，其語言的邏輯性、事理
分析的條理性、態度觀點的明確性及論證的不可辯駁等，均比常見
說理文要更為突出。

　　如對不守規矩、肆易向外國人借款的地方要員，戶部要予以參
劾，請求皇帝處理他們的問題，就非得在有限篇章內把他們的問題
列舉清楚才行。如塔爾巴哈台參贊大臣錫綸，輕易向俄人借用鉅款，
導致俄人向戶部及總理衙門索償，此事造成的影響極大。戶部在
《奏參塔爾巴哈台參贊大臣並籌款歸還俄商折》中指出，錫綸自光緒
四年以來，就以塔城荒歉奏請由戶部墊發軍餉，至少在光緒七年至
光緒九年間，部墊銀兩已解赴塔城者實有二十萬兩，而各省關報解
塔城軍餉，自光緒七年至光緒九年止，也有五十二萬餘兩之多，合
之部墊，共有七十餘萬兩，這樣的情況下，錫綸仍無端向俄人借款，
後果嚴重，"若該城實因餉項萬分不足，致與俄商或有欠債，亦惟當
催餉請餉，徐議清理，何得擅向俄人借用該國公款以償欠債？尤屬
任意妄為。臣部若不據實嚴參，何以儆效尤而杜後患？相應請旨將
錫綸交部嚴加議處，以昭炯戒"。又如陝省藉口厘金減色等原因，奏
請展緩造報估餉撥冊，戶部即尖銳指出，陝省"厘金之減色與否，
全在中飽之除與不除"。論及陝省流差之擾時亦云："牧令使胥，本
地劣徒，比附為奸，功令所無，沿成俗規，衙署上下，久為利藪。"
在《會議督辦大臣奏請統籌新疆兵餉官制屯田折》中論及新疆一事

權問題時也說："（新疆）大員太多，無異十羊九牧，州縣困於供應，黎庶苦於謀求，累官累民，其弊歸於累國。……竭天下萬姓之脂膏，不足供西路各軍之揮霍，政出多門之弊，言不勝言。"類似這樣的文字，不惟說理無可辯駁，亦蘊含著強烈的憤慨之情，其愛憎鮮明程度不亞于一般文學作品。

四　整理體例

1. 底本與校本

本次對《戶部陝西司奏稿》（光緒九年至十一年）的整理，所依據底本是新疆人民出版社一九九六年出版、馬大正主編《清代新疆稀見奏牘彙編》中所收錄之影印本，該本據吳豐培文後所寫跋語知，上世紀三十年代得之於書肆，"鉛字排印，巾箱雅致"，吳先生珍藏至二十世紀末，直至影印出版才得以面世。該書刊刻時間，當在清光緒十二年或稍後，原文是活字印本，版頁較小，每頁分上下兩欄排印，有的頁面因印刷品質問題，字跡模糊難辨。

整理中所使用的對校本，是臺灣學生書局一九七六年印行的《戶部山西司奏稿·戶部陝西司奏稿》（全書共四冊）影印件，該書標注的原編者為清代英琦、世傑等。對校本與底本實屬同一版本，只是底本印刷字跡不清楚處，校本基本上都是清楚的，而校本印刷不清楚處，底本也是清楚的。這樣兩相對校，就使得原書成為完璧。

2. 整理及點校說明

本次整理所做的主要工作是：對原文數字化錄入後，進行文字點校，並據每篇奏稿的內容層次分段、撰寫題解等。因為點校中使用的校本與底本是版本相同、僅可能印刷時間不同的本子，所以整理中底本不清、校本清楚之處，一般不出校記。僅對底本中明顯的排字或印刷錯誤，在文末以"校注"形式注明。

為了便於讀者更準確掌握原文主要內容，本次整理在每篇奏稿的正題下，均以"題解"形式撰寫了關於文獻撰寫時間、主要內容及價值、意義，或成文背景等內容的說明性文字。因奏稿作者都是戶部部臣，原文並未標注其姓字，故本次整理，不對奏稿的作者情況作出說明。另外，奏稿的具體撰寫時間，原文亦未標注，本次整理多就戶部收到皇帝諭旨時間及奏稿上報後獲得御批的時間節點作查证和推斷，並在題解中予以說明。

　　3. 文字的繁簡轉換

　　本稿原文為繁體字，本次點校為保持原貌起見，仍採用繁體排印，對原文中個別意同形異之字，亦保持原貌。如"覈"字，在整部奏稿中出現頻率極高，絕大多數情況下，都寫作"覈"，極少數情況下原文也寫作"核"。又如"伊犂"一词的"犂"，在奏稿正文中多寫作"犂"，标题中則又寫作"犁"。"畫"多数情况下寫作"畫"，又有寫作"劃"的情況。为保持奏稿文字原貌，本次點校均未作统一。

李世忠

2022 年 6 月 28 日

凡　　例

　　— 辦事以案卷為憑，而案卷以奏稿為要，惟一切稿件例應存署，不能帶回私宅，同時辦事之人尚難全記並未經手者，尤苦無從考查。且閱時或久，積存案卷不無黴蝕破殘，本司公同商酌，將近歲奏稿按年編輯，用活字板排印，並欽遵雍正硃批諭旨之例，每篇皆恭載諭旨以便遵行。

　　— 是編之輯，專為考核案據，不計文字工拙，且奏稿已經堂司酌定上達朝廷，無論文義字句有無未協，概不增減一字，以昭核實。

　　— 西路各軍從前餉無定額，兵勇無定數，報銷無章程，案據一切照例應辦之事，多未舉行。光緒九年冬，漸立規模。故此編即自九年始，截至十一年止。嗣後擬按年陸續排印一編，用資考核。

　　— 會議事件，由本部主稿，會同各部辦理者，所有各部會語無庸刪節，俾觀其全。其由各部主稿，會同本部辦理者，擬另為編輯，以符體例。本部各司會辦之案倣此。

　　— 奏案每年大致相同者，只載一案，其餘無庸贅登。至往返駁詰及事理不同者，統將前後奏案編入。

　　— 甘肅新疆軍餉，自光緒十一年始厘定確數，十一年以前奏請催餉，以及添撥、改撥、劃撥各案，與現在定章無甚關係，均從舍旃。其餘奏稿，凡類此者概不編入。

　　— 從前西路各軍協餉名目甚繁，指撥幾徧天下，且添撥、改撥、劃撥頭緒紛紜，並未按年撥定。自同治初元以來，案卷未經清厘，僅知歲需餉銀四、五百萬兩。光緒九年詳查案據，數實倍之。十年，複將北檔房案卷與本司核對，始知從前指撥，雖解不足數，撥款竟至一千四、五百萬兩之多。故編內所輯請辦新疆屯田，及統籌全域會議、官制、兵餉、屯田各摺，餉數前後不符。

一　江漢關四成洋稅項下，每月協陝銀二千兩，粵海關每月一萬兩，自光緒十年閏五月起，改令解部，系由本司辦理。光緒十一年以後，改由貴州司付庫甘肅新疆。自光緒十一年起，歲需餉銀四百八十萬兩，比照光緒九年以前實解之數，省實銀三百餘萬兩，除嵩武軍及固原提督雷正綰調防東省，另行劃撥餉銀外，仍節省實銀二百餘萬兩。所有節省之數，由北檔房改為近畿防餉，又改為籌邊軍餉，付知本司備案，由各司付庫至部庫。從前撥給新疆各軍餉銀，每年數十萬或百萬不等。常年部墊，惟伊犁有之，無閏之年，部撥銀四十八萬兩，於光緒九年、十年兩次奏停，系由本司辦理。上項內有直隸應解伊犁餉銀，每月二千五百兩，向由福建司於直隸在部請領，固本月餉內劃扣，仍照前辦理，付知本司備案。

以上各款，與本司互相牽涉，均系部中辦法，奏案未便聲明，事非身經，不能悉其原委，姑舉一二附志於此。其他如有未悉，則在辦事者隨事查詢，或檢閱案據，會而通之，茲編未便臚舉。

校勘職官姓名：

郎中世傑，員外郎施典章，主事謝啟華，主事誠鑑，員外郎訥清阿，主事萬錫珩，主事郭庚平，主事周滋大，員外郎陳守和，主事曾丙熙，主事卜燕賓，主事鄭元奎，主事楊典誥，主事彭鴻翊，主事崔汝立。

目　　錄

卷　一

請辦新疆屯田摺 ···（3）

　　謹將新疆屯田事宜繕具清單恭呈禦覽 ···（5）

屯田應歸畫一片 ···（7）

議駁甘省揀發人員借支養廉摺 ···（8）

覈減部墊伊犂軍餉摺 ···（10）

議駁哈密辦事大臣請撥經費摺 ···（13）

核議烏魯木齊都統恭鏜初案收支軍餉摺 ··（16）

　　謹將前任烏魯木齊都統恭鏜軍營、收支各款銀兩數目

　　繕具清單恭呈禦覽 ···（19）

議裁烏魯木齊委員勇丁片 ···（24）

會議提撥南疆工程銀兩摺 ···（26）

議覆督辦大臣新疆道員等官俸廉公費發給十成片 ·····································（29）

奏催八旗領過俸餉並按月開單送部片 ··（31）

議覆陝撫延榆綏廊錢糧照例開報考成片 ··（33）

覈議陝西錢糧分數並參山陽縣征存未解摺 ···（35）

統籌甘肅新疆全域摺 ···（38）

詳籌未盡事宜片 ···（45）

會議塔城勘分邊界動支津貼等項摺 ···（48）

覈議甘省收支厘金數目片 ……………………………………………（50）

議駁甘肅關內外光緒七八兩年軍需開單報銷摺……………………（52）

卷 二

議駁甘肅善後收支款項摺……………………………………………（57）

伊犁開單報銷逾限議令造冊片………………………………………（60）

議覆都察院五城緝捕經費生息摺……………………………………（62）

議覆甘肅關內防勇口糧雜支章程摺…………………………………（64）

　　謹將覈議甘肅關內防勇口糧一切雜支章程繕具清單

　　恭呈禦覽 …………………………………………………………（65）

覈議烏魯木齊都統恭鏜次案收支軍餉摺……………………………（73）

　　謹將前任烏魯木齊都統恭鏜軍營次案收支各款銀兩

　　數目繕具清單恭呈禦覽 …………………………………………（75）

停止部墊伊犁月餉摺…………………………………………………（79）

議覆督辦大臣奏請續撥南疆工程銀兩摺……………………………（81）

議覆伊犁善後事宜章程摺……………………………………………（84）

　　謹將酌覈伊犁善後事繕具清單恭呈禦覽 ………………………（85）

議覆豫撫歸還部墊片…………………………………………………（92）

議覆烏魯木齊督統請複官制應令變通摺……………………………（94）

議覆烏魯木齊都統請撥滿營俸餉片…………………………………（97）

奏催新疆南北兩路歷年收支錢糧摺…………………………………（99）

覈議護理烏魯木齊都統收支糧餉摺 ………………………………（101）

　　謹將烏魯木齊支餉項繕具清單恭呈禦覽 ……………………（102）

寧夏滿營兵餉照例匯撥片 …………………………………………（104）

議駁陝撫請將司庫錢糧奏銷展緩摺…………………………………（106）

閩海等關解陝月餉提還部庫摺 ……………………………………（109）

卷　三

議覆甘肅關外防營口糧雜支章程摺 …………………………（113）

　　謹將覆議甘肅關外防勇口糧及一切雜支章程繕具

　　清單恭呈禦覽 ……………………………………………（114）

議駁烏魯木齊都統恭鏜初案報銷摺 ……………………………（131）

議覆哈密回王借俸嗣後不准借支摺 ……………………………（136）

新疆蒙古王公俸銀俸緞在外發給片 ……………………………（138）

議駁兩江總督請將胡光墉扣存行用等項免追摺 …………（140）

停止各省都統等官路費摺 …………………………………………（146）

旗營生息津貼微員路費照舊開支片 ……………………………（148）

議駁寧夏將軍奏請續撥鄂餉摺 …………………………………（149）

議駁寧夏將軍請撥兵丁紅白賞銀片 ……………………………（152）

議覆西寧辦事大臣請將番族馬貢銀兩豁免片 …………………（154）

奏參塔爾巴哈台參贊大臣並籌款歸還俄商摺 …………………（156）

議覆兩江總督動用陝甘軍餉開單報銷摺 ………………………（159）

　　謹將覆議修治水利開支軍餉各款繕具清單恭呈禦覽 ……（160）

卷　四

議覆陝撫請將潼關商稅展限摺 …………………………………（171）

議複伊犁將軍請將軍需用款開單報銷摺 ………………………（173）

奏參甘肅交代征存未解督催不力大員摺 ………………………（175）

議駁理藩院幫貼銀兩請復原額片 ………………………………（177）

陝省度支告匱急宜厘定章程摺 …………………………………（179）

　　謹將厘定清查陝省各事宜繕具清單恭呈禦覽 ……………（180）

議駁陝撫請將閩粵漢三關月餉仍行解陝片 …………………（184）

議覆陝甘總督調撥勇營赴直應需月餉摺 …………………（186）

核議烏魯木齊都統恭鏜三案收支軍餉摺 …………………（189）

　謹將前任烏魯木齊都統恭鏜軍營第三案收支各款銀兩

　糧石數目繕具清單恭呈禦覽 …………………（192）

議覆陝撫應行整頓各事宜次第查辦摺 …………………（199）

議覆陝甘總督請撥赴直防軍月餉摺 …………………（207）

議駁烏魯木齊都統請撥巴里坤滿營的餉摺 …………………（211）

議覆伊犂將軍請撥蒙古王公俸銀片 …………………（213）

議覆陝甘總督請撥赴直防軍餉並關內餉數片 …………………（215）

卷　五

會議督辦大臣奏請統籌新疆兵餉官制屯田摺 …………………（219）

會議伊犂將軍等奏請籌餉額並關內外兵餉片 …………………（235）

覈定陝甘兩省文武鄉試經費摺 …………………（242）

　謹將酌擬陝西省文闈鄉試一切經費繕具清單恭呈

　禦覽 …………………（243）

　謹將酌擬陝西省武闈鄉試一切經費繕具清單恭呈

　禦覽 …………………（244）

　謹將酌擬甘肅省文闈鄉試一切經費繕具清單恭呈

　禦覽 …………………（244）

　謹將酌擬甘肅省武闈鄉試一切經費繕具清單恭呈

　禦覽 …………………（245）

需撥乙酉年甘肅新餉酌定章程並免撥數目摺 …………………（246）

　謹將指撥免撥餉項數目繕具清單恭呈禦覽 …………………（247）

　謹將酌定甘肅新餉章程繕具清單恭呈禦覽 …………………（248）

陝甘借用洋款議令各省按期歸還片 …………………（251）

謹將陝甘前借四百萬洋款案內各省應行歸還第八期

　　至十二期本息數目繕具清單恭呈禦覽 ……………………（252）

豫籌烏魯木齊等處歸併伊犁旗營俸餉路費摺 ………………（253）

直隸應解新疆餉仍由部庫照數劃扣片 ………………………（255）

議覆督辦大臣請將哈密員役照章開支廉費片 ………………（256）

議覆烏魯木齊都統請撥烏古旗營俸餉片 ……………………（257）

劃撥雷正綰馮南斌防軍月餉摺 ………………………………（259）

議駁陝撫令將藩司交代各款統行造冊摺 ……………………（261）

奏請盤查陝甘兩省司庫片 ……………………………………（265）

奏參陝西藩司並議交代徵存未解處分摺 ……………………（266）

議駁陝撫請將冬撥估餉展緩摺 ………………………………（269）

議駁陝撫請將清查冊結展緩片 ………………………………（271）

卷　六

會議陝甘總督奏請試辦練兵摺 ………………………………（275）

　　謹將覈議甘肅練兵章程十二條繕具清單恭呈禦覽 ………（277）

議覆陝甘總督核扣湘平畫一餉章摺 …………………………（284）

議覆陝甘總督請由部墊赴直軍餉並湘平統費片 ……………（287）

核議伊犁善後各局動用經費銀兩摺 …………………………（290）

　　謹將覈銷伊犁善後各局支用銀兩繕具清單恭呈禦覽 ……（292）

議駁伊犁軍台卡倫官兵報銷片 ………………………………（298）

議覆陝撫請將欠發勇餉分別辦理摺 …………………………（299）

議覆陝撫查明營田租銀並裁局歸併情形片 …………………（302）

議覆四川總督請將代征黔厘仍解赴黔摺 ……………………（305）

籌撥嵩武軍餉項並覈議一切事宜摺 …………………………（308）

議複伊犁將軍奏緩裁撤客兵添撥軍餉摺 ……………………（311）

議覆陝甘總督迎接呼弼勒罕玉樹會盟章程摺 ………………（313）

議覆四川總督請將甘餉改由兩湖抵解摺 …………………（314）

遵議改撥嵩武軍餉項另籌撥補甘肅新餉摺 …………………（316）

議複陝撫裁併分卡並厘金外銷情形摺 …………………………（319）

議覆陝撫交代解款錢糧比較請免藩司處分片 ………………（324）

議駁陝撫上忙錢糧請免藩司處分片 …………………………（327）

卷　七

議駁大學士左宗棠請將胡光墉扣存行用等項免追摺 …………（331）

覆議伊犂軍營支款章程摺 ……………………………………（334）

　　謹將酌議伊犂員弁兵勇薪糧及一切雜支章程繕具清單

　　恭呈禦覽 …………………………………………………（335）

議覆督辦大臣請將欠發軍餉指提解甘摺 ……………………（347）

西征積欠餉銀變通辦理片 ……………………………………（349）

議覆督辦大臣登覆甘肅關外防營口糧雜支章程摺 …………（351）

　　謹將複覈甘肅關外防營口糧及雜支章程繕具清單

　　恭呈禦覽 …………………………………………………（352）

奏參藩運司道委解軍餉遲延摺 ………………………………（358）

　　謹將光緒十一年分甘肅新餉限期及各省已解未解數目

　　謹繕清單恭呈禦覽 ………………………………………（360）

議複陝甘總督登複甘肅關內防勇口糧雜支章程摺 …………（362）

　　謹將複覈甘肅關內防勇口糧及雜支章程繕具清單

　　恭呈禦覽 …………………………………………………（362）

議複陝撫登複用款章程分別辦理摺 …………………………（365）

　　謹將複覈陝西省用款章程八條繕具清單恭呈禦覽 ………（366）

議覆陝甘總督遵議礦務情形片 ………………………………（373）

卷　八

議駁直隸總督請加甘軍防營柴草價銀摺 …………………………（377）

議覆西寧大臣請將馬貢銀兩發商生息片 ………………………（380）

議駁陝撫請將道倉隨收土糧樣糧照舊辦理摺 …………………（382）

遵議由部撥還甘省籌墊軍餉片 …………………………………（384）

覈議烏魯木齊古城滿營開支俸餉薪費摺 ………………………（385）

　　謹將覈議烏魯木齊、古城滿營官兵支過各銀兩分別准駁

　　行查，繕具清單恭呈禦覽 …………………………………（386）

續參藩司委解軍餉遲延摺 ………………………………………（392）

　　謹將光緒十一年分各省應解甘肅新餉已解六成欠解四成

　　數目繕具清單恭呈禦覽 ……………………………………（394）

　　謹將光緒十一年各省應解甘肅新餉欠解六成並欠解四成

　　銀兩數目繕具清單恭呈禦覽 ………………………………（395）

籌撥丙戌年甘肅新餉並厘定章程摺 ……………………………（396）

　　謹將酌定甘肅新餉章程繕具清單恭呈禦覽 ………………（398）

議駁山西巡撫請將道庫應解甘肅新餉覈減片 …………………（400）

議覆伊犁將軍請催上年欠餉摺 …………………………………（402）

議覆甘肅新疆巡撫請給撫藩廉俸片 ……………………………（405）

甘省積存草束應令變價並停發未支各款片 ……………………（407）

議駁陝甘總督請將關外欠餉另由江蘇籌解摺 …………………（409）

奏參甘省下忙案內征存未解州縣等官摺 ………………………（412）

陝省籌撥海防餉銀請將撫藩從優議敘摺 ………………………（415）

革道胡光墉侵取公私款項請交刑部治罪摺 ……………………（416）

　　謹將胡光墉侵取公款未繳數目繕具清單恭呈禦覽 ………（418）

議覆陝撫厘金外銷情形片 ………………………………………（420）

覈議陝省餉項並裁減北山防勇善後局費摺 ……………………（422）

議覆盛京將軍奏請補發雷正綰修營尾銀片 …………………（425）

奏參江西藩司委解新餉遲延片 ……………………………（427）

議駁安徽巡撫請將甘肅新餉展限籌解片 …………………（428）

停止嵩武軍駝乾銀兩片 ……………………………………（430）

議駁伊犁將軍請將軍需用款照立案章程覈銷摺 …………（431）

後　記 ……………………………………………………（435）

卷 一

請辦新疆屯田摺

[**題解**] 本稿具奏時間為光緒九年十一月十八日，原稿當作於光緒九年十一月中旬。因新疆較各省養勇爲多，餉需較各省爲急，各省關頻年協濟竭蹶不遑，於是戶部列舉新疆屯田五種利好，又從歷史上新疆曾大興屯田事實出發，甚至從中外比較角度，說明在其地南北兩路大興屯田以裕邊儲之重要。在奏稿所附清單中，對各處屯田地方、承種地畝等事宜做了更詳細籌劃。

奏爲餉款艱難，新疆南北兩路急須大興屯田以裕邊儲，恭摺仰祈聖鑒事。

竊維天下之患，當苦於兵多而餉不足。兵愈多則國愈弱，餉愈多則國愈貧，史冊具在，可考而知。自軍務平定以來，俸祿未複，官已困矣，厘金未裁，商已困矣。京協各餉，定有考成，追呼急則農亦困；各處欠餉累千百萬，積欠多則兵亦無不困。夫盡搜括裁省之術，而猶不足以養兵，此臣等所爲夙夜憂惶、靡知所措也。

以現在兵餉論之，惟新疆一隅較各省養勇爲多，餉需亦較各省爲急，每年軍餉不下七百餘萬，各省關頻年協濟，竭蹶不遑，偶有不敷，動請部墊。部庫關係根本，且全倚外省解款，支用繁多，時虞不給，萬難將鉅款屢行墊出，致誤要需。以現存營勇論之，新疆尚有四萬餘人，不裁則終年並無戰事，遽裁則又恐疏虞。長此不已，坐耗資糧，其患何所底止？況目下各省水患頻仍，海防吃緊，假令協餉提解不前，軍心搖動，在臣部既無可指撥之區，各路統兵大臣又將何以爲善後之計乎？當此時事艱難，臣等彌深焦灼，勉圖補救，實乏良謀。惟有于新疆南北兩路，急爲大興屯田，爲當今緊要切務。

藉人以盡地利，即藉地利以養人，是有五利焉。新疆軍糧向由內地運至哈密分運各城，或於各城設采運局分運各處，山谷阻深，道路遼遠，覈計運腳所費不貲。若興屯政，就地收耕獲之利，內地無轉餉之勞，其利一；各路請餉太多，勢難按期撥解，若興屯政，口糧無憂缺乏，且該處所收糧食，即可劃抵該處餉需。每年當節省銀數十萬兩，足以紓餉力、固軍心，其利二；新疆現收民糧，每年約有三十余萬石，皆以供支各營，扣抵兵餉。若興屯政，寓農於兵，所收民糧即可改征折色，用備度支，其利三；兵燹之後，戶鮮蓋藏，若興屯政，數年之內必有餘資，糧價因之而平，邊儲亦因之而實，其利四；凡兵以勞而強，以逸而弱，各軍無事坐食，筋骨懈弛，竊恐師老財殫，緩急俱不足恃。若興屯政，勞其筋骨，將來驅赴戰場，必更勇健，其利五。

臣等反覆思維，雖富強之效不能期諸旦夕，而屯墾之事殊難緩於斯須。且修屯政以實邊陲，非自今始也，古人嘗行之矣。新疆開辦屯田亦非自今始也，乾隆、嘉慶年間已行之矣。歷代屯政難以縷述，我朝自開闢新疆以來，舊有旗屯、兵屯、戶屯、回屯，成效昭然，遺規具在，可仿而行，豈空言哉！查臣部于上年十月會議《新疆善後事宜摺》內，曾請將屯田事宜，由該大臣等明定章程，奏奉諭旨，行知遵照在案。迄今一年有餘，仍未據該大臣等聲覆，臣等懸揣其故，必有三難：一則慮邊地苦寒，西成難必；一則慮軍卒驕惰，不習鋤犁；一則慮心力不齊，難歸一致。臣等以爲無足慮也，新疆地廣，間有戈壁，然北路自木壘河起，西抵伊犁，地皆肥潤，種一石可獲數十石，南路八城素稱饒沃，各營駐紮處所，即不能一律，大抵可耕之地居多，不難擇地開墾。前聞俄國山諾爾地方產糧甚多，曾代楚軍采運。夫以山諾爾偏隅之地，尚有餘糧售買[1]，新疆地大物博，果能勤事耕作，儲積自必豐盈，是邊地苦寒不足慮。昔唐臣郭子儀封汾陽王，自耕百畝以勵軍士，於是穀麥充贍，軍有餘糧。該大臣等若嚴加督課，以身先之，該管弁勇何敢告勞？是軍卒驕惰亦無足慮。所可慮者，心力不齊耳。心力不齊，坐食者任意優遊，力耕者轉扣底餉，人情既有所不甘，各營或因而觀望。相應請旨飭下新疆各路統兵大臣，速議章程刻期，一律興辦屯政，並須明定賞罰，以示勸懲。嗣後，管營官以本營收穫之多寡爲殿最。各統兵大臣即以各營收穫之多寡爲殿最，庶幾士皆用命，餉不虛糜，一俟開辦，稍有端倪，臣部即爲籌撥款項，續行奏明辦理。所有屯田事宜，臣等謹繕清單，恭呈禦覽，伏乞皇太后、皇上聖鑒訓示，謹奏。

光緒九年十一月十八日具奏，十二月初一日軍機大臣面奉諭旨："戶部奏新疆南北兩路急需大興屯田、開單呈覽，暨開辦屯務必須得人各摺片，著戶部諮行新疆各路統兵大臣，酌議辦理。欽此。"

謹將新疆屯田事宜繕具清單恭呈禦覽

一　各處屯田地方，宜豫行籌劃也。查新疆於三年冬收復，前督臣左宗棠，即有就地取資之論，派委員分投清丈地畝，迄今六年之久，當已丈竣。此次間辦屯田，或因昔時舊屯，或逆回叛產以及零星荒地，皆可耕種。該大臣等應將某境內可墾田地若干畝，迅速查明報部備覈。

一　各營承種地畝，宜分任責成也。查新疆從前開辦屯田之時，每兵一名種地二十畝至二十餘畝不等。現在各營承種，必須分任責成。該大臣等應將某營認種某境內某處地畝若干，每勇一名承種地畝若干，分晰報部查覈。

一　興修水利，以資灌溉也。查南北兩路河流甚多，百餘年來水利迭興，尤以故督臣林則徐作所修伊拉裡克水利爲最著。前伊犂將軍曾奏請加新賦二十萬兩，今查其地在吐魯番、托克遜之間，水田甚廣，故屯田尤以得人爲要。應由該大臣等，揀派熟諳水利之員，徧勘地勢，或引河水，或濬山泉，若著有成效，准其擇尤保獎，並令久于其任，以資熟手而竟全功。

一　農具等項，應分別購買修補也。查開辦屯田所有農具，以及籽糧牛只，皆需經費，或招工匠製造，或由他處購買，或就倉存籽糧撥給，由該大臣等查明某營種地若干，應用各項若干，報部查覈。嗣後添購修補，或動餘存經費，或將收穫餘糧變價津貼，屆時酌度情形辦理。

一　收穫糧石，應分別扣抵存儲也。查光緒八年，烏魯木齊都統諮稱，巴里坤屯地初年耕種，除口食糧及籽種外，尚餘各色糧數十石，二、三年卽余二百余石。巴里坤系著名寒苦之區，必須歇年耕種，收穫尚能如此，況各處腴區甚多，若每營以一半應差操，一半事耕作，約計每一人種地，盡可供數人口糧。一俟收穫之時，該大臣等將某營某處，實收某色糧若干，除籽種外，扣抵各營兵餉若干，餘存若干，按年造報查覈。其餘剩糧石，擇揀高燥之地建倉存儲，以免黴爛。

一　分別賞罰，以示勸懲也。查光緒四、五等年，伊犂將軍派官兵在塔爾巴哈台等處屯田，將出力官兵奏請獎勵，其實所種之地無多，且有賞無罰何以示懲？屯田各營，耕作不無動惰之分，勸懲宜有賞罰之別。嗣後各營中，如有收穫最多者，準將該營官保獎、升階，以示優異。收穫較少，查系耕作不力者，卽將該營官嚴行參辦，以儆效尤。該大臣等均視各營收穫多寡，分別議敘議處。若總辦督辦大臣果能盡心盡力，每年實能以糧放兵抵省銀餉數十萬兩者，仰懇天恩特予格外優賞。其爲數實多者，由特恩錫以世職，以爲廣籌兵食者勸。非臣下所敢妄請，均俟該處開辦定章，再由臣部奏明，會同吏、兵二部，遵照辦理。

[校注]

　　[1] 買，當爲"賣"。

屯田應歸畫一片

[題解] 本稿與前篇當為同時所作，旨在說明新疆開辦屯務及善後一切事宜須得其人以總會其成，亦應事權專一，庶免夾雜牽混之弊。

再，屯田一事，必以得人爲要。得其人則餉需節省，不得其人則帑項虛糜。查乾隆二十五年，阿桂以參贊大臣專理屯田，開渠灌溉，利賴已百餘年。乾隆五十五年，疊奉諭旨，以伊犁地廣田肥，分給官兵地畝，用資生計。歷任將軍皆以灌溉乏水，未及籌辦，旋經將軍松筠親爲履勘地勢，始得導水要領，濬通惠渠引丕裡沁山泉，灌田數萬頃，此皆得人之明驗。

然亦由當時事權專一，故動則有成。現在統兵大員、將軍、都統、參贊時有更調，即有才識，亦難盡展施爲。複有督辦、幫辦軍務大臣，衆口相傳目爲五帥，位均勢敵，鈐轄殊難。所有各路情形，早在聖明洞鑒之中，臣等何敢輕爲置論？惟是開辦屯務以及善後一切事宜，必須得人總會其成，庶免夾雜牽混之弊。至應如何區處、俾歸畫一之處，臣等未敢擅擬，伏候聖裁，謹奏。

議駁甘省揀發人員借支養廉摺

[**題解**] 本稿當作於光緒九年十一月初。陝甘總督譚鐘麟奏請揀發人員由戶部借給廉銀以作川資，戶部參核例案認為，揀發人員之應否借支養廉，當以軍務曾否肅清為衡，尤當以庫款存儲盈絀為斷，現今積欠兵餉累千百萬，部庫支絀，而關內關外軍務平定有年，故所有揀發選補人員請由部借廉銀之處，應毋庸議。

奏為酌議甘省揀發人員借支養廉銀兩，擬請照案停止，恭折仰祈聖鑒事。

竊臣部于本年十一月間，准吏部諮，據陝甘總督譚鐘麟奏請，揀發人員由部借給廉銀以作川資，抄錄原奏，恭錄諭旨"行文知照等因前來"。

查定例，文職自道員以下，武職自副將以下、千總以上，選補揀發各官均准借支養廉。道光二十一年，緣軍需、河工用款浩繁，經臣部將借支養廉之例奏明停止。同治六年，據減補雲南實缺人員赴部呈請借支本任廉銀，臣部以雲貴、甘肅軍務吃緊，選補分發各省人員，道路阻長，奏定新章，准其暫借廉銀，以示體恤。同治十二年，臣部以雲貴、甘肅三省業已一律肅清道路，疏通選補分發人員，均可依限赴省，一概毋庸借給養廉。惟烏魯木齊軍務尚未大定，鎮迪道以下各官，准其照章借支，均經先後奏奉諭旨，遵照在案。

今據陝甘總督譚鐘麟奏請，揀發人員養廉由部借給。臣部查，定例之初，因帑項充裕，是以准其借支。道光年間，因用款浩繁，是以概行停止。同治六年，因甘肅、雲貴軍務吃緊，道路梗塞，是以量為變通，准其暫借。同治十二年，因甘肅、雲貴軍務肅清，是以複行停止，惟留烏魯木齊一處。臣等參覈例案詳細酌量，各官之應否借支養廉，當以軍務曾否肅清為衡，尤當以庫款存儲盈絀為斷。現在積欠兵餉累千百萬，加以海防吃緊，水旱頻仍，部庫萬分支絀，查關內關外軍務平定有年，揀發選補人員均不難按限赴省，所有甘省揀發人員，請由部借廉銀之處，應毋庸議。烏魯木齊、鎮迪道以下各官，此後亦毋庸借支。嗣後無論何省、何項人員，凡選補揀發各官，概照道光二十一年之例，一律停止。所有酌議甘省揀發人員借支養廉銀兩緣由，理合恭折具陳，伏乞皇太后、皇上聖鑒。謹奏。

光緒九年十一月十八日奉旨："依議。欽此。"

覈減部墊伊犁軍餉摺

[**題解**] 本稿當作於光緒九年十一月初。伊犁將軍金順稱，接統前署將軍榮全所管神機營並伊犁等處滿綠官兵，需餉甚殷，請求將光緒十年前三個月應領餉銀由戶部墊發。戶部追溯此墊發餉銀由來，認為今昔異形、緩急異勢，庫儲耗損已甚，其應領部墊銀兩，應量為覈減。

奏為金順統榮全軍應領部墊銀兩，擬請量為覈減，以重庫儲而固根本，恭折仰祈聖鑒事。

光緒九年十一月初六日，准伊犁將軍金順諮稱，該將軍接統前署將軍榮全所管神機營，並伊犁等處滿綠官兵，曾經部議，准於庫存項下每月墊發銀三萬兩，按三個月撥解一次。所有光緒九年十二月分餉銀，委員赴部請領在案。現在本軍需餉甚殷，所有光緒十年正、二、三三個月應領餉銀九萬兩，發給印領，交委員格圖肯等赴部請領，相應諮會等因前來。

臣部查同治十一年，據神機營諮送具奏，榮全請撥月餉附片內稱，該將軍所請月餉銀一萬三千兩，先由部庫墊發，經臣部議准，此項墊發銀兩在粵海、閩海、江海、江漢四關六成洋稅內，各撥銀四萬五千兩，每年共合銀十八萬兩，限每年五月以前解部歸還。同治十二年，榮全以餉絀兵單，奏請將山西等省月協餉銀，由部庫先撥現款，經臣部議覆，將直隸應解新疆月餉二千五百兩，由部墊給，再由部庫現存四成洋稅項下，每月提撥銀兩四千五百兩，共銀七千兩，合之上年部撥一萬三千兩，統共每月墊發銀二萬兩。至部墊直隸應解新疆月餉，即在庫撥直隸固本月餉內，劃扣部墊四成洋稅，即在粵海、閩海、江海、江漢四關六成洋稅內，每月各撥銀一千二百兩，每年共合銀五萬七千六百兩，按限解部歸還。同治十三年正月，榮全複請添撥月餉，臣部酌議在四成洋稅項下，每月再行墊發銀一萬兩，在粵海、閩海、江海、江漢四關六成洋稅內，每月各撥銀二千五百兩，按限解部歸款。此三次部墊，每月共銀三萬兩之實數也。

同治十三年十二月，榮全又請添撥銀二萬兩，經臣部奏明，指撥江西省月協銀一萬兩，山西省月協銀一萬兩，此又江西等省每月共協銀二萬兩之實數也。

自金順接統榮全舊部以來，應協該軍省分，恃部墊而存諉卸之心，該軍請領餉銀，複視部墊為當然之事，蓋有年矣。

今伊犁將軍複派員請領部餉，臣等公同商酌，以為今昔異形，緩急異勢，庫儲之耗損，宜防其漸。各省之協撥，當有責成，就該軍情形論之。在榮全抵邊之日，正逆回猖獗之時，飛檄徵兵，本無確數，所請餉項，原屬寬為籌備，以期無誤戎機。臣部揆度情形，勢難稍緩，不得不暫行照準。今考該軍官弁、兵勇數目，不過三千餘人，且系防軍，無裹糧之勞，則轉連之費可以省；無征剿之事，則軍裝之費可以省。至於隨營文武以及一切雜項，現在軍事本簡，均可逐漸裁減，以收節省之益，是該軍情形，已與從前不同。就歷年部墊論之，各關未能一律解清，而該軍請墊不已，入款暗減，出款暗增，庫款幾何，豈能堪此耗折？加以本年水患頻仍，海防吃緊，停解撥放太多，度支萬分支絀，是部庫情形又與歷年不同。

臣等為根本計，該軍部墊本合悉停，惟據聲稱需餉孔殷，自當量為變通，以昭慎重。除九年分部墊每月三萬兩，已由部庫全數墊發外，擬請自光緒十年為始，將同治十三年由部墊發之一萬兩覈減，其餘二萬兩仍照舊案，作為該將軍接管榮全軍營軍餉之需。

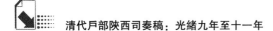

按三個月赴部請領一次。所有部墊銀兩，應即援照前案，將直隸
應解新疆月餉二千五百兩，即在庫撥直隸固本月餉內割扣。至部
墊四成洋稅，仍在粵海、閩海、江海、江漢四關六成洋稅內，查
照同治十一、十二等年由部墊發二款，照案如數歸還部庫，以清
款目。併合各關即將先後奏撥歸還墊發該軍月餉，迅速如數批解。
倘逾限不解，定照貽誤京餉例奏參。該將軍得此有著之款，若能
省不急之用，裁冗食之員，必不致於竭蹶。

此外，江西省尚有應協月餉一萬兩，山西省應協月餉一萬兩，
即由臣部嚴催該省，按月批解。金順軍前接收以上部墊指撥各款，
每月共銀四萬兩，供支該軍官弁、兵勇三千餘人，計必有盈無絀。
該將軍身膺疆寄務，當共體時艱，力求撙節，以昭覈實。所有臣等
覈減部墊銀兩緣由，理合恭折具陳。伏乞皇太后、皇上聖鑒。謹奏。

光緒九年十一月二十一日奉旨："依議。欽此。"

議駁哈密辦事大臣請撥經費摺

[**題解**] 本稿當作於光緒九年十一月前後。哈密裁撤防營，辦事大臣明春奏請酌留各項人員指撥經費並估撥公費，戶部認為明春奏稿中所開各項人員大半非從前額設之官，各項經費亦非定例應支之款，不特定例所無之員難以議增，即從前額設各官，亦應裁撤，所謂哈密各項人員經費銀兩指撥上的規復舊制一說，實難照準。

奏為哈密各項人員實難規復舊制，擬將經費銀兩暫緩指撥，遵旨覆陳，恭折仰祈聖鑒事。

哈密辦事大臣明春奏請酌留各項人員指撥經費，並估撥公費各折片，光緒九年十月十八日軍機大臣奉旨："戶部議奏，片併發，欽此。"欽遵於十月十九日鈔出到部。

查原奏內稱，本年裁撤防營完竣，尚有文武委員、差官、書役二百零七員名。三月以後薪糧，俟河南欠餉到營，按月找發，至本年七月底，應即一律裁撤。第防營既撤，各項當差人等，自應規復舊制。揆度時勢，今昔情形懸殊，實難一律復舊，擬請將應行裁撤文武員弁扣留，以資差遣。各委員薪糧，仍照哈密前案報銷章程支給，親兵仿照土勇開支，委筆、帖式、書識、跟役等鹽菜薪糧，量為加增，以示體恤。所有辦事大臣、回子親王暨正委、筆帖式等廉俸，以及員弁、書役公費等款，均請作為哈密經費，自本年八月初一日起支。歲需銀兩數目，另繕清單，諮部立案。又，片奏紙劄、

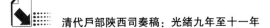
筆墨、差馬盤費各款，均請歸入經費項下各等語，旋准該大臣將清單諮部立案前來。

臣部查，該大臣所部健銳等營，已于本年正月底一律遣散完竣，今據該大臣奏請規復舊制，開單諮部立案。臣等查例載哈密額設各官，除辦事、幫辦大臣外，額設章京一員，部缺筆帖式一員，委筆帖式六員。今該大臣單開各項人員，大半非從前額設之官，各項經費亦非定例應支之款。既據聲稱規復舊制，何得尚援軍需銷案作為常例供支？覈計單開數目，每年需銀二萬三千兩有奇。國家經費有常，凡為定例所無，臣部實難照準。

臣等公同商酌，以為沿革因乎時勢，法制貴於變通，新疆今昔情形大相懸殊，不特定例所無之員難以議增，即從前額設官，尚應裁撤。溯查乾隆年間，哈密始設辦事大臣等官，管理回務、遣犯、換防等事，並無駐防旗兵，管理糧餉則隸之哈密通判。新疆自收復之後，經前督臣左宗棠奏准，哈密辦事大臣所轄回務，歸哈密通判管理。本年複據劉錦棠奏稱，遣犯改歸南路各州縣印官安置管束。以換防而論，從前北路塔爾巴哈台滿兵則自伊犁調撥，南路喀什噶爾、英吉沙爾、葉爾羌、烏什、阿克蘇滿兵，則自烏魯木齊、古城、巴里坤調撥，其綠營兵，則各內地調撥。現在南路旗丁已招回，烏魯木齊關外各城無須換防，亦經譚鐘麟奏准在案，是哈密辦事大臣僅有辦事之名，幾無可辦之事。該大臣軍符已卸，時異勢殊，臣部若遽議歸復舊制，指撥錢糧，恐非朝廷經野建官之本意。

惟臣部究難遙度劉錦棠現駐哈密經營措置具悉情形，相應請旨飭下督辦新疆軍務大臣劉錦棠，體察情形，將哈密額設各官應否規復舊制之處，會同伊犁將軍、陝甘總督妥議具奏。該大臣聲稱文武員弁、差官、書役于本年七月底裁撤，臣部查河南報解餉銀一萬兩，當已抵哈。該大臣將員弁、親兵、雜役概行裁遣，找發薪糧自必有盈無絀。第委員、書役現在恐難全裁，應准暫留一二名，以資差遣，即將所餘銀兩發給，或可敷用，一俟劉錦棠等

奏定之後，再行辦理。所有哈密經費暫緩指撥緣由，理合恭折具
陳，伏乞皇太后、皇上聖鑒。謹奏。

　　光緒九年十二月十八日奉旨："依議。欽此。"

核議烏魯木齊都統恭鏜初案收支軍餉摺

[**題解**] 本稿當作於光緒九年十月前後。前任烏魯木齊都統恭鏜奏請將收支軍餉造冊報銷，戶部據酌定之章程，對其軍餉收支的覈銷情況在此折中逐一說明，並在折後所附清單中，對應准銷銀、刪除銀的專案、具體數目等作了詳細彙報。

奏為覈銷前任烏魯木齊都統恭鏜收支軍餉各款，恭折仰祈聖鑒事。

竊查前任烏魯木齊都統恭鏜奏《請將收支軍餉造冊報銷》一折，光緒九年九月二十五日軍機大臣奉旨："該部知道，欽此。"欽遵於九月二十六日鈔出到部。

查該都統原奏內稱，自光緒四年十二月十五日起，截至八年五月底止，統共應支各款，計湘平銀五十二萬五千七百零六兩零六分先行匯為一案，所有收到部墊及各省關應解軍餉並善後經費各餉，照例折合湘平伸余平銀隨案造報等因，旋准該都統將總、散各冊，送部覈銷前來。

臣等伏查，前烏魯木齊都統英翰，於光緒三年奏請募兵防剿，經臣部議准，在於江海、奧海、江漢三關原撥金順月餉二萬兩內，每關每月勻出銀五千兩，並添撥閩海關月協銀五千兩，再於山東、四川兩省原協烏魯木齊月餉內，各勻撥銀一萬兩。以上每月共撥銀四萬兩，作為烏魯木齊軍餉及善後經費。該都統自接任以來，仍照前案協濟。至五、六兩年，由部墊發銀五萬兩，仍在各省關欠餉內歸還。七年，複經臣部奏定，自本年六月起，將原撥四萬兩減去十分之八，每月共協銀八千兩。此指撥烏垣軍餉經費之實在數目也。

英翰於三年冬故後，提督金連昌暫護都統，因防務較松，於是年十二月即將官弁、兵勇全行遣撤，僅留兵、戶兩司人員，並駐防旗兵及總兵李先義等五員。該都統於四年冬到任，複奏請招募，於四、五、六等年，陸續招募振字馬、步隊各一營，親兵隊一營，土勇馬隊一營，開花炮隊一百餘名。此又該都統另行招募各營數目也。

本年七月，始據該都統將勇數、餉草送部。臣部此次覈銷烏垣軍餉，系按照該都統酌定章程。查章程內開：振字營馬勇一營，營官一員，月支薪公銀二百兩，不扣建；哨官五員，每員月支薪水銀九兩；什長二十五名，每名月支鹽糧、馬乾銀七兩八錢；馬勇二百二十五名，每名月支鹽糧、馬乾銀七兩二錢；長夫七十五名，每名月支口糧銀三兩。振字營步隊一營，營官一員，月支薪公銀二百兩，不扣建；哨官五員，每員月支薪糧銀九兩；什長五十名，每名月支鹽糧銀四兩八錢；護哨、親兵六十五名，每名月支銀四兩五錢；正勇三百八十五名，長炮夫二百名，每名月支鹽糧銀三兩。開花炮隊官弁、勇夫一百三十二員名，內哨官二員，每員月支薪水銀九兩；什長十名，每名月支鹽糧銀四兩八錢。正勇九十名，每名月支銀四兩二錢。長夫三十名，每名月支銀三兩。親兵衛隊一營，營官一員，月支薪公銀一百二十兩，不扣建；哨官二員，每員月支薪水銀九兩；什長二十名，每名月支鹽糧銀四兩八錢；親兵一百八十名，每名月支銀四兩五錢；長夫六十名，每名月支銀三兩。土勇馬隊一營，營官一員，月支薪公銀六十六兩；哨長五員，每員月支薪水銀七兩二錢；什長二十五名，每名月支鹽糧、馬乾銀六兩六錢；馬勇二百二十五名，每名月支鹽糧、馬乾銀六兩；長夫七十五名，每名月支鹽糧銀二兩四錢等語。

至都統衙門隨營辦事並各鹽局文武員弁、滿營官兵，系照軍需則例開支。查軍需例載，派往軍營辦事文職，無論本省、外省道府，各月支鹽菜銀四兩二錢，跟役八名；同知、通判、知州、知縣，各月支鹽菜銀四兩，跟役六名；佐雜，月支鹽菜銀二兩五錢，跟役三名，每名月支鹽菜銀五錢；官役，各日支口糧米八合三勺。

又，各省駐防協領，月支鹽菜銀四兩二錢，跟役六名，馬九匹；佐領、防禦，各月支鹽菜銀四兩，跟役四名，馬七匹；驍騎校，月支鹽菜銀二兩五錢，跟役三名，馬五匹；主事，月支鹽菜銀四兩二錢，跟役八名，馬八匹；筆帖式，月支鹽菜銀二兩五錢，跟役三名，馬五匹。甲兵，月支鹽菜銀一兩五錢，馬三匹，二人合跟役一名，跟役各月支銀五錢。官兵各日支口糧米八合三勺，馬每匹日支乾銀五分。

又，綠營提督，月支鹽菜銀十二兩，跟役二十名；總兵，月支鹽菜銀九兩，跟役十四名；副將，月支鹽菜銀七兩二錢，跟役十二名；參將、遊擊，各月支鹽菜銀四兩二錢，參將跟役十名，遊擊跟役八名；都司，月支鹽菜銀三兩，跟役六名；守備，月支鹽菜銀二兩四錢，跟役六名；千總，月支鹽菜銀二兩，跟役三名；把總、外委，各月支鹽菜銀一兩五錢，把總跟役三名，外委跟役二名，跟役不支鹽菜；官役，各日支口糧米八合三勺。應支馬匹，官員乘騎本營例馬，外委、兵丁每二名給馬一匹，馬每匹日支乾銀五分，各等語。

所有官役，口糧系照甘省面觔作價。章程：每員名各日支口糧面一觔，作價銀三分三厘三毫。至烏魯木齊都統、領隊大臣養廉，致祭博克達山祭品，孀婦口糧，系照臣部則例開支。查例載，烏魯木齊都統原額養廉銀一千八百八十八兩，加增銀五百兩；烏魯木齊領隊大臣原額銀六百兩，加增銀二百兩。又例載，烏魯木齊致祭博克達山，除香帛由部頒發外，其餘祭品，共銀九兩八錢八分，在於經費銀內動支。又，烏魯木齊滿營鰥寡孤獨人等，每名各給銀二兩，口糧面五十觔，在於官當鋪生息銀內，及吐魯番廳倉儲白麵項下動給等語。所有養廉銀兩，照章按八成支給。致祭銀兩及孀婦口糧，查新疆尚未規復舊制，應暫准於軍餉項下動支。至心紅、紙張、油燭，該都統章程內開各月支銀五十兩至十兩不等，未免浮多，應照甘肅章程覈減。至各局書識，每名日支銀一錢，查與軍需則例相符。護勇每名日支銀一錢，查與關內章程相符。新設滿、漢義學二處，每處每月束修銀十二兩，系為培植人材起見，應請准其開支。

臣等督飭司員，查照例案，分別准駁統計此案。除兵、工二部銷款外，臣部應銷銀四十萬零八千三百二十六兩一錢三分，實准銷銀三十五萬一千六百一十七兩零二分八厘五毫六絲五忽，刪除銀五萬六千七百零九兩一錢零一厘四毫三絲五忽。所有覈銷前任烏魯木齊都統恭鏜收支各數目，臣等另繕清單，恭呈禦覽，伏乞皇太后、皇上聖鑒。謹奏。

光緒九年十二月十八日奉旨："依議。欽此。"

謹將前任烏魯木齊都統恭鏜軍營、收支各款銀兩數目繕具清單恭呈禦覽

計開：

一　舊管項下，據冊開，舊管無項。臣部查前任都統英翰，銷冊內開實存銀二千零二十三兩九錢五分，移交都統衙門，兵、戶兩司經收，此案未據接續造報。再查臣部指撥烏垣餉銀每月四萬兩，前案收發餉項，系截至光緒四年正月十七日止，此次銷案系四年十二月十五日起。中間十一個月，收支各項亦未據造報，殊屬不合，應令該都統查明，於三個月之內，專案報部查覈。

一　新收項下，計收部墊庫平銀五萬兩，收粵海、山東等省關庫平銀四十萬四千兩，原冊按照湘平，每百兩伸餘平銀三兩二錢，少伸銀四錢三分。今按照每百兩伸余平銀三兩六錢三分覈算，共應伸平餘銀一萬六千四百八十兩零二錢，合收湘平銀四十七萬零四百八十兩零二錢。原冊少伸湘平銀一千九百五十二兩二錢，收那借伊犁將軍金順等軍餉湘平銀二萬零二百兩。息借商款湘平銀十一萬八

千兩。統共實收湘平銀六十萬零八千六百八十兩零二錢，內除修理安順渠工銀四千八百一十九兩七錢一分四厘，鞏寧城工、兵房城樓等項銀八萬二千四百九十兩四錢八分二厘四毫四絲。又，續修衙署等項工程銀四萬八千六百六十七兩五錢五分，均另案覈銷外，本案實收湘平銀四十七萬二千七百五十三兩四錢五分三厘五毫六絲。

一　開除項下，查第一冊振字營馬隊，官弁、勇夫三百三十一員名，共應支銀五萬六千二百二十一兩五錢；振字營步隊，官弁、勇夫七百六員名，內除炮夫口糧銀三千九百二十五兩，由兵部覈銷外，其餘七萬四千三百九十七兩七錢五分，由臣部覈銷；開花炮隊，官弁、勇夫一百三十二員名，共應支銀一萬兩千六百零二兩四錢；親兵衛隊，官弁、勇夫二百六十三員名，共應支銀五萬二千二百六十四兩；土勇馬隊，官弁、勇夫三百三十一員名，共應支銀四萬七千七百六十八兩九錢。統計第一冊，共請銷銀二十四萬七千一百七十九兩五錢五分，內除炮夫口糧銀三千九百二十五兩由兵部覈銷外，其餘二十四萬三千二百五十四兩五錢五分，臣部按照該都統奏報章程覈算，均屬相符，應准開銷。又查第二冊總理文營務處，查照前任都統英翰案內，應留一員、刪除一員，唯高同善一員，系於八年二月赴部，應准照二員開支，共應支銀八百六十一兩九錢七分二厘。刪除文營務處辦事委員四員，共刪除銀二千一百四十兩零五錢九分。總理武營務處，照案留一員，應支銀一千八百八十九兩。刪除幫辦二員，共刪除銀一千九百四十九兩七錢九分。應留武營務處辦理文案二員，應支鹽糧銀五百九十七兩五錢六分二厘。都統隨營文案處、辦理折奏處，照案應共留二員，應支銀一千一百九十八兩七錢三分零二毫四絲，刪除三員，共刪除銀一千五百六十八兩六錢九厘七毫六絲。辦事委員，照案留二員，應支鹽糧銀一千一百九十八兩七錢三分零二毫四絲。刪除四員，共刪除銀一千三百六十九兩九錢六分八厘七毫六絲。火藥局、軍裝局、支發局、糧料局、發審局稽察委員、上海轉餉所、歸化轉運總局、山東坐催轉運局、古城轉運分局，共委員二十員，共應支鹽糧銀一萬一千六百七十八兩四錢六分九厘四毫四絲。刪除隨營辦事文武三十員，共刪除銀一萬七千二百九十五兩零一分二厘。合計共留委員二十九員，共支銀一萬七千四百二十四兩二錢六分三厘九毫二絲。刪除委員共四十二員，共刪除銀二萬四千三百二十三兩九錢六分六厘零八絲。至烏魯木齊、古城協領甲兵，共二百八十七員名，共支銀五萬七千九百二十四兩九錢。孀婦十九口，共支銀一千九百二十二兩一錢。

統計第二冊，原調銷銀十萬零一千五百九十五兩二錢三分零，照案刪除銀二萬四千三百二十三兩九錢六分六厘零八絲，共准銷銀七萬七千二百七十一兩二錢六分三厘九毫二絲。又第三冊，烏魯木齊領隊大臣恭鏜在任六個月零一日，按照革職錄用之例，應支一半養廉銀二百零一兩一錢一分一厘，折庫平八成銀一百六十兩八錢八分八厘八毫。照冊覈算，多支一半庫平八成銀一百六十兩八錢八分八厘八毫，應令刪除。又烏魯木齊都統任內，應支八成庫平養廉銀六千六百零六兩八錢。又古城領隊大臣魁福，應支八成庫平養廉銀一百一十兩零四錢四分四厘四毫四絲四忽。署領隊大臣勝安，應支庫平八成養廉銀一百七十四兩二錢二分二厘二毫二絲。又，領隊大臣勝安，應支庫平八成養廉銀七十九兩三錢三分三厘二毫八絲。

以上五款，共應支八成庫平銀七千一百三十一兩六錢八分八厘七毫四絲四忽。按照湘平每百兩伸平銀三兩六錢三分覈算，共應支湘平銀七千三百九十兩零五錢六分九厘零四絲五忽，共應刪除庫平銀一百六十兩八錢八分八厘八毫，計刪除湘平銀一百六十六兩七錢二分九厘零六絲三忽。至兵戶司照案留總辦一員，辦事委員五員，共應支鹽糧銀二千六百零六兩三錢九分，刪除辦事委員三員，共應刪除銀一千零二十七兩四錢七分。照案留巡捕四員，字識二名，差官六員，共應支銀八千一百三十兩零八錢。刪除差官十四員，共應刪除銀五千二百四十四兩零八分。該都統既有滿戈什哈二十名，所有漢戈什哈五十名應行刪除，共刪除銀一萬七千九百八十一兩九錢九分。滿、漢義學二處，每處每月束修銀十二兩，共用銀四百二十兩，系為培植人材起見，應請准其開支。致祭博克達山四次，共支銀三十九兩五錢二分，照例應准開支。諳領戶部則例一部，例價銀十二兩，合湘平銀十二兩四錢三分五厘六毫。統計以上應支、應刪各款，共銀四萬九千三百九十九兩九錢八分三厘七毫零八忽。

第三冊，原請銷銀四萬九千三百六十八兩七錢五分，計少湘平銀三十一兩二錢三分三厘七毫零八忽，除用過川資、置買水磨等銀六千三百八十兩，應由兵、工二部覈銷外，臣部應准銷銀一萬八千五百九十九兩七錢一分四厘六毫四絲五忽，刪除銀二萬四千三百八十九兩零三分五厘三毫五絲五忽。又查第四冊，開心紅、油燭、紙張，振字營文營務處、武營務處、都統隨營文案處，各月支銀四十兩。火藥局、軍裝局各月支銀一十兩，歸化轉運總局月支銀五十兩，古城轉運局、支發局、山東坐催轉運局、上海轉餉所，各月支銀三十兩。

臣部查陝督譚鐘麟章程內開，甘肅省城糧台為總匯之所，每月給紙張、筆墨、油燭銀十八兩。陝、鄂兩台，每月十六兩。上海探運局暨肅州轉運局，每月六兩。軍裝、火藥各局，每月三兩。夫以西征各台局事務殷繁，較烏垣不啻數十倍，所支紙張等款，只有此數。烏垣事務本簡，月支各款較西征又不止倍之，若非浮銷，即系濫支，自當比較西征量為覈減。所有振字營文營務處、武營務處、都統隨營文案處、歸化轉運總局，應比照陝、鄂兩台，月支銀十六兩。古城轉運局、山東坐催轉運局、上海轉餉所，應比照西征上海探運局、肅州轉運局，月支銀六兩。支發局、火藥局、軍裝局，應仿照西征軍裝火藥局，月支銀三兩。雖關內與關外情形不同，而烏城與西征各台局事務繁簡亦大相懸絕，軍需定例原系酌量事務繁簡，臣部覈銷固嘗以道路遠近，物價貴賤為衡。然事繁則費多，事簡則費少，此事繁而物賤，彼事簡而物貴，互相牽算，亦得其平。況各局並非悉在關外，即以關內章程科算，亦非刻覈。所有心紅、紙張、油燭一款，照章應准銷銀三千七百九十九兩五錢，刪除銀七千九百九十五兩五錢。至書識每名日支銀一錢，護勇每名日支銀一錢。計書識六十二名，護勇二十名，共應准銷銀八千六百九十二兩。統計第四冊，原請銷銀二萬零四百八十七兩六錢，以散合總，多開銀六錢，應予刪除。照章覈算，通共應准銷銀一萬二千四百九十一兩五錢，刪除銀七千九百九十六兩一錢。

再查此冊，武營務處心紅、紙張、書識工食，少支一月銀兩。因何少支之處，應令該都統查明諮覆，另行覈辦。統計本案，原請銷湘平銀五十二萬五千七百零六兩六分，內除第五、六、八等冊用過馱價，及採買馬匹，共銀六萬二千八百八十七兩一錢三分。又，造入臣部冊內炮夫口糧、川資等款，共銀八千一百零五兩，應由兵部覈銷。第七冊制辦軍裝銀四萬四千一百八十七兩八錢，造入臣部冊內，置買水磨用銀二千二百兩，由工部覈銷，照章另行注案外，臣部應銷銀四十萬零八千三百二十六兩一錢三分，實准銷銀三十五萬一千六百一十七兩零二分八厘五毫六絲五忽，刪除銀五萬六千七百零九兩一錢零一厘四毫三絲五忽。

一　實在項下。臣部覈算，計應存銀三千七百五十六兩四錢九分四厘九毫九絲五忽。據原冊內開，欠發勇餉銀五萬四千九百零四兩八錢零六厘四毫四絲，欠息借商銀十一萬八千兩等語。臣部查，應存並刪除銀共六萬零四百六十五兩五錢九厘四毫三絲，應于商款內劃抵。實在欠發勇餉銀五萬四千九百零四兩八錢零六厘四毫四絲，息借商款銀五萬七千五百三十四兩四錢九分三厘五毫七絲。

議裁烏魯木齊委員勇丁片

[**題解**] 本稿當作於光緒九年十二月中旬。烏魯木齊都統恭鏜奏請挑選歸併親兵衛隊及添加勇丁，因事涉軍餉開支，戶部認為現值水患頻仍、海防吃緊之時，應迅將烏垣招募馬、步二營及其他人員全行裁撤以節餉項。

再，烏魯木齊都統恭鏜奏請，將土著馬勇一營挑選歸併一旗於親兵衛隊，正勇二百名外，另添一百六十餘名。其歸併馬、步防勇，每月薪公糧餉馬乾，請自光緒十年正月起，照楚軍坐糧章程分別開支等因一片。光緒九年十二月初九日軍機大臣奉旨："知道了，欽此。"欽遵於十二月初十日鈔出到部。

臣部查，新疆各路勇管，劉錦棠、張曜所部約有三萬人，金順、錫綸所部亦不下二萬人，兵力已厚。烏垣招募勇營系在平定之後，本無戰績，緩急俱不足恃。該處各項委員太多，幾於數勇一官，一官之費即縻數十勇之餉，徒耗國帑，無益邊防。且值現在水患頻仍，海防吃緊，各省紛紛奏請停解改撥，餉款萬分艱難，烏垣防務已松，盡可將土著馬勇、親兵衛隊二營，及聽差、各項文武員弁、書識、護勇等全行裁撤。該處旗兵，即照駐防常例開支，用符舊制。相應請旨飭下烏魯木齊都統長順，迅將烏垣招募馬、步二營及各項聽差、文武員弁、書識、護勇全行裁撤，以節餉項。該都統素習邊情，甫行涖事，必能破除，認真顧全大局。所有烏魯木齊勇營應行裁撤緣由，理合附片俱陳，伏乞皇太后、皇上聖鑒。謹奏。

　　光緒九年十二月十八日奉旨："依議。欽此。"

會議提撥南疆工程銀兩摺

[**題解**] 本稿當作於光緒九年十二月初。督辦新疆軍務劉錦棠奏南疆因新設郡縣，籲懇天恩飭撥部儲銀三十七萬四千兩俾濟要需，戶部以"節經奏明，無論何項軍需，概不准請撥部款在案"為由拒絕，並以各省水旱頻仍、海防吃緊等原因，擬由積欠西征月餉的江西等省提銀十八萬兩支付工程款項。同時指出，南疆工程應酌量緩急情形，以城垣為重，衙署等工應當緩辦。其時財政緊張、各項開支用款迫急之狀可知。

奏為遵旨會議具奏事。

欽差大臣督辦新疆軍務劉錦棠奏《南疆新設郡縣籲懇天恩飭撥實餉》一折，光緒九年十一月二十七日軍機大臣奉旨："該部議奏，欽此。"欽遵由內閣鈔出到部。

據原奏內稱，南疆增置郡縣城垣、衙署等工，臣與張曜往復通籌，大率城垣為重、土工為多。臣檄飭各營局確估工費去後，茲據各營局陸續具報興工前來。臣逐加覈閱舊制改作者，東僅庫車、烏什，西僅喀英葉瑪暨疏附縣城七處，其東路喀喇沙爾、阿克蘇、拜城，西路和闐直隸州於葉瑪兩縣，均待擇基另建官司、倉庫、衙門，動費鉅款通盤確估，共計城工十三起，衙署十五起，除嵩武、楚湘諸軍幫修土工外，所需物料、工賑諸款，共需銀三十七萬四千兩有奇。本年現屆十月，協解成數除劃抵商價外，實在解甘銀一百二十餘萬兩。征軍餉需暨南北兩路正雜諸款，統指協餉通融出入，祗足相抵，惟有懇恩飭撥部儲實餉各等語。

臣等伏查，新疆遼闊，守禦為重，所有各項工程以期邊疆完固，自是切要之圖，第工費浩繁，仍當視餉項之盈絀，陸續興修。是以腹地省分發撚平近二十年，衙署等工不能興，城垣一時並建。[1]茲據該大臣聲稱，郡縣建置窮窘異常，懇恩准撥部儲銀三十七萬四千兩，俾濟要需等情。臣等查，各省水旱頻仍，海防吃緊，現在奏定撥款辦防，各省多請改撥，部庫入不敷出，實難輕予外撥。且臣部節經奏明，無論何項軍需，概不准請撥部款在案。惟西征餉項支絀，一切工費無可籌措，尚系實在情形。臣等公同商酌，除被災等省及沿海辦理防務省分確難提撥外，擬由積欠西征月餉內江西提銀三萬兩，湖北提銀四萬兩，湖南提銀四萬兩，河南提銀二萬兩，山西提銀一萬兩，四川提銀三萬兩，河東道提銀一萬兩，共提銀十八萬兩，限十年五月以前如數解交甘肅糧台，以濟急需。

至原奏內稱，新疆地處極邊，幅員遼闊，要荒之外，遮罩為先。南疆新設，郡縣城署等工勢不容緩，逐覈城工可以改作者七處，擇基令建者六處[2]，城根、炮臺、甕門，通用燒磚雜石，城樓、官廨等項工程，所需鐵、木、磚石物料，匠役諸款，勢難停待，請撥實餉，俾濟要需等語。工部查，城垣之設，保障攸關，最為緊要。南疆一帶新設郡縣，應建城垣、炮臺等工，既經戶部酌撥餉需，自應趕緊次第興修，以固金湯而重邊徼。應令該大臣等先行委員揆度情形，勘定基址、總期，據險要之區，足資捍衛一面。將改修、另築各座城垣工程，轉飭承修各員，摶節估計，照例造具估冊，繪圖貼說，專案諮送臣部立案。並將各省解到銀兩，覈實動用，務使工堅料實，帑不虛糜。一俟工竣，陸續分案、分起遵照臣部九年三月奏章，依限造冊報銷，用昭覈實。至官廨等工用款繁多，自應遵照戶部所議，從緩辦理。相應請旨飭下各省督撫等，一體遵照。並請飭下督辦新疆軍務大臣劉錦棠、陝甘總督譚鍾麟、廣東陸路提督張曜等，一俟收到此次奏提各款，酌量緩急情形，應以城垣為重，衙署等工自當緩辦，庶不使萬難之餉需徒滋糜費，是為至要。所有會議緣由，臣等理合恭摺具陳，伏乞皇太后、皇上聖鑒。謹奏。

光緒九年十二月二十五日奉旨："依議。欽此。"

［校注］

［1］此句中"一時並建"，當為"不能一時並建"。

［2］此句中"令"字，當為"另"。

議覆督辦大臣新疆道員等
官俸廉公費發給十成片

[題解] 本稿當作於光緒九年十二月初。督辦新疆軍務大臣劉錦棠奏請將新疆道員暨正雜官吏分別酌給津貼，戶部認為新疆各官廉俸之外複有公費，無庸於定例之外多立名目，其所請酌給津貼及全支養廉之處應無庸議。惟因關外情形究與內地不同，新疆道員暨正雜實任各官俸廉公費，擬請一律按十成實銀髮給，毋庸減折以示體恤。

再，督辦新疆軍務大臣劉錦棠奏《請將新疆道員暨正雜官吏分別酌給津貼》一折，光緒九年十一月二十七日奉旨："戶部議奏，欽此。"欽遵於本月二十八日鈔出到部。

查原奏內稱，南疆新設郡縣，部議俸工役食照章減折支給，為數無多，擬照黔省津貼州縣新章分別酌擬。通計南北兩路，合葉、哈兩廳，共道、廳、州、縣、分防縣丞，二十五員缺。又原設佐雜教職十四員缺，內巡道三員缺，相等擬請每員每月給津貼銀一百兩。其北路之鎮西、迪化、昌吉、阜康，南路之喀喇沙爾、瑪納巴什、拜城，州縣七缺與哈密通判，均屬著名瘠苦，擬請每員每月給津貼銀六十兩。又北路鎮西、迪化、阜、昌四廳州縣，現任學正、訓導、吏目、典史、巡檢，照磨合哈密巡檢，共八員缺，擬請每月給津貼銀十六兩。其餘缺分稍優之處，均請毋庸津貼，以示區別。以上津貼，各官通共歲需實銀一萬八百九十六兩。無缺之員、無員之缺，均請全支養廉，以示體恤等語。

臣等查，黔省因庫款空虛，各官俸薪、養廉無從發給，是以議給津貼以資辦公，臣部現在覈辦尚未覆准。新疆各官廉俸之外複有公費，似無庸於定例之外多立名目。該大臣請將道員暨正雜各官酌給津貼之處，應毋庸議。至無員之缺、無缺之員應給養廉，例應分別開支。該大臣所請全支養廉之處，與例不符，亦無庸議。惟是關外情形究與內地不同，若將俸工役食照章覈減，為數無多，誠如該大臣所奏，該大臣因俸工減成議給津貼，名目轉涉分歧，不如規復舊制，毋庸減成辦理，較為切實。臣等公同商酌，現在新疆改設郡縣，亟當慎選廉能，與民休息，責人以廉者當養人以寬。新疆道員暨正雜實任各官俸廉公費，擬請一律按十成實銀髮給，毋庸減折，以示體恤。其餘各省，均不得援以為例。如蒙俞允，由臣部行知該大臣，即目奉旨之日為始，照例起支。

再，查近來所謂優缺，非上侵國帑，即下朘民膏。該大臣考察群吏，便當覈屬員之貪廉，不必視缺分為肥瘠。今既優予廉俸公費，該員等倘不知自愛，道府以屬員饋送為陋規，州縣以地方殷富為利藪，即由該大臣據實嚴參，以昭炯戒。所有臣等遵旨覆奏緣由，理合附片具陳，伏乞皇太后、皇上聖鑒。謹奏。

光緒九年十二月二十五日奉旨："依議。欽此。"

奏催八旗領過俸餉並按月開單送部片

[**題解**] 本稿硃批時間為光緒十年正月二十三日，作時當在正月初。八旗奏銷向由各旗年終題銷一次，所有領過俸餉銀米、公費錢文等項數目，統俟八旗具奏後送交戶部查覈，然因八旗承辦奏銷造冊所用滿漢文字不統一，報部時限不齊，故戶部僅題至光緒三年止。此稿旨在奏催八旗，將領過俸餉按月開單送部查覈。

再，查八旗奏銷于雍正三年十二月二十六日，經大學士馬齊等奏請，嗣後將八旗支過俸餉銀米、馬匹錢糧數目黃冊，畫一開造，交戶部查對等因，奏准在案。

臣等伏查八旗奏銷，向由各旗年終題銷一次，所有領過俸餉銀米、公費錢文等項數目，統俟八旗具奏後，送交臣部查覈。計滿、蒙、漢八旗銷冊，必須各旗送齊，再由臣部督飭司員逐款覈對，數目相符方能匯題，歷經辦理在案。

今八旗承辦奏銷，造冊則有滿文、漢文之不一，報部則有依限、逾限之不齊，是以臣部僅題至光緒三年止。推原其故，實因正紅旗滿洲光緒五年分，鑲紅旗滿洲光緒四、七、二年分，鑲紅旗漢軍光緒五、六、七、八、四年分，均未據造冊送部，臣部確難匯題，迭經臣部行催，各旗迄未造送。似此年復一年，殊屬遲延，以致動用之款，臣部無從查考，更何日清結？事關奏銷，未便聽具積壓。其九年分，除鑲黃旗、滿洲鑲黃旗、漢軍正白旗、滿洲正白旗、蒙古正白旗、漢軍鑲白旗、滿洲鑲白旗、蒙古鑲白旗、漢軍正藍旗、漢軍正紅旗、漢軍鑲藍旗、滿洲鑲藍旗、蒙古鑲藍旗漢軍，已據造冊送部不計外，所有各旗未送銷冊，亦應趕緊造送，勿稍遲延。相應請旨飭下鑲黃旗、蒙古正藍旗、滿洲正藍旗、蒙古正黃旗、滿洲正黃旗、蒙古正黃旗[1]、漢軍正紅旗、滿洲正紅旗、蒙古鑲紅旗、滿洲鑲紅旗、蒙古鑲紅旗漢軍各都統嚴飭承辦，參佐各員迅將支過各年俸餉、銀米數目，分年分款一律造具滿漢清冊，限一月內送交臣部，以憑覈算匯題。

嗣後八旗支領款項，應以臣部奏准之日為始，每月領過某次某項，即於次日按款開單，先行送交臣部查覈。至一年動用款目，仍應按照舊章，年終由該旗自行奏聞後，即行開造滿漢細冊，依限送交臣部查對。應俟命下，由臣部通行各該旗遵照辦理，以符奏案而免積壓。臣等為慎重庫款起見，理合附片具陳，伏乞皇太后、皇上聖鑒。謹奏。

光緒十年正月二十三日奉旨："依議。欽此。"

[校注]

[1] 此外"蒙古正黃旗"一句，疑與前文重复。

議覆陝撫延榆綏鄜錢糧照例開報考成片

[題解] 本稿當作於光緒十年正月中旬前後，為奉命議事奏稿。署陝西巡撫葉伯英以陝省地本瘠薄、戶口凋零等原因，奏請光緒九年上忙錢糧循例造冊，八年下忙仍請展緩造報，戶部認為延榆綏鄜等處地非盡荒，剔荒征熟實屬易事，四地應隨同西安等府州所屬照例覈計分數，造具上下忙清冊報部查覈。

再，署陝西巡撫葉伯英奏《光緒九年上忙錢糧循例造冊八年下忙仍請展緩造報》一片，光緒十年正月初四日，軍機大臣奉旨："戶部知道，欽此。"欽遵於本月初五日鈔出到部。

據原奏內稱，陝省錢糧承平時照額徵收，循例造報。自軍興後，遍遭蹂躪，小民拋荒農業，光緒三、四兩年，通省旱災，田地更複荒蕪，迄未照常征解。自同治元年起，至光緒八年止，上、下忙錢糧解司銀數，疊經懇請展緩造報在案。本年奉部諮附奏，不准再請展緩。現值造報九年上忙之期，自應遵照辦理。惟查各屬應徵錢糧現系剔荒徵收，其北山延、榆、綏、鄜四府州所屬，地本瘠薄，戶口凋零，均體察情形酌量啟征，委實難計成數應造上、下忙冊。請將該四府州所屬劃除不列外，查西安、鳳翔、漢中、同州、興安五府，商、邠、乾三直隸州所屬光緒九年分，共額征民屯更起運銀一百三十萬六千六百九十兩零，內除荒地，應徵銀一十九萬五千九百四十六兩零，實在熟地，應徵銀一百一十萬七百五十三兩零。今上忙已完銀九十九萬五千四百五十八兩零，未完銀十一萬五千二百九

· 33 ·

十五兩零。又征鹽課銀一萬四千九兩零，今上忙已完銀九十九萬五千四百五十八兩零，未完銀十一萬五千二百九十五兩零。又征鹽課銀一萬四千九兩零，今上忙已完銀五千三百八十二兩零，未完銀八千六百二十七兩零，理合循例造冊至八年分，上忙冊已准展緩，下忙冊仍請展緩造報等語。

臣部查，徵收錢糧，剔荒征熟本不難，即熟地而考徵收之分數，即分數而定州縣之考成，惟庸闒之州縣，聽吏役之蒙混，並不知某熟某荒，不肖之州縣且與吏胥分肥，置正供於不顧，輒謂荒地太多，難計分數。吏胥曰應酌量啟征，州縣亦曰應酌量啟征，上司批牘亦不過曰體察情形、酌量啟征而已。在州縣既得巧避考成，吏役益得售其欺詐，隱匿侵蝕，百弊叢生。陝省藉口地荒，考成久廢，疊經臣部奏明不准展緩。今該署撫奏稱，造報九年上忙錢糧以延、榆、綏、鄜四府州所屬，地本瘠薄，難計成數，請將四府州所屬劃除，殊屬不合。

臣部伏查，延、榆、綏、鄜等處，地非盡荒，有一分熟地即可收一分錢糧，剔荒征熟，何難覈計分數。即謂地本瘠薄，我朝田賦區別等則，並非概照上則徵收。該屬地雖瘠薄，斷不能不徵收錢糧，既徵收錢糧，即不得不加以考覈。其延、榆、綏、鄜四府州屬，應令該署撫剔荒征熟，隨同西安等府州所屬，照例覈計分數，造具上、下忙清冊，報部查覈。如州縣有收多報少及征存未解等弊，即行據實嚴參，毋得僅憑屬員一詳，致違考成定例。至八年分下忙清冊，該署撫仍請展緩造報之處，臣部未便率准，應令查照臣部奏案，迅速補報，毋得再延。所有陝省九年分上、下忙清冊應行一體造報，八年分下忙清冊仍應補造各緣由，謹附片具陳，伏乞聖鑒。謹奏。

光緒十年正月二十三日奉旨："依議。欽此。"

覈議陝西錢糧分數並參山陽縣征存未解摺

[**題解**] 本稿當作於光緒十年正月中旬前後。署陝西巡撫葉伯英奏光緒八年分經征錢糧已、未完屬縣中，山陽縣征存未解銀仍未批解，請歸入下屆奏銷聲明。戶部認為陝省歷年均將奏銷冊籍視同具文，此次山陽縣於征存應行解司之項延緩不解至一年以上，已逾例限，故請旨飭下吏部將山陽縣知縣查取職名，照例議處。

奏為覈議陝省已、未完錢糧，山陽縣征存銀兩延不完解，請旨交部議處，以杜虧那，恭摺仰祈聖鑒事。

署陝西巡撫葉伯英奏《光緒八年分經征錢糧已未完數目等因》一片，光緒十年正月初四日軍機大臣奉旨："該部議奏。欽此。"欽遵於本月初五日鈔出到部。

據原奏內稱，光緒八年分各屬經征地丁銀兩，除荒征熟，覈計完欠分數，以資考察，經前撫臣馮譽驥於折內聲明，平原西、同、鳳、邠、乾暨南山漢、商、興八府州所屬經征錢糧，除通完各廳州縣不計外，匯查未完各屬，均不及一分，請俟奏銷時查明有無續完，再行覈辦在案。茲屆奏銷之期，查未完不及一分之二十八，屬迻經嚴催，有已解者、未解者，有報解通完者，俱於奏銷冊內聲明。惟長安縣征存未解銀五千一百七十四兩九厘，系已故知縣陳爾弗虧短，已專案奏參查抄不計外，其鹹陽縣征存未解銀二千五百九十五兩二錢四厘，業於奏銷案內續解通完。又山陽縣征存未解銀五百一十六兩一分九厘，仍未批解，現在嚴催，請歸入下屆奏銷聲明等語。

　　臣部查陝省徵收錢糧，除荒征熟，疊經前撫臣奏明，皆認眞清
厘，疆吏不難計荒熟而定考成，臣部亦不難憑冊籍而嚴考覈。陝省
歷年奏銷冊籍，視同具文，地畝不分荒熟，統曰額征錢糧，惟報已
完，不曰已解。各屬未完分數，既難覈責，孰為經征？接征亦不得
其主名，籠統含糊，莫此為甚。今據該署撫臣奏稱，光緒八年分未
完不及一分之二十八屬已解，未解、報解通完者，俱於奏銷冊內聲
明。臣部檢查該年奏銷冊，造未完不及一分至未完六七分以上，至
三十二州縣與該撫所奏不符，亦未據將已解、報解、通完逐款聲明。
即長安、鹹陽、山陽三縣，征存未解銀兩冊內均未據開報。該署撫
於已故署長安縣知縣陳爾弗，既可指名鹹陽、山陽兩縣職名，何以
隱匿不報？既據聲稱長安縣虧短銀兩已專案奏參，鹹陽縣續解通完，
惟山陽一縣征存未解銀五百一十六兩一分一厘，仍未批解。迄今一
年之久，該署撫何以聽其延宕，並不照例嚴參？

　　臣等竊惟，州縣交代之虧空，由於錢糧征存未解積久，遂致侵
那。該縣敢於延宕不交，即應參辦。查臣部則例內載各直省征存上
忙錢糧，按限將實征實解細數造冊，送部備查，俟下忙報解銀數之
後，該督撫一面造冊詳報，一面查明各州縣錢糧，如有已征未解者，
即行據實參奏，儻有疏漏，即將該督撫藩司參處。未解銀兩，即在
該州縣名下著追，如致無著，各該上司分賠等語。今山陽縣於征存
應行解司之項，延緩不解，至一年以上，已逾例限，未便稍事姑容。
相應請旨飭下吏部，將山陽縣知縣查取職名，照例議處，以警玩泄
而杜虧那。仍令該署撫一面嚴行勒追，飭該縣掃數完解，毋任虧空。
至該署撫奏稱，未完不及一分，各屬鹹陽縣續解通完，均與奏銷冊
不符，殊難憑信。應令迅速查明，據實報部覈辦，其上、下忙征存
未解之款，豈僅山陽一縣？應將通省徵收錢糧，認眞嚴查，如有征
存未解之州縣，即行指名嚴參，毋得瞻徇情面。倘有疏漏，一經臣
部查出，即照例將該巡撫、藩司參處，並署落該上司分賠。

　　至奏銷冊內地畝荒熟，務須分明。某州縣額征若干，除荒若干，
實應徵若干，已完解司若干，未完實欠在民若干，某員經征，某員

接征，逐一注明。轉飭藩司覈實清厘，毋得諉之吏胥，致滋弊混。所有覆議陝省已、未完錢糧請將征存未解之山陽縣議處緣由，理合恭折具陳，伏乞皇太后、皇上聖鑒。謹奏。

光緒十年正月二十三日奉旨："依議。欽此。"

統籌甘肅新疆全域摺

[**題解**] 本稿禦批時間為光緒十年二月十七日，故其作時當在光緒十年一月底或二月初。因西路軍軍餉浩繁，消耗全國財賦所入六分之一，致中外交困，故戶部本著統籌全域以規久遠而固國本之目的，在此奏稿中提出西路軍應在定額餉、定兵額、一事權諸方面下功夫裁減軍餉，針對朝中所可能出現的反對意見，奏稿作者逐一進行反駁。全稿據實立論、情辭懇切，國家財政艱窘之情形、官吏腐敗之事實，盡顯筆底。

奏為西路軍餉浩繁，中外交困，急須統籌全域，以規久遠而固國本，恭摺仰祈聖鑒事。

竊維理財之要，在量入以為出。考之禮曰：財用足故百志成；又曰：國無九年之蓄曰不足。是知財用窘乏，則苟且之法繁興，即天下之患潛伏，非小故也。我朝用兵之費，未有如今之多且久，財用窘乏，亦未有如今日之甚者。

軍興以來，近三十年用財曷止萬萬。迄寰宇底定，惟甘肅、新疆需餉孔多。除明春一軍，業經裁撤不計外，以現在調撥而論，劉錦棠、譚鐘麟關內外之師，歲撥銀七百九十三萬兩，是為西征軍餉。若西寧歲撥之一萬，寧夏歲撥之十萬，涼莊歲撥之八萬四千兩不與焉，金順一軍並接統榮全、景廉舊部，歲撥銀二百二十八萬兩，部墊三十六萬兩，是為伊犁軍餉；若巴里坤專餉迭次提撥之四十萬兩不與焉，錫綸接統英廉所部並新募諸軍，歲撥銀三十三萬兩，是為塔爾巴哈台軍餉；長順接統恭鏜所部，歲撥銀九萬六千兩，是為烏魯木齊軍餉。若張曜所帶豫軍，歲需銀六十餘萬兩，向由河南供支亦不與焉。以上西路各軍，每歲共需銀一千一百八十餘萬兩，遇閏加銀九十餘萬兩。軍需而外，善後經費，又每次動撥數萬、數十萬兩不等。

事權本未畫一，故勇無定數，餉尤無定額。通盤計算甘肅、新疆歲餉，耗近歲財賦所入六分之一。各省關或括庫儲，或向商借，剜肉補瘡，設法籌解已屬不遺餘力，各路猶以餉不足用，屢請於朝。

臣部不得已，為之提積欠。各省關解積欠則停月餉，解月餉則停積欠。雖迭奉諭旨，令統兵大臣將欠解之藩司、監督指名嚴參，各將帥深知艱窘情形，礙難參劾。公議既窮不得已，私函婉托委員、守催提解，偶有不前，飛章告匱，咸謂嗷嗷待哺。奏請部儲，臣部無可指撥，不得已于封儲洋稅項下，動撥數萬或數十萬兩以救其窮。此處甫行領完，彼處告急又至。事同一律，本難歧視，不得已再撥庫儲。所有歷年部墊餉銀，各省關未能悉數清還，出款暗增，入款暗耗。臣等以部庫關係根本，儲積無多，實難輕予外撥。而各處領到部餉，甫清舊欠，又有新虧，不得已另向商借，或將勇數浮報，暗地賠償，或將應協餉銀，明請抵補一款，未清又借一款。重重計息，愈累愈多。近來所償息款將近千萬，上損國帑，下竭民膏，艱窘情形日甚一日。

查光緒八年分，各省關實解西路餉銀尚有五百八十萬兩，劃還洋款銀二百一十六萬九千餘兩，部墊銀四十八萬兩，部庫另撥銀八十一萬兩，各軍共受協餉銀八百五十三萬餘兩。夫協餉必出於庫，今則庫款空虛矣。從前因軍餉不敷，務求節省，葬銀、紅事等賞久已悉停；廉俸、兵餉、役食莫不減折，一切支款又須減平。綜計裁省之數悉以供軍，既供本省各營，又顧各路協餉，預挪來年錢糧不足，填補上年舊欠。疆吏則以羅掘一空，頻登奏牘；臣部亦以庫款支絀，屢瀆宸聰。上年籌辦海防，西路協餉頗難兼顧，各省奏請改撥，臣部幾無可改；各省奏請停解，臣部不敢遽從；各省聲稱萬分艱難，臣部猶謂務當籌解。不量其力，徒托空言，天下無大患難之時，猶且拮据如此，萬一海疆有警，歲入更減，各省自顧不暇，西路之事何堪設想？

協餉究出於民，今則民益困窮矣。查咸豐初年始抽厘助餉，於關稅之外，複設厘卡，跡近重征。大吏諭民以暫時抽收，事竣裁撤。小民均切同仇之義，勉強輸將。其後厘卡愈密，法網愈周，析及秋毫，販負俱不得免。因軍餉不足，迄今未能遽裁。計每年報部收厘數目，千數百萬。至外銷之款，與夫官吏所侵蝕，書役所勒索，又無論已。層層剝削，竭澤而漁，商賈鹹謂事竣不裁，久為商累，貨物昂貴，終歸累民。

至於田賦所出，具有常經，軍興既久，供億不恒，遂隳經制。如四川之按糧津貼捐輸，已近加賦。各省遭賊蹂躪，城池甫複，遽事徵收，兵燹孑遺，靡得喘息，本年之錢糧既須完納，歷年之積欠又須帶征。餉需緊要，不得不嚴其考成；考成綦嚴，不得不出於敲撲。至於州縣之勒派，胥吏之誅求，尚不在其中，而民間捐貲以應差徭，攤派以辦團保，又無論已，雖官非增賦，私已倍輸。數十年來，海內罷弊，戶鮮殷實，田多汙萊，率以此故，近年如山西、河南二省，迭遭大旱，死亡枕藉，閭裡為墟，竭全力以救之，殆僅有存者，至今元氣未複，生計蕭條。上年山東黃河潰堤，橫流千里，沿河之眾，半付波臣，輾轉流亡，以百萬計，雖蒙聖恩截漕發帑、恤此災黎，猶有居無室廬、食無藜藿，鬻男賣女聊圖苟活者。饑民既眾，隱患方深，至於順天、直隸、湖北、江蘇、浙江、安徽、河南、四川等省，水旱偏災，又無論已。大亂甫靖，又罹奇災，一切苟且之法，皆未停罷，臣等竊危之。

伏查我朝戡定準、回兩部，舉全疆二萬裡隸之職方，其時府庫充溢，當世猶不免耗中事西之疑。今則庫款空虛如此，民力困窮又如彼，而西路軍餉數倍於國家全盛之時，悉索以供，靡所底止，若不豫為籌畫，仰屋徒嗟。倘蒙聖明垂詢空虛之由，臣等毫無補救，實難辭咎。即聖慈不加譴責，天下萬世清議，其謂之何？

臣等再四思維，耗中以奉邊，終非長策。但西陲要地，非內地為之調撥，亦不能支是用。稽考舊章，旁參眾說，不揣冒昧，敬為我皇太后、皇上陳之。

　　一曰定額餉。甘肅、新疆歲需撥餉千數百萬，斷難供億，且斷無全解之理，徒使應協者任意挪移，盈虛難考。受協者藉口欠解，借墊頻仍，皆額餉未定之故。查道光年間額兵尚未裁減，臣部估撥甘肅、新疆歲餉等項四百四萬或四百十五萬兩有奇，除留抵外，實調銀三百餘萬兩。鹹豐年間，陸續裁減裁扣，每年估撥銀三百二萬兩。除核減折放留抵外，僅調撥銀二百四十四萬五千餘兩。迨回逆構亂，攻剿之師另撥月餉額久已停解，光緒四年，西路漸就肅清，前督臣左宗棠覆陳新疆情形折內，請於三年之後部撥甘肅、新疆的餉，每年三百數十萬兩為度。臣部議覆，屆時再行奏明辦理。迄今逾三年之期，所有甘肅、新疆各軍餉，應照左宗棠奏案，每年調撥的款三百數十萬兩，不准各省蒂欠，合之本處歲入留抵之款，已在四百萬兩上下。嗣後不准再向商借，亦不得牽請部儲，經久之圖，莫要於此。

　　一曰定兵額。查關內減兵裁勇，已有規模，惟關外統兵大員太多，均得專折奏請招募兵勇，迄無定額。現查劉錦棠所部馬步二萬三千餘人，張曜所部六千餘人，烏魯木齊、古城兵勇八百餘人，巴里坤官兵九百人，金順、錫綸所部約有兩萬餘人。綜計全疆兵勇數逾五萬，較承平額兵四萬之數，已多一萬有奇。力分於將多，財匱於兵眾。臣等竊以為，新疆既改設州縣，時勢變遷，烏魯木齊、巴里坤、古城、庫爾喀喇、烏蘇等處，自遭回亂，旗丁所存無多，宜歸併伊犁。即以伊犁將軍專轄旗兵，如內地駐防之例。應令劉錦棠等通盤籌畫，就額響數目酌留兵勇。應並者速並，應裁者速裁，合南北兩路滿、蒙、漢兵勇，總不得逾舊額四萬之數。現在防營無事，口分尚給行糧，若有事之時，加餉則款愈難籌，不加則何以示勸。臣等擬仿成法，量為變通。暫以二萬人為勇，改行糧為坐糧。出征外域，始照行糧支給。再於客勇之願留關外者，選精壯萬數千人規複製兵，照土勇章程支給。其駐防及台站、卡倫各項官兵口分，有較土勇少者，毋庸議增，以節餉項。惟各路兵勇餉章歧異，約有數十等，應令劉錦棠等查明各路章程，殫心經畫，力任其難，將兵數、勇數、餉數妥議定章，奏明辦理。

一曰一事權。查新疆南北兩路，歲需兵餉等項，向由該將軍、都統、參贊大臣覈明確數，豫先在甘省調撥，仍由陝甘總督將調撥各數歸入甘肅省兵餉，於年終造冊請估，臣部於冬撥案內匯總撥給。至今成法蕩然，募勇則各請專餉，善後則各立章程；餉則各自迎提，浮開盤費；局則各自添設，經費尤多。至無事之員，亦複張頤待哺。一官之費，耗十數勇之口糧。官皆無可清查，虛冒更難考覈。即如前烏魯木齊都統恭堂所部一千餘人，開報差員至一百七十餘名之多，幾於數勇一官，紛紛濫支薪水，尤出情理之外，良由事權不一，無所考核，以至於此。雖有督辦軍務大臣，而各將帥位敵勢均，究不能如內地督撫可以即制全省。今議調撥額餉，匯總發給，必須得人總會其成，俾各營章程畫一，解到之款專歸一處分撥各軍各路，差員盡可裁撤以裕兵食。

臣等所議三事，旁參遠證，理在不疑，猶慮有阻臣等之議，面撓臣等之說者。或曰西事孔棘，今昔情形不同，撥餉千萬，獨苦不支，乃僅以三百數十萬兩為額，西陲脊區，歲入有限，為邊計者不已疏乎？不知內地根本也，邊陲，枝葉也，公私匱竭，則根本傷，根本傷，則枝葉將安所附？夫天下之患，不在於外，當在於內，史冊所載，其有明徵。今自通商以來，寰海之內，皆有敵人，幾於無處不防。遇事虛聲恫喝，使我當為之備。師老財殫，以翼乘間一逞。方今要策，在蓄財力以待時，斷無偏重一隅之理。新疆距神京萬裡，僻在西陲而耗竭中原，予人以隙，非計之得也。溯查同治初年，各省辦剿辦防未能兼顧額餉，每年調撥新疆經費僅四十萬兩，尚未解齊。此後若有闕乏，客勇剽悍，迄止譁潰堪虞？欲求如旗丁之甘心窮餓，誠不可得，能不為之寒心哉！即謂邊備不可不修，而籌畫必規久遠，故額餉宜複。複額餉，則當裁勇以複兵，屯田以抵餉。所議論額餉原系左宗棠奏案，其時甘省尚未裁兵，續查左宗棠奏甘省裁兵節餉案內，較鹹豐年間調撥二百四十萬兩之數，已減去銀四十九萬二千兩有奇，是調發應減為一百九十餘萬兩。今照左宗棠原議，以三百數十萬兩為額，實已多銀一百數十萬兩。此外尚有本地租賦、雜稅、厘金等款，可資抵放。誠如左宗棠前奏，新疆利源可開、流亦可節、就地取資之說，將來調撥尚應照鹹豐年間成案覈減。若徒求目前調撥之多，而啟日久難續之患，變出意外，恐非淺識所能窺耳！

　　或又曰，逆回勾煽回眾、俄人，潛蓄陰謀，縱使益兵猶慮疏失，裁客勇則軍威不競，減勇餉則口分不敷，所慮得毋未周。不知自古有必勝之將，無必勝之兵，顧謀略何如耳。若處處填紮兵勇，則備多力分，善用兵者，必不出此。方今養勇太多，浮冒居其半，老弱居其半，而西陲各軍日虞敵至，不敢遽裁，坐致疲弊，久皆無用，殊為失策。夫用兵猶弈棋然，巧者熟審全域，置數子於要害，足以制人。拙者昧掎角之方，即布子滿局，不免於敗。現議汰弱留強，合全疆兵勇，以四萬人為額，一半列戍，為防守之局；一半居中，為遊擊之師。苟將得其人，軍無虛籍，平時屯田以勞勩之，農隙訓練而整齊之，必大可恃。繼俄人啟釁，逆酋窺邊，悉眾征行不難，調關內之兵防顧後路，固不在多養無事之勇，損耗國家有限之財。識者以為兵多足恃，譬之千金之家，常慮盜竊，日需數十人以防之。盜尚未至，不終歲而千金之家已為寠人矣。勇餉不敷之說，當以關外糧價昂貴故。查關外糧價，與關內不殊，且有比內地稍賤之處。前據劉錦棠奏稱，頗有穀賤傷農之患。況楚軍坐糧已較土勇為優，土勇章程較之制兵額餉已加二三倍，亦不為少。遠考之軍需則例，出征加給鹽菜，事竣即應住支。近考之劉錦棠、張曜所議，亦以改行糧為坐糧，招募土勇，規複製兵為請。但須嚴禁克扣軍餉口分，必無不敷。至各城回民雖眾，同是血氣之倫，綏之斯來，虐之則叛。疆臣仰體皇仁，奉揚風化，蚩蚩之氓未有不帖然服者。間有頑梗之輩，不難誅鋤，又何勾煽之足慮哉。竊揣眾流所議，略盡於斯。臣等亦非故為高論，漫相窮詰。至於用人者，皇上之大柄，臣下所不敢言。而籌兵籌餉，疆吏與臣等當共體時難，勉圖久安長治之規，以維國本。劉錦棠等身膺重寄，洞悉邊情，尤當藏此一簣之功，恢宏遠略。相應請旨飭下督辦新疆軍務大臣劉錦棠等，會同陝甘總督譚鐘麟，統籌全域，就左宗棠原議歲撥三百數十萬兩之數，會計所有甘肅及新疆南北兩路，某處酌留若干兵勇，某處實需若干錢糧賦稅，留抵若干，劃還洋款若干，屯田抵餉若干，一切經費若干，無論如何區畫，總應照原議餉數，量入為出。一俟議覆後，臣部即于本年秋季照新定額餉，將十一年分餉項預為奏撥該大臣等。務當力求撙節，慮始圖終，庶免牽動大局。臣等幸甚，天下幸甚！所有西路軍餉浩繁，中外交困，急須統籌全域緣由，謹合詞恭折具陳，伏乞皇太后、皇上聖鑒。謹奏。

　　光緒十年二月十七日奉上諭："戶部奏《西路軍餉浩繁急須統籌全域並詳籌未盡事宜》各折片：近年部庫及各省庫款，倍形支絀，而供億浩繁，以西路餉需為尤巨。似此年復一年，殊非持久之道。部臣通盤計算，請飭統籌，系屬顧念時艱，力圖久遠起見。著劉錦棠、金順、張曜、譚鐘麟，按照該部所奏各節，悉心區畫，切實籌商，將款項之應用應抵，兵勇之應留應汰，務就左宗棠原議三百數十萬之餉，量入為出，撙節開支，以期經久而昭核實。議定後速行具奏。欽此。"

詳籌未盡事宜片

[題解] 此奏稿未附禦批時間，當作於光緒十年正月十一日後數日。劉錦棠等奏西餉支絀，請朝廷通籌全域務使勇有確數、餉有的款。戶部認為，惟有令劉錦棠等省不急之用、裁冗食之員，將解到軍餉撙節動用，或可敷用，並提出安置散勇、補發散勇欠餉及截清欠餉、實發新餉等具體措施，認為全疆兵勇應以四萬人為額，新定額餉以三百數十萬兩為斷，則軍餉問題方無大礙。

再，劉錦棠等奏《西餉支絀請通籌全域》一片，光緒十年正月初十日，軍機大臣奉旨："覽，欽此。"欽遵於正月十一日抄出到部。

據原奏內稱，西餉支絀，去年撥到部款五十萬兩，今春得以接濟。曾經部議，九年各省關均解八成，截至十一月底止，除劃還洋款外，實解到甘者一百七十餘萬。關內外月餉不敷甚巨，函商署陝撫葉伯英，向西安號商代借三十萬兩以支殘冬，向來各省關春間絕少解款，而西安所借定期四月歸還，則來歲春夏將不知所以為計。事至無可如何，不得不瀝情上陳，仰懇天恩飭部通籌全域，務使勇有確數、餉有的款，定畫一之規，為經久之計等語。

臣部查，光緒八年部撥庫款前，因劉錦棠奏餉糈告匱，由臣部奏撥庫儲銀五十萬兩，新疆厘金停收，餉款不敷，由臣部奏撥庫儲銀二十萬兩，共銀七十萬兩，均已如數撥清，實不止五十萬兩之數。光緒九年，各省應協西征軍餉，系按八成或十成撥給，除劃還過洋款銀二百四十七萬餘兩外，截至九年十二月底止，各省關共報解西征餉銀二百一十餘萬兩，計已陸續解到糧台。該大臣等撙節開支，或可敷用。今據該大臣等奏稱，關內外月餉不敷甚巨，函商署陝撫葉伯英，向西安號商代借銀三十萬兩，此款既由該大臣自行挪借，即應由該大臣自行籌還。所奏來歲春夏將不知所以為計，情詞殊屬窘迫。惟西路歷年軍餉歲需千萬有奇，各省關頻歲供支，搜括殆盡。上年水旱頻仍，海防吃緊，各省應解京餉，或請悉數緩解，或請撥充海防。臣部深知各省歲出之款，浮於歲入甚巨，不得不准其所請。是以部庫萬分支絀，所有應協西征軍餉，臣部只能責各省竭力籌解，不能令各省例外取盈。但使物力能供，以西陲要區，即多費數百萬金，亦不當惜，何忍以中外交困之詞，上瀆聖明之聽？又何敢吝此財賦，下寒將帥之心？無如時局愈難，入款則賦稅厘金日遜一日，出款則邊防機器年增一年，西征餉項支絀，臣部為該大臣計，固屬艱難；天下財賦，只有此數，該大臣為臣部計，恐亦束手無策。為今之計，惟有令該大臣等，省不急之用，裁冗食之員，將解到軍餉撙節動用。臣部一面諮催各省關力顧大局，務當源源接濟以應急需。

至該大臣等奏請通籌全域，使勇有確數，餉有的款，定畫一之規為經久之計，具有遠謀卓識。臣部因西餉浩繁，上年曾請開辦屯田以紓餉力，複慮屯田抵餉，每年不過節省數十萬金，若不裁勇，終虞難繼，因複有統籌全域之議。正籌辦間，該大臣所奏適至，與臣部所識大意符合。惟臣部前奏尚有未盡事宜，自當詳細籌維，庶臻周密。

臣部前奏請留兵勇四萬，計應裁去一萬餘人，論者必以散勇無業為慮。豈知正供有限，斷不能舉天下無業之輩，咸仰給于度支。況勇營半系室名，多非實數，總在該大臣確查。勇數核實，歸併自無棄人。即勇無浮冒，遣散亦不為無法。其有願歸故里者，今該將領管帶回籍，妥為遣散，以遂其思戀鄉土之情。其不願歸者，盡可指撥荒地，使之耕種，以開其謀生之路，此安置散勇之法也。遣散之勇有應補發欠餉者，應照舊章補發半年欠餉，每勇一名不過數十兩，裁一萬餘人，計需銀數十萬兩，應由該大臣等將各省關解到餉銀，先盡遣散之勇放給。其舊欠餉銀，照章悉令報效，概不找發。並將存留勇數、遣散勇數，及停止輔發舊欠餉銀數目，報部查核，此補發散勇欠餉之法也。各軍所留兵勇，其中尚有欠餉者，應於光緒十年十二月底截清數目，報部將以前欠餉停緩。自十一年為始，將新餉按十成發給，毋庸補發積欠。俟新疆租賦、茶馬、棉布、金玉利源日開，稍有贏餘，再為補發。此截清欠餉、實發新餉之法也。

夫汰弱留強，合全疆滿、蒙、漢兵勇以四萬人為額，不準弁空名冒領，則有確數矣。舊餉悉停，新定額餉以三百數十萬兩為斷，俾各省關專顧新餉，則有的款矣。舍此而外，臣部別無良謀。若不能然，雖劉韓複生，恐亦更無善策。所有全疆事宜，及今謀之，猶懼已晚，若再延緩，補救愈難。劉錦棠等既有通籌全域之議，應仍由該大臣妥籌經久善策，將全疆官制、兵制一切辦法，迅速議覆。由臣部會同吏、兵二部奏明辦理。所有籌議西餉緣由，理合附片陳明，伏乞聖鑒。謹奏。

會議塔城勘分邊界動支津貼等項摺

[**題解**] 本稿所奏事項知照戶部時間為光緒九年十二月中旬，原稿上奏後硃批時間是光緒十年二月十七日，故其作時當在光緒十年正月前後。針對塔爾巴哈台參贊大臣錫綸奏勘分中俄邊界過程中動支津貼銀兩等事項，戶部認為，應需辦公津貼等項銀兩應准開支，會同勘分邊界事宜的哈薩克公哈蘇木罕及台吉伯克等亦可褒獎，惟所請給牧丁食面一觔半之處，應毋庸議。

奏為遵旨議奏事。

塔爾巴哈台參贊大臣錫綸奏《勘分邊界動支津貼銀兩並令哈薩克支應駝馬烏拉等項》一片，光緒九年十二月十七日軍機大臣奉旨："該衙門議奏，欽此。"欽遵於十二月十七日由軍機處鈔交總理各國事務衙門。旋准該衙門諮稱，以事關餉糈，知照覈辦前來。

據錫綸原奏內稱，本年五月十二日，接准特派大臣升泰諮開，已行抵阿爾泰山，諮會派員前往哈巴，會同俄使勘分塔城北路邊界，事畢仍會分塔城西路邊界等因。當經飭派營務處章京劉寬帶領官弁二十三員，備差兵一百五十名及通事、向道[1]等馳往。其應需辦公津貼等項銀兩，仍按兩國會辦積案奏定章程動支。查哈巴河以南，即土爾邑特遊牧，並飭該盟長親王紥隆克隨同前往。至該官兵遠赴邊界，應行駝運鍋帳、口糧，需馱甚多，且該大臣升泰隨帶官兵跟役亦有一百數十員名，亦應備給駝馬、烏拉等項。惟餉項支絀，雇覓駝馬實難籌撥，是以傳知柯勒依哈薩克公爵哈蘇木罕，台吉鄂斯

· 48 ·

班加達克瑪木爾伯克及各大小頭目，喻以大義，令其支應烏拉。該夷官等勇躍將事，先後兩起，每起出備駱駝三百隻，馬各三百匹，收放駝馬、人夫三百名，暨備氈房並捐食羊等項應差。仍飭哈薩克於科布多分界官兵，亦應幫給馱馬、烏拉。直至十月初間差竣，收回駝馬，各歸遊牧。其哈薩克各官員頭目供差無誤，殊屬可嘉，除俟匯案擇尤奏懇恩施外，先由奴才各賞給綢緞、衣料用昭鼓舞。至該哈薩克牧丁，每名目給食面一觔半，並照備差兵一併酌給銀兩，以示體恤等語。

臣部查光緒六年錫綸奏，兩國會辦積案，因額魯特官兵、哈薩克字識等雖有月支口分，其數甚少，索倫官兵向無口分，自應加給津貼。每官一員月給銀四兩，兵丁、字識一名月給銀二兩，以資口食。其該委員與俄官等酬應暨一切獎勵，以及紙燭、拉運鍋帳車腳等項，每月酌給津貼銀一百兩用資辦公。經臣部覈銷，奏准在案。

此次會分塔城邊界，該大臣飭派章京劉寬帶領備差官弁二十三員，兵一百五十名及通事、向道等前往。應需辦公津貼等項銀兩，覈與兩國會辦積案章程相符，應准開支。理藩院查該大臣錫綸原奏內稱，此次派員前往會同勘分塔城邊界事宜，先後該哈薩克公哈蘇木罕及台吉伯克等，均隨時踴躍出備供應駝只、馬匹暨氈房，並捐食羊等項，供差始終無誤，差竣，將駝馬仍各歸遊牧之處，統俟該大臣另行詳晰匯案奏請，到日再由臣院覈辦。

至該大臣奏稱，哈薩克牧丁每名日給食面一觔半，並照備差兵一併酌給津貼銀兩一節，臣部查哈薩克牧丁隨同當差，自應量加體卹，准照備差兵一律支給津貼。惟備差兵並未支食觔，所請給該牧丁食面一觔半之處，應毋庸議。所有遵旨議奏緣由，謹會同理藩院恭折具陳。伏乞皇太后、皇上聖鑒，謹奏。

光緒十年二月十七日奉旨："依議。欽此。"

[校注]

[1] 向道，即嚮導。

覆議甘省收支厘金數目片

[**題解**] 本稿作時當在光緒十年正月中下旬。陝甘總督譚鐘麟奏報甘省厘金總局自同治八年至光緒八年收支厘金款目，這是戶部對查覈情況的彙報。奏稿認為，甘省所報收支厘金數目，顯有不實不盡及籠統開報之處，並指出今後應及時造具細冊報銷，毋得因循積壓。

再，陝甘總督譚鐘麟奏《查明甘省厘金總局自同治八年至光緒八年收支厘金款目開具簡明清單立案》一摺，光緒十年正月十一日，軍機大臣奉旨："戶部知道，單二件併發。欽此。"欽遵於正月十二日鈔出到部。

據原奏內稱，甘省自同治元年回變以來，設局抽厘無一定處所，維時道路梗塞，各分局所收不報省城司局，故同治七年以前無案可稽。迨同治八年前，督臣左宗棠先從甘南開辦厘局，其抽收名目有牙帖捐，有百貨捐，而鹽茶統歸貨厘抽收。應年所收厘金，經左宗棠先後開單奏報，解撥司庫及善後局支銷，總局各局薪水、局費，均照左宗棠擬定數目支發。第甘省山徑紛歧，非多設分卡，無以杜繞越，故收數少而局費多，不能畫符部章一成之數。此次清查厘局與司庫糧台、善後各局，互相覈對，自同治八年至光緒七年數目均無錯悞。八年收支厘數，匯開簡明清單，一併齎呈以清積案。其自九年正月起，應遵部議另造細冊請銷，以符定章等語。

查甘省抽收厘金，迭經臣部行文諮催，多年並未報部。今始據該督開單奏明立案。臣部查單開，甘肅厘局自同治八年起至光緒七年底止，共收銀四百三十一萬一千一百六十五兩零，錢二十七萬六千四百八十六串六百四十九文。開除銀兩四百三十萬五千四百一十六兩，零錢二十七萬六千四百八十六串六百四十九文。光緒八年收銀三十八萬六千六百一十四兩零，錢一萬五百五十五串七百三十一文。開除銀三十四萬二千三十八兩，零錢八千七百九十六串八百二十二文。收款以百貨厘金為大宗，鹽厘次之，開除以撥解藩庫善後局為大宗，嘉峪關通商經費次之，支銷者僅厘金局費一款。

臣等督飭司員詳加稽覈，查得前督臣左宗棠軍需第一案開單報銷，收甘肅惠安堡鹽厘銀九千九百七十九兩九錢九分三厘。此次厘金開除項下，並無此款。其中顯有不實不盡，應令該督詳查登覆，毋任局員弊混。撥解通商經費，既由該監督列收，應飭分晰造報支銷。局費自同治八年至光緒八年，共支過銀五十餘萬兩，系屬籠統開報，無從查覈，應令分款報銷。並將某系總局，某系分局，某系分卡抽收，系何章程，局費如何開支，各局卡派委何項人員徵收，盈絀如何，分別勸懲，先行報部查覈。至一切局費，總不得逾奏案一成之數。每年三月以前，將上年收支數目，造具細冊報銷一次，毋再因循積壓，銷冊內並將委員銜名造入，以備稽考。倘有任意虧短，該督不行揭報，即由臣部指名嚴參，以重款項。所有查覈甘省厘金收支數目緣由，理合附片具陳，伏乞皇太后、皇上聖鑒。謹奏。

光緒十年二月十七日奉旨："依議。欽此。"

議駁甘肅關内外光緒七八
兩年軍需開單報銷摺

[**題解**] 本稿當作於光緒十年正月中下旬。督辦新疆軍務大臣劉錦棠、陝甘總督譚鐘麟奏，查明甘肅關内外光緒七八兩年收支餉項，分開簡明清單請求覈銷。戶部認為，其所謂簡明清單仍系籠統開報，款目牽混不清，累千百萬帑金以籠統數語了之，並未遵守部頒格式，要求甘省遵照奏定格式，於三個月内另行開具簡明清單以憑查核。

奏為甘肅關内外開單報銷，應令遵照格式，另行開單以憑查核，恭摺仰祈聖鑒事。

督辦新疆軍務大臣劉錦棠、陝甘總督譚鐘麟奏《查明甘肅關内外光緒七八兩年收支餉項分開簡明清單陳懇覈銷》一折，光緒十年正月初十日，軍機大臣奉旨："該部知道，單四件併發，欽此。"欽遵於正月十一日鈔出到部。

據原奏内稱，查西征軍需向系開單，所有光緒六年十二月以前收支款目，經前督臣左宗棠開單報銷在案。茲查光緒七年正月起至八年十二月底止，糧台經收各省關協餉，除劃還洋款外，實解台銀六百八十九萬兩，並江蘇協解湘軍專餉，山東解西寧協餉，總計舊管新收，共銀九百三萬八千餘兩，分開七年。借用洋款為一單，糧台收支總數為一單，關内用款為一單，關外用款為一單。查關内外六年底，各營勇數、餉數及七八兩年裁撤之數，每年應用之數，業經先後奏諮立案。茲查七八兩年收支細數，皆系實用實銷，繕具清單，籲懇天恩飭部覈銷。自光緒九年起，應照部章造冊請銷等語。

臣等竊查，光緒八年，臣部議覆庶子張佩綸等條陳摺內，請自光緒八年十二月以前，各省軍需善後報銷各案，向開單者仍開單，惟必詳開兵數、勇數、餉數，照臣部此次條款章程開單格式定限速結。其九年正月以後，概令一律造冊，不准再有開單，奏准行知該大臣等，遵照在案。臣部前次所奏，以開單必遵部頒格式者，實因西路歷年開單均系籠統開報，臣部無從查覈。酌定開單格式之意，不過易冊籍之繁重歸於簡明，署弁勇之花名惟考實數。但使逐款明晰，即與造冊無殊，在疆吏不致苦造報繁難，在臣部可詳考軍餉出入，庶免如前之毫無輪廓，籠統奏銷。

今據劉錦棠等開報光緒七、八兩年軍需收支數目，臣等詳閱簡明清單，仍系籠統開報，簡則極簡，明則未明，雖據聲稱各營勇數、餉數，每年應用之數，業經立案，其實僅有大概，究屬模糊。夫立案為報銷之根據，非立案之後，即可籠統報銷。此次清單，於實在弁勇若干並未聲明，某局委員若干亦未開報，扣繳糧價不知作何價扣繳？折征糧價不知作何價折征？孰為屯租民糧？莫可考查。孰為轉運採買？無從懸斷。尤難辦者，百貨厘金則併入稅契，房租塾師薪水則併入書籍筆墨，大臣公費則併入各營統領經費，經書口食則併入油燭、紙張，各營加給米折則併入小馬隊薪糧，採買糧料、柴草價銀則併入倉夫門級口食。款目牽混不清，殊難枚舉，再四審度，實難准銷。在該大臣等，身膺重寄，公忠自矢，臣部似無庸駁詰。然累千百萬帑金，以籠統數語了之，臣部率准，疑議必滋。至開單格式原系臣部奏定，若不自守定章，亦無以取信於天下。竊計軍需銷款近在光緒七、八兩年，不同事歷多年無憑稽考，各項支銷自有底簿，並不難條分縷晰，逐一登明。所有關內外開單報銷，相應請旨飭下督辦新疆軍務大臣劉錦棠、陝甘總督譚鐘麟，遵照奏定格式，於三個月內，另行開具簡明清單，報銷務須按款登明，眉目清楚，使人人一目了然，毋得仍前籠統開報，以昭覈實。臣等為慎重餉項起見，理合恭摺具陳，伏乞皇太后、皇上聖鑒。謹奏。

　　光緒十年二月十七日奉旨："依議。欽此。"

卷 二

議駁甘肅善後收支款項摺

[**題解**] 本稿當作於光緒十年正月中下旬。 陝甘總督譚鐘麟奏甘肅善後局自同治八年起至光緒八年止收支實數， 並開具簡明清單懇請覈銷， 戶部認為， 該督報銷清單並未劃清年限， 且款目牽混， 實屬籠統報銷， 其所奏保甲、 津貼、 文闈等經費， 亦屬徒滋糜費應予裁減。

奏為甘省善後局收支數目籠統報銷， 應令遵照格式另行開報以憑查覈， 恭摺仰祈聖鑒事。

陝甘總督譚鐘麟奏《甘肅善後局自同治八年起至光緒八年止收支實數開具簡明清單懇請覈銷》一折， 光緒十年正月初十軍機大臣奉旨：“該部知道， 單肆件併發， 欽此。”欽遵於正月十二日鈔出到部。

據原奏內稱， 甘省自同治元年以來， 軍務倥傯未辦報銷， 同治七年以前無案可稽者， 姑置勿論。自同治八年起分年分款逐一覈對， 將收支實數開具簡明清單報銷， 曾于上年拾一月奏奉諭旨、 允准在案。茲據司道等將歷年收支帳目與司庫厘局送到撥款清冊詳細綜覈， 自同治八年正月起截至光緒七年十二月止， 善後項下共收藩庫厘局銀七十九萬三千六百五十二兩零， 又製錢十九萬七千九百六十六串捌百文。歷年支銷銀錢十七款， 與所收之數相符。臣查去歲原奏， 截至光緒七年十二月底止， 而八年用款仍照七年舊案開支， 雖經分別酌減， 尚有不能悉數裁減者， 如保甲乃地方之事， 何能動用公項？

而游勇充斥省城各府，保甲局仍不可無，未能遽行全撤。津貼一款，經前督臣飭司查明，瘠苦之區，自州縣佐雜教官以及微末武弁，分別等差，或數十金，或十余金，由厘局支給，臣飭司議減其半，而細察各員弁情形，非此無以自給。至闈場經費，額支本不敷用，不得不于厘金項下開支。歷辦四科，習以為常，供給之款萬不能省。以上三款，未嘗奏諮立案，審時度勢，不可盡裁。謹將八年收支之數另繕清單，附案登出，以清積案。自此次報銷後，即將善後局裁撤，其有未盡事宜，均歸糧台司道議詳，由臣酌覈辦理等語。

臣部查，該督報銷清單系以光緒八年收支數目為一單，自同治八年起至光緒七年止，則匯為一單，並未劃清年限，與原奏所謂分年開單旣不相符。即以款目而論，如土勇口糧，並未聲明勇數若干，每名口糧若干。出差文武員弁，亦未聲名共員若干，每員發給薪水若干。各府、廳、州、縣辦理團防、保甲、薪工局費，不知系何章程。撫恤漢、回難民，採買籽糧、耕牛，及採買軍糧供支防兵，不知系何價值。書院膏火，義學束修、書籍、紙筆等項則合為一款，實缺署事。正雜文武官弁，及故員流落家屬津貼、公費食用又合為一款，各處修理城垣、衙署、行台、橋樑工料則合為一款，各局委員薪水、公費、書役口食又合為一款，各屬支應兵差、過境糧草料豆車價則合為一款，資遣閒員、客民、難民盤費、車價、鹽菜、面觔等項又合為一款，開支、住支月日全未分明。臣部與兵、工二部銷款殊多轇轕，款目牽混，難以悉數，臣部實屬無從覈銷。相應請旨飭下陝甘總督譚鐘麟轉飭屬員，將善後各項分年、分款逐一開報，毋得籠統報銷，以昭覈實。善後局業經裁撤歸併糧台，凡定例所無之款不得濫支，以節經費。

至該督奏稱，保甲、津貼、文闈經費未能裁減等語，臣部查保甲乃地方官之責，應專歸地方官辦理，毋庸另設局員，致分事權耗帑項。各屬正、雜文武員弁本有廉俸，毋庸再立津貼名目。文闈鄉試，從前陝、甘二省合闈，每科共需銀一萬一百餘兩，今旣分闈，本應照數覈減，前據左宗棠於光緒二年奏稱，甘省分闈每科准動用銀一萬二千兩，不得再請加增等語，是分闈之後經費較合闈時轉增，自不得再行議加，徒滋糜費。所有甘省善後局收支款目，應令另行開報緣由，理合恭折具陳，伏乞皇太后、皇上聖鑒。謹奏。

光緒十年二月十七日奉旨："依議。欽此。"

伊犂開單報銷逾限議令造冊片

[**題解**] 本稿當作於光緒十年正月。奏稿指出，軍需善後均有定章，應分二端遵照奏案辦理，然伊犂將軍金順奉到奏准部章一年之久卻自行延誤，並未將兵數、勇數、餉數等分晰照章報部，應令其按章程迅速報部立案並造冊請銷。

　　再，光緒八年十月開，臣部併案《議覆禦史梁俊、右庶子張佩綸奏〈軍需善後報銷〉》折內，聲明軍需與善後應分為二端。現在新疆甫定，營勇未盡裁撤，各省協餉仍前接濟，應令截至光緒八年十二月底止，作為軍需報銷，九年正月以後用款，作為善後報銷。擬請飭令各省向來開單者，截至光緒八年十二月止照舊開單。先開兵勇、員弁名數與口糧實數及增勇、裁勇四柱清冊，再開收支銀數款目四柱清單，自此次奉到部章之日始，新疆、甘肅、川廣、福建、雲貴限九個月奏報到部。倘有應銷之款，此次限內並未開報，限外始行查出者，仍照舊例詳晰造冊項目，送部覈銷，並將逾限各督撫大臣及承辦局員，分別議處。至各省向系造冊，仍舊造冊送部覈銷等因，各在案。

　　臣等伏查，軍需善後均有定章，自應遵照奏案辦理。今伊犂將軍金順奉到奏准部章，迄今一年之久，並未將兵數、勇數、餉數分晰照章報部，已逾九個月奏報之限。是該將軍自行延誤，即應照案另行造冊請銷，不准開單以符奏案。相應請旨飭下伊犂將軍金順，遵照奏定章程，迅將現在兵數、勇數、餉數，趕緊查明，限三個月內報部立案，一面造冊請銷。如再延誤，即由臣部將該將軍及承辦局員分別奏參，以免積壓而杜弊混。臣等謹附片具陳，伏乞聖鑒。謹奏。

　　光緒十年二月十七日奉旨："依議。欽此。"

議覆都察院五城緝捕經費生息摺

[**題解**] 本稿當作於光緒十年二月中旬。都察院奏請戶部撥款發商生息，以作五城緝捕經費，戶部認為此借撥銀兩生息有資、歸還有日，自應照數酌撥以濟要需。

奏為遵旨議奏事。光緒十年二月初十日內閣奉上諭："都察院奏《請飭部撥款發商生息以作當年五城緝捕經費》一折，著戶部議奏，欽此。"欽遵於二月十一日鈔出到部。

據原奏內稱，查上年九月間，戶部會同五城科道《議覆禦史張人駿條陳時政》折內，請於直隸洋藥稅下每年酌撥銀六千兩，作為巡緝經費。嗣據直隸督臣覆奏無從撥解，請由部改撥。複經戶部奏明，本年冬季來年春季，各給銀一千五百兩，作為添撥緝捕經費。開歲以後，五城捕務先就道光年間發商生息現有之二千餘兩，覈實經理。或將五城練勇裁撤數成，騰挪勻出，即作為以後常年捕務之需等因。茲據五城科道呈稱，五城緝捕之款出於發商生息應賞數目，本屬不敷，至練勇口糧若減一成二成，無濟於用。若多所裁汰，與不養勇同。呈明查覈到院，臣等查，整頓捕務，不得不先籌賞需以為經久之計。擬仿道光年間由部撥款發商生息之例，請旨飭下戶部借撥銀十萬兩，交五城發商生息，以八年為期陸續歸還。八年之內，每年以所得息銀一半充作經費，一半歸還部庫。積至八年，再將本銀提五萬二千兩，還清部帑，以後本息相權，每歲經費六千兩即可有著等語。

臣部查五城緝捕，道光年間原有發商生息之款，上年近畿告災，饑民甚眾，是以暫准添撥，以為賞捕之需。第念國家經費有常，近年部庫頗行支絀，實不能於定例之外，驟增此常年之款，是以議令將舊有發商生息銀兩，覈實經理，或將練勇裁撤數成，量為均挪。今據都察院奏稱，五城舊有款項不敷，請借撥銀十萬兩等語。臣公同商酌，此款借撥銀兩，生息有資，既可劃充賞款歸還有日，不致耗損庫儲，自應照數酌撥，以濟要需。擬即由部庫待支項下借撥銀十萬兩，由都察院交五城發商生息。八年以內，務令該城將所收息銀，按年提銀六千兩解還部庫，勿得延欠。八年屆限，應提本銀五萬二千兩清償部庫，補足原借十萬兩之數，仍將每年收支數目報部查覈，以重款目。如蒙俞允，即由臣部行知該衙門赴部請領，以資應用。所有遵旨議奏緣由，理合恭折具陳，伏乞皇太后、皇上聖鑒。謹奏。

光緒十年二月二十五日奉旨："依議。欽此。"

議覆甘肅關內防勇口糧雜支章程摺

[**題解**] 本稿禦批時間為光緒十年二月二十五日，據文內所述接旨覈議時間，其作時當早在光緒九年五月。陝甘總督譚鐘麟奏關內防勇供支月餉並一切支發款目，同時繕具清單，以奏明立案。戶部參酌例章詳加考覈，對其所開具內容逐條在所附清單內做出或照準同意、或刪除歸併、或要求添注、或報部再議等處理意見，並強調西路軍仰給東南財賦，務須力求撙節，各項開支不應只求與例章相符而不思久遠之計。

奏為覈議甘肅關內防勇口糧一切雜支章程，恭折仰祈聖鑒事。

陝甘總督譚鐘麟奏《關內防勇供支月餉並一切支發款目繕具清單奏明立案》一折，光緒九年四月二十九日軍機大臣奉旨："戶部知道，單併發。欽此。"欽遵於九年五月初一日，由內閣鈔出到部。

據原奏內稱，竊准戶部諮議，覆軍需善後條款第一條內開，現在各省勇數及辦理支發章程，應先行奏諮立案等因。臣查西路用兵以來，一切情形與他省迥異，前督臣左宗棠督辦軍務，未嘗悉查例案，一經批准即為定章。光緒七年正月改支應處為甘肅、新疆總糧台，派司道經理於肅州添設轉運局，遞解餉需赴哈密交納。餉銀則關內四成、關外六成，勇糧則關外照行糧章程，關內照坐糧章程，於是有關內、外之分。茲將關內支發章程，另繕清單立案等語。

臣部查，前督臣左宗棠自西征以來奏撥軍餉，每年七、八百萬兩，從未將支發章程報部，今始據該督譚鐘麟將關內支發章程奏報立案。臣等督飭司員參酌例章，詳加考覈，有應照準者，有應刪除者，有應歸併者，有應添注者，有應酌定額數者，有應報部再議者，均於單內分晰開明。兵、工二部應銷之款，亦於單內按款剔出。竊維立案者，報銷之根據，臣部舍此，固無以為考覈之方。然西路軍餉浩繁，若第求例章之相符，而不思為久遠之計，毋乃舍本而齊其末。伏查西征以來所費不貲，上煩聖主宵旰之憂，下竭各省財賦之力，歷年所借商款累累計息，迄今猶待償還。往事不可複追，將來宜圖善策。該督措置關內事宜，較前此頗有節省。惟西路仰給東南財賦，尚須力求撙節，庶無日久難繼之虞，劉錦棠督軍關外，甘肅實為後路糧台。該督務當同濟時艱，勉圖經久宏觀以全大局，嗣後變通章程，即可隨時奏明立案，從期節省。所有此次覈議關內支發款目，謹繕清單，恭呈禦覽。伏乞皇太后、皇上聖鑒。謹奏。

光緒十年二月二十五日奉旨：“依議。欽此。”

謹將覈議甘肅關內防勇口糧一切雜支章程繕具清單恭呈禦覽

一　甘肅關內駐防馬、步各營旗弁勇，照楚軍營制坐糧章程支給薪糧款。

據原單內開，查楚軍坐糧章程，步隊每營以五百人為定額，營官在外。每營醫官一員，月支薪水銀五十兩，公費銀四十兩。幫辦、書記公用公費在內，均不扣建；哨官四員，每員日支薪糧銀二錢四分；什長三十八名，每名日支口糧銀一錢三分；親兵六十名，護勇二十名，每名日支口糧銀一錢二分；正勇三百三十六名，每名日支口糧銀一錢一分；夥勇四十二名，每名日支口糧銀九分；外加長夫一百八十八名，每名日支口糧銀八分。以上共計步隊一營，每大建月支銀二千二百二十八兩四錢，每小建月支銀二千一百五十七兩一錢二分等語。

臣部查楚軍舊制，每營五百人，營官、哨官在外。新章將哨長裁去，合哨官共五百人為一營。按名覈計，均與舊制符合。惟長夫一項，較舊制互有增減，通盤計算多夫十二名，應令刪除。嗣後除搬運夫三十六名，由兵部覈銷外，其餘一百四十名，應歸臣部覈銷。至每營餉項，舊制每大建月支銀二千八百九十二兩零，每小建月支銀二千八百二兩零。以新章比較，按名均有覈減，可節省銀六百餘兩，擬請照準。再查公費一項，舊制有幫辦及管帳目、軍裝書記、醫生、工匠薪糧，並置辦旗幟、號袖各費在內字樣，應行添入，以杜另支浮銷。

又原單內開，步隊每旗以三百七十八人為定額。內營官一員，月支薪水銀三十六兩，公費銀三十兩，幫辦、書記公用公費在內，均不扣建；哨官三員，什長二十八名，親兵四十名，護勇十五名，正勇二百五十二名，夥勇三十一名，外加長夫一百三十三名，口糧均同前章。共計步隊一旗，每大建月支銀一千六百二十九兩三錢，每小建月支銀一千五百七十七兩一錢九分等語。

臣部查，舊制並不分旗，今新章以三百七十人為一旗，親兵四隊中、左、右三哨弁勇數目，尚與舊制符合。惟長夫一項，舊制親兵每劈山炮隊用長夫三名，每刀矛小槍隊用長夫二名。今親兵概用長夫三名，計多夫三名。又舊制並無私夫，今哨長各有私夫二名，計多夫六名。統計多夫九名，應令刪除。嗣後除搬運夫二十四名，由兵部覈銷外，其餘一百名均歸臣部覈銷。

又，原單內開馬隊每營以二百五十人為定額，伙夫在外。每營營官一員，月支薪水銀五十兩，公費銀八十兩，幫辦、書記公用公費、馬藥在內，均不扣建；哨官四員，每員日支薪糧銀二錢四分。夫二名，每名日支口糧銀八分；副哨官四員，每員日支薪糧銀一錢六分。夫二名，每名日支口糧銀八分；先鋒五名，每名日支口糧銀一錢四分，雜費銀一分。又馬夫半名，日支口糧銀四分；領旗二十名，每名日支口糧銀一錢三分，雜費銀一分。又馬夫半名，日支口糧銀四分；親兵二十名，護勇十六名，每名日支口糧銀一錢一分，雜費銀一分。又馬夫半名，日支口糧銀四分；馬勇一百八十名，每名日支口糧銀一錢一分，雜費銀一分。又馬夫半名，日支口糧銀四分；外伙夫二十七名，每名日支口糧銀九分。公長夫五十名，每名日支口糧銀八分；額馬二百五十二匹，內營官三匹，其餘均各一匹，每匹日支草乾銀八分。以上每營大建月支銀二千一百九十八兩二錢，小建月支銀二千一百二十九兩二錢六分等語。

　　臣部查，楚軍馬勇章程，並無雜費、公長夫，應照章刪除。舊制亦無先鋒、領旗名目，惟舊制什長係二十五名，今先鋒、領旗亦二十五名，口糧均較什長有減無增。又舊制餉項較厚，不支馬乾，亦無馬夫，今餉項較少，所有馬乾、馬夫口糧，均請照準。其餘各項人數、餉數，覈與舊制均無浮多。再查舊制，獸醫、鐵匠、旗幟、大小埽把、鐵刮、竹槽，出自營官公費，應行添入，以杜另支浮銷。

　　又原單內開，馬隊每旗以一百二十五人為定額，伙夫在外。內營官一員，月支薪水銀四十兩，公費銀五十兩，幫辦、書記公用公費、馬藥在內，均不扣建；哨官二員，先鋒四名，領旗十一名，親兵二十七名，護勇八名，馬勇七十二名，伙夫十四名，公長夫二十五名，額馬一百二十七匹，馬夫雜費、口糧草乾各項，均同前章。共計馬隊一旗，每大建月支銀一千一百二十二兩九錢，每小建月支銀一千八十八兩四錢七分，均按湘平支給等語。

　　臣部查，馬隊每旗較全營人數已減一半，薪公亦應照數覈減。營官薪水應改為月支二十五兩，公費改為月支四十兩。再查每旗人數，以全營拆算，殊多不合。先鋒、領旗共多三名，親兵多十七名，馬勇少十八名。如與全營之制難以強合，應令並旗為營，以歸畫一，並報部查覈。至餉項准駁，概同前款。

　　一　甘肅關內駐防馬步各營旗統領分別照章支給公費款。

　　據原單內開，查楚軍營制章程，除每營旗設營官、管帶外，仍按營旗另設統領一員，俾資統率。按所統營數多寡，酌給統領公費，自三百兩至一百兩不等等語。臣部查楚軍舊制，凡統領自帶一營，本營之薪水、公費已足敷用，此外從優酌加。凡統至三千人以上者，每月加銀百兩，加夫十名；統至五千人以上者，每月加銀二百兩，加夫二十名；統至萬人以上者，每月加銀三百兩，加夫三十名。此次單開未據詳細聲明，應將舊制添入，以杜日久浮銷。現在各處防勇，並無出征之事，只准照章給銀，毋庸加夫，以歸節省。

一　甘肅關內及後路各台局轉運收發差遣文武員弁薪水款。

據原單內開，查甘肅、新疆軍餉系由後路協解，其餘軍裝、軍火等項，多由後路採買運解。經前督臣左宗棠於上海設立采運局，又於湖北省城設立後路糧台，並於襄陽荊紫關、龍駒寨等處設立轉運局，又於陝西省城設立西征糧台，甘肅省城設立甘肅、新疆總糧台，肅州設立轉運局，並添設軍裝、製造、火藥等局。按照事務繁簡，酌派委員管理，及酌派武弁押運、差遣應需薪水。文職道員、武職提督，月給薪水銀五十兩；知府、總兵、副將月給銀四十兩；同通州縣參遊，月給銀三十兩；佐雜都司，月給銀二十兩；守備，月給銀十六兩；千總，月給銀十二兩；把總，月給銀十兩；經制、外委，月給銀八兩。均按湘平支給，折合庫平開報等語。

臣部查，各台局轉運、收發、差遣文武員弁薪水，覈與定例應支鹽菜、口糧、馱折，尚無浮多，擬請照準。惟該省軍務平定有年，事務較前已減大半，應合將各局分別裁併，局員分別裁減，並將某處設有幾局，某局需轉運、收發若干員，差遣、押運若干員，酌定額數，隨同兵勇數目季報，送部查覈。

一　甘肅關內及後路各台局，設立經貼各書支給口食，並酌給紙張、筆墨、油燭款。

據原單內開，查甘肅省城糧台為總匯之所，一切事務紛繁。設立經承十二名，貼寫二十四名，月支紙張、筆墨、油燭銀十八兩。其餘後路鄂、陝兩台事務亦繁，每台設經承八名，貼寫十六名，月給紙張、筆墨、油燭銀十六兩。上海采運局暨襄陽荊紫關、龍駒寨及肅州轉運各局，每局各設經承四名，貼寫八名，月給紙張、筆墨、油燭銀六兩。又省城製造、軍裝、火藥、糧草各局，事務稍簡，每局各設經承二名，貼寫四名，月給紙張、筆墨、油燭銀三兩，經承每名月支工食銀六兩，貼寫每名月支工食銀五兩，均按湘平支給，折合庫平開報等語。

臣部查軍需例載，辦理軍需設立公局經承，每名月給工食銀四兩，貼寫月給工食銀三兩，于余平項下動支。其應設經承、貼寫額數，及應用紙張、筆墨、燭油數目，該督撫酌量事務之繁簡，臨時查明奏辦等語。此次單開，經承每名月支工食銀六兩，貼寫每名月支工食銀五兩，較定例每名多支銀二兩，應令查照定例辦理。至紙張、筆墨、油燭銀兩，准其覈實照章報銷，毋許浮濫。

— 甘肅關內及後路各台局招募防護勇丁照章支給口糧款。

據原單內開，查甘肅關內及後路各台局，均為收儲軍餉、軍裝重地，必須招勇防護，以免疏虞。是以省城總台及鄂、陝兩台，均各招設護勇七十名；襄陽荊、龍等局專司轉運，原各招勇三十六名；上海局募勇二十名；肅州局募勇三十名。其餘省城製造、軍裝、火藥、糧草等局，募勇十二名至二十名不等，俾資差遣。防守護運應需口糧，均系按照楚軍營制坐糧章程。什長日支口糧銀一錢三分，勇丁日支口糧銀一錢一分等語。

臣部查，各台局軍餉、軍裝重地，招募護勇防守以免疏虞，系為慎重公事起見，擬請准其招募。覈計護勇口糧，尚與楚軍坐糧相符，擬請照準。惟各處究竟設有幾局，每局什長、勇丁究有若干，應令分別裁減，報部立案，以備考覈。

— 陝西撫標等營挑派兵丁練習洋槍酌給津貼銀兩款。

據原單內開，查陝西標營兵丁，向不嫻習洋槍，經前督臣左宗棠飭令陝西撫標挑派兵丁二百四十名，城守營挑派兵丁六十名，隨同教習按時習練洋槍以冀精熟，每兵一名日給津貼銀三分等語。

臣部查撫標兵丁習練洋槍，每名日給銀三分，尚非冗費可比，擬請照準。近據署陝西巡撫葉伯英奏稱，練習洋槍兵丁三百名，改由陝省支發餉項，是否即系此起兵丁，應令該督報部查覈。

— 採買米麥料豆柴草等項，均照各處市估支給價值及應用倉夫鬥級工食款。

據原單內開，查軍需糧料例准，查明情形、確訪時值，奏明採買。茲甘省近來糧價尚平，七年內陸續採買麥糧。每蘭市鬥約重百觔，需價銀一兩有零。青稞每市鬥需價銀六錢之譜。八年收成稍歉，糧價較增，而各處倉諸多半告罄。現仍飭糧台籌款，在省城並各屬產糧地方，趁時採買以實倉儲而備撥用。所需糧價，均照各該處市估支給。其採買及轉運糧局所需倉夫、鬥級，按照局之大小酌量估用。大局用倉夫四名，鬥級二名；小局用倉夫二名，鬥級一名。每名每月支口糧銀三兩等語。

臣部查軍需定例，內地捕賊不得妄照軍需之例辦理。是定例准查明情形採買糧料，原因軍行緊要官兵，不便自行購買，所以官為采運。今該省關內，地方軍務平定有年，各處防營既非出征外域，該弁勇不難自行購買，毋得尚援軍需之例。即欲實倉儲而備撥用，均系地方尋常應辦之事，不得動用兵餉以免牽混而杜浮銷。所有單開採買糧料，以及倉夫、鬥級口糧一款，應毋庸議。

一　甘肅後路上海、鄂、陝各台局那借商款支給利息款。

據原單內開，查甘肅、新疆軍需餉項，遇有各省關未能即時撥解，而前敵需用孔殷則不可緩，不得已由後路上海、鄂、陝各台局息借商款運濟急需。計光緒七年以前，上海、鄂台那借商款，每兩每月息銀一分二厘。陝台那借商款，每兩每月息銀一分。又七年，續由上海、鄂台那借商款，亦每兩每月給息銀一分二厘，由甘台那借商款亦照陝台章程，每兩每月給息一分，均系隨本分別歸還等語。

臣部查，從前只有商借官款之例，並無官借商款之條。近歲各處軍營動稱勢不可緩，轉向商借。商情素不信官，未必肯借，若出息借貸，商享其利，官受其虧。兼以利息過重負欠累累，帑項大耗。且安知非台局各員，藉那借商銀開支利息為冒銷地步？諸難憑信。該督若將浮費裁減，或將勇丁分別裁汰量入為出，庶不致再向號商那借。各省關解到餉銀，亦不至因還息銀多所耗損，方為妥善。

一　甘肅新疆軍需節次那借洋款，議由各省協餉項下按期歸還，仍照向章歸甘列收開支款。

　　據原單內開，查甘肅節次那借洋款，光緒七年正月以前尚欠還三年，七月間借用洋款五百萬兩，四年九月間借用華洋各商銀三百五十萬兩，七年六月間續借洋款本銀四百萬兩。均經先後議定，由江蘇、浙江、廣東、湖北、福建等省，各在每月應協西征軍餉項下，按期將應還本、息各銀，照數劃撥，解交上海局撥還洋商歸款。所有七年起以後，各省還過本息銀兩，仍由甘省列收。各省撥解協餉之款，統歸甘省開支造報請銷，以歸畫一而清款目等語。臣部查歷次劃還洋款，均由甘省列收列支，擬請照準。

　　一　西寧留防開花洋炮弁勇，遵照奏定章程支給薪糧款。

　　據原單內開，查西寧留防開花洋炮護隊弁勇二百零四員名，照前署西寧辦事大臣福裕，會同前督臣左宗棠奏定支發章程，每月共支薪糧銀八百三十兩，年終一月加支銀四十兩，製造火藥旗幟、修理軍械等費在內，遇閏不加，向系奏明由山東省每年協撥專餉銀一萬兩，解甘支發。茲甘肅、新疆總糧台自光緒七年接供起，按月照章支給，並無增減等語。

　　臣部查西寧留防開花炮隊，光緒四年，據前督左宗棠奏稱，系仿照土勇支發薪糧。此次單開，仍未據將該炮隊營制餉項詳細聲明，應令迅速報部，再行覈辦。

　　以上十款，均由臣部覈銷。

　　一　甘肅關內外困居閒員客民，分別資遣回籍酌給川資口食款。

　　據原單內開，查甘肅關內外平靜以後，省城及肅州一帶流寓閒員客民，或先年從軍來甘，假汰後因病因事，罄資未歸，或陸續西來投營，因值凱撤無從收錄，又有探親覓事，閒居流落等眾，積久愈多，當議分別資遣回籍，以免流離失所，別滋事端。茲自光緒七年起，資遣前項閒員客民。定章：由保甲局確查，如有官職，驗明保劄，實系先經立功，假後未歸，乏資回籍者，每員酌給川資銀二十兩。如投營西來，或先在營未久者，無論文武員弁，每名酌給川資銀十兩。如投效未經收錄勇丁，以及尋親覓事等輩，均按程途遠近，每名每站日給口食銀一錢，遣令回籍等語。

臣部查，光緒九年據該督奏稱，辦理資遣閒員客民，光緒七年分共發過銀一千三百二十餘兩，八年分發過銀二千一百五十餘兩，九年正月以後，遵照部議不再開支等語。既經奏准，所有光緒七、八兩年資遣川資，應由兵部覈銷。嗣後如再似比濫支濫應，定當署落分賠。

——　甘肅後路協餉由鄂台發商匯解支給號商匯費銀兩款。

——　甘肅關內馬步各軍打仗陣亡受傷弁勇，照章支給恤賞養傷銀兩款。

——　甘肅關內各營旗馬隊，照章支給倒馬價值款。

——　解送餉裝軍火官弁勇丁盤費款。

——　甘肅後路由水路轉運餉裝支給水腳款。

——　甘肅後路由陸路轉運軍餉軍裝，需用駝騾車輛支給腳價款。

以上七款，應由兵部覈辦。

——　採辦外洋軍火機器什物等項，仍照外洋市價支給款。

——　甘肅省城設立機器製造局仿造外洋軍火，原募洋匠並浙粵各工匠分別支給工價款。

——　購造軍裝物料各照該處時價採辦支給款。

——　轉運餉裝軍火，需用箱匣包皮繩索零星各項，及購運書籍心紅紙張筆墨等物均照時價採辦款。

——　釀造火藥應用工料，例價不敷，概照市價採辦款。

——　甘肅關內及後路各台局租賃民房支給租價款。

——　織呢開河應用洋匠通事支給薪工款。

以上七款，應由工部覈辦，內軍裝一款，如制辦旗幟號補等項，舊章系在營官公費內支給，不得另支。

覈議烏魯木齊都統恭鏜次案收支軍餉摺

[題解] 本稿據文內所述接旨覈議時間，其作時當在光緒九年十一月中下旬。前任烏魯木齊都統恭鏜奏請續將收支軍餉各款數目循案報銷，戶部查照引用例章，逐一准駁所有覈銷，並在奏稿所附清單中逐項開列，予以詳細說明。

奏為覈銷前任烏魯木齊都統恭鏜次案收支軍餉各款，恭摺仰祈呈鑒事。

竊查前任烏魯木齊都統奏《請續將收支軍餉各款數目循案報銷》一折，光緒九年十一月初七日軍機大臣奉旨："該部知道，單併發，欽此。"欽遵於十一月初八日鈔出到部。

據原奏內稱，伏查奴才軍營，自光緒八年六月初一日起至十二月底止計七個月，總共支過湘平銀六萬零五百七十一兩四錢二分。本案共收部墊及各省關解到月餉並欠解部撥協餉各款，共庫平銀十六萬八千兩。照案，折合湘平銀十七萬三千三百七十六兩。除抵銷外，陸續還過前借商號銀十一萬二千八百零四兩五錢八分，尚欠商號銀五千一百九十五兩四錢二分。並前案報明欠發勇餉銀五萬四千九百四兩八錢零，統俟各省關欠餉解清，酌量找付等語，旋准兵部將清冊諮送前來。

臣部查烏魯木齊現存親兵衛隊一營、土勇馬隊一營，所有勇餉，臣部系按照恭鏜酌定章程覈銷。查章程內開，親兵衛隊營官一員，月支薪公銀一百二十兩，不扣建；哨官二員，每員月支薪水銀九兩；

什長二十名，每名月支口糧銀四兩八錢；親兵一百八十名，每名月支銀四兩五錢；長夫六十名，每名月支銀三兩。土勇馬隊營官一員，月支薪公銀六十六兩；哨長五員，每員月支薪水銀七兩二錢；什長二十五名，每名月支口糧馬乾銀六兩；長夫七十五名，每名月支口糧銀二兩四錢等語。

至都統衙門隨營辦事，並各台局文武員弁、滿營官兵，系照軍需則例開支。查軍需例載，派往軍營辦事文職，無論本省、外省，道府各月支鹽菜銀四兩二錢，跟役八名；同知、通判、知州、知縣，各月支鹽菜銀四兩，跟役六名；佐雜各月支鹽菜跟二兩五錢，跟役三名，每名月支鹽菜銀五錢，官役各日支口糧米八合三勺。又，各省駐防協領，月支鹽菜銀四兩一錢，跟役六名、馬九匹；佐領防禦，各月支鹽菜銀四兩，跟役四名、馬七匹；驍騎校，月支鹽菜銀二兩五錢，跟役三名，馬五匹；主事，月支鹽菜銀四兩二錢，跟役八名，馬八匹；筆帖式，月支鹽菜銀二兩五錢，跟役三名，馬五匹；甲兵，月支鹽菜銀一兩五錢，馬三匹，二人合跟役一名，跟役各月支銀五錢。官兵各日支口糧米八合三勺，馬每匹日支乾銀五分。又綠營總兵，月支鹽菜銀九兩，跟役十四名；副將，月支鹽菜銀七兩二錢，跟役十二名；參將、遊擊，各月支鹽菜銀四兩二錢，參將跟役十名，遊擊跟役八名；都司，月支鹽菜銀三兩，跟役六名；守備，月支鹽菜銀二兩四錢，跟役六名；千總，月支鹽菜銀二兩，跟役三名；把總、外委，各月支鹽菜銀一兩五錢，把總跟役三名，外委跟役二名，跟役不支鹽菜。官役各日支口糧米八合三勺，應支馬匹乘騎本營例馬，外委每二名給馬一匹，每匹日支乾銀五分，各等語。

所有官役口糧，系照甘省面觔作價。章程：每員名各日支口糧面一觔，作價銀三分三厘三毫。至烏魯木齊都統、領隊大臣養廉，系照臣部則例開支。查例載，烏魯木齊都統原額養廉銀一千八百八十八兩，加增銀五百兩；烏魯木齊領隊大臣原額銀六百兩，加增銀二百兩。又，烏魯木齊滿營鰥寡孤獨人等，每名月給銀一兩、口糧面五十觔，在於官當鋪生息銀內及吐魯蕃廳倉儲白麵項下動給，各等語。所有養廉銀兩，照章按八成支給。孀婦口糧，查新疆尚未規復舊制，應暫准於軍餉項下動支。至心紅、紙張，應酌量事務繁簡覈給，擬請照上案量為覈減。各局書識，日支銀一錢，查與軍需則例相符。護勇，每名日支銀一錢，查與關內相符。新設滿漢義學二處，每處每月束脩銀十二兩，系為培植人材起見，應請准其開支。臣等督飭司員查照例章，分別准駁所有覈銷。前任烏魯木齊都統恭鏜次案收支款項細數，臣等另繕清單恭呈禦覽。伏乞皇上聖鑒。謹奏。

光緒十年三月二十日奉旨："依議。欽此。"

謹將前任烏魯木齊都統恭鏜軍營次案收支各款銀兩數目繕具清單恭呈禦覽

計開：

— 舊管項下，據冊開舊管欠息借商號十一萬八千兩，欠發勇餉銀五萬四千九百零四兩八錢六厘四毫四絲等語。臣部查，前任都統英翰銷冊內開，實存銀二千零二十三兩九錢五分。上案及本案未據造報，應令專案報部覈辦。又上案，工部覈減盤川銀九百二十六兩三錢，本案尚未造報。又上案應存並刪除銀，共六萬零四百六十五兩五錢九厘四毫三絲，前令在商款內劃抵，實在欠發勇餉銀五萬四千九百零四兩八錢零六厘四毫四絲，息借商款銀五萬七千五百三十四兩四錢九分三厘五毫七絲。

— 新收項下，據冊開共收庫平銀十六萬八千兩。按每百兩伸餘平銀三兩二錢，共伸平餘銀五千三百七十六兩，共合湘平銀一十七萬三千三百七十六兩等語。臣部查，庫平每百兩應伸湘平銀三兩六錢三分，計伸平餘銀六千零九十八兩四錢，共合湘平銀一十七萬四千零九十八兩四錢。

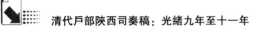

一 開除項下，查第一冊親兵衛隊二百六十三員名，土勇馬隊三百三十一員名，共應支銀二萬零九百五十八兩。臣部按照該都統奏報章程覈算，均屬相符，應准開銷。

又查第二冊開，振字營總理武營務處一員，幫辦二員，查振字營既已裁撤，所有委員即應一律全裁，計刪除銀六百九十四兩四錢七分七厘。都統隨營文案處、辦理折奏處，照案共留二員，應支銀一百九十四兩三分五厘六毫，刪除一員，應刪除銀九十七兩零一分七厘八毫。辦事委員，照案留二員，應支銀一百五十二兩四錢五分五厘六毫，刪除三員，應刪除銀一百六十六兩三錢一分五厘三毫。火藥局、軍裝局、支發局、糧料局發審委員、稽查委員，上海轉餉所、歸化轉運總局、山東坐催轉運局、古城轉運分局，共委員十七員，共應支銀一千八百三十七兩九錢三分六厘，刪除隨營辦事文委員十員，武委員十員，共刪除銀二千三百一十一兩九錢四分三厘。烏魯木齊協領二員，佐領、防禦四員，驍騎校二員，主事、筆帖式二員，甲兵二百四十九名，孀婦十六口；古城協領一員，佐領、防禦二員，驍騎校一員，甲兵二十四名，孀婦三口，共應支銀一萬七千一百一十九兩七錢五分五厘。統計第二冊，原請銷銀二萬二千五百七十三兩九錢三分零，照案刪除銀三千二百六十九兩七錢五分三厘一毫，共准銷銀一萬九千三百零四兩一錢八分二厘二毫。

又查第三冊開，烏魯木齊都統恭鏜在任七個月應支養廉，按八成實支庫平銀一千一百一十四兩四錢，應准支湘平銀一千一百五十四兩八錢五分二厘七毫二絲；古城領隊大臣魁福應支養廉，按八成實支庫平銀三百二十六兩六錢六分六厘六毫六絲二忽，應准支湘平銀三百三十八兩五錢二分四厘六毫六絲一忽；又副都統銜，折合湘平銀一百六十七兩八錢八分零六毫，未據聲稱，系照何例章支給，應令報部後再行覈辦。至兵戶司，照案應留總辦一員、委員五員，共應支銀四百三十七兩九錢六分二厘二毫八絲，刪除一員，刪除銀五十五兩四錢三分八厘六毫五絲六忽。照案，留巡捕四員、字識二名、差官六員，共應支銀一千三百十六兩一錢三分三厘一毫二絲八忽。刪除差官十四員，刪除銀八百四十八兩九錢四分四厘七絲二忽。照案，刪除漢戈什哈共三十名，共刪除銀一千八百零一兩八錢六分六厘。滿漢義學二處，每處每月束脩銀十二兩，共銀一百六十八兩。查與上案相符，應請准其開支。統計第三冊，原請銷銀一萬一千六百二十八兩五錢四分，計少伸湘平銀六兩九錢五分三厘九毫八絲六忽。內除川費、匯費、駝價銀五千三百四十五兩九錢由兵部覈銷外，臣部應准銷銀三千四百一十五兩四錢七分二厘七毫八絲九忽，刪除銀二千七百零六兩二錢四分八厘七毫二絲八忽，行查銀一百六十七兩八錢八分零六毫。

又查第四冊，查振字營業經裁撤其武營務處，心紅、紙張、書識銀兩應令刪除，計刪除銀三百一十四兩。本案兵勇數目，較上案少一千餘員名，一切事務，較前為簡，所有心紅、紙張應較上案量為覈減。都統隨營文案處、歸化轉運總局應減銀六兩，准其月支銀十兩；古城轉運局、山東坐催轉運局、上海轉餉所應減銀二兩，准其月支銀四兩；支發局、火藥局、軍裝局仍照上案，各月支銀三兩，共准銷銀二百八十七兩，刪除銀八百三十三兩。至書識、護勇每名日支銀一錢，查與上案相符。計書識二十四名，護勇二十名，共應支銀七百四十八兩八錢。統計第四冊，原請銷銀五千四百一十兩零九錢六分。臣部應准銷銀一千零三十五兩八錢，刪除銀一千一百四十七兩，其餘馬馱夫價等銀三千二百二十八兩一錢六分，應歸兵部覈銷。

統計全案，原請銷湘平銀十七萬三千三百七十六兩。總冊內，除籌還前借商號銀十一萬二千八百零四兩五錢八分，本案實請銷銀六萬零五百七十一兩四錢二分。除川費、匯費、駝價駝馬、夫價等項銀八千五百七十四兩零六分，應由兵部覈銷照章另行注案外，臣部應銷銀五萬一千九百九十七兩三錢六分；實准銷各款並少支湘平，共銀四萬四千七百一十三兩四錢五分四厘九毫八絲九忽；刪除銀七千一百二十三兩零一厘八毫二絲八忽；行查銀一百六十七兩八錢八分零六毫。

一　實在項下，據冊開，欠息借商號銀五千一百九十五兩四錢二分，欠發勇餉銀五萬四千九百零四兩八錢六厘四毫四絲等語。臣部查上案，應存並刪除共銀六萬零四百六十五兩五錢九厘四毫三絲，原令于上案商款內扣抵。現據聲稱，前項商借銀十一萬二千八百零四兩五錢八分，已陸續籌還。今查本案，少伸湘平銀七百二十二兩四錢，刪除銀七千一百二十三兩零一厘八毫二絲八忽。合上案，應存並刪除銀共六萬八千三百一十兩四錢一分一厘三毫一絲八忽，應改令在本案欠息借商號並欠發勇餉銀內扣抵，共抵銀六萬零一百兩零二錢二分六厘四毫四絲，下餘銀八千二百一十兩一錢八分四厘九毫一絲八忽，並上案工部覈減盤川銀九百二十六兩三錢，共銀九千一百三十六兩四錢八分四厘九毫一絲三忽，應令如數賠補，匯入下屆清冊，造報查覈。至行查銀一百六十七兩八錢八分零六毫，俟聲覆到日，再行覈辦。

停止部墊伊犁月餉摺

[**題解**] 本稿當作於光緒十年三月初。因水旱頻仍、辦賑辦防吃緊致庫款奇絀，故戶部提出停止部墊伊犁月餉三萬兩之數，而改由各省關按月如數徑解伊犁應用，由此可見當時財政緊張之狀。

奏為庫款奇絀，擬請停止部墊月餉，即由各省關徑解伊犁以固根本而免貽誤，恭折叩祈聖鑒事。

竊臣部查，同治十一年十月，據神機營諮送具奏，前伊犁將軍榮全請撥月餉附片內稱，該將軍所請月餉一萬三千兩，先由部庫墊發。經臣部議准，此項墊發銀兩在粵海、閩海、江海、江漢四關六成洋稅項下解部歸還；同治十二年二月，榮全奏請由部庫先撥現款，經臣部議覆，將直隸應解新疆月餉二千五百兩由部墊發，即在庫撥直隸固本月餉內劃扣，再由部庫現存四成洋稅項下每月提撥銀四千五百兩，即在粵海、閩海、江海、江漢四關六成洋稅內按限解部歸還；同治十三年正月，榮全請添撥月餉，臣部酌議，在四成洋稅項下每月再行墊發一萬兩，在粵海、閩海、江海、江漢四關六成洋稅內按限解部歸款。此三次部墊，原撥三萬兩之實數也。

再查同治十二年十一月，准神機營諮送覆議景廉請撥吉江馬隊軍餉，經臣部援照榮全成案，由部庫四成洋稅項下每月墊發銀一萬六千兩，即在粵海、閩海、江海、江漢四關六成洋稅項下解部歸還，此又一萬六千兩原撥之實數也。自伊犁將軍金順接統榮全、景廉舊部以來，部墊吉江馬隊月餉一萬六千兩，改撥烏裡雅蘇台六千兩，部墊伊犂月餉三萬兩，覈減銀一萬兩，均經臣部先後奏准，各在案。

　　臣等伏查，伊犂前項部墊銀兩，如現在庫款稍可周轉，無不可照舊墊發，無如上年水旱頻仍，辦賑辦防一律吃緊，本年各省京餉停解截留數百萬兩，而每月部庫應放之款不下百萬，入款頓減出款倍增，實屬萬分奇絀，若仍將伊犂部墊之三萬兩照舊墊發，不惟部庫空虛，岌岌可慮，且恐西陲待餉一旦無款可墊，貽誤事機。查伊犂專餉每月十七萬兩，此外尚有添撥江西、山西兩省月餉各一萬兩，雖不能如數解到，約計每年可得百數十萬兩，即將現在部墊之三萬兩全行裁撤，亦必不致竭蹶。惟此項部墊已久，未便遽裁，自當量為變通以免貽誤。臣等公同商酌，擬請將現在部墊之三萬兩截至本年六月停止墊發，即自本年七月為始，由各省關按月如數徑解伊犂應用。嗣後應解伊犂月餉直隸二千五百兩，即由直隸總督派員徑解伊犂，無庸由部庫劃扣。其粵海、閩海、江海、江漢四關每月各應解銀六千八百七十五兩，以符每月三萬之數。如蒙俞允，即由臣部行知各省督撫將軍，嚴飭藩司監督。務當共體時艱，源源報解，勿許延欠，致誤要需。是否有當，理合恭折具陳，伏乞皇太后、皇上聖鑒。謹奏。

　　光緒十年三月二十日奉旨："依議。欽此。"

議覆督辦大臣奏請續撥南疆工程銀兩摺

[**題解**] 本稿當作於光緒十年三月底或四月初。督辦新疆軍務大臣劉錦棠等奏修建南路新設各官城署，工難停罷，請將未撥銀兩及在欠解西餉各省關照數限解以濟要需。戶部議覆，要求將胡光墉侵取西征借款之行用補水等銀，於其備抵產業內變價，照數措齊解交甘肅糧台應用，另將四川等省關月協烏魯木齊軍餉改解甘肅糧台，作為修理南路工程之用。

奏為遵旨議奏事。督辦新疆軍務大臣劉錦棠等奏《工難停罷請將未撥銀兩在欠解西餉各省關照數限解以濟要需》一片，光緒十年三月二十一日，軍機大臣奉旨："戶部議奏，欽此。"欽遵於三月二十二日抄出到部。

據原奏內稱，上年十一月估修南路新設各官城署，一切共須實銀三十七萬四千兩，奏撥部款，嗣准戶部諮會折稿，以部庫入不敷出實難外撥，由江西、湖北、湖南、河南、山西、四川及河東道各處，共提銀十八萬兩，解交甘肅糧台，即將應建城垣、炮臺趕緊興修，官廳從緩辦理等因。惟查南疆改設官治，公衙須有定所，兼值互市通商，未宜過從簡易。自接准改設官治之部覆，早飭一律動工。擬於年餉騰挪，請撥彌補。趁此營勇助勞，工難停罷，擬請將未撥十九萬四千兩，仍懇天恩在於欠解西餉各省關照數限解，以濟要需等語。

臣部查，該大臣奏請修建南路十三處城垣、炮臺、衙署、倉監各工，前次請撥銀三十七萬四千兩，臣部因各省水旱頻仍、海防緊要確難如數籌撥，當於江西等省提撥銀十八萬兩，以為南路修理城垣、炮臺之用，衙署等工暫行從緩，奏准行知，遵照在案。今據該大臣等奏稱，公衙須有定所，早已一律興工，請將未撥銀兩于欠解西餉各省提解等語。

　　臣部查，現在滇、粵邊防沿海，各防一律吃緊，而山東河工撥款甚巨，各省關紛紛奏請停解改撥，籌款實屬萬分艱難。若在於欠解西餉各省關提撥，恐力有未逮，徒托空言。惟據該大臣聲稱工作難停，且修建城工至十三起，衙署至十五起之多，請款僅三十餘萬兩，辦理尚屬撙節。臣部自不得不於無可設法之中，代為籌畫。查胡光墉於西征借用商款內，侵取行用補水等銀十萬六千七百八十四兩。據該大臣及陝甘總督諮稱應行著追，臣部已行令浙省追繳。據浙江巡撫劉秉璋諮覆，所有公私各款，已將胡光墉各處典莊及藥店查封，備抵此款自系有著，擬令該撫迅速變價，措銀十萬六千七百八十四兩，勒限本年閏五月以前解赴甘肅糧台，以應急需，毋得延宕。

　　又查烏魯木齊軍餉，四川、山東各月協銀二千兩，江海、江漢、粵海、閩海各月協銀一千兩。現在烏魯木齊營勇已裁，擬令自本年四月起截至十二月底止，共應解銀八萬兩，改解甘肅糧台，作為修理南路工程之用。合之浙省變價銀款，共十八萬六千七百八十四兩，與該大臣此次所請提撥數目，不甚懸殊，諒足敷用。如蒙俞允，即由臣部行知各該省督撫、將軍各關，監督一體遵照，趕緊如數提前報解，俾資應用。所有遵旨議奏緣由，理合恭折具陳，伏乞皇太后、皇上聖鑒。謹奏。

　　光緒十年四月初七日具奏，本日由軍機處交出，奉上諭："戶部奏《籌撥新疆工程銀兩》一折，據稱新疆南路修衙署等工需款孔亟，請飭浙江將胡光墉侵取西征借款行用補水等銀十萬六千七百八十四兩，於該革員備抵產業內，迅速變價，照數措齊，限本年閏五月以前，解交甘肅糧台應用。並請將四川、山東及江海、江漢、粵海、閩海等關月協烏魯木齊軍餉，自本年四月起至十二月底止，共銀八萬兩改解甘肅糧台，作為修理南路工程之用等語。新疆應修衙署，各工勢難停緩，自應酌撥款項以濟要需，著該將軍、督撫、監督等，按照該部所撥各款，如數提前報解，毋稍延欠。欽此。"

議覆伊犁善後事宜章程摺

[**題解**] 本稿當作於光緒十年三月，全稿是對伊犁將軍金順辦理善後諸事的奉旨議覆。戶部認為，金順辦理伊犁善後諸事設局太多、冗費太廣，適逢如今庫款奇絀異常之時，應令該將軍將前項撥款覈實撙節動用，遵照奏案不得再請添撥以節餉需。在奏稿後所附清單中，戶部對伊犁將軍辦理善後諸事的開支專案，逐一作了准駁。

奏為酌覈伊犁善後事宜，恭折仰祈聖鑒事。

竊臣部於光緒十年二月初四日，准伊犁將軍金順諮稱，查戶部原奏內開各省辦理善後，應將現辦事宜如何設局、如何收發餉項一切細數章程，凡從前奏諮未盡者，詳細報部備考等因。謹遵部章將現辦善後，如安撫人民、城工、屯墾、義學、卡倫、軍台、修理橋道、水渠，辦理中俄事務，回務採訪，忠義收殮骨殖，保甲及前次辦理接收分界各事，繕具清冊，諮部立案等語。

臣部查，伊犁辦理善後自不容已，惟該將軍設局太多，冗費太廣。即如辦理善後委員，開報至一百餘員，已不免蠧耗餉需。該將軍聲稱尚有隨案聲明者，尤不能測其確數。至隨營文武未據報部者，尚不知有若干員。似此紛紛濫支，財用安得不匱？臣等疊飭司員考覈清冊，其事隸臣部及與兵、工二部牽涉者，不得不量為刪駁。其專隸工部者，應由該部查明，自行覈辦。總之邊陲之事，責在疆臣，該將軍果能撙節開支，在臣部斷不至於刻覈。

伊犁辦理善後事，臣部於光緒八年由部庫撥銀三十五萬兩，並在各省提撥銀三十五萬兩，共合七十萬兩之數，為款已巨。現在庫款奇絀異常，令該將軍將前項撥款覈實撙節動用，遵照奏案，不得再請添撥，以節餉需。所有酌覈伊犁善後事宜，臣等謹繕清單，恭呈御覽。伏乞皇太后、皇上聖鑒。謹奏。

光緒十年四月初七日奉旨："依議。欽此。"

謹將酌覈伊犁善後事繕具清單恭呈御覽

計開：

—— 據冊開，滿營協領額爾柯本前往俄國塔什干往返川資，參贊大臣升泰由庫爾哈喇、烏蘇前往伊犁辦理接收事宜，又由伊犁前赴科塔一帶勘分界務，又科布多、哈密、巴里坤幫辦、領隊大臣分道前往中、南、北三路分界，所帶官兵及文案繪圖、差遣人等薪糧口分一切經費，事竣後匯案報銷各等語。臣部查以上三款，未據報部有案，究竟各項官兵及差遣人等若干名，依照何例章支給一切經費，究竟是何款目，未據聲明，應令該將軍查明報部覈辦。至該官兵等如原有養廉、薪糧、口分，不得重複另支。

—— 據冊開，綏定城設善後總局提調二員，收發餉項委員三員，覈銷委員一員，滿漢文案四員，滿謄清一名，漢謄清四名，滿漢校對二名，經管案卷兼出入掛號一人，發審委員一員，差遣委員二員，糧料司事一名，號房一名，通事二名，馬勇六名，局勇十名，長夫六名，每月支局費銀六十兩。又，綏定城設中俄事務局一處，委員三員，文案二員，字識二名，局勇六名，長夫四名，通事一名，局費四十兩。又，采運糧料委員皆臨時派運，所有賬務、字識、鬥級、勇夫人等，薪水口分均隨采運日期為起止。又，綏定設屯墾總局一處，委員二員，字識二名，秤手二名，鬥級二名，局勇八名，長夫六名，每月支局費銀四十兩。

又，綏定城設保甲總局一處，總理委員一員，分查四隅委員四員，文案一員，字識六名，更柵夫頭四名，更夫二十名，柵夫二十名，局勇二十名，長夫六名，每月支局費銀四十兩。又，綏定城東關、南關，各設保甲分局一處，每局委員一員，字識一名，局勇六名，長夫四名，共更夫九名，柵夫九名，每局月支局費銀二十兩。又，伊犁從前陣亡殉難，現飭滿、漢印委各員採訪，由善後局彙報各員等。准用字識、紙筆費用，暫未設局各等語。

臣部查，伊犁原有同知、巡檢各官，所有保甲屯墾事宜，應責成該同知、巡檢管理，毋庸另行設局。該處兵勇甚多，盡可分撥各按地段巡查，亦無庸另設柵夫。所有綏定城保甲總局、分局、屯墾局，設立委員、字識、局勇、長夫、秤手、門級、更夫、柵夫，均應裁撤。查伊犁糧料事宜，應歸伊犁糧餉處管理。所有糧料委員，並帳務、字識、門級、勇夫均應裁撤。至善後總局，應暫准設提調二員，辦事委員八員，經承二名，貼寫十二名，掛號號房一名，通事二名，局勇十六名，月支局費銀三十兩。毋庸設立滿漢謄清、校對各項不經名目，亦毋庸另設馬勇、長夫。中俄事務及採訪諸事，統應歸善後總局經理，該局即行裁撤。以上裁撤各局，概不准開支薪工局費。

一　據冊開，固爾劄設善後分局一處，委員二員，滿漢文案二員，字識二名，賬務一名，通事一名，局勇六名，長夫五名，每月支局費銀二十兩；固爾劄設保甲分局一處，委員一員，字識一名，局勇六名，長夫四名，更夫十二名，柵夫十二名，每月支局費二十兩；又，固爾劄設回務局一處，委員一員，滿漢文案二員，識字二名，[1]滿漢文案二員，識字二名，局勇六名，長夫四名，每月支局費銀二十兩等語。臣部查，固爾劄既設善後分局，保甲、回務均應歸併善後分局辦理。所有固爾劄善後分局，擬暫准委員一員，字識二名，通事一名，局勇六名，月支局費三兩。毋庸招募長夫地段，應分撥兵勇巡查，亦毋庸另設更夫、柵夫。再，固爾劄是否即系固勒

劄，未據聲明。如系固勒劄，該處現駐撫民同知，善後事宜應由該
同知辦理，毋庸另設善後分局。

一　據冊開，綏定城工程督修委員二員，文案一員，謄清二員，
經管銀錢一員，管器具、木料、磚瓦、灰石等項一員，經營木工一
員，監管砌工一員，監修城牆土工八員，局勇十名，長夫六名，每
月支局費銀四十兩；瞻德城工程督修委員二員，文案一員，謄清二
員，經管銀錢一員，經管器具、木料、磚瓦、灰石等項一員，監管
木工一員，經管砌工一員，監修城牆土工八員，局勇十名，長夫六
名，每月支局費銀四十兩；惠遠新城工程督修委員二員，文案一員，
謄清二員，經管銀錢一員，經管木工一員，經管砌工一員，監修城
牆土工十四員，通事二名，局勇二十名，長夫六名，每月支局費銀
六十兩；拱宸城工程督修委員二員，文案一員，謄清二員，經管銀
錢一員，經管器具、木料、磚瓦、灰石等項一員，監管木工一員，
監管砌工一員，監修城牆土工六員，局勇十名，長夫六名，每月支
局費銀四十兩，各等語。臣部查，修建綏定、瞻德、惠遠、拱宸四
城，所派委員過多。所有綏定、瞻德、拱宸三城，僅三四里，擬暫
准派各項委員八員，字識二名，局勇十名，月支局費十兩；惠遠城
九裡三分，城工較鉅，擬暫准派各項委員十六員，字識四名，局勇
二十名，月支局費二十兩，不得有謄清名目，亦毋庸招募長夫。如
城工修竣，或遇停工，各項委員人等，即行裁撤以節冗費。

一　據冊開，綏定城設義學三處，固爾劄、瞻德、城廣、仁城
各設義學一處，錫伯營共設義學八處，每清文教讀一員，月支束脩
銀八兩，漢文教讀一員，月支束脩銀十二兩，均火食銀四兩，跟丁、
齋夫各一名，書紙、筆墨官為發給等語。臣部查烏魯木齊奏銷成案，
滿漢義學每處每月給束脩、油燭等項銀十二兩。所有綏定等城滿漢
義學，應照烏魯木齊辦理，以歸畫一，毋庸另立火食、跟丁、齋夫
各項名目。書筆、紙墨亦毋庸另行發給。此項經費，應准在伊犁房
租、雜款項下動支。再，該處設立義學已至十四處之多，嗣後不得
再行議增，以節帑項。

一　據冊開，收集伊犁綠營官兵眷口，除光緒七年奏明。有在行營當差之二百六十餘員名不計外，尚存一千二百四十五名口營制未複。經伊犁鎮總兵劉宏發陸續收集，暫給口糧以資生活等語。臣部查，此項綠營官兵二百六十餘員名，既經該將軍派在行營當差，應准照制兵餉項支給。其餘一千二百四十五名口，應令撥給地畝耕種，自食其力，毋庸官給口糧。現在防營林立，亦無庸挑補制兵，徒耗餉項。

　　一　據冊開，收復黑宰哈薩克、阿裡阪哈薩克兩起，共氈房五千餘戶，計大小頭目四十餘人，賞給衣料並羊只、茶布、糧食等語。臣部查，哈薩克系遊牧部落，收復之後，應令仍在原處遊牧自給，所有此次賞給衣料、羊只、茶布、糧食，照何例章支給之處，應令報部再行覈辦。

　　一　據冊開，光緒八、九兩年餉屯墾局無論兵民，陸續廣發牛具、籽種，約記錫伯營、額魯特、索倫營及漢民、纏回、漢回人等，貧苦者多，每戶發牛一對、籽種十斛，以資耕種等語。臣部查，辦理屯墾，自應聲明屯墾兵丁漢民、回民、某色人若干名，每名種地若干畝，每畝應給若干籽種，現於某處開墾若干地畝，應交官某色糧若干。原冊籠統含混，實屬無從查考，應令聲明再行覈辦。

　　一　據冊開，各領隊設各卡倫、軍台四十五處，應用經費，守卡、台官兵人數，前已有案等語。臣部查，台、卡官兵一千零七十員名，前經該將軍諮報在案。惟查塔爾巴哈台銷冊內開，所有台站、卡倫官兵委絷蘭委，官每員各月支鹽菜銀三兩五分；委章京、委昆都每員各月支鹽菜銀二兩；兵每名月支鹽菜銀一兩七錢五分等。因伊犁守台、卡官兵應照塔城辦理，毋庸另給津貼糧食。又，塔城台站章程，秋間自行割草堆存，每年酌給六個月乾銀；每駝馬牛一匹，每月給乾銀一兩。其卡倫章程，以固哲爾德冬令雪大，牲畜不能牧放，每馬每月給乾銀三兩，其自四月至九月，遍地青草皆可牧放，將此馬乾停止等因。應令該將軍照塔城章程一律辦理。

　　一　據文稱，伊犁糧價，食米百觔價銀七兩有奇，本處採買無多，悉由精河、庫爾喀喇、烏蘇、瑪納斯等處采運，邊地人民稀少，運腳與食物既昂，人工因之而貴。各項匠役每名每日給發煤炭二觔，麥面二觔，工價銀五、六錢不等。各城城工以土工為大宗，上年修築綏定、瞻德兩城，每日土工自七八百人，至千餘人而止。今年改建惠遠新城，城大工巨，商令額魯特領隊大臣依楞額由該遊牧調取閒散蒙古二千餘名，纏回七八百名，以及收集各處民人，每日四五千人不等。每十人為一棚，准火夫一名，兩棚准夫頭一名，每夫頭一名，每日工價銀二錢五分；土工每名每日工價銀二錢，每名每日面、炭仍照二觔發給，等語。

　　臣部查，塔爾巴哈台參贊大臣錫綸冊報，塔城纏頭夷商自伊犁販運稻米售賣，每觔合銀五分五厘，麥面每觔合銀三分等因。查塔爾巴哈台米、麥尚在伊犁採買，豈有伊犁轉向他處採買之理？且塔城距伊犁一千九百里，該處赴伊犁採買，合運價在內，每米一觔僅值銀五分五厘，面每觔僅值銀三分，以此推之，伊犁本處米價每觔不過值銀三分有奇，面每觔不過值銀一分有奇，糧價並不甚昂，就地有可取資，何須更由七八百裡外之精河，千餘裡外之瑪納斯、庫爾喀喇、烏蘇遠道采運？至匠役口糧，查臣部則例內載，調赴新疆工作匠役，日支工價銀二錢，日支京升口糧：粟米八合三勺或白麵一觔。該將軍開報，每日工價至五六錢，尚給麥面二觔、煤炭二觔，銀糧合計，每名每月工食幾至二三十兩之多。自來匠役工食未有如此之費者，惟此項系由工部覈銷，應俟該部覈議後，知照臣部注案。

　　一　據文稱，惠遠新城九裡三分，綏定、瞻德、拱宸三城，三四裡不等。派員弁督催，其責任重大者，自應將銜名隨案報部。若差使零星、隨時更換，擬俟造冊報銷時，聲明某事系何員辦理，某物系何員採買。文、武委員薪水，以及各項人等口分，查同治十一年署伊犁將軍榮全奏定官兵口分章程：道府月支口分銀二十九兩；同知、通判、州縣月支口分銀二十二兩八錢；筆帖式月支口分銀十五兩；委筆帖式、佐雜月支口分銀十二兩；協領、參領月支口分銀二十三兩；佐領、防禦月支口分銀十八兩；驍騎校月支口分銀十五兩；總管月支口分銀四十四兩八錢；參將月支口分銀二十五兩；遊擊月支口分銀二十二兩；都司月支口分銀十八兩；守備月支口分銀十七兩；千總月支口分銀十四兩；把總月支口分銀十二兩；經制、外委月支口分銀十二兩；全營翼長月支津貼銀七十兩。其任重事巨、實有勤能者，量加津貼等語。今舉辦伊犁善後，擬仿照榮全奏定成案辦理。其舊章未載者，如提鎮，比照總管月支銀四十四兩八錢；善後總辦比照全營翼長，月支津貼銀七十兩。此外，護勇月支口分、馬乾銀六兩四錢；局勇月支口分銀四兩；長夫月支口分銀三兩；生監有辦理文案者，月支口分銀十二兩；通事、鬥級、稱手月支口分銀八兩；字識月支口分銀十兩，仍仿照成案，課其勤惰、賢能量給津貼，自二兩、四兩、六兩、八兩止。新疆糧價騰貴，月支薪水實不敷用，擬請文武員弁每日每員給食糧二觔，其兵丁、夫役人等，每日給食糧一觔八兩，不扣建。其餘各處工作，計日給價，均扣建。其有兼差者，所兼之差不另開支薪水，酌給津貼銀十兩至十五兩不等，等語。

臣部查，同知、通判、州縣、筆帖式、委筆帖式、佐領、防禦、驍騎校，月支口分與榮全所奏章程尚屬相符，擬請照準。惟協領、參領，榮全原奏僅二十二兩，全營翼長僅六十五兩，該將軍所引未能符合，應令照榮全章程發給。至提鎮、道府、總管、參將、遊擊、都司、守備、千總、把總，榮全原奏並未議及口分，應如該將軍所議辦理。

又查該將軍奏銷冊，經制、外委月支口分銀八兩，今多開二兩，應令仍照原章辦理，善後總辦應照品級開支。所有各項官員已報部者，應照臣部酌留員數發給口分津貼，其未經報部者，照章不准，隨冊聲明。如有兼差，不另開支，亦不另支駝折。局勇准給口分，不得支馬乾。每局勇一名，准日支銀一錢一分。通事每名，准日支銀一錢。字識及生監辦事者，應照烏魯木齊銷案，每月准支銀三兩。長夫、鬥級、秤手，業經刪除，應毋庸議，經承、貼寫應照臣部則例。書吏日支京升粟米八合三勺，月支銀四兩八錢，各項人等均應扣建，官不扣建。

再查榮全原奏，酌給口分並不另給食糧，該將軍所請文武員弁，每日給食糧二觔，勇丁、夫役人等，每日給食糧一觔八兩之處，應毋庸議。

[校注]

[1] 此处"满汉文案二员，识字二名"，疑与上文重复，属衍文。

議覆豫撫歸還部墊片

[**題解**] 本稿當作於光緒十年三月下旬。河南巡撫鹿傳霖奏應還部墊各款力難籌措，懇恩飭部准予緩解，戶部認為，庫款支絀岌岌可慮，河南巡撫應將該省應解部墊銀兩設法籌措，勿得全行停解致令庫款久懸。

　　再，河南巡撫鹿傳霖奏《應還部墊各款力難籌措懇恩飭部准予緩解》一折，光緒十年三月十八日軍機大臣奉旨："戶部議奏，欽此。"欽遵於十九日由內閣鈔出到部。

　　據原奏內稱，前准戶部諮奏，催各省關欠解部庫墊發各款銀兩，亟應按年分成勒限歸還，並將各省關欠解歸還部墊數目開列清單。計河南一省欠解六十八萬二千兩，應自光緒九年起每年搭解二成歸還部庫等因，奉旨："依議。欽此。"欽遵行司在案。茲據署布政使唐鹹仰詳稱，豫省司庫入不敷出，若按照欠解銀數每年搭解二成計，需銀十三萬數千兩，款巨限迫，實屬力難籌措，惟有據實陳請緩解等情，具詳請奏前來。臣查豫省司庫進款僅止丁漕雜稅，而出款繁多不減各省，委系實在情形。據實籲懇天恩飭部准予緩解，俟豫省庫款稍可轉移，再行分限籌還歸款等語。

　　臣部查，部墊各路軍餉由各省關歸還部庫之款，截至八年底止，各省關欠解已四百三十餘萬兩之多。是以上年四月間奏令每年分成搭解，藉資周轉。至河南省欠解部墊六十八萬二千兩，每年應解二成銀十三萬數千兩，自奏准行知後，迄今未據批解，今該撫以入不敷出，奏請緩解等因。查經費未裕，各省情形如一，惟自上年至今，籌辦邊防、賑務、河工等項需款尤繁，截留本年京餉已有一百數十萬兩之多，庫款支絀，岌岌可慮，若皆紛紛請緩部墊，又將何以支持？應請飭下河南巡撫鹿傳霖，嚴飭藩司將河南省應解部墊銀兩設法籌措，即或不能解足二成，亦當量為勻解，勿得全行停解致令庫款久懸，以重帑項。所有遵旨議奏緣由，臣等謹附片具陳，伏乞聖鑒。謹奏。

光緒十年四月初七日奉旨："依議。欽此。"

議覆烏魯木齊督統請複官制應令變通摺

[**題解**] 本稿當作於光緒十年三月底。前烏魯木齊都統恭鏜奏，烏垣議復舊制，額設員弁、經書援例稍加變通以資差委。戶部認為，新疆現設郡縣，該都統權輕事簡、秩峻兵微，烏魯木齊當前事務甚簡，委員自應多裁。另外，關外大員太多、事權不一，朝廷可飭下督辦大臣劉錦棠等，將烏魯木齊等處都統大臣應否裁撤及一切事宜應如何辦理之處，奏明辦理。

奏為烏魯木齊各項官員實難規復舊制，請旨飭議裁撤，以歸畫一而免分歧，恭折仰祈聖鑒事。

前烏魯木齊都統恭鏜奏《烏垣議復舊制額設員弁經書援例稍加變通以資差委》一折，光緒十年三月二十一日軍機大臣奉旨："該部議奏，單併發。欽此。"欽遵於三月二十二日鈔出到部。

據原奏內稱，查都統暨各領隊衙門向設各項差員，應統歸舊制，當飭各領隊、協佐查照定章覈議。茲據複稱，查都統衙門額設印房、折奏、營務處、糧餉處、督催處、駝馬處，均以章京、主事、筆帖式等員派充承辦，供繕寫者有滿漢兩房經承等目，以兼管地方事務。另設吏、戶、禮、兵、刑、工六房書吏，並滿漢巡撫、戈什哈、差弁等，統計一百數十員名。此外，尚有各領隊衙門、檔房、筆帖式、清書馬甲、民書帖寫等項，兵燹後孑遺無幾。兩疆收集旗丁，僅得三百餘口，實少粗通文理之人，又增俄國通商保護稽察，愈形繁重，請照例酌派委員前來。奴才查，都統衙門額設各員，間有部缺，現

在烏垣迥非昔比，若請發京員往返經費莫籌。向章三年滿後，或給
諮歸部選缺，或留疆就近補官。今關外同通、州縣，統由督辦大臣
揀員署補，是來員無升階可望，自應隨時變通，于文武委員中選其
明白曉暢、樸實從公者，分派各差。擬將各項委員夫折鹽菜、跟役
口糧，仍按品級暫照軍需則例開支，並酌給津貼。滿員則以協佐等
員兼理，再于廉俸外另籌津貼。所有奴才衙門供使令、備傅宣戈什
哈，仍擬滿漢兼用。又單開，印房、糧餉處、營務處、折奏處、督
催處、商務處，其商務處系駝馬處改設，統計委員共二十八員，吏、
戶、禮、兵、刑、工六房經書三十名，巡捕滿漢各一員，滿戈什哈
十二名，漢差官六名，漢戈什哈十名。滿員有應支例餉，毋庸另給
薪水、鹽菜，漢員按官階，照軍需則例酌減開支，並酌給跟役鹽菜、
夦劻。各房經書，仍按往年舊例給予工食夦劻。巡捕、差官、戈什
哈等，亦按武職品級，照軍需則例酌支。統計每年約需銀五千餘兩，
夦五萬數千劻各等語。

　　臣部查，烏魯木齊額設各官，除都統、領隊大臣外，額設章京
三員，內印房、糧餉處、駝馬處各一員；筆帖式三員，內印房、
糧餉處、駝馬處各一員；委筆帖式六員，內印房三員，糧餉處一
員，駝馬處一員，營務處一員，共官十二員，書識十八名。今單
開各員，除滿戈什哈不計外，各項差員至四十餘員，書識三十名，
論兵數不及原額十分之三，派委員轉過原額十分之七。以現在情
形而論，事務甚簡，委員自應多裁。不特委員應裁，即烏魯木齊
都統、領隊大臣應否照舊安設之處，尚難預定。何也？國家設官
經野，必視其事務之繁簡，度其屬境之廣狹，然後崇其品秩而蒞
以官。昔時烏垣滿營兵二千餘名，今從南路招回者，僅存二百餘
名。昔時吐魯番、阿克蘇、英吉沙爾、喀什噶葉、葉爾羌等處，
均由烏魯木齊換防，今則南路無庸換防，經左宗棠奏明在案。昔
時都統所轄道一，府、州各一，縣五，今則關外正佐各官，統由
督辦大臣揀員署補。該都統權輕事簡、秩峻兵微，若不因時變通，
恐非朝廷建官之本意，亦非目前時勢之所宜。伏查乾隆二十四年

烏魯木齊駐辦事大臣，二十八年奏請裁撤，三十六年以旗兵駐防設參贊大臣，三十八年始改都統，四十年設領隊大臣，或裁或增，在當日實因時勢隨為變通。新疆現設郡縣，時勢變遷，以今揆昔，迴不相侔。該都統、領隊大臣轄兵二百，於體制既屬非宜，而政出多門，尤於事體不便。即如回務及通商事務，督辦大臣治之，將軍治之，都統亦治之，其所以駕馭回眾者，寬嚴互異，其所以辦理商務者，區畫不同。又州縣交代，除詳本管道府外，都統一詳，督辦大臣一詳，陝甘總督又一詳。文冊既苦於紛繁，覆轉每因而遲滯。又州縣供應，督辦大臣、將軍、參贊各大臣均得，檄飭供支，茫無定章，易滋流弊。至於督辦大臣揀員署輔，向應會銜。北則烏魯木齊都統，西則幫辦大臣，南則陝甘總督，一官署補，萬裡諮商，百馬賓士，數旬始達。夫大小相維，古今通制，今關外大員太多，事權不一，其弊已至於此。若拘泥故事，苟且因循，不急求變通之法，非惟目前難資整頓，將來流弊更不可勝言。

現在伊犂為北路重鎮，滿營僅有孑遺，臣等擬將烏魯木齊、巴里坤、古城等處旗丁歸併伊犂，以將軍轄之，藉資鎮攝。新疆改建郡縣，左宗棠等原有請設督撫之議，惟全疆官制應如何變通之處，臣等究難遙度。劉錦棠等身膺重寄，洞悉邊情，應請飭下督辦大臣劉錦棠，會同伊犂將軍金順，廣東陸路提督張曜，陝甘總督譚鐘麟，將烏魯木齊等處都統大臣應否裁撤及一切事宜應如何辦理之處，細心妥當奏明辦理。臣等既有所見，不敢緘默，理合恭折具陳，是否有當，伏乞皇太后、皇上聖鑒。謹奏。

光緒十年四月十五日奉旨："依議。欽此。"

議覆烏魯木齊都統請撥滿營俸餉片

[題解] 本稿當作於光緒十年三月底。前烏魯木齊都統恭鏜奏奉文裁勇，擬複鞏寧額兵，籌給滿營俸餉，並烏垣地闊兵單情形。戶部奉旨議覆，認為該都統以烏魯木齊地闊兵單為慮，應飭下劉錦棠就此事統籌辦理，至於烏、古旗營俸餉，擬令劉錦棠、譚鐘麟等由西征餉內劃撥，例支糧料由倉儲項下動支。

再，恭鏜奏《奉文裁勇，擬複鞏寧額兵籌給滿營俸餉，並烏垣地闊兵單情形》一折，光緒十年三月二十一日軍機大臣奉旨："該部議奏。欽此。"欽遵於三月二十二日鈔出到部。

據原奏內稱，准戶部諮，飭將馬勇一營、衛隊一營全行裁撤，並令將滿營口糧按照常例支給等因，當將勇營全行遣撤，月餉截至正月底止另文造報。伏思烏垣地闊兵單，提標新招土勇均未複額，且存城僅四五百人，鞏寧城守亦未複全額之半。查烏垣向設鞏甯城守營都司一員，千總、外委四員，馬步兵丁二百九十四名，馬二百三十三匹，現暫由提標中營撥來，土勇連伙夫僅一百零六名。擬請飭令督辦軍務大臣劉錦棠，查照舊章，將鞏甯城守一營添補足額，藉備巡防。其擬複滿營例支一節，查烏、古滿營兵丁俸餉等銀，向由甘肅藩庫額解歲餉項下給領，糧料例由迪化州各庫倉儲米石侭撥，即擬自十年正月初一日起支，以清界限，一面造花名、糧餉草料數目清冊，分別諮請督辦軍務大臣陝甘督，臣查照舊例，轉飭覈辦。將來巴里坤旗營移駐烏垣綏遠城，抽撥閒散旗丁填駐古城，歲需糧

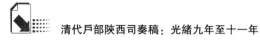

餉若干，再查確數奏諮添撥等語。

臣等伏查，承平時烏魯木齊、古城、巴里坤、哈密、吐魯番並南路各城額設駐防及由伊犁、陝甘換防旗綠官兵，共二萬二千餘員名。自光緒四年恢復全疆以來，該處勇營林立，尚未規複兵制。查劉錦棠一軍駐紮處所，東北逾巴里坤抵古城，西北逾烏魯木齊抵安集海，東南至哈密為劉錦堂軍府，西南迄喀什葛爾張曜一軍附焉。現在劉錦棠所部弁勇尚存二萬五百員名，張曜所部計六千餘名，共二萬六千五百餘員名。以兩軍現紮地段而論，較之承平兵額尚多四千餘名，兵數尚不為少，該都統以地闊兵單為慮，殆專指烏魯木齊一處而言。劉錦棠身膺重寄，洞悉邊情，應請飭下該大臣體察情形、酌量地勢，摘要填紮。全疆一切官制兵額，應令該大臣遵照臣部本年二月統籌全域奏案，悉心妥籌。俟議覆後，再由臣部會同吏、兵二部，奏明辦理。烏、古旗營俸餉，既經該都統諮商督辦大臣、陝甘總督覆辦，本年例支俸餉約計每月僅需銀一千餘兩，擬令劉錦棠、譚鐘麟等由西征餉內劃撥，例支糧料即由倉儲項下動支。該大臣等素顧大局，自必不分畛域，源源接濟，以應要需。所有遵旨議奏緣由，理合附片陳明，伏乞皇太后、皇上聖鑒。謹奏。

光緒十年四月十五日奉旨："依議。欽此。"

奏催新疆南北兩路歷年收支錢糧摺

[**題解**] 本稿當作於光緒十年四月初，是戶部奏催新疆南北兩路歷年收支錢糧奏銷的奏章。戶部報，近七八年新疆南北兩路歷年收支錢糧各項迄未報部，請旨飭下新疆各大臣，將光緒九年以前各項奏銷應如何辦理之處，迅速議定，造冊奏銷，以清積案。

奏為新疆南北兩路歷年收支錢糧各項，請旨飭令併案造冊奏銷以清積案，恭折仰祈聖鑒事。

竊查新疆南北兩路各項奏銷，伊犁則隸之將軍，塔爾巴哈台則隸之參贊大臣，烏魯木齊等處則由鎮迪道府廳州縣各官造冊齎送都統，諮送陝甘總督會題。南路各城，則由辦事領隊各大臣覈明確數，一面諮部，一面移諮陝甘總督查覈，向系各歸各款，按年奏銷。自同治年間全疆淪陷，賦稅無徵，光緒年間南北各城陸續恢復，俄人修好，交還伊犁，舉二萬裡版圖之舊還隸職方，近七八年錢糧所入迄未報部。

伏查全疆歲入各款正賦，則有稻、粟、麥、豆、高糧、青稞、草束；雜賦則有地課、磨課、園稅、木稅、房租，更兼金玉、銅鉛、鐵錫、硝磺之饒，蠶絲、棉花、布匹、氈褐之利，地大物博，百產豐盈。歷年收支毫無案據，竊恐任複一任，年復一年，款愈繁則愈難勾稽，時愈久則愈難考覈。臣等公同商酌，擬令將光緒九年以前收支錢糧等項，並為一案，分年、分款造具細冊，于本年趕緊奏銷。光緒十年收支錢糧等項，即可於十一年接續造報。惟全疆一切事宜今昔迥異，南路各城均非從前額設之官，鎮迪道府廳州縣又隸督辦軍務大臣管轄。臣部既不能牽合故事，亦未便率擬新章，相應請旨飭下該大臣等，體察現在情形，將九年以前各項奏銷應如何辦理之處，迅速議定造冊奏銷，以清積案。臣等為慎重度支、清釐塵牘起見，是否有當，伏乞皇太后、皇上聖鑒。謹奏。

光緒十年四月二十三日奉旨："依議。欽此。"

覈議護理烏魯木齊都統收支糧餉摺

[**題解**] 本稿當作於光緒十年三月底或四月初，是戶部就烏魯木齊收支款目覈銷情況的彙報奏章。前烏魯木齊都統恭鏜奏將前護都統金運昌任內收支款目造冊諮部覈銷，戶部疊派司員檢集案卷、詳覈清冊，對其所報逐一予以准駁，並將具體款目各細數繕寫清單附後。

奏為覈銷烏魯木齊收支款目，仰祈聖鑒事。

前烏魯木齊都統恭鏜奏《將前護都統金運昌任內收支款目造冊諮部覈銷》一片，光緒十年三月二十一日軍機大臣奉旨："戶部知道。欽此。" 欽遵於三月二十二日鈔出到部。

據原奏內稱，准部諮前都統英翰銷冊內開，實存銀二千零二十三兩九錢五分，未據接續造報，應令查明，於三個月內報部等因。查前項銀兩，系前護都統金運昌任內經手之款，茲准前護都統金運昌將前在護任內，自光緒四年正月十七日起至十二月十五日止收支各項銀兩，造具清冊前來，應照錄原文及清冊二本，代諮戶部查覈等語。

臣等疊派司員檢集案卷，詳覈清冊，有與前案相符、應行照準者，如都統衙門委員、字識、貼書、旗兵、聽差、勇丁開支、薪糧、餉項等款；有與前案相符，仍應議駁者，如心紅、紙張、油燭銀兩，例應按事務繁簡酌給，前案勇丁千餘人，今僅存旗丁十名，事務極簡，此款自應酌裁；有與前案不符仍應照準者，如各官兵及雜色人等面觔折價，前案每觔折銀六分，此案每觔折銀三分二厘有奇。委員劉寬雖應停支面觔，而薪水已自行覈減，較之前案尚屬有減無增，自應照準；有與前案名目相符，其實不應添派者，如總辦文案，本系暫留之員，何得另行接派？前案僅稿書一名，不應率行加增；有前案並無其人仍應准其添收者，如新添旗兵二名，於光緒四年歸旗，自應准其一律開支鹽菜。

所有准駁款目各細數，臣等謹繕清單，恭呈禦覽，伏乞皇太后、皇上聖鑒。謹奏。

光緒十年五月初九奉旨："依議。欽此。"

謹將烏魯木齊支餉項繕具清單恭呈禦覽

— 舊管項下：據冊開，前任都統英翰支應局移交餘銀二千二十三兩九錢五分等語。臣部查，與上案實存銀數相符。

— 新收項下：據冊開，收前陝督左宗棠撥解銀三千一百八十六兩五錢七分五厘，舊管新收共銀五千二百一十兩五錢二分五厘等語。臣部按冊覈算，均屬相符。

— 開除項下：據冊開，總辦文案一員，月支銀三十兩；總辦折奏一員，月支銀二十兩；兵戶司總辦一員，月支銀三十兩；辦事委員五員，稽查委員一員，各月支銀二十兩；差官一員，月支銀十四兩。官弁各准跟役一名，每日各津貼、白麵一觔八兩等語。臣部查前案，總辦文案系朱伯梁經該護都統金運昌暫留，該員經理前都統英翰身後事宜，朱柏梁既去烏垣，該護都統即應將薪水等項停支，何以率將馬汝屏派委？殊與前案不合。所有開支馬汝屏薪水等銀，三百六十二兩一錢四分二厘二絲五忽，應予刪除。至總辦折奏委員劉寬，照前案內聲敘津貼糧料，本當停支，惟查該員較前每月少支銀十兩，互相牽算，向無浮支，擬請照準。其餘各項員數、銀數，均與前案相符，所支面折亦較前案無浮，均請照準。以上各員，共准銷銀二千四百七十三兩七錢五分七厘九毫二絲二忽。又冊開，稿書二名，各月支銀十二兩；貼書二名，各月支銀八兩；字識二名，各月支銀六兩；運役均准日支面二觔四兩等語。

　　臣部查前案，振武等四營尚未裁撤，僅有稿書一名。此案並無勇營事務，較前極簡，自不得率行添派，應照案刪除稿書一名，計刪除銀一百五十六兩一錢七厘一毫一絲八忽七微。其餘尚與前案符合，共應准銷銀五百六十兩零五錢三分五厘五毫九絲三忽八微。又冊開，聽差、勇丁四名，各月支銀三兩；滿營兵八名，添收歸旗兵二名，各月支銀六兩；運役各日支面二觔四兩。臣部查覈，尚與前案相符。其添收旗兵，亦應准其一律開支鹽菜，共應准銷銀一千一百零四兩八錢二分三厘八毫四絲五忽。又冊開，心紅、油燭、紙張，都統衙門月支銀四十兩，兵戶司月支銀十六兩。臣部查軍需則例，油燭等項，應按事務繁簡酌給。振武等四營，既經裁撤，該處事務極簡，不得尚援前案開支，應比照覈銷烏魯木齊次案支給。所有都統衙門，應准其月支銀十兩，兵戶司准其月支銀四兩。共准銷銀一百五十四兩，刪除銀四百六十二兩。

　　統計全案，原請銷銀五千二百七十三兩三錢六分七厘三毫一絲四忽五微，實應准銷四千二百九十三兩一錢一分七厘三毫七絲八微，應刪除銀九百八十兩二錢四分九厘九毫四絲三忽七微。

　　一　實在項下：據冊開，收發而抵，不敷銀六十二兩八錢四分二厘三毫一絲四忽五微等語。臣部照章覈算，尚應存刪撥銀九百一十七兩四錢七厘六毫二絲九忽二微，應令照數賠繳。

寧夏滿營兵餉照例匯撥片

[**題解**] 本稿與前篇當同時所作，是戶部就寧夏滿營兵餉照例匯撥一事的彙報奏章。戶部認為，甘肅肅清有年，其寧夏滿營應需俸餉，應統由藩庫支領，以符定制，而不是繼續借撥他省解部之款。

再，寧夏滿營兵餉，舊例於冬撥案內，由甘省造具估餉冊匯案請撥。查咸豐年間成案，僅需俸餉、馬乾、糧料草折等銀六萬餘兩。同治四年，前護理寧夏將軍常升因逆回構亂，由寧赴省之路全行阻塞，奏准於山西、河東應解甘餉內劃撥銀十萬兩，並聲明俟陝甘省肅清，統由藩庫請領以符定制等因。光緒五年，前將軍善慶以山西災荒，請暫借鄂餉，俟三年後仍歸山西暨河東籌解等因。

經臣部議，令在江漢關四成洋稅月協陝西一萬兩內，每月撥銀五千兩，暫為借撥寧夏兵餉，嗣於光緒七年三年期滿，該將軍奏請仍由江漢關四成洋稅項下，照舊借撥數年。複經臣部議，令自光緒八年正月起，仍由該關照舊借撥，以三年為期，歷經奏准在案。

臣等查江漢關四成洋稅，原系奏定解部之款，現在部庫萬分支絀，本應立即提回，惟寧夏借撥，截至本年十二月底已滿，再借三年之期，自應遵照光緒七年奏案截期扣算。限滿之後，既不能將此款撥給軍務平定陝西，尤不能將此款再借兩次限滿之寧夏。相應請旨飭下湖廣總督、湖北巡撫，將江漢關四成洋稅項下，每月協解寧夏滿營兵餉五千兩，自光緒十一年正月為始，照舊批解部庫，毋任延欠。甘肅肅清有年，其寧夏滿營應需光緒十一年俸餉，應請飭下陝甘總督譚鐘麟，查照舊例匯案請撥，統由藩庫支領，以符定制。是否有當，伏乞聖鑒。謹奏。

光緒十年五月十七日奉旨"依議。欽此。"

議駮陝撫請將司庫錢糧奏銷展緩摺

[**題解**] 本稿當作於光緒十年四月下旬。署陝西巡撫葉伯英奏，陝省司庫錢糧奏銷仍難循例造報，籲請展緩。戶部認為，該署撫以庫款入不敷出為詞複請展緩，殊不知陝省財絀，與其錢糧考成之不嚴，交代清查之不力，以及兵勇餉項之不節等有關，故要求陝省務將光緒十年分錢糧奏銷遵照定例，造具細冊，分款依限奏銷，不得以事涉煩碎藉詞再請展緩。

奏為陝省錢糧奏銷亟應循例造報以嚴考覈而杜流弊，恭折仰祈聖鑒事。

署陝西巡撫葉伯英奏《陝省司庫錢糧奏銷仍難循例造報籲請展緩》一片，光緒十年四月十九日軍機大臣奉旨："戶部知道。欽此。"欽遵於四月二十日鈔出到部。

據原奏內稱，前准戶部諮陝省司庫錢糧奏銷，限三年內規復舊制等因。查陝省司庫奏銷，例定四月內造冊題報，今自七年奉文起扣至十年，已屆三年期滿，亟應規復舊制。無如自兵興以後繼以奇荒，丁賦未能複額，稅課、厘金亦不如前，收款驟難復舊，出款以俸餉為大宗，文武例支次之，而勇餉又為銷冊鉅款，入款不敷。每將本省文武例支延至次年，始行開放。且遇支放急遽，尤多零星那湊，若逐款聲明例支借撥，事涉煩碎，且易啟掛漏牽混之弊。況奏銷重司庫之考覈，尤嚴州縣之經征。今司庫入款、出款，造有總散細冊，纖細備陳，勘資稽覈。至州縣經征，亦按年造有分數清冊。

遇有經征未完一分以上，及征儲欠解之員，均隨案聲明議處，不至有惰征虧那等弊。請將司庫錢糧奏銷，仍照前撫譚鐘麟前奏，將司庫每年收支實數，開造簡明總散清冊送部覈銷。一俟收支款項均能複額，即行照例造冊題報等語。

臣部查，陝省奏銷例限四月，自軍興以來，司庫錢糧奏銷，疊次請造簡明清冊，光緒七年臣部於議覆前撫馮譽驥折內，奏準將該省奏銷限三年內規復舊制，不得再有藉口，行知遵照在案。茲屆三年期滿，該署撫複請展緩，無非以庫款入不敷出為詞，而不求其所以不敷之故。臣等竊維陝省財絀，其故有三：

一由錢糧考成之不嚴。延、榆、綏、鄜等府州屬，非盡荒地，而兩忙不入考成之內，故州縣敢於捏報民欠，以熟作荒；一由交代清查之不力。各屬征存未解之案，數十百起，該管上司不行奏參，故州縣敢於侵那，毫無忌憚；一由兵勇餉項之不節。制兵之外，另有練軍。練勇之外，複有防勇。歲餉百數十萬，供億繁費，故厘金賦稅收不敷支。

該撫若能破除情面、認真辦理，嚴責墾荒，毋任猾吏售捏荒之術，嚴查交代，不使屬庫有未解之銀。至於兵制龐雜，必無實功，盡可汰弱留強，以節浮費。出入大致可以相抵，錢糧何難依限奏銷？即使間有不敷，盡可將某項應支若干，實支若干，未支若干，不敷若干，入數出數，按款一一聲明，實用實銷。正惟款目零星，間有欠發，尤當力求清楚。豈容以事涉煩碎，任聽官吏作奸，致有掛漏牽混之弊？況依限奏銷，我朝定例，臣部舍簿書期會，無以為考覈之方，而封疆大吏厭薄簿書，置奏銷例限於不顧，屢請展緩，僅以簡明清冊送部，含糊塞責。臣部檢查陝省歷年所造簡明清冊，弊實殊多。如旗營俸餉、節婦建坊等款，並未開列職名、姓氏，無憑行查。禮、兵二部屯糧折征等款，並未聲明系何州縣，亦屬無憑稽查。該撫以為纖細備陳，臣部以為籠統含混，所請仍造簡明清冊之處，實難准行。相應請旨飭下陝西巡撫，務將光緒十年分錢糧奏銷遵照定例，造具細冊，分款依限奏銷，不得以事涉煩碎，畏難苟安，藉詞再請展緩。臣等為慎重庫款、清厘積弊起見，是否有當，伏乞皇太后、皇上聖鑒。謹奏。

光緒十年五月十七日奉旨："依議。欽此。"

閩海等關解陝月餉提還部庫摺

[**題解**] 本稿當作於光緒十年四月前後。戶部奏，因部庫萬分支絀，而陝省軍務平定有年，非當日進剿情形可比，近年地丁厘金及一切雜款歲入二百餘萬，亦與當日困乏情形不同，故請求將閩海等關解陝月餉提還部庫，以應急需。

奏為部庫萬分支絀，請將閩海等關解陝月餉提還部庫以應急需，恭折仰祈聖鑒事。

竊查四成洋稅原系奏定解部之款，不准各省借用。同治七年，前陝西巡撫喬松年以陝省逆回披猖，官兵缺餉，滿綠暨各勇營需餉二百六十餘萬，收地丁厘金、捐輸以及川省捐輸、外省協濟，總計不過九十餘萬兩，兵勇祗此半餉，不敷兩餐，奏請於各海關四成洋稅項下撥款支發。陝省徵兵糧餉，當經臣部奏准，令閩海、粵海、江漢等關於四成洋稅項下，各按月撥銀一萬兩作為該省月餉。此閩海等關，原協陝餉每月三萬兩之實數也。

其閩海、粵海各月協之一萬兩，於光緒七年籌備伊犁償款案內，臣部以閩海、粵海兩關協陝銀兩系陝省軍務吃緊時，由部暫准協撥之款，現在該省地方安謐，部庫撥款本應早日收回，經臣部會同總理各國事務衙門奏准，於七年閏七月停止撥解，改充伊犁償款，截至九年六月償款期滿，經前陝撫馮譽驥奏准，自九年七月起仍行解陝。閩海關因奉撥要工，奏請自十年三月起，再行解陝。旋因閩省辦理海防，奏准自十年三月起，連閏至十二月止，共銀十一萬兩留

歸本省動用。至江漢關月協之一萬兩，於光緒五年二月經臣部奏准，
由該關應協陝餉內每月分撥銀五千兩，作為寧夏滿營兵餉。複於是
年八月，欽奉諭旨，由該關原協陝餉內，每月改撥銀三千兩，作為
塔城果勇馬隊專餉。此閩海等關，現協陝餉每月二萬二千兩之實
數也。

　　臣等伏查陝省軍務平定有年，既非當日進剿情形可比，近年地
丁厘金及一切雜款，歲入二百餘萬，又與當日困乏情形不同。臣部
自上年辦防、辦賑以來，宋慶、曹克忠、吳大澂等軍在部請餉，及
雲南、廣西、廣東等省防務，暨山東河工、賑務截留、停解、劃撥
部款幾至四百萬兩。入款頓減，出款倍增，部庫不敷支放，岌岌可
慮，若不將閩海等關解陝銀兩提還部庫，一切放款實屬萬難支持。

　　臣等公同商酌，擬將粵關四成洋稅項下每月協陝之一萬兩，江
漢關四成洋稅項下每月協陝之二千兩，均自本年閏五月起解部。閩
海關四成洋稅項下每月協陝之一萬兩，自光緒十一年正月起解部，
以應要需。如蒙俞允，即由臣部行知該督撫、將軍監督一體遵照，
務令按限報解部庫。嗣後，無論何省何項要需，概不准借用此款，
以符奏案。是否有當，伏乞皇太后、皇上聖鑒。謹奏。

　　光緒十年五月十七日奉旨："依議。欽此。"

卷 三

議覆甘肅關外防營口糧雜支章程摺

[**題解**] 本稿硃批時間為光緒十年五月二十五日，其作時當在光緒九年八月前後。督辦新疆軍務大臣劉錦棠將甘肅關外各營旗光緒七八兩年應支月餉及一切雜支等項實支款目，開列二十四條奏請立案，戶部奉旨議覆，認為新疆平定有年，情形迥別從前，章程所載有為昔日所不能無而今日所不必有者，並將所有覈議專案的准駁情況，另繕清單詳細說明。

奏為覈議甘肅關外防營口糧及一切雜支章程，恭折仰祈聖鑒事。

督辦新疆軍務大臣劉錦棠奏《甘肅關外各營旗應支月餉及一切雜支等項，奏明立案》一折，光緒九年七月二十三日軍機大臣奉旨："該部知道，單併發。欽此。"欽遵於九年七月二十四日鈔出到部。

據原奏內稱，查新疆軍務自光緒元年，前陝督左宗棠檄調諸軍出塞，其時道路梗塞，凡百多仰給於關內。長途轉輸，必得食息之所，於是分設糧料、柴草各局站以資供應，招致各員分別差委。迨光緒三年，南北兩路肅清，善後刻不容緩，乃于各路設總分各局，清丈田畝，清查保甲，徵收糧稅，招匠教習纏回飼蠶、繰絲諸法，廣設義塾，教授漢、回各童，以格其囂凌之氣。茲將七八兩年實支款目，開列二十四條，奏請立案。其自九年起，如有應行減並之項，即當隨時報部以節糜費等語。

臣部查，單開各款據稱系循照左宗棠定章，其實章程所載，有為昔日所不能無，而今日所不必有者。當大軍出關之始，一切仰給關內，非分設糧料、柴草各局，不足以利轉輸。迨南北一舉蕩平，官制未定，非設善後、保甲、征糧、蠶桑各局，不足以正經界而稽戶籍，定賦則而開利源，是當日設局本屬權宜之計。今新疆平定有年，情形迴別，正供歲入三十余萬石，餘糧棲畝已無飛挽之勞。豐歉縱有不齊，防營無事盡可自行搬運。邊地素宜畜牧，不乏芻茭可以就近放青，隨處購買。南疆改設郡縣，規模已定，善後、保甲、征糧、蠶桑諸事，均可責成地方官經理以一事權，各項局員，必應陸續裁撤。

臣等督飭司員詳加考覈，固不敢失之過刻，亦未便失之過寬，大要以省浮費、裁冗員為主。至於各營餉項、委員薪糧，經貼、字識、通事、醫生工食，以及義學束脩，各台局油燭、紙張、筆墨等款，或應恪遵定例，或應循照舊章。其為例章所無者，自當審時度勢，酌量減裁，分別准駁。總計二十四款內隸臣部者凡十一，隸兵部者七，隸工部者五，隸兵、工二部者一。其專隸兵、工二部者，應由各衙門自行覈辦。其與臣部相牽涉者，均於單內詳細聲明。所有覈議甘肅關外防營口糧及一切雜支章程，臣等另繕清單，恭呈禦覽，伏乞皇太后、皇上聖鑒。謹奏。

光緒十年五月二十五日奉旨："依議。欽此。"

謹將覈議甘肅關外防勇口糧及一切
雜支章程繕具清單恭呈禦覽

一　甘肅關外，楚、湘、皖、蜀馬部各營旗，及新挑各旗員弁、勇夫薪糧，均照楚軍營制行糧、坐糧章程，分別支給款。

據原單內開，查楚軍行糧章程，步隊每營以五百人為定額，營官、副哨官、長夫在外，每營營官一員，月支薪水銀五十兩，公費銀一百五十兩，幫辦、書記公用公費在內，均不扣建。正哨官肆員，每員日支薪糧銀三錢；什長三十八名，每名日支口糧銀一錢六分；親兵六十名，護勇二十名，每名日支口糧銀一錢五分；正勇三百三十六名，每名日支口糧銀一錢四分；火勇四十二名，每名日支口糧銀一錢一分；外設副哨官四員，每員日支薪糧銀二錢六分六厘六毫六絲六忽，每員給夫一名，日支口糧銀一錢；外加長夫一百八十八名，每名日支口糧銀一錢。以上共計步隊一營，每大建月支銀二千九百三十六兩二錢，每小建月支銀二千八百四十五兩等語。

臣部查楚軍舊制，有哨長，無副哨官，應將副哨官仍改為哨長。舊制哨長日給銀二錢，今日支銀二錢六分六厘六毫六絲六忽，計多支銀六分有奇，應令刪除。舊制每營用長夫一百八十名，只許減少，不准增多。今用長夫一百九十二名，計多夫十二名，應令刪除。嗣後，除搬運夫三十六名由兵部覈銷外，其餘一百四十四名，應由臣部覈銷。至勇數、餉數，尚與舊制符合，擬請照準。

再，舊制營官公費，凡幫辦及管帳目、軍裝，書記、醫生、工匠薪糧，並制辦旗幟、號補各費在內，應行添注以杜另支浮銷。又原單內開，步隊每旗以三百七十人為定額，副哨官、長夫在外。內旗官一員，月支薪水三十六兩，公費銀一百一十兩；幫辦、書記公用公費在內，均不扣建。正哨官三員，每員日支薪糧銀三錢；什長二十八名，每名日支口糧銀一錢六分；親兵四十名，護勇十五名，每名日支口糧銀一錢五分；正勇二百五十二名，每名日支口糧銀一錢四分；火勇三十一名，每名日支口糧銀一錢一分；外設副哨官三員，每員日支薪糧銀二錢六分六厘六毫六絲六忽，每員給夫一名，日支口糧銀一錢；外加長夫一百三十三名，每名日支口糧銀一錢。以上共計步隊一旗，每大建月支銀兩千一百四十七兩六錢，每小建月支銀兩千八十兩八錢八分等語。

臣部查，舊制並不分旗，今新章以三百七十人為一旗，親兵四隊，中、左、右三哨，覈計弁勇數目，尚與舊制符合。惟長夫一項，舊制親兵每劈山炮隊用長夫三名，每刀矛小槍隊用長夫二名，今親兵概用長夫三名，計多夫三名。哨官每員多私夫二名，共多六名。

副哨官即哨長，每名多夫一名，共多夫三名。統共多夫十二名，應令刪除。嗣後，除搬運夫二十四名由兵部覈銷外，其餘一百名均由臣部覈銷。

又原單內開，馬隊每營以二百五十人為定額，伙夫、馬夫、長夫在外。內營官一員，月支薪水銀五十兩，公費銀八十兩，幫辦、書記公用公費馬藥在內，均不扣建；正哨官四員，每員日支薪糧銀三錢二分，月支雜費銀一兩二錢，每員給夫三名，每名日支口糧銀一錢；副哨官四員，每名日支口糧銀二錢六分六厘六毫六絲六忽，月支雜費銀一兩二錢，每員給夫二名，每名日支口糧銀一錢；先鋒五名，每名日支口糧銀二錢，月支雜費銀六錢，每名給馬夫一名，每名日給口糧銀一錢；領旗二十名，每名日給口糧銀一錢六分，月支雜費銀六錢，每名給馬夫一名，每名日給口糧銀一錢；親兵二十名，護勇十六名，每名日支口糧銀一錢五分，月支雜費銀六錢，每名給馬夫一名，每名日支口糧銀一錢；馬勇一百八十名，每名日支口糧銀一錢四分，月支雜費銀六錢，每名給馬夫一名，每名日支口糧銀一錢，以上雜費均不扣建；伙夫二十七名，每名日支口糧銀一錢一分；公長夫五十名，每名日支口糧銀一錢；額馬二百五十二匹，內營官三匹，其餘均各一匹，每匹日支草乾銀一錢。以上共計馬隊一營，每大建月支銀三千一百七十六兩七錢，每小建月支銀三千八十兩二錢八分等語。

臣部查楚軍舊制，馬隊每營營官一員、字識一名，分前、後、左、右、中五哨，其前、後、左、右四哨，各立正哨官一員，副哨官一員。中哨即以營官為正哨，外立副哨官二員。每哨馬勇五十名，每棚什長一名，一營共什長二十五名，散勇二百二十五名。營官及兩副哨、幫辦、字識等，共用伙夫二名。四哨之正副哨官，共用伙夫四名。二十五棚每棚用伙夫一名，通營共用伙夫三十一名。其薪水口糧之制，營官月給薪水並馬乾銀五十兩，公費銀一百兩，馬四匹；幫辦月給銀十六兩，馬一匹；字識月給銀九兩，馬一匹；正哨官每員月給銀十八兩，副哨官每員月給銀十五兩，各給馬二匹；什長每名日給銀二錢六分；馬勇每名日給銀二錢四分，均各給馬一匹；伙夫每名日給銀一錢一分等語。

今單開，馬夫一項、公長夫一項均舊制所無，領旗、先鋒舊制亦無此名目，至於雜費、馬乾舊制亦不另行開支。通盤計算，舊制每大建月支銀二千二百餘兩，今單開月支銀三千一百餘兩，未免浮多。所有馬隊營制餉項，應令仍照舊制辦理，以歸畫一。再查舊章，獸醫、鐵匠、旗職、大小掃把、鐵刮、竹槽出自營官公費，應行添注，以杜浮支另銷。

又原單內開，馬隊每旗以一百二十五人為定額，伙夫、長夫、馬夫在外。內旗總一員，月支薪水銀四十兩，公費銀五十兩；幫辦、書記公用公費、馬藥在內，均不扣建；哨官二員，先鋒四名，領旗十一名，親兵二十七名，護勇八名，馬勇七十二名，伙夫十四名，公長夫二十五名，額馬一百二十七匹，馬夫雜費、口糧草乾各項，均同前章。共計馬隊一旗，每大建月支銀一千六百七兩七錢，每小建月支銀一千五百五十九兩六錢三分等語。

臣部查，馬隊每旗人數以全營拆算，殊多不合。先鋒、領旗較什長多三名，親兵多十七名，馬勇少十八名，如難以強分，應令按照舊制並旗為營，以歸畫一。又原單內開，楚軍坐糧章程，步隊每營以五百人為定額，營官、長夫在外，每營營官一員，月支薪水銀五十兩，公費銀四十兩；幫辦、書記公用公費在內，均不扣建。哨官四員，每員日支薪糧銀二錢四分；什長三十八名，每名日支口糧銀一錢三分；親兵六十名，護勇二十名，每名日支口糧銀一錢二分；正勇三百三十六名，每名日支口糧銀一錢一分；火勇四十二名，每名日支口糧銀九分；外加長夫一百八十八名，每名日支口糧銀八分。以上共計步隊一營，每大建月支銀二千二百二十八兩四錢，每小建月支銀二千一百五十七兩一錢二分等語。

臣部查楚軍舊制，每營五百人，營官、哨官在外，新章將哨長裁去，合哨官共五百人為一營，按名覈計，均與舊制符合。惟長夫一項，較舊制互有增減。通盤計算多夫十二名，應令刪除。嗣後除搬運夫三十六名由兵部覈銷外，其餘一百四十名，應歸臣部覈銷。至坐糧餉章較舊制覈減，每月約可節省銀六百餘兩，擬請照準再查。公費一項，舊制有幫辦及管帳目、軍裝、書記、醫生、工匠薪糧，並置辦旗幟、號補各費在內字樣，應行添注，以杜另支浮銷。又原單內開，步隊每旗以三百七十人為定額，長夫在外，內旗官一員，月支薪水銀三十六兩，公費銀三十兩；幫辦、書記公用公費在內，均不扣建；哨官三員，什長二十八名，親兵四十名，護勇十五名，正勇二百五十二名，火勇三十一名，外加長夫一百三十三名，口糧均同前章。共計步隊一旗，每大建月支銀一千六百二十九兩三錢，每小建月支銀一千五百七十七兩一錢九分等語。

臣部查，每旗人數以全營拆算，尚與舊制符合，惟長夫一項，舊制每劈山炮隊用長夫三名，每刀矛小槍隊用長夫二名，今親兵概用長夫三名，計多夫三名。又舊制並無私夫，今哨長各有私夫二名，統計多夫九名，應令刪除。嗣後除搬運夫二十四名由兵部覈銷外，其餘一百名均歸臣部覈銷。

又原單內開，馬隊每營以二百五十人為定額，火夫、長夫、馬夫在外，內營官一員月支薪水銀五十兩，公費銀八十兩，幫辦、書記公用公費、馬藥在內，均不扣建；正哨官四員，每員日支薪糧銀二錢四分，每員給夫二名，每名日支口糧銀八分；副哨官四員，每員日支薪糧銀一錢六分，每員給夫二名，每名日支口糧銀八分；先鋒五名，每名日支口糧銀一錢四分，雜費銀一分，每名給馬夫半名，日支口糧銀四分；領旗二十名，每名日支口糧銀一錢三分，雜費銀一分，每名給馬夫半名，日支口糧銀四分；親兵二十名，護勇十六名，每名日支口糧銀一錢二分，雜費銀一分，每名給馬夫半名，日支口糧銀四分；馬勇一百八十名，每名日支口糧銀一錢一分，雜費銀一分，每名給馬夫半名，日支口糧銀四分；外火夫二十七名，每名日支口糧銀九分；公長夫五十名，每名日支口糧銀八分；額馬二百五十二匹，內營官三匹，其餘均各一匹，每匹日支草乾銀八分。以上，共計馬隊一營，每大建月支銀二千一百九十八兩二錢，每小建月支銀二千一百二十九兩二錢六分等語。

臣部查楚軍舊制，並無雜費、公長夫，應照章刪除。舊制亦無先鋒、領旗名目，惟舊制什長系二十五名，今先鋒、領旗亦二十五名，口糧均較什長有減無增。又舊制餉項較厚，不另支馬乾，亦無馬夫，今餉項較少，所有馬乾、馬夫口糧，均請照準。其餘各項人數、餉數，覈與舊制均無浮多。再查舊制，獸醫、鐵匠、旗幟、大小掃把、鐵刮、竹槽出自營官公費，應行添注，以杜另支浮銷。

又原單內開，馬隊每旗以一百二十五人為定額，火夫、長夫、馬夫在外。內旗官一員，月支薪水銀四十兩，公費銀五十兩，幫辦、書記、公用公費、馬藥在內，均不扣建；哨官二員，先鋒四名，領旗十一名，親兵二十七名，護勇八名，馬勇七十二名，火夫十四名，公長夫二十五名，額馬一百二十七匹，馬夫雜費、口糧草乾各項，均同前章。共計馬隊一旗，每大建月支銀一千一百二十二兩九錢，每小建月支銀一千八十八兩四錢七分等語。

臣部查，馬隊每旗人數較全營已減一半，薪公亦應照數覈減。營官薪水，應改為月支二十五兩，公費改為月支四十兩。再查每旗人數，以全營拆算，殊多不合。先鋒、領旗共多三名，親兵多十七名，馬勇少十八名。如難以強分，應令並旗為營，以歸畫一。至餉項准駁，概同前款。

一　甘肅關外，喀什噶爾、阿克蘇、哈密分設開花炮隊員弁、勇夫，照章支給薪糧款。

據原單內開，查楚軍兼用開花炮以利攻剿，定章每十七磅、十六磅平字型大小各樣後膛開花大炮一座，需什長一名，炮勇十四名，火夫一名，車夫二名，車騾四頭。每車輪後膛開花小炮、兩截田雞銅炮、月字型大小後膛車炮各一座，需什長一名，炮勇十一名，火夫一名，車夫一名，車騾二頭。喀什噶爾、阿克蘇、哈密三處，因系邊防要地，各設大小開花炮、後膛車炮，以重防守。計喀什噶爾安設十六磅後膛開花大炮二座，車輪後膛開花小炮四座；阿克蘇安設平字型大小後膛開花大炮二座，月字型大小後膛車炮四座；哈密安設十七磅後膛開花大炮一座，十六磅後膛開花大炮一座，兩截田雞銅炮二座，車輪後膛小炮二座。每處打炮弁勇均以九十九人為定額，內炮長一員，月支薪水銀三十兩，公費銀二十兩，均不扣建；什長六名，每名日支口糧銀五錢，護勇五名，炮勇七十二名，每名日支口糧銀二錢六分六厘六毫六絲六忽；車夫八名，火夫七名，每名日支口糧銀一錢一分。以上每處炮隊，大建月支銀八百五兩五錢，小建月支銀七百八十兩三錢一分七厘等語。

臣部查，開花炮隊向無定章，今擬比照楚軍行糧章程酌量加增。炮長擬比照正哨官加倍支給，日支銀六錢，計月支薪水銀十八兩，公費即照原議，月支銀二十兩，均不扣建；什長擬比照步隊什長加倍支給，每名日支銀三錢；護勇、炮勇擬比照步隊正勇加半支給，每名日支銀二錢一分；車夫、火夫仍照原議，每名日支銀一錢一分。至內地各省炮隊，不得援以為例。

一 甘肅關外，楚、皖、蜀馬步各軍營旗統領，照章分別支給公費款。

據原單內開，查楚軍營制章程，除每營設立營官、管帶外，仍按營旗多寡另設統領一員，俾資統率，酌給統領公費。凡統領一二營者，每月支給統領公費銀一百兩，加給公長夫十名，每名日支口糧銀一錢；統領三營以上者，每月支給統領公費銀一百五十兩，加給公長夫十五名，每名日支口糧銀一錢；統領五營以上者，每月支給統領公費銀二百兩，加給公長夫二十名，每名日支口糧銀一錢；統領八營至十營者，每月支給統領公費銀三百兩，加給公長夫三十名，每名日支口糧銀一錢等語。

臣部查楚軍舊制，凡統領自帶一營，本營之薪水、公費已足敷用，此外從優酌加。凡統至三千人以上者，每月加銀百兩，加夫十名；統至五千人以上者，每月加銀二百兩，加夫二十名；統至萬人以上者，每月加銀三百兩，加夫三十名。今單開統領公費一款，與舊制不合，應令仍照舊制辦理，以節冗費。現在各處防營，並無出征之事，只准照章給銀，毋庸加夫。

— 甘肅關外，湘、楚軍馬步各營旗統領營務處照章支給公費，並各員弁、勇夫加給米折銀兩款。

據原單內開，查湘軍于光緒元年經左宗棠調派料理，出關所有原部湘軍，及撥歸統率之楚軍馬步各營旗，擬定新章，另設總統一員，營務處二員，分統五員。除總統並營務處幫辦、哨馬公費薪糧截至六年底酌裁，由左宗棠具報外，現留總理營務處一員，月支薪公銀二百兩；分統五員，每分統一員月支薪公銀二百兩；文案、支應、書識薪水、辦公銀一百二十兩，均不扣建。各率小馬隊一哨，內哨官一員，日支薪糧銀六錢，給夫二名，每名日支口糧銀一錢；護勇四名，什長四名，每名日支口糧銀四錢，每名給馬夫一名，日支口糧銀一錢；馬勇四十名，每名日給口糧銀三錢，每名給馬夫一名，日支口糧銀一錢；火夫五名，每名日支口糧銀一錢一分；公長夫四十名，每名日支口糧銀一錢。以上弁勇騎馬均系自行購買，雜費、馬乾、倒馬，概不另給。又湘軍營制，自同治年間剿撚後，凡馬步各營員弁、勇夫月支薪糧外，按名加給米折、柴草津貼銀兩，歷經照支，所有新歸湘軍統率出關之楚軍馬步各營旗，念其苦征絕徼，僅支行糧不敷食用，准照湘軍舊章一律加給米折、柴草津貼銀兩。無論員弁、勇夫，每員名每月另給津貼米折銀肆錢五分，每步隊一營，每月給津貼柴草價銀一百六十兩。每馬隊一營，給津貼、柴草價銀八十兩，均不扣建，以示體恤。現在各營駐防事務較簡，所有前項津貼、柴草價銀，自光緒七年正月起，飭令一律裁止，以節糜費。其津貼、米折銀兩一項，因關外食物昂貴，未便遽裁，仍令照支。茲從光緒七年起，均各按照前章支發等語。

臣部查，總理營務處及分統各員，據該大臣各營旗駐紮清單內開，均管帶馬步營勇，自應按照舊制，計所統勇數多寡，從優酌加工費，不得另按營務處分統名目重複支給。至文案、支應、書識薪水、辦公，究系支給何營之項，未據聲敘明晰，應令查覆，再行核辦。小馬隊一哨，舊章無此營制，應令歸併成營，以歸畫一。柴草價銀，既經該大臣裁止，應毋庸議。至楚軍馬步各營旗，無論員弁、勇夫，每員名月給津貼、米折銀四錢五分，據稱因關外食物昂貴未便遽裁一節，查光緒六年據該大臣奏稱，關外糧價較賤，頗有穀賤傷農之患，是該處食物並非昂貴，已有可據。所有米折一款應悉刪除，以節糜費。

一　甘肅關外軍營台局派委辦差文武各員弁支給薪糧款。

據原單內開，查甘肅關外軍餉、軍裝、軍火、糧料，多由關內轉運，出關設立台局存儲、分解前敵應用，並由關外地方查看情形，酌量採買糧料，制辦軍裝、硝藥，沿途按站采備柴草供應軍營，差使過境，分別派委員弁駐辦。計哈密設立行營糧台、行營軍裝制辦總局、督催糧運總局，古城設立屯采總局，安西、玉門、敦煌、巴里坤、奇台、吉布庫、濟木薩、吐魯番、喀喇沙爾、庫爾勒、布古爾、庫車等處，設立采運局，吐魯番、喀喇沙爾、庫車、阿克蘇、烏什等處，設立軍裝、硝藥局，安西、州小宛、布薩吉、四家灘、白墩子、紅柳園、大泉驛、馬蓮井、庫車、托和鼐、阿克蘇、渾巴什薩、依裡克齊、蘭台、瑪納、巴什卡、納克沁、屈爾蓋、察巴克、圖木舒克、雅哈庫圖克、英吉沙爾、雅滿雅爾、牌素巴特、英阿瓦特、龍口橋、玉代裡克、黑孜堡等處，設立柴草局。又於玉門縣屬境，設立柴草站五處。哈密屬境，設立柴草站十六處。巴里坤屬境，設立柴草站五處。吐魯番屬境，設立柴草站七處。喀庫屬境，設立柴草站九處。察爾齊、剳木台、玉爾滾、拜城、寨裡木河、色爾等處，各設立柴草站一處。所有在事大小文武員弁及行營辦理營務文案、支應委員，隨營供差，並派赴各台局備供押運、差遣。文武各員弁應需薪水，均按官階支給。文職道員、武職提督，月給銀八十兩；知府、總兵、副將，月給銀六十兩；同通、州縣、參遊，月給銀四十兩；佐雜、都司，月給銀三十兩；守備月給銀二十四兩；千總月給銀二十兩；把總月給銀十六兩；經制、外委月給銀十二兩。從光緒七年起，仍照舊章支發等語。

臣部查光緒六年，據該大臣奏稱，關外每年收糧三十余萬石以充軍食，盡抵兵餉，核計該軍勇數，該處糧數每年軍食之外盡有餘糧，何須采運？關外現已改設州縣，軍營差使過境，自有地方官供應，無須另行派員。所有督催糧運總局、屯采總局、采運局及柴草局、柴草站文武員弁，應令全行裁撤。行營軍裝、制辦總局，以及行營辦理文案、押運、差遣文武各員弁，應令大加裁減，酌定額數，分晰報部查核。至應支薪水，未免繁費，擬照關內章程，量為加增。文職道員、武職提督，月給銀六十兩；知府、總兵、副將，月給銀十五兩；同通、州縣、參遊，月給銀三十五兩；佐雜、都司，月給銀二十五兩；守備月給銀二十兩；千總月給銀十六兩；把總月給銀十二兩；經制、外委月給銀十兩，以示體恤。

一　甘肅關外各台局站設立津貼各書支給口糧，並酌給紙張筆墨油燭款。

據原單內開，查甘肅關外哈密行營糧台，為南北兩路總匯之所，一切事務紛繁，設經承十二名，貼寫二十四名，月支筆墨、油燭、紙張銀三十兩；其行營軍裝制辦總局、哈密督催糧運總局、古城屯采總局，事務亦繁，每局設經承六名，貼寫十二名，月給紙張、筆墨、油燭銀二十四兩；安西、玉門、敦煌、巴里坤、奇台、吉布庫、濟木薩、吐魯番、喀喇沙爾、庫爾勒、布古爾、庫車等處各采運局，暨吐魯番、喀喇沙爾、庫車、阿克蘇、烏什等處各軍裝、硝藥局，每局設經承四名，貼寫八名，月給紙張、筆墨、油燭銀十二兩；又各柴草局事務較簡，每局只設字識二三名不等，月給紙張、筆墨、油燭銀六兩；各柴草站每站只設字識一名，月給紙張、筆墨、油燭銀四兩。經承每名月支公食銀八兩，貼書、字識每名月支工食銀六兩。茲自光緒七年起，仍照舊章支發等語。

臣部查，督催糧運總局、屯采總局、采運局及柴草局、柴草站，均已議裁，所有經承、貼寫、字識，均應裁撤。紙張、筆墨、油燭銀兩，亦無庸開支。至糧台及軍裝、硝藥局經承、貼寫額數，月給紙張、筆墨、油燭銀兩，軍需則例內載酌量事務繁簡查明奏辦，應如該大臣所議辦理，核實報銷。至經承、貼寫應比照臣部則例，書吏日支京升粟米八合三勺，月支銀四兩八錢，扣建支給；又紙張、筆墨，關外既開支銀兩，甘肅、鄂、陝各台即毋庸代為購辦，如必須由後路購買，即於該台局應支銀內扣除，不得另支。應知照工部暨陝甘總督查照辦理。

一　甘肅關外各台局招募防護勇夫並設字識、纏回通事，照章支給口糧款。

據原單內開，查甘肅關外各台局，凡收儲軍餉、軍糧、軍火重地，向按局務大小分別招募勇夫，防護期滿疏虞。行營糧台招募護勇一百名；行營軍裝制辦總局、哈密督催糧運總局、古城屯采總局，招募護勇六十名；其各采運局、軍裝硝藥局，每局招募護勇四十名及二三十名不等；各柴草局，每局招募護勇四名，夫八名；各柴草站，每站募護勇二名，夫六名，以資差防。應需口糧，均系按照楚軍營制行糧章程，什長日支口糧銀一錢六分，勇丁日支口糧銀一錢四分，長夫日支口糧銀一錢。又因回疆文字語言迥不相同，凡遇獲匪讞案，訊取供招，察探地勢情形及軍民交易，必須有纏回字識、通事翻譯傳告，統領營官募用一兩名不等。糧台及各局站，按事之繁簡或募用三四名、一二名不等，每名日支口糧銀一錢。自光緒七年起，均各照章支給等語。

臣部查，督催糧運總局、屯采總局及柴草局、柴草站，均已議裁，所有護勇及雜色人等，應令裁撤。至糧台及軍裝局招募護勇，系為慎重起見，應准招募，並酌定額數報部查覈。所需口糧應照楚軍坐糧章程，什長日支口糧銀一錢三分，勇丁日支口糧銀一錢一分，毋庸招募長夫，以歸節省。至纏回通事、字識翻譯，據稱統領營官募用一二名不等，查張曜一軍，系在回疆，該軍報銷並無此項名目，應令刪除。糧台及軍裝局，需用纏回字識、通事翻譯若干名，應令該大臣酌定額數報部查覈。所有口糧，應如原議辦理。

一　甘肅關外軍營需用糧料、柴草分途採買，均照各處市估發價及應用倉夫鬥級工食款。

據原單內開，查軍需糧料柴草，例准查明地方情形，確訪時值採買。關外軍營需用糧料甚巨，或由關內附近州縣採買運送，或就關外地方察看情形派員分途設局採買，以濟軍食所需。糧價各處情形不同，年歲豐歉不一，價值難歸一致。計光緒七八兩年，採買大米每百觔需價銀三兩三四錢至五六兩不等，小麥每百觔需價銀一兩二三錢至一兩七八錢不等，包穀每百觔需價銀四錢三四分至五六錢不等，青稞雜糧每百觔需價銀六錢二三分至一兩四五分不等，柴草每百觔需價銀二錢一二分至三四錢不等，均系按照各處當時市估給價。其採買轉運各局所需倉夫鬥級，各按局之大小酌量雇用。計哈密督催糧運總局、古城屯采總局，各雇倉夫四名、鬥級二名，其各采運分局，每局雇倉夫二名、鬥級一名，每名日支口糧銀一錢。茲自光緒七年起，仍照舊章支發等語。

臣部查，光緒六年，據前督臣左宗棠奏稱，光緒四年分鎮迪一道及南路各城，收糧二十六萬一千余石；光緒八年，複據該大臣奏稱，三年冬克復南路前敵，各營均就地采糧，價值與關內相等。刻下糧料充積，頗有穀賤傷農之患。六年分共收各色京鬥糧三十四萬七千余石，每京鬥小麥一石，值銀九錢至一兩不等。各處徵糧均照時價，就近撥發防營濟食，其價即於應領餉內劃扣清訖等語。該大臣既稱糧料充積，頗有穀賤傷農之患，何須由關內采運？每年收糧三十余萬石，均就近撥發各防營，覈計該軍人數，支食之外，尚剩二十余萬石，何須官為採買？所有採買糧料及應需倉夫鬥級口食，應毋庸議。至柴草局站，均議裁撤，亦毋庸採買。應令地方官照例供應差使，以節經費。

一　甘肅關外新設烏魯木齊提標，各營凡步隊七旗，照土勇餉章支給薪糧款。

據原單內開，查烏魯木齊提標，兵燹以後營制廢弛，上年酌撤卓勝軍六營，招募土勇權抵制兵。應需月餉，照楚軍坐糧章程酌減，不募公長夫，每旗以三百七十人為定額。內旂官一員，月支薪水銀三十六兩，公費銀二十四兩，書識公用公費在內，均不扣建；哨官三員，每員日支薪糧銀二錢四分；什長二十八名，每名日支口糧銀一錢二分；親兵四十名，護勇十五名，每名日支口糧銀一錢一分；

正勇二百五十二名，每名日支口糧銀一錢；火勇三十一名，每名日支口糧銀八分。以上共計，每旂大建月支銀一千一百九十四兩三錢，小建月支銀一千一百五十六兩四錢九分，均按湘平支給。至該土勇各旂官弁內，有由提標揀派員弁，兼充已由甘藩司掛發廉俸者，均隨時按名扣除，不另支給。薪公計從光緒八年七月初一日挑選成旂起，系照前章支發，據實開報，弁勇數目另單開載等語。

臣部查，左宗棠原定土勇章程，以五百零二員名為一營。今以三百七十人為一旂，人數既減，薪公亦應該覈減。所有營官薪水，應改為月支銀二十八兩，公費應改為月支銀十八兩。又向章馬乾在薪水之內，書識、紙張、馬藥、油燭均在公費之內，應行添注，以杜另支。共餘弁勇餉數，均與土勇章程符合，擬請照準。至各旂官弁勇內，有藩司掛發廉俸者，應按名扣除薪公等項，分晰開報備覈。

一　甘肅關外設立總分善後徵糧保甲鹽桑各局，調派文武員弁，募用經貼、護勇、倉夫、鬥級、纏回字識、通事，支給薪糧並酌給紙張筆墨油燭款。

據原單內開，查新疆兵燹以後，地畝荒蕪，人民離散。底定之初，經左宗棠揀派隨營文武各員分赴各域，次第設立總分各局，開辦善後、保甲、清丈、徵糧各事宜，招來、安集、散發農器牛籽，各按局之大小，事務繁簡，酌准募用經貼、護勇、倉夫、鬥級，支給紙張、書墨、油燭銀兩。計南路東四城善後總局兼辦阿克蘇善後，西四城善後總局兼辦喀什噶爾善後，各募經承十名，貼寫十六名，護勇六十名，纏回字識、通事各四名，月支書墨、紙張、油燭銀四十兩；喀喇沙爾、庫車、烏什、英吉沙爾、葉爾羌、和闐六城善後局，各募經承四名，貼寫八名，護勇三十名，纏回字識、通事各三名，月支紙張、書墨、油燭銀二十四兩。嗣因各局清丈地畝、推糧過戶、編造冊籍事務紛繁，從七年正月起，各加募經承四名，貼寫八名。喀什噶爾、葉爾羌、和闐、英吉沙爾、瑪納巴什、阿克蘇、烏什七處徵糧局，各設經承四名，貼寫八名，護勇二十名，纏回字識、通事各三名，鬥級二名，倉夫四名，月支紙張、書墨、油燭銀十六兩。吐魯番、迪化州兩善後局，及沙雅爾、拜城、瑪納巴什三處善後分局，阿克蘇鹽織總局，各設經承二名，貼寫四名，護勇二十名，纏回字識、通事各二名，月支紙張、書墨、油燭銀十二兩。阿克蘇、阿依克、葉爾羌、和闐、喀什噶爾、英吉沙爾、庫車、庫爾勒、吐魯番、哈密、敦煌十一處鹽桑分局，哈密新城老城、吐魯番新城老城、喀喇沙爾、庫車、阿克蘇、烏什、英吉沙爾、喀什回城漢城、葉爾羌、和闐、古城、迪化、奇台、昌吉、綏來、濟木薩、阜康、巴里坤二十一處保甲局，每局設經承一名，貼寫二名，護勇十名，纏回字識、通事各一名，月支紙張、書墨、油燭銀八兩。其辦事文武員弁以及經貼、護勇、倉夫、鬥級、纏回字識、通事應需薪糧工食，均照各台局原定章程支給，茲自光緒七年起，仍照舊章辦理等語。

臣部查，關外南路現已改設州縣，所有善後、徵糧、保甲、鹽桑各局文武員弁、經貼、護勇、雜色人等，應令全行裁撤，改歸地方官辦理，毋庸另支薪糧並紙張書墨油燭銀兩。

一　甘肅關外分設義塾延師教習，支給薪水津貼及塾童書籍筆墨硯款。

據原單內開，查關外初複，左宗棠前以各城地居邊徼，文教久湮，亟應廣選儒師、分設義學，因時訓導，胥沾教澤。於哈密所屬設立義學五堂，吐魯番所屬設立義學六堂，喀庫所屬設立義學四堂，庫車所屬設立義學五堂，阿克蘇所屬設立義學五堂，烏什所屬設立義學三堂，喀什噶爾所屬設立義學五堂，瑪納巴什所屬設立義學三堂，英吉沙爾所屬設立義學三堂，葉爾羌所屬設立義學七堂，和闐所屬設立義學四堂，巴里坤所屬設立義學四堂，奇台縣所屬設立義學四堂，濟木薩所屬設立義學三堂，阜康所屬設立義學二堂，迪化州所屬設立義學六堂，昌吉所屬設立義學二堂，綏來所屬設立義學四堂，呼圖壁設立義學二堂，以上共計義學七十七堂。每堂塾師一員，月支薪水銀二十兩，加給津貼、朱墨、油燭銀四兩。又每塾師准給跟丁一名，日支口食銀一錢。每塾塾童十五六名至二十名不等，所有各塾童應需書籍，均由後路各台局購運散發，所需紙筆墨硯，均由各城局就地按照時價購發應用。茲從光緒七年起，均照原定章程支給等語。

臣部查烏魯木齊銷案內開，設立滿、漢義學兩處，每學每月束脩、油燭銀十二兩。今哈密等處設立義學七十七堂，應比照烏魯木齊成案，每學每月給束脩等項銀十二兩，一切雜款均在其內，以歸畫一，毋庸另給津貼、跟丁口食銀兩。塾童書籍、紙筆、墨硯等項，毋庸官為購發。七十七堂之外，亦毋庸再議加增。嗣後義學經費，即在房租、雜稅內動支，所有用過銀兩，按年專案報部查覈，不得隨同兵餉報銷，以免牽混。

以上十一款，應由臣部覈辦。

一 甘肅關外流寓閒員客民，分別資遣回籍，酌給川資口食車腳款。

查資遣閒員客民川資等項，應由兵部覈辦。惟現在餉項支絀，自當力求撙節，以期無誤要需，不得以有限之度支，供此無名之冗費。所有關外流寓閒員客民，盡可聽其去留，或撥給荒地耕種，俾資謀生，無庸官為資遣。

一 甘肅關外轉運軍餉軍裝糧料需用駝騾車輛支給腳價款。

查解運餉裝，應由兵部覈辦。至糧料無須轉運，臣部已於前款聲明，毋得另支腳價。

一 甘肅關外馬隊照章支給倒馬價值款。

一 甘肅關外轉運軍餉軍裝軍火器械員弁勇丁盤費款。

一 甘肅關外軍營遣撤官弁勇丁及假汰老弱傷殘病勇，並陣亡病故員弁勇夫靈柩回籍，酌給車腳價款。

一 甘肅關外馬步各軍營打仗陣亡受傷弁勇支給卹賞養傷款。

一 甘肅關外安設塘站夫馬馳文報，並派撥武弁字識獸醫鐵匠，支給草料薪公款。

以上七款應由兵部覈辦。

一 甘肅關外各軍裝製造局原募浙粵及本地匠工並各軍營隨帶

醫生，分別支給工薪款。

查製造軍裝工匠應由工部覈辦，內醫生工食應由臣部覈辦。查各營均有公費，所有醫生薪工，應由公費內發給，不得另支。再查軍需例載，醫生每名月支工食銀三兩，跟役一名，月給鹽菜銀五錢。醫生跟役，每名日支口糧米八合三勺。所有各台局醫生，應令照例支給，並酌定額數報部查覈。又續，據該大臣奏稱，因痘疫流行於哈密、巴里坤、昌吉、喀喇沙爾、庫車、阿克蘇、烏什、喀什噶爾、葉爾羌等處，設立牛痘局九處，每處設立痘醫二名，每月支工食銀八兩，每名給跟役二名，合給伙夫一名、通事二名，月給油燭、紙張銀四兩。跟役、火夫、通事，每名日給口食銀一錢。藥貨由各官局按月覈給等語。

臣部查，關外傳種牛痘系屬創始，所有痘醫工食，應如該大臣原奏辦理。別項醫生及內地各處，不得援以為例。醫生跟役，仍照例准給一名，月給鹽菜銀五錢，日支口糧米八合三勺。至伙夫、通事工食及油燭、紙張銀兩，應如該大臣原奏辦理。藥貨一項，每局每月需銀若干，應令該大臣酌定額數報部查覈。一俟種痘之法流傳既廣，於一二年內即行撤局，以節經費。所有痘局用款，應就地籌款發給，另案報部，不得隨同兵餉請銷。

一　甘肅關外添購各項軍裝及一切零星應用什物，按照時價采買款。

查采辦軍裝及零星什物，應由工部覈辦。內旂幟號衣，照章出自營官公費，不得另行開支。

一　甘肅關外各台局蓋造房屋支給經費，及租賃民房支給租價款。

一　甘肅關外配製火藥照時價採買款。

一　甘肅關外設立蠶桑總分各局，招募司事工匠充當教習，分別支給工食款

以上五款應由工部覈辦。

一　甘肅關外官車官駝騾馬派員經管，應用牽夫、車夫支給工

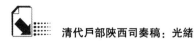

食及草料雜費，並照章准報倒斃款。

　　以上一款，應由兵、工二部覈辦，至經管委員究有若干應令酌定額數，諮送臣部查覈。

議駁烏魯木齊都統恭鏜初案報銷摺

[題解] 本稿硃批時間為光緒十年五月二十五日，其作時當在光緒九年八月前後。前烏魯木齊都統恭鏜奏，初案報銷奉部刪駁各款，均系支發在先聲明立案，請照準覈銷，並補銷駁查少支銀兩。戶部認為，該都統歷年經手支發濫支濫應，其所開報覈銷款項，不過是售其糜費軍餉事後浮銷之術，戶部考覈例章、勾稽數目，或准或刪，莫不揆情度理而出。

奏為遵旨議奏事。前烏魯木齊都統恭鏜奏《初案報銷奉部刪駁各款均系支發在先聲明立案請照準覈銷並補銷駁查少支銀兩》各折片，光緒十年五月初七日軍機大臣奉旨："戶部議奏，片併發。欽此。"欽遵由軍機處鈔交到部。

據原奏內稱，准戶部諮覈，議烏垣初案報銷，分別准駁各款鈔錄清單知照前來。伏查單開第二冊內，刪除文武四十二員，共刪除銀二萬四千三百三十三兩九錢六分零六毫八絲；又第三冊內，刪除兵戶司委員三員，共刪除銀一千零二十七兩四錢七分，刪除差官十四員，共刪除銀五千二百四十四兩零八分，刪除漢戈什哈五十名，共刪除銀一萬七千九百八十一兩九錢九分，均按前都統銷冊內員名覈辦；又第四冊內，刪除文武營務處、各台局心紅、紙張、油燭等款銀七千九百九十六兩一錢，又系比照陝甘關內章程覈辦。是部臣於關內、關外隨時易勢，隨地異形，有未計及。查英翰三年七月到任，十二月因病出缺。奴才四年十二月初到署任，時奏准招募馬、步各營並設立各台局文武員弁四處。招徠所辦之事，已較英翰為繁，所用之人即較英翰為眾，所支心紅各款，均系酌量時地創具規模。七年和議已成，撤去馬、步各一營，開花炮隊一營，是亦亟圖節省。今部臣刪除各款，按照當年銷冊、關內章程，毋論英翰當日勇未招齊、人未到齊，銷冊員名，勢難比照，即關內與關外情形亦判若天淵。支發已隔多年，員弁已裁大半，勢難按名索繳。且經聲明立案，無可駁刪。歷年經手收發，無不力求撙節，固不敢故為苛刻，亦不敢濫聽支銷。所有奉部刪駁文武員弁支領各款，共計銀五萬六千五百七十三兩六錢六毫八絲，仰懇飭部覈議准銷，以恤窮邊而免賠累。又片奏，戶部駁查第四冊，武營務處心紅、紙張、書識工食少支一月，應補造一月細冊，諮部歸案覈辦各等語。

臣部查，該都統初案報銷冊內，所部兵勇僅一千六百餘名，開報差員除滿戈什哈二十名不計外，竟有一百五十五員之多，幾於數勇一官，一官之費，輒耗十數勇之餉。似此任意糜費，若不量予刪駁，各處勢必效尤。是以臣部于覈議初案報銷內，准銷四十五員，刪除一百一十員。今該都統以為所辦之事，已較英翰為繁，所用之人即較英翰為眾，臣部竊以為不然。查英翰任內，有親兵隊及定西振武四營，部下兵勇與此案相等，該都統所辦之事，必不能較英翰為繁，所用之人，即不得較英翰為眾。況臣部覈銷此案，如火藥局、軍裝局、糧料局、發審局、上海轉餉所、歸化轉運總局、山東坐催轉運局、古城轉運分局各項委員，皆英翰銷冊所無，臣部均已照準或准或刪，莫不揆情度理而出，固未嘗概按英翰當年銷冊也。該都統以為英翰當日勇未招齊、人未到齊，銷冊員名勢難比照，臣部又以為不然。查幫辦軍務大臣張曜一軍，遠防喀什噶爾，所部五六千人，較該都統多四分之三，其委員僅二十六人，較該都統少六分之五。英翰奏銷冊外，有無未齊之勇、未到之員，原無確據，而張曜一軍歷年銷冊具在，確有可憑互證參觀，其將何辭自解？且查烏魯木齊初案報銷系在光緒九年，支發之款系自光緒四年十二月該都統到任之日起，截至光緒八年五月止，積數年之款並為一案，不知該

都統何不年清年款、趕緊奏銷，必須延擱數年，始托為勢難追繳無
可如何之詞，以售其糜費軍餉事後浮銷之術？再查該都統軍需立案
在光緒九年六月，用款在光緒八年五月以前，不知該都統何以不先
行立案？且立案之時，並未將委員銜名清冊送部，豈得謂之在先聲
明立案，無可駁刪？至心紅、紙張一款，前據該都統銷冊內開，歸
化轉運總局月支銀伍十兩，振字營、文營務處、武營務處、都統隨
營文案處，各月支銀四十兩。古城轉運局、支發局、山東坐催轉運
局、上海轉餉所，各月支銀三十兩。火藥局、軍裝局，各月支銀十
兩。臣部覈銷時，查陝督譚鍾麟章程內開，甘肅省城糧台為總匯之
所，每月給紙張、筆墨、油燭銀十八兩；陝、鄂兩台每月十六兩；
上海采運局暨肅州轉運局每月六兩；軍裝、火藥各局，每月三兩。
夫以西征各台局事勢殷繁，較烏垣不啻數十倍之所支，紙張等款只
有此數，烏垣事務本簡，月支各款較西征又不止倍之，若非浮銷即
系濫支，自當比較西征量為覈減。所有歸化轉運總局、振字營、文
營務處、武營務處、都統隨營文案處，應比照陝鄂兩台，月支銀十
六兩。古城轉運局、山東轉運局、上海轉餉所，應比照西征上海采
運局、肅州轉運局，月支銀六兩。支發局、火藥局、軍裝局，應比
照西征軍裝火藥局，月支銀三兩。查烏垣與西征各台局，事務繁簡
本大相懸絕，軍需定例，原系酌量事務繁簡。臣部覈銷，固當以道
路遠近、物價貴賤為衡。然事繁則費多，事簡則費少，此事繁而物
賤，彼事簡而物貴，互相牽算，亦得其平。況各局並非悉在關外，
即以關內章程科算，亦非刻覈，當經臣部奏准覈減，鈔錄行知，遵
照在案。

　　該都統原奏以為，關內與關外情形判若天淵，又謂臣部於關內、
關外隨時易勢，隨地易形，有未計及，臣部終以為不然。查光緒四
年前，陝督左宗棠奏稱，調閱關外各城米糧布疋銀錢，及軍民所需
日用百貨價值清單，與東南各省腹地相若，且有較內地市價更為平
減者，何至如該都統所奏判若天淵？即以督辦大臣劉錦棠關外現辦
章程而論，惟哈密行營糧台一處，月支筆墨、油燭、紙張銀三十兩，

其餘各局遞減至六兩、四兩不等。該大臣所部馬、步數萬人，歲餉數百萬兩，辦理善後一切事務極繁，所支僅此，而月支三十兩者，又僅哈密行營糧台一處。該都統所部千餘人，固不得援以為比，而月支五十兩者一處，月支四十兩者三處，月支三十兩者四處，比劉錦棠關外章程獨多，謂非濫支而何？查該部都統所設山東轉運局系在內地，而上海轉餉所，又與甘肅、上海采運局同在一處，豈得謂之時地不同？劉錦棠佈置一切，與該都統同在關外，月支紙張、筆墨等款，並未至四五十兩之多，豈該大臣于隨時易勢，隨地易形，亦未計及？該都統原奏，以遣撤開花炮隊、振字營，斤斤自詡節省，而欠發勇餉五萬餘兩，則含默不言。該都統若認真節省，何不少留冗食之員，以養所部之勇？既無欠餉，又免部駁，何等直截的實，必至款已浪費，反謂臣部不知隨時易勢隨地易形，殊為不解。至軍務平定，防營本應早撤，原非疆臣見功之地。查劉錦棠已先後遣撤馬步萬人，固未嘗自詡節省也。

總之，清厘積弊，則局外動雲臣部以苛刻為能。夫以天下之財，供天下之用，臣部不過考覈出入，非臣部所得而私，何所用其苛刻？臣等豈不知不問出入，一切聽其自為，既免怨憎，亦可藏拙。顧念時事艱難，庫款支絀，非減冗費無以贍軍，故怨憎實不敢避。如以為既用之款難以追究，則凡已用之款，舉千百萬帑金，數語即足了之，臣部可安於無事，燕燕居息，又何必勞心疲神，考覈例章，勾稽數目，而徒為此刻求也。惟既用之款不追，則糜費軍餉、任意延挨者，必皆藉口已支，無所顧忌，糜費不已，侵欺隨之，雖財如泉源，無不涸竭。民膏幾何，國帑幾何，豈能堪此蠹耗？且查臣部原有奏銷，駁查未遵完結由部聲明交經手官員照賠完案之例，今該都統歷年經手支發，濫支濫應，實屬無可辭責，請將初案刪駁各款照準覈銷之處，臣部未便率准。

相應請旨飭下該都統，將初案刪駁並少伸湘平共銀六萬零四百六十五兩五錢九厘四毫三絲，照例按限賠繳，以為糜費軍餉者戒。至少支一月心紅、紙張、油燭、書識、工食銀兩，應俟該都統補造清冊到部再行覈辦。所有遵旨議奏緣由，理合恭折具陳，伏乞皇太后、皇上聖鑒訓示謹奏。

光緒十五年五月二十五日奉旨：“依議。欽此。”

議覆哈密回王借俸嗣後不准借支摺

[**題解**] 本稿御批時間為光緒十年閏五月初四日，其作時當在光緒九年六七月前後。紮薩克回子親王以兵燹後修理墳墓為由，請朝廷賞借俸銀，戶部議覆，照數借給俸銀的同時，也應將戶部行查該回王之父前借俸銀二萬兩是否如數扣清之處，由哈密辦事大臣查清迅速諮覆。另外，此次所借俸銀應令在該回王應領俸銀內，按年坐扣一半歸還，且今後概不准其援案借支。

奏為請旨事。光緒九年六月十三日奉上諭："明春奏《回子親王呈懇借支俸銀》一折，據稱紮薩克回子親王沙木胡索特，因兵燹之後修理墳墓，請賞借俸銀等語，著照所請，准其借支十年俸銀二萬兩，以示體恤。欽此。"欽遵鈔出到部。

當經臣部查得，該王之父親王邁哈默特曾于同治十三年借支俸銀二萬兩，是否全數扣清，折內未據聲敘，行令哈密辦事大臣查明，報部覈辦在案。今據該大臣諮稱，回王沙木胡索特所借十年俸銀，派委提督志勝帶同回弁玉素普赴部請領等因，原文內仍未將臣部行查該回王之父前借俸銀曾否扣清之處，據實諮覆。

伏查臣部則例內載，凡在御前乾清門行走之蒙古王公等，如有借領俸銀者，親郡王不得過五年，貝勒貝子公以下不得過十年。仍令其于年班到京時，自行呈請該承辦衙門，將請領緣由，行查該盟長。該盟長查明，出具切實印結送京到日，該衙門奏請。如奉旨允准，再令該盟長出具印領，該王公自遣屬下到部親領，按年在於應支俸銀內坐扣一半，歸還借款。其餘閒居牧地之王公等，概不准請借等語。複詳查臣部則例，並查據理藩院覆稱，回子五公並無借支俸銀之例。再查該回王沙木胡索特，系駐哈密與蒙古閒居牧地之王公無異，照例不准請借。即比照蒙古王公借奉之例，亦只應遵守五年限制，不得借至十年。且定例，借俸應按年，在應支俸銀內坐扣一半歸還。該大臣原文內，仍未將該回王之父前次借俸曾否坐扣清款之處聲明。臣部本應照例議駁，惟該回王近年請借俸銀系朝廷念其世篤忠貞、死勤王事，且身遭離亂艱苦異常，是以特旨允准。今所遣請領回弁，又已在途，臣等仰體皇上加惠藩服、破格鴻恩，擬將該回王此次所借十年俸銀二萬兩，照數借給，以示體恤。仍請飭下哈密辦事大臣，將臣部行查該回王之父邁哈默特前借俸銀二萬兩，是否如數扣清之處，迅速諮覆臣部，以憑查覈。此次所借俸銀二萬兩，應令在該回王應領俸銀內，按年坐扣一半，歸還借款。至回子王公等借俸，本非定例，嗣後仍應按年將應領數目，照例發給，概不准其援案借支。若該將軍、大臣等率行奏准，即由臣部據例奏明，請旨更正以符定制。是否有當，伏乞皇太后、皇上聖鑒訓示，謹奏。

光緒十年閏五月初四日奉旨："依議。欽此。"

新疆蒙古王公俸銀俸緞在外發給片

[**題解**] 本稿奉批時間為光緒十年閏五月初四日，其作時當與前篇同。新疆、蒙古回子王公等俸銀俸緞，向由伊犂將軍及各路大臣按年在外發給，後因全疆失陷暫准由京支領。此稿中，戶部認為全疆平定有年，其回子王公等俸銀俸緞自應照例就近在外開支以符定制。

再，新疆、蒙古回子王公等俸銀俸緞，向由伊犂將軍及各路大臣按年在外發給。應領俸緞，向由陝甘總督預期將各項數目、色樣奏明，交江甯、蘇州、杭州三處製造，照式辦齊，詳驗轉遞發給。迨同治年間全疆失陷，土爾扈特王公等俸銀俸緞暫准由京支領。經臣部于同治七年奏明，俟伊犂克復後，再歸伊犂支發，以符舊制等因，歷系照章辦理。光緒十年俸銀俸緞，業經在部庫領訖，至回子王公俸銀，或在部庫借支，或在外借支，迄未畫一。究竟每年支領過俸銀俸緞若干，久未報部，無從查覈。

竊惟全疆平定有年，該蒙古、回子王公等俸銀俸緞，自應照例就近在外開支，以符定制。相應請旨飭下督辦新疆軍務大臣劉錦棠、伊犂將軍金順，將該王公等應領俸銀，自光緒十一年為始，在經費內照例給發。俸緞一項，應由陝甘總督照例將各項數目色樣，先期奏明，交江甯、蘇州、杭州三處織造，照式辦齊。詳驗轉遞，於發給後專文報部，再入題銷。如此辦理，該王公等就近請領，既省盤費又免需時，無長途跋涉之勞，無守候待支之苦，事歸畫一，允符

舊章。所有新疆、蒙回王公俸銀俸緞，應照例在外支領緣由，理合
附片陳明，伏乞聖鑒。謹奏。

光緒十年閏五月初四日奉旨："依議。欽此。"

議駁兩江總督請將胡光墉
扣存行用等項免追摺

[**題解**] 本稿奲批時間為光緒十年六月初一日，戶部遵旨議奏在閏五月初七日，故其作時當在光緒十年閏五月中旬前後。全稿所涉乃清末著名胡雪岩大案，左宗棠奏革員胡光墉應繳扣存水腳、行用補水銀十萬餘兩，請准免其追繳，戶部認為胡光墉素與洋人同通一氣、有利共用，其借貸洋款八厘行息未必不為重利，其經手借款扣存行用，實屬違背定例，必應賠繳。該商以一市儈而朝廷寵以監司大員，左宗棠所謂其急公好義的捐賑樂施之舉，並不足掛齒。

奏為遵旨議奏事。軍機處交出閏五月初七日軍機大臣面奉諭旨："左宗棠奏，革員胡光墉應繳扣存水腳行用補水銀十萬六千七百餘兩，請准免其追繳等語，著戶部議奏。欽此。"欽遵鈔交到部。

據原奏內稱，部諮陝甘借用四百萬洋款案內，胡光墉扣存水腳行用補水銀十萬六千七百八十四兩，系克扣濫支之款，應即追繳。經臣查明，該革道經收洋款，由滬運鄂，輪船、水腳、保險、抬力等費共用銀三萬餘兩，鄂糧台有案可稽，系屬應支之款。行用一項，因此次借款系上海泰來洋行夥友福克向滙豐議借，月息只八厘零，較之從前一分二厘五毫輕減，是以准給福克行用二萬兩，以酬其勞。此系福克所得，非胡光墉影射，現有福克可詢，自不得向該革道追繳扣留補水銀五萬六千餘兩。因借用洋款，向不誤期，各關解到銀兩低潮不一，比時不能向各關補足，而各關解項行之內地，本無所謂低潮，而洋商苛刻，總謂銀色不一，故立合同，先言明補水扣存銀于洋人梅博閣處，並未存胡光墉之手。且每次補水無多，現尚存四萬一千餘兩。胡光墉雖業商賈，頗知好義急公，當寬裕之時，捐賑動輒數萬。即上年捐修範公堤、川沙堤，計錢亦八萬串。查前項應發之款謂其於中牟利，該革道當不屑為，且當日均稟明陝甘批准有案，自應准銷。惟陝甘未經逐款諮部，以致部中無案可稽。適因新疆修理城工，需款甚急，部議將前項十萬六千餘兩勒限追繳，辭至甘肅糧台，無如該革道所有房產、典當、鋪屋、衣飾、什物器具，概已查出備抵，無可再追。胡光墉愁病屢軀，束手待斃，儻一死，夥友星散，恐有損無益。合無仰懇天恩，俯念前項銀兩系批准發給之款，免其追繳。新疆城工另行由部撥款，其補水尚存銀四萬一千餘兩，應由江海關道提取，解部以重公款等語。

臣部查，胡光墉侵取行用補水等項銀兩，臣部概無由知。本年疊據陝甘總督譚鍾麟、督辦新疆軍務大臣劉錦棠先後諮稱，胡光墉經借華洋商款從中取利。查辦洋款單內，有胡光墉扣去銀十萬六千七百餘兩一款，殊深駭異。借用洋款，安有行用？所借四百萬兩，除還前欠一百六十餘萬外，由滬解鄂者，僅二百三十余萬，何須水腳三萬餘兩？至於短平低水，何省所解，應由何省補足，胡光墉何以逆知各省以後解款定系低色，每萬必補水百兩，預扣銀五萬六千之多？且每次短平，均由湖北糧台索還，何以補水必先存款于梅博閣處，應由胡光墉名下追還等因。當經臣部以胡光墉於軍需要款任意扣存，既據譚鍾麟等層層駁斥諮請著追，當即諮行兩江、浙江等省，令于胡光墉名下追繳，旋因劉錦棠奏城工難停，請撥銀兩，臣部因各省水旱頻仍，海防吃緊無可籌撥，惟胡光墉侵取行用等項十萬六千七百八十四兩，原系西征餉銀，應于胡光墉備抵產業內著追填補，以為新疆工程之用，奏明欽奉諭旨允准，行知遵照各在案。此臣部據譚鍾麟等諮，著追胡光墉前借四萬案內，扣存行用等款十萬六千七百八十四兩，于胡光墉備抵產業內變價賠補，充作城工之所由來也。

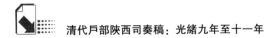

　　又據譚鍾麟、劉錦棠等諮稱，據委員查複前兩次所借，胡光墉均有扣存數目，且較此次為多等因。臣部當以此案扣存行用等款，已有十萬六千七百餘兩，譚鍾麟等諮稱，前兩次扣存數目且較此次為多，是胡光墉前兩次扣存，當以數十萬兩計。臣部以胡光墉前兩次扣存數目更多，若俟陝甘查覆再行勒追，深慮輾轉遲延，鉅款無著。當即一面飛諮陝甘總督及督辦新疆軍務大臣迅速查明確數，以憑盡數勒追。適據兩江督臣諮稱，胡光墉所扣補水銀兩，現尚有四萬一千餘兩，臣部因城工用款已行令于胡光墉備抵產業內追解，複一面飛諮兩江，將現存補水銀四萬一千餘兩，向胡光墉勒追，作為胡光墉前兩次扣存之款，迅速解部，以為新疆屯田之用。此臣部據譚鍾麟等諮，以前兩次所借，胡光墉均有扣存數目，且較此次為多，議將現存補水銀四萬一千餘兩作為前兩次扣存之款，並令解部之所由來也。

　　今據大學士左宗棠奏稱，前次勒追城工銀十萬六千餘兩，無可著追，補水尚存銀四萬一千餘兩應提解部。並稱胡光墉經收洋款，由滬運鄂水腳等費用銀三萬餘兩，鄂糧台有案可稽等語。臣部查，該大學士前次諮稱由滬解鄂銀兩，系三百餘萬兩，劉錦棠等諮稱僅二百三十餘萬，並稱何須水腳三萬餘兩。無論此項水腳，臣部無案可稽，即該大學士所謂有案可稽者，亦與陝甘現報之案不相符合。又稱行用一項，因借息輕減，是以准給福克酬勞。臣部查，該大學士前因西征軍需緊要，奏請借用洋款，系按四百萬給息，若先扣存十萬餘兩，僅借三百八十餘萬，何得尚按四百萬償給息銀？再查，胡光墉扣存行用等項十萬六千餘兩之外，又先由胡光墉坐扣銀一百六十餘萬了清舊債，實僅由滬解鄂者二百三十餘萬兩。細為覈計，已不異改利為本、息上加息，則八厘行息，豈為輕減？且借款之目，臣部即覈算嚴明，雖雲比從前借息較減，然此項借款系作六年歸還，息借期日既久，總須給息銀一百六十餘萬，耗損非輕。況總理衙門同治七年奏案，總稅務司赫德曾言，代貸出自國家，不難照五厘取息，是八厘行息，在洋款中未必不為重利。劉錦常等前尚諮稱，前兩次借款，胡光墉均有扣存之款，是胡光墉扣存行用巧立名目，已非一次，並非緣息輕減，始有行用。在當日借銀出息，已屬吃虧，所借四百萬一款，又係福克來京自請出借，似不須再為酬勞。若甘省以重息借款尚須酬勞福克，未知洋人盤剝厚利，又將何以酬謝胡光墉？洋人素與胡光墉同通一氣，有利共用，此時即詢之福克，亦斷無確供。該大學士所稱，有福克可詢一說，實與詢之胡光墉無異。

在臣部，例定原有軍需駁款著落經手官員賠補明文。胡光墉經手借款，扣存行用，無論其自行侵用及分與福克，均違定例，仍不准銷，必應著落胡光墉賠繳，毫無疑義。至補水一款，何省解銀，低潮仍應由原省補足向例，不准另請開銷。該大學士所謂立有合同，既未先期奏准有案，臣部即不能濫聽支銷。

至原奏內稱，胡光墉好義急公，當寬裕之時捐賑動輒數萬，臣等竊有以譬之。今有借人千金，遇其人子弟偶有事故，出數金相助，其後則舉千金而乾沒之。旁觀者不咎其乾沒，猶譽其好義，無乃類此。且胡光墉龍斷影射，買空賣空，擁朝野之利權，供一己之揮霍，又不信實謹慎，去歲忽爾閉歇匯號，致京師銀價錢法為之一亂，邦本搖動，人心惶惑，至今未安。其好義也安在？臣部之所以極意嚴追虧款，且擬重懲該商，正為以後架空罔利、病國害民者有所炯戒。在該商，以一市儈，朝廷寵以監司大員，則其區區之捐賑樂施，何足以言報，稱而為天下急公者勸也？夫商賈瑣屑牟利，本屬恒情。以胡光墉為市井之徒，或轉不足深責，若謂其行同夷尹，有所不屑，則一介不與，一介不取，似此行用等款，系屬違例濫支，更應著落經手之胡光墉追賠。該大學士前稱胡光墉為國商，臣部滿擬此十萬餘金，不難賠繳。今據奏稱，胡光墉房屋、典當、鋪屋、衣飾、什物器具，概已查出備抵，無可著追等語。臣部查胡光墉備抵產業，前據浙江巡撫劉秉璋諮稱，胡光墉所稱杭城胡慶餘堂雪記藥店，呈明備抵，所有存本貨物、店屋棧房三處，並一切器皿什物等件，照時估價，計值銀十八萬兩。歸還文宅，又欠文宅存款銀十萬兩，以杭城元寶街住屋一所暫行抵押。俟原數交還，即將住房掣贖等因。

當經臣部諮行該撫，抵還私款應先盡公款如數抵清。

又據該大學士前在江督任內奏稱，胡光墉折開，都中所存各戶私款、票款，除以住宅及藥鋪共值銀二十八萬兩抵償外，現將衣飾、字畫等件估值銀三十餘萬兩，分抵其杭州、上海、福建所欠私款，均以市屋及家用什物器皿等項估抵，當經臣部覆陳胡光墉扣水等項銀十萬六千七百八十四兩，應令于胡光墉抵償私款內如數提出，以為新疆修理城工之用。奏准行知，遵照在案。是追繳行用等款，即在胡光墉備抵產業之內，本有著落，不得謂之無可著追。此時新疆修理城垣等工，勢難停緩，現在各處防務緊要，臣部實無別項可撥。該大學士請由部另撥城工用款，應勿庸議。

相應請旨飭下兩江總督、浙江巡撫，仍照臣部前次奏案，趕緊于胡光墉備抵私款內，先行提銀十萬六千七百八十四兩，星夜派委妥員解赴甘肅糧台，以免貽誤。至胡光墉屢次經手借款，譚鍾麟等諮稱，前兩次均有扣存數目，且較此次為多，實不僅十萬六千之數。臣部前已行知兩江，將現存補水銀四萬一千八十七兩五錢解部，作為胡光墉前兩次扣存款目。今該大學士亦奏稱應提解部，應再請旨飭下兩江總督，迅將現存補水銀兩，先行趕緊解部，俟陝甘將前兩次扣存鉅款實數聲覆後，以便歸款除抵，再行分別盡數勒追。該督撫等惟有破除情面，迅速追繳，勿再稽遲。此外所欠公項，亦宜趕緊查照臣部歷次奏諮，一律迅辦，勿得多日延宕。設胡光墉幸而身死，必致問之經手官吏，追及該商子孫，亦不能任令無著。惟該大學士奏稱，前項銀兩當日均系批准有案，而劉錦棠等又稱，安有行用補水等款，水腳無須三萬兩之多，並稱前兩次均有扣存之款，亟應徹底查明，一律追繳。相應請旨飭下督辦新疆軍務大臣劉錦棠，陝甘總督譚鍾麟，確切查明，將行用補水水腳銀兩原借之初，有無批准案據，送部備查。水腳一款，既稱無須三萬，究竟應用幾何？前兩次扣存之款，究竟實數若干？迅速查覈明確聲覆，以憑盡數追繳。

總之，臣部職掌度支，向憑案據查。該大學士左宗棠，前後共借過洋款六次，原案內並無行用補水等項名目，在當日借款之初，亦未預行奏諮立案前項銀兩。臣部既一無案據，均系不准支銷之款，是以不敢率准免追。所有遵旨議奏緣由，是否有當，伏乞皇太后、皇上聖鑒訓示。謹奏。

　　光緒十年六月初一日奉旨："依議。欽此。"

停止各省都統等官路費摺

[**題解**] 本稿作時當在光緒十年五月前後。因光緒元年十月皇帝明令給各省記名都統及新陳卓異之頭等侍衛三品旗營各員來京預備召見者，賞給路費銀兩，戶部認為，此項路費本系一時之特恩，實非當行之定例，故請旨擬將此項開支一律停支以節冗費。此稿上奏後硃批"依議"，可見當時開支緊縮之狀。

奏為請旨事。竊各省記名都統、副都統，及卓異之頭等侍衛三品旗營各員來京預備召見人員，例無支給路費明條。光緒元年十月十二日，准軍機處交本日軍機大臣面奉諭旨："前令各省記名都統及新陳卓異之頭等侍衛三品旗營各員來京預備召見，內距京較遠者，著分別賞給路費銀兩，以示體恤，由該部查明酌覈辦理。各省駐防旗營人員，即於該省藩庫內發給。東三省及西北路軍營人員，由該將軍、都統大臣籌款發給。欽此。"當經兵部會同臣部奏明，除山東、山西、河南三省覈歸近省毋庸支給外，其餘各省駐防旗營人員，酌給六成實銀，以示體恤，並聲明此系欽奉特旨賞給，不得援以為例等因，奏准行知各該省在案。是此項路費銀兩，本系一時之特恩，實非當行之定例。而近來各省辦法，或照案停止，或援案請支，辦理殊未畫一。

臣等竊維，國家經費有常，不容屢增用項。況本年欽奉諭旨，令臣部切實裁革冗費，自當於近年新增支款照開急需，徒糜庫帑者次第逐漸減裁。臣等公同商酌，擬將都統等官支給前項路費銀兩，一律停支，以節冗費。如蒙俞允，即自奉旨日為始，全行停給。是否有當，伏乞皇太后、皇上聖鑒訓示。謹奏。

光緒十年六月二十一日奉旨："依議。欽此。"

旗營生息津貼微員路費照舊開支片

[**題解**] 本稿作時與前篇同，是對前稿所述事項的補充說明。戶部稱，若各省駐防旗營將自有之馬廠等生息銀兩津貼微員路費，應准其開支。也就是說，只要不是戶部拿錢，駐防旗營自己能解決的，就可以開支。

再，臣部奏請停止都統、副都統、三品旗營各官路費，原因正供歲有定數，實難屢議加增，是以奏擬凡由庫帑動支均予停止。若各省駐防旗營，將自有之馬廠、牧租生息等項銀兩津貼微員路費，本非動用司庫一切正雜銀兩可比，自應准其照舊開支，以示體恤。理合附陳，伏乞聖鑒。謹奏。

光緒十年六月二十一日奉旨："依議。欽此。"

議駁寧夏將軍奏請續撥鄂餉摺

[**題解**] 本稿作時當在光緒十年閏五月中下旬。寧夏將軍奕榕等奏續撥鄂餉三年期滿，懇恩俯准仍食鄂餉以濟兵艱。戶部指出，寧夏滿營兵餉所以由他省協撥，實乃同治年間逆回構亂時道路阻塞的權宜之計，至今其已數請借撥，各省軍務平定有年，一切應規復舊制。故應令陝甘總督將寧夏滿營應需俸餉照例覈明應支確數，匯案請撥，並令寧夏將軍照例由甘肅藩庫支領俸餉。

奏為遵旨議奏事。

寧夏將軍奕榕等奏《續撥鄂餉三年期滿山西餉力實難驟複懇恩俯准仍食鄂餉以濟兵艱》一折，光緒十年閏五月初六日軍機大臣奉旨："戶部議奏。欽此。"欽遵閏五月初七日由內閣鈔出到部。

據原奏內稱，查寧夏滿營歲需餉銀十萬兩，自軍興以後，統由山西于協甘項下劃撥。維時每年積欠甚巨，不得已改由四川勻撥三萬兩，山西、河東共撥銀七萬兩。旋值山西大祲，協款停發，前任將軍善慶等奏請改由鄂省籌撥，戶部擬請在於湖北江漢關四成洋稅項下，月協陝西銀一萬兩，每月撥出銀五千兩，徑解寧夏滿營，歲共六萬兩，加以四川協餉三萬兩，此外只短一萬兩，即山西一時無項撥解，亦足支援，俟三年後，仍由山西撥解等因。奉旨："依議。欽此。"迨至三年期滿，複經奏請，仍食鄂餉，俾蒙天恩准以三年為期，限滿後仍由山西撥解等因，各在案。茲計自光緒八年正月起至十年十二月底止，續撥鄂餉，限期三年又滿，自應由十一年正月起，歸山西撥解。惟山西應撥餉銀減至一萬兩，每歲委員領解必逾半年。今若遽以七萬兩之鉅款仍歸該省撥解，恐滋貽誤。山西應撥一萬，既屬報解稽遲，四川應撥三萬，複未能如數。惟鄂省月協五千兩，實為闔營養命之源。惟有懇恩飭令該省，自十一年正月起照前撥解，以濟兵艱等語。

臣等伏查寧夏滿營兵餉鹹豐年間成案，僅需俸餉、馬乾、糧料、草折等銀六萬餘兩。迨同治四年，前護理寧夏將軍常升因逆回構亂，由寧赴省之路全行阻塞，奏准於山西、河東應解甘餉內割撥銀十萬兩，並聲明俟甘省肅清，統由藩庫請領等因。光緒五年，前將軍善慶以山西災荒，請暫借鄂餉，俟三年後仍歸山西暨河東籌解等因，當經臣部議令，在江漢關四成洋稅月協陝西一萬兩內，每月撥銀五千兩，暫為寧夏兵餉。嗣於光緒七年，三年期滿，該將軍奏請仍由江漢關四成洋稅項下，照舊借撥數年，複經臣部議令，自光緒八年正月起仍由該關照舊借撥，以三年為期，先後奏准在案。

查江漢關月協寧夏滿營兵餉，原系借撥陝西之款，陝西之款，本系借撥臣部之款。各省軍務平定有年，一切必應規復舊制，斷無可疑。所有江漢關四成洋款每月應解之五千兩，既不能借給軍務平定之陝西，尤不能借給兩次限滿之寧夏。臣等前因部庫萬分支絀，議令將江漢關四成洋稅項下每月協解寧夏滿營兵餉五千兩，自光緒十一年為始，照舊批解部庫。其寧夏滿營應需十一年俸餉，應由陝甘總督查照舊例，匯案請撥等因，于本年四月間奏准，行知遵照亦在案。

茲據該將軍奏稱，續撥鄂餉限期三年又滿，懇恩飭令該省自十一正月起，照前撥解等情。查寧夏滿營兵餉舊例，於冬撥案內由甘省造具估餉冊，匯案請撥。自軍興以來，始則甘省道阻，是以由山西、河東劃撥甘餉，繼則晉省災荒，是以由陝西月餉內借撥鄂餉。至借撥鄂期滿，又複借撥三年。當兵燹之餘，不得不為此權宜之計。現在臣部已行奏明，甘肅、新疆亟應規複餉額，照例由陝甘總督匯請估撥，自不得紛紛各請專餉，尚沿故習。所有寧夏滿餉，自應由各省協甘項下籌撥。不惟無庸向陝西月餉內借撥鄂餉，並無庸專向山西一省內劃撥甘餉。該將軍所請仍由江漢關四成洋稅借撥之處，臣部實難准行。相應請旨飭下陝甘總督，遵照本年四月奏案，將寧夏滿營應需光緒十一年俸餉，照例覈明應支確數，匯案請撥，並令寧夏將軍照例由甘肅藩庫支領俸餉，以符定制。所有遵議緣由，理合恭摺具陳，伏乞皇太后、皇上聖鑒。謹奏。

　　光緒十年六月二十三日奉旨："依議。欽此。"

議駁寧夏將軍請撥兵丁紅白賞銀片

[**題解**] 本稿作時當與前篇同。寧夏將軍奕榙等奏請撥寧夏滿營兵丁紅白銀兩，戶部指出，自鹹豐年間，滿漢各營紅白銀兩就已奏明停止，亦不僅寧夏滿營一處，現甘省一切尚未復舊，寧夏兵丁不宜例外發給紅白銀兩。

再，寧夏將軍奕榙等奏《請撥寧夏滿營兵丁紅白銀兩》一片，光緒十年閏五月初六日軍機大臣奉旨："戶部議奏。欽此。"欽遵於閏五月初七日由內閣鈔出到部。

據原奏內稱，寧夏滿營向來紅白事件歲蒙恩賞銀二千九百四十兩，由甘藩庫按季預撥，以備隨時支發，遵辦在案。鹹豐年間軍旅頻仍，奉文緩發，年來正餉由各省協撥，藉資飽騰。無如正餉覈減開支，衣食之外毫無贏餘。凡遇紅白事出，經奴才等由金營[1]月餉項下酌量借給，仍即節次扣還，目睹艱窘情形，殊屬可憫。惟查今日之丁口，與昔日懸殊。所費亦有隆替，按檔比較，年中所費不過千兩。懇恩飭下陝甘總督轉飭藩司，照依現擬每年一千兩銀數，自本年春季始，按季籌撥。一俟丁口日增，餉項充裕，再行規復舊制等語。

臣等查甘省估撥道光二十九年冬撥底冊內，開甘省滿、漢各營應需，道光二十九年連閏，備賞兵丁七成紅白銀兩二萬五千兩。內除涼州、莊浪、寧夏滿營額賞紅白銀五千兩，在於朋合款內動支外，隨餉請撥銀二萬兩。鹹豐四年冬季，估撥鹹豐五年兵餉底冊內開，查官員紅白恤賞並兵丁紅事賞銀，前經奏明停止在案。所有前項紅白銀二萬五千兩，此次毋庸請撥等因，各在案。是道光年間，涼、莊、寧夏滿營兵丁紅白銀兩，均由朋合款內動支，原不止寧夏滿營一處。鹹豐年間滿漢各營紅白銀兩，均已奏明停止，亦不僅寧夏滿營一處。現在甘省一切尚未復舊，若專為寧夏兵丁發給紅白銀兩，未免偏枯，該將軍請撥寧夏紅白銀兩之處，臣部未便率准，應毋庸議。

再，寧夏滿營官兵及馬匹數目，原額若干，現存若干，疊經行催，未據報部。應令一併查明確數，造冊送部查覈。所有議奏緣由，理合附片具陳，伏乞聖鑒。謹奏。

光緒十年六月二十三日奉旨："依議。欽此。"

[校注]

　[1] 金營，當為"全營"，當屬排印錯誤。

議覆西寧辦事大臣請將番族
馬貢銀兩豁免片

[題解] 本稿作時當與前篇同。西寧辦事大臣李慎奏稱，玉樹三十九族番民自道光二十一年起至同治十三年止，積欠馬貢銀五千六百餘兩，因該番族窮蹙日甚，懇恩俯准豁免。戶部認為，豁免一事可行，應令該大臣將此次豁免馬貢銀兩按年分晰，造具清冊報部，再由戶部據題豁免，由此可知其於辦事程式的重視。

　　再，西寧辦事大臣李慎片稱，查玉樹三十九族番民應交馬貢銀兩，除嘉慶、道光年間兩蒙恩准永遠豁免，暨疊次戶口無存劃除不計外，迄今每歲僅征銀四百八十五兩零。道光二十五年欽奉恩旨，將道光二十年以前積欠馬貢銀兩豁免。惟頻年以來，該族番眾被四川可轄果洛克番賊疊次搶劫，兼回亂時西藏匪人業亥隆又複肆行侵擾，藏僧藉端索取兵費，以致該番苦累不堪，懇將積欠馬貢銀兩奏請恩施豁免。奴才詳加查訪，委系實在情形。查玉樹番眾自道光二十一年起至同治十三年止，應徵馬貢銀兩除陸續交收外，共積欠銀五千六百七十兩零，為數已巨。該番族窮蹙日甚，若責令補交，實屬力有未逮。懇恩俯准自道光二十一年起至同治十三年止，欠交銀兩一律概予豁免等語。光緒十年閏五月初五日，軍機大臣奉旨："該衙門議奏，欽此。"欽遵閏五月初六日由內閣鈔出到部。

　　臣等伏查，道光二十五年九月三十日奉上諭："德興奏玉樹番族歷年拖久馬貢銀兩，懇請援案豁免一折，西寧、玉樹各族番民，額征馬貢銀兩因連年被災，致有拖欠。自道光十一年起至二十年止，共欠銀一千五百兩零，著加恩豁免等因，欽此。"茲據該大臣片稱，該番族窮蹙日甚，懇恩准將道光二十一年起至同治十三年止馬貢銀兩概予豁免等因。查玉樹番族應交馬貢銀兩，據稱自道光二十一年起至同治十三年止，共積欠至五千六百七十兩等語。較之道光年間豁免成案數目有間，本應責令各番族照數補交，以重款項，惟據該大臣瀝陳番族苦累不堪各節，尚系實情，且與道光年間被災拖欠大致相同，自應准如所奏辦理。臣等公同商酌，擬請自道光二十一年至同治十三年，將番族馬貢銀五千六百七十兩照案豁免，以示體恤。如蒙俞允，應由臣部行知陝甘總督、西寧辦事大臣，一體遵照。並請飭下該大臣，飭令各番族自光緒元年為始，務將額征馬貢銀兩按年照數交足，專案報部查覈，以重貢賦。並令該大臣將此次豁免馬貢銀兩，每年應徵若干，已完若干，實在欠交若干，按年分晰，造具清冊報部。再由臣部據題豁免，以昭覈實。所有遵議緣由，臣等理合附片陳明，謹奏。

光緒十年六月二十三日奉旨："依議。欽此。"

奏參塔爾巴哈台參贊大臣
並籌款歸還俄商摺

[**題解**] 本稿當作於光緒十年閏五月下旬。塔爾巴哈台參贊大臣錫綸因軍餉不濟，私向俄人借用鉅款，戶部在奏稿中對指撥及解過塔城軍餉之實在數目予以說明，指出該大臣存在未遵照奏案裁減防兵，兵勇數目未按季報部及款項使用奏報不實等問題，認為對擅自向俄人借用該國公款的錫綸應交吏部嚴加議處。同時，戶部在本稿中也對錫綸所借俄國公款的歸還做出了安排。

奏為特參任意妄為之參贊大臣，請旨交部嚴加議處，並另行籌撥銀兩歸還俄商，以免貽誤，恭摺仰祈聖鑒事。

塔爾巴哈台參贊大臣錫綸奏《請部墊還俄商積欠》一折，光緒十年閏五月二十七日軍機大臣奉旨："覽奏，已悉。錫綸何得輕向俄人借用鉅款？殊屬冒昧。此次姑照所請，由戶部墊撥銀十二萬兩，嗣後不准再有欠款，致多輾轉，該衙門知道。欽此。"欽遵由軍機處鈔交到部。

據原奏內稱，塔爾巴哈台遠居荒徼，凡軍所需即鹽醋針線之微，莫不賴與俄商通有無，餉到即便歸還。自前年暫改嘉峪關大路轉餉，並上年兩年間，得實到者才二十一萬兩有奇，以致積累漸深，至十二萬兩之多，俄商不堪賠累。查各省應解塔城經戶部指定之款，雖有三十三萬餘兩之名，而實得者不足三分之一。上年所到者，只山西等省共十三萬餘兩而已。且此三十三萬餘兩，只從前所立各軍之餉，嗣經左宗棠派撥之綏勇兩營，複改綏靖左右營，與奴才續募之馬隊一營，應需之餉尚未議定，不在此列。迄今三年之久，欠餉已至三十萬兩。俄債既久且多，拖延至今，各省關所報解銀共十萬四千兩而已，所欠俄款已十二萬兩。奴才勢不得已，與領事官巴勒喀什籌思兩全之策，該領事官請用該國公款墊還各商以通販運。奴才籲懇天恩飭下戶部，先為墊撥銀十二萬兩，由總理衙門憑交駐京俄使轉交領事官巴勒喀什，便歸還該商欠債。其部墊之款，即援案由各省應解塔城餉銀內，如數解還部庫歸款等語。

臣部伏查，前任塔爾巴哈台參贊大臣英廉，于同治十三年奏撥宣化、大同及額魯特等項官兵俸餉，經臣部奏准，由山西、山東、河南、陝西四省每年共協撥銀十二萬兩，嗣錫綸接英廉之任，複奏調果勇、馬隊兩營，於光緒五年經左宗棠奏定，由湖北、江漢關及河南省每年共協濟銀六萬兩。光緒六年，錫綸添募兵勇，奏撥專餉，複經臣部奏准，在於安徽、廣東、江西、湖南、四川、兩淮等處，每年共指撥銀十五萬三千餘兩，統計前後共撥銀三十三萬三千兩，此指撥塔城軍餉之實在數目也。

光緒四年，錫綸奏塔城荒歉請由部墊，並聲稱亦知部款艱難，實為一時急遽起見，嗣後不敢援引為請。經臣部奏准，墊發銀四萬兩，是為錫綸請部墊之始。此後該大臣狃于故常，率請部墊，今第以光緒七年至光緒九年部墊銀兩已解赴塔城者而論，實有二十萬兩。各省關報解塔城軍餉，自光緒七年至光緒九年止，實有五十二萬餘兩，合之部墊，共有七十餘萬兩。是此三年內，雖未能同時解到，各牽勻計算，每年所收軍餉應在二十萬以外，較之奏撥數目，實有三分之二，此解過塔城軍餉之實在數目也。

光緒八年三月，臣部議覆錫綸奏請歸併領餉折內，以關外軍務大定，塔城邊務已松，奏令該大臣將防兵裁減，此臣部請裁減塔城防兵，有案可稽者也。

光緒八年十月，臣部奏請申明舊章，議令各省將兵數、勇數及應支餉數，按季先行造冊報部。臣部複于本年行令該大臣，將滿、蒙、漢各營官弁、兵勇數目，駐紮處所、局員薪水，以及一切雜支章程，無論已報、未報，趕緊詳查，奏明辦理，此臣部令將塔城兵勇按季報部，並令將章程奏報有案可稽者也。

該大臣並不遵照奏案將兵勇數目按季報部，亦不將一切款目奏定章程，已屬玩泄。該大臣又不遵照奏案將防兵裁減，自取竭蹶，即謂兵難驟減，解到軍餉每年實有三分之二，撙節動用尚可支援，錫綸何得以餉項不足三分之一飾詞入奏？更屬奏報不實。

查臣部原無代各省清償欠款之例，今錫綸私向俄人定議，許俄人向臣部及總理衙門索償，實屬冒昧。即謂凡軍所需賴與俄商通有無，在商民交易，官原不能代為保償，載在條約。若該城實因餉項萬分不足，致與俄商或有欠債，亦惟當催餉請餉，徐議清理，何得擅向俄人借用該國公款以償欠債？尤屬任意妄為。臣部若不據實嚴參，何以儆效尤而杜後患？相應請旨將錫綸交部嚴加議處，以昭炯戒。至部庫關係根本，畿輔密邇津門，現辦海防，實難將部款輕予外撥。惟錫綸所借俄款亟須迅速歸還，臣部自當妥為籌畫。

查山西、河南、安徽、陝西等省，均有欠解塔城軍餉，擬每省各提撥積欠銀三萬兩，四省共銀十二萬兩。此款最關緊要，勢難稍緩，各省道路遠近不一，必須就近省先行籌墊，以免貽誤。臣部擬令山西代陝西墊發銀三萬兩，河南代安徽墊發銀三萬兩，以期迅速。相應請旨飭下山西巡撫，迅即籌撥銀六萬兩，河南巡撫迅即籌撥銀六萬兩，限文到日即行趕緊解赴塔城，以便歸還俄商解款，並將起解日期報部查覈。如稍延誤，定照貽誤京餉例，指名嚴參。並請旨飭下陝西、安徽各巡撫，迅速籌撥銀各三萬兩，歸還山西、河南二省墊發塔城銀兩，亦應于文到日即行起解，赴山西、河南交納。如稍延誤，均應照貽誤京餉例，指名嚴參，以杜互相諉卸延挨之弊。是否有當，伏乞皇太后、皇上聖鑒訓示。謹奏。

光緒十年六月二十三日奉旨："依議。欽此。"

議覆兩江總督動用陝甘軍餉開單報銷摺

[**題解**] 本稿當作於光緒十年三四月間。前兩江總督左宗棠奏,修治順天、直隸水利,動用陝甘軍餉,其經費數目已開具清單,請求報銷。戶部認為清單內開各款,自應仍照左宗棠所定章程辦理,至戶部駁查各款,也應仍由左宗棠據實聲覆。在奏稿所附清單中,戶部對所有開支數目的照章准駁行查情況作了詳細說明。

奏為遵旨議奏事。前兩江總督左宗棠奏《修治順天直隸水利動用陝甘軍餉經費數目開單報銷》一折,光緒十年三月十二日軍機大臣奉旨:"該部議奏,單二件併發,欽此。"欽遵於三月十三日鈔出到部。

據原奏內稱,竊臣所部親軍十二哨及王德榜、劉璈所帶左右兩營馬隊五起,小馬隊五十騎,於光緒六年調赴張家口駐紮,修治永定河上下游及涿州水利。所有餘項經費,均由西征軍餉項下撥用,俟工竣覈實報銷,前經疊次奏奉論旨允准。福建藩司王德榜已革江蘇,補用道王詩正承辦涿州水利及永定河上下游工程,先後告竣,用過軍餉經費,合無仰懇天恩飭部一併覈銷等語。

臣等疊次派司員查覈清單內開各款,內除兵、工二部應銷款目由各該衙門自行辦理外,至臣部應銷各款,查督辦新疆軍務大臣劉錦棠上年奏報關外一切餉項、雜支章程內開,均系循照左宗棠舊章支發,自應照該前督所定章程辦理,以昭覈實。又據劉錦棠等借用洋款清單內開,除左宗棠隨帶駐直各軍,餉銀應由左宗棠列收報銷,所有臣部駁查各款，自應仍由左宗棠據實聲覆，以符原案。

至此案開報，系自光緒七年起，其親軍十二哨營務處、行營軍裝局、糧草局及駐天津保定軍械所、親軍行營馬號，銷至光緒七年十二月底止，左行銷至光緒八年五月二十八日止，右行銷至光緒七年六月底止，旌善馬隊銷至光緒七年四月底止。此後各項官弁、勇丁、書識及雜色人等是否全行裁撤，原奏內並未聲明。如有未裁撤者，應歸於何處操防，由何處領餉，在於何處報銷，按何處章程支發，應請旨飭下前兩江總督、現任大學士左宗棠一併詳細聲覆，以憑查覈。所有本案開支數目，臣部照章分別准駁行查，謹繕具清單恭呈禦筆，伏乞皇太后、皇上聖鑒，謹奏。

光緒十年六月二十三日奉旨："依議。欽此。"

謹將覈議修治水利開支軍餉各款繕具清單恭呈禦覽

計開舊管：

據單開，舊管無項，應毋庸議。

新收：

一　單開：收西征糧台匯解馬、步營餉經費，自光緒七年二月初一日起至十二月底止，共湘平銀四十七萬五千九百四十四兩三錢六分五厘三毫九絲四忽。按一歸零三三除折，合庫平銀四十六萬七百三十九兩九錢四分七厘一毫三絲八忽四微等語。臣部查覈，庫平銀數與督辦新疆軍務大臣劉錦棠等開報數目相符，惟庫平折合湘平，應按湖南省所報四九三覈算，計少伸湘平銀一百三十八兩零六分一厘六毫等語。臣部查，扣收平賖銀數與定例相符。以上共應收湘平銀四十八萬三千五百九十二兩八錢七分八厘一毫三絲二忽三微。

開除：

一　單開：親軍十哨炮隊，一哨官弁、正勇餉項，至光緒六年十二月底止，未領存餉銀二萬二千五百兩。此項銀兩，系西征糧台造報，截至光緒六年十二月底止，欠發之款應歸入七年正月以後補發清款等語。

臣部查，此項補給銀兩，該前督並未將欠發某年月日銀若干，補發之後有無欠發，逐一聲明。且查劉錦棠等報銷清單內開，關內關外均有補發銀兩。該前督補發銀二萬二千五百兩，是否在內無憑懸斷。應令該前督及督辦新疆軍務大臣、陝甘總督查明，報部再行覈辦。

一　據單開，舊管親軍哨官十二員，每員月支薪水銀九兩；私夫二名，每名月支銀三兩；副哨官十二員，每員月支薪水銀八兩；私夫一名，月支銀三兩；什長一百二十名，伍長一百二十名，每名月支銀四兩八錢；大旗九十六名，每名月支銀六兩；親兵、護兵一千八百二十四名，每名月支銀四兩五錢；開花炮四尊，共炮勇二十名，每名月支銀六兩；夥勇一百三十二名，每名月支銀三兩三錢；長夫五百二十八名，每名月支銀三兩，均扣建。又，親軍新添親兵九十二名，從七年五月起，至十二月底止；開除親軍十二哨假銷親兵六十三名，從七年九月初一日起，至十二月底止；遣撤親兵、護兵三百十二名，從七年十月初一日起，至十二月底止；遣撤親兵、護兵二百八十八名，從七年十月初十日起，至十二月底止；計發親軍炮隊十二哨，自光緒七年正月初一日起，至十二月底止。計七大建、六小建，連閏共十三個月，餉銀十五萬三千五百八十五兩七錢七分九厘九毫等語。

臣部查，楚軍章程向系按營計算，並未另立親軍哨名目。該前督開報親軍十二哨，既與楚軍舊章不符，且查舊章內伍長口糧，即系親兵正勇口糧，何以徑照什長支給？舊章亦無大旗名目，何以口糧較之什長尤多？臣部辦事向以例案為憑，該前督系照何例章辦理，臣部無憑懸揣。應令該前督將此項親軍口糧，系照何例案支給，並何時奏定章程，其長夫、夥勇二項，究竟弁勇幾名，應用長夫、夥勇若干，親兵護兵若干名，應用伍長、什長、大旗各若干，報部查覈。再查劉錦棠等單開，該前督系帶親軍十哨，何以此次單開竟有十二哨之多？彼此不符，應令一併據實聲覆，再行覈辦。

一　單開：親軍馬隊營務處一員，月支薪水銀二十兩，旗幟、號補、油燭等項，月支公費銀二十兩，均不扣建；領旂五名，每名月支銀四兩八錢；馬夫一名，月支銀三兩，扣建，月支雜費銀六錢，不扣建；護兵、親兵四十七名，每名月支銀四兩五錢；馬夫一名，月支銀三兩，扣建，月支雜費銀六錢，不扣建；夥勇六名，每名月支銀三兩三錢；長夫十二名，月支銀三兩；額馬五十四匹，每匹月支馬乾銀三兩。共支發親軍馬隊，自光緒七年正月初一日起，截至十二月底止，計七大建，六小建，連閏十三個月餉項，馬乾銀八千七百六十三兩四錢等語。

臣部查，開支薪公以全營拆算，尚屬符合。其餘各項口糧、馬乾覈與該前督所定章程相符。新添哨官一員，月支薪水以該員應得各項並計，尚無浮多，均應准其開銷。

一　單開：左營管帶官一員，月支銀五十兩。文案、書記、幫辦薪糧，旗幟、號補、油燭等項，每月支公費銀一百五十兩，均不扣建；正哨官四員，每員月支銀九兩；副哨官四員，每員月支銀八兩；什長三十八名，每名月支銀四兩八錢；親兵、護兵八十名，每名月支銀四兩五錢；正勇三百三十六名，每名月支銀四兩二錢；夥勇四十二名，每名月支銀三兩三錢；長夫一百九十二名，並哨長私夫在內，每名月支銀三兩，均扣建。自光緒七年正月初一日起，截至十二月底止，計七大建、六小建，連閏共十三個月，發餉銀三萬七千六百二十三兩四錢。又自八年正月初一日起，至五月二十八日永定河工告竣日止，計一大建、三小建，共四個月二十八天，發餉銀一萬四千二百一十一兩六錢五分一厘四毫七絲，各等語。

臣部查左營人數、餉數，均與該前督所定楚軍行糧章程相符，應准開銷。

一　單開：右營自光緒七年正月初一日起，至六月底止，計三大建、三小建，共六個月，餉銀一萬九千一百七十七兩三錢二分等語。

臣部查右營勇數，原單內開勇丁四百一十名，比左營多七十四名，與該前督自定章程不相符合，應行刪除，計刪除銀一千八百四十兩零八錢二分零一毫一絲八忽。其餘各項人數、餉數，均與左營章程相符，應准開銷。應准銷銀一萬七千三百三十六兩四錢九分九厘八毫八絲二忽。

一　單開：旌善馬隊五起，每起管帶官一員，每員月支薪水銀三十兩，每月書記、帳友薪糧，旗幟、號補、油燈等項公費銀六十兩，均不扣建；每起正哨官三員，共十五員，每員月支薪水銀十五兩六錢。馬夫一名，月支餉銀三兩，扣建。又月支雜費銀一兩二錢，不扣建；每起副哨官兩員，共十員，每員月支薪水銀十一兩。馬夫一名，月支餉銀三兩，扣建。又月支雜費銀一兩二錢，不扣建；每起先鋒二員，共十員，每員月支餉銀六兩，馬夫一名，月支餉銀三兩，扣建。又月支雜費銀六錢，不扣建；每起領旗八名，共四十名，每名月支餉銀四兩八錢。馬夫一名，月支餉銀三兩，扣建。又月支雜費銀六錢，不扣建；每起親兵十八名，共九十名，每名月支餉銀四兩五錢，馬夫一名，月支餉銀三兩，扣建。又月支雜費銀六錢，不扣建；每起馬勇七十二名，共三百六十名。每名月支餉銀四兩二錢，馬夫一名，月支餉銀三兩，扣建。又月支雜費銀六錢，不扣建；每起夥勇十名，共五十名，每名月支餉銀三兩三錢，扣建；每起長夫二十名，共一百名，每名月支餉銀三兩，扣建；每起額馬一百八匹，共馬五百四十匹，每匹月支馬乾銀三兩，扣建；發旌善馬隊五起，自光緒七年正月初一日起，截至四月底撤散日止，計二大建、二小建，共四個月餉項，馬乾銀兩萬七千四百兩四錢六分六厘六毫等語。

臣部查生善馬隊五起，弁勇數目覈與該前督所定楚軍馬勇每旗人數互有增減。惟通盤覈算，較之每旗應支之數，尚屬無浮。按名覈計，應支數目均與章程符合，應准開銷。

一　單開：遣散旗善馬隊五起，每起除發過正餉外，共加發兩月大建餉銀一萬三千九百六兩等語。臣部查，旗善馬隊五起，據該前督奏，已撤遣回甘，所有加發兩月大建餉銀一萬三千九百六兩，應令陝甘總督在該馬隊應得餉項內，將預發兩月餉銀聲明扣除，俟報部後再行覈辦。

一　單開：撤裁親軍假勇六百六十三名，除發過正餉外，加發兩月大建餉銀五千九百六十七兩。臣部查該前督自定章程，並無撤裁假勇加發餉銀之條，所有加發餉銀五千九百六十七兩，應不准銷。

一　單開：撤散左營除發過正餉外，加發兩月大建餉銀五千八百七十二兩四錢等語。臣等查原單內，並未聲明左營於何時撤散，該前督自定章程，亦無撤散牟勇加發正餉之條，所有加發餉銀五千八百七十二兩四錢，應不准銷。

一　單開：營務處一員，月支薪水銀八十兩，不扣建；文案六員，每員月支薪水銀二十兩，不扣建；跟丁八名，每名月支銀三兩，扣建；隨員六員，每員月支薪水銀二十兩，不扣建；差官三十五員，每員月支薪水銀十四兩，扣建；發營務處文案隨員差官薪水、跟丁口糧等項，自光緒七年正月初一日起，截至十二月底，計十三個月，共銀一萬七百三十九兩一錢九分九厘六毫等語。臣部查隨營各員支款系牽勻計算，只支薪水，不支駝折馬乾等項，覈計數目，尚屬相符，應准開銷。

一　單開：親軍行營軍裝局委員一員，月支薪水銀十五兩，不扣建；書識一名，月支薪水銀九兩，不扣建；護勇四名，每名月支餉銀四兩五錢，扣建；長夫三名，每名月支餉銀三兩，扣建；心紅、紙張、油燭月支銀六兩，不扣建；洋炮工匠二名，內一名月支銀十八兩，又一名月支銀十二兩，均不扣建；伙夫一名，月支銀三兩三錢，扣建。每大建月應支銀九十兩三錢，小建月支銀八十九兩二錢九分。

又，親軍行營採辦糧草局委員二員，每員月支薪水銀十五兩，不扣建；書識一名，月支薪水銀九兩，不扣建；秤手二名，每名月支餉銀五兩四錢。護勇八名，每名月支餉銀四兩五錢。長夫四名，每名月支餉銀三兩，伙夫一名，月支銀三兩三錢，均扣建；心紅、紙張、油燭，月支銀六兩，不扣建。每大建月應支銀一百七兩一錢，小建月應支銀兩一百五兩三分。

　　新添保定軍械所委員一員，月支薪水銀二十四兩，書識一名，月支薪水銀九兩，均不扣建；護勇四名，每名月支餉銀四兩五錢。伙夫一名，月支餉銀三兩三錢。長夫四名，每名月支銀三兩，均不扣建；房租月支銀十六兩，心紅、紙張、油燭月支銀六兩，均不扣建。每大建月應支銀八十八兩，小建月應支銀八十七兩一錢九分，從七年正月二十八設局日起。又，從五月初一日起，新添親兵什、伍長各一名，每名月支餉銀四兩八錢，親兵八名，每名月支餉銀四兩五錢，夥勇一名，月支銀三兩二錢，長夫二名，每名月支銀三兩，均扣建，至十二月底止。

　　天津軍械所委員一名，月支薪水銀二十四兩，書識一名，月支薪水銀九兩，均不扣建。護勇四名，每名月支銀四兩五錢，長夫四名，每名月支銀三兩，伙夫一名，月支銀三兩二錢，均扣建。房租月支銀十六兩，心紅、紙張、油燭月支銀六兩，均不扣建。每大建月應支銀八十八兩三錢，小建月應支銀八十七兩一錢九分，從七年二月初六日設局日起。又，從五月初一日新添親兵什、伍長各一名，每名月支餉銀四兩八錢，親兵八名，每名月支餉銀四兩五錢，夥勇一名，月支銀三兩三錢。長夫二名，每名月支餉銀三兩，均扣建，至十二月底止。發行營軍裝局、糧草局及駐天津保定軍械所委員、工匠、書識薪水、局費，親兵、夫役口糧，自光緒七年正月起，截至十二月底止，共銀五千六百二十兩五錢四分九毫六絲等語。

　　臣部查，行營軍裝局委員一員，月支銀十五兩，共應准銷銀一百九十五兩。書識即字識，按照前督自定章程，每名月支銀六兩，共應准銷銀七十八兩。單開月支銀九兩，計每月多支銀三兩，共多支三十九兩，應予刪除。護勇四名，照該前督自定章程，每名日支銀一錢四分，共應准銷銀二百一十五兩零四分，單開月支銀四兩五錢，每日多支銀一分，共多支銀十五兩三錢六分，應予刪除。長夫

三名，每名日支銀一錢，與章程相符，共應准銷銀一百一十五兩二
錢。心紅、油燭、紙張，每月支銀六兩，應准銷銀七十八兩。伙夫
一名，該前督自定章程並無此項，名目應予刪除，計刪除銀四十二
兩二錢四分。

　　親軍行營糧草局委員二員，每員月支薪水銀十五兩，共應准銷
銀三百九十兩。書識，照章准銷銀七十八兩，刪除銀三十九兩，秤
手應照倉夫鬥級，每名日支口糧一錢，計二名共應准銷銀七十六兩
八錢，單開日支銀五兩四錢，計每日每名多銀八分，應予刪除，共
刪除銀六十一兩四錢四分。護勇八名，照章日支銀一錢四分，共應
准銷銀四百三十兩零八分，照章刪除銀三十兩零七錢二分。長夫四
名，照章每名日支銀一錢，共應准銷銀一百五十三兩六錢。伙夫一
名，照章應予刪除，計刪除銀四十二兩二錢四分，心紅、紙張，應
准銷銀七十八兩。

　　新添保定軍械所委員一員，應准銷銀二百八十九兩六錢。書識
一名，照章應准銷銀七十二兩四錢，照章應刪除銀三十六兩二錢。
護勇四名，照章應准銷銀一百九十九兩九錢二分，照章應刪除十四
兩二錢八分。伙夫一名，照章應刪除銀三十九兩二錢七分。長夫四
名，照章應准銷銀一百四十二兩八錢。心紅、紙張，應准銷銀七十
二兩四錢。又，新添什長一名，照章日支銀一錢六分，應准銷銀四
十二兩五錢六分。伍長一名，親兵八名，照章各日支銀一錢四分，
應准銷銀三百三十五兩一錢六分，應刪除銀二十六兩六錢。夥勇一
名，該前督自定章程，軍裝局並無此項目，應予刪除，計刪除銀二
十九兩二錢六分。長夫二名，照章日支銀一錢，共應准銷銀五十三
兩二錢。

　　天津軍械所委員，月支薪水銀二十四兩，應准銷銀二百八十四
兩。書識一名，照章准銷銀七十一兩，照章刪除銀三十五兩五錢。
護勇四名，照章日支銀一錢四分，共應准銷銀一百九十六兩，應刪
除銀十四兩。長夫四名，照章應准銷銀一百四十兩。夥勇一名，照
章應刪除銀三十八兩五錢。心紅、紙張，應准銷銀七十一兩。又，

新添什長一名，照章應准銷銀四十二兩五錢六分。伍長、親兵共九名，照該前督自定章程，局勇每名日支銀一錢四分，共應准銷銀三百三十五兩一錢六分，照章應刪除銀二十六兩六錢。該前督自定章程，各局並無夥勇，應予刪除銀二十九兩二錢六分。長夫二名，照章應准銷銀五十三兩二錢。

以上各款，原請銷銀五千六百二十兩五錢四分九厘九毫六絲。內除洋炮工匠口糧三百九十兩，房租銀三百八十二兩三錢九分九厘九毫六絲由工部覈銷外，臣部應銷銀四千八百四十八兩一錢五分，實准銷銀四千二百八十八兩六錢八分，刪除銀五百五十九兩四錢七分。

一　單開：親軍行營馬號委員一員，月支薪水銀十五兩，不扣建。書識一名，月支薪水銀九兩，不扣建。每月支油燈銀三兩，不扣建。護勇二名，每名月支餉銀四兩五錢。馬夫、什長二名，每名月支餉銀四兩五錢。馬夫二十七名，每名月支銀三兩。獸醫一名，月支銀八兩。伙夫二名，每名月支銀三兩三錢，均扣建。自光緒七年正月初一日起，截至十二月底止，共銀一千八百五兩七分九厘八毫等語。臣部查安設馬號與安設塘站支款，事同一律，所有馬號、書識、油燈、護勇、馬夫、什長、獸醫、伙夫等項銀一千六百二十兩零七分九厘八毫，應由兵部覈銷。至馬號委員，臣部應准銷銀一百八十五兩。

一　單開：親軍馬步犒賞，自光緒七年正月起至十二月底止，共銀五千七百七十四兩八錢八分三厘一毫等語。臣部查，此項犒賞銀兩，該前督並未聲明系何年章程，何年月日奏准有案，應令聲覈，再行覈辦。

一　單開：發馬步、運糧、軍裝、官騾、官駝、委員、夫馬，雇民駝船雙腳價銀一萬九千五百八十兩二錢六厘七毫九絲二忽；又發津貼親軍馬步、柴草餵養、官騾官駝、豆料價值銀二萬一千七十九兩九錢七分一厘；發親軍差官、大旗親兵陸續出差，並開差發過沿途店錢及押解軍裝費用，共銀一千七百六十四兩四錢四分二厘九毫；發馬、步病故勇丁棺木、恤賞銀一千九十六兩八錢八分。臣部查以上四款，應由兵部覈辦。

　　一　單開：親軍十二哨制辦旗幟、號衣，添制帳篷、軍裝、器械等項銀一萬三千八百四十五兩一錢六分五厘八毫三絲二忽七微。油燭、紙張、筆墨雜用等項銀九百三十七兩六錢六厘六毫。修治永定河，下游工經費銀四萬五千四百三兩八錢四分二厘九毫三絲九忽三微，上游河工石鐵經費銀三萬八千七百七十四兩四錢一分三毫九絲四忽等語。臣部查，以上四款應歸工部覈辦。

　　以上各款，據原單內開，共發過湘平銀四十七萬五千四百二十九兩三錢五分六厘八毫八絲八忽。按一歸零，三三除折，合庫平銀四十六萬二百四十一兩三錢九分九毫八絲五忽五微等語。臣部查，此案原請銷湘平銀四十七萬五千四百二十九兩三錢五分六厘八毫八絲八忽，內除兵部應銷銀四萬五千一百四十一兩五錢八分零四毫九絲二忽，工部應銷銀九萬九千七百三十三兩四錢二分五厘七毫二絲六忽外，臣部應銷銀三十三萬零五百五十四兩三錢五分零六毫七絲，實准銷銀十二萬零五百四十七兩九錢九分七厘五毫五絲二忽，刪除銀一萬四千二百三十九兩六錢九分零一毫一絲八忽，行查銀十九萬五千七百六十六兩六錢六分三厘。

　　實在：

　　據原單內開，存湘平銀六百五十三兩四錢六分一毫六忽，按一歸零，三三除折，合庫平銀六百三十二兩五錢八分四厘八毫七忽三微，應解還陝甘後路糧台，仍歸西征軍餉項下列收造報等語。臣部查，新收並少伸湘平扣收平除等款，共湘平銀四十八萬三千五百九十二兩八錢七分八厘一毫三絲二忽三微。內除本案原請湘平銀四十七萬五千四百二十九兩三錢五分六厘八毫八絲八忽，實應存湘平銀八千一百六十三兩五錢二分一厘二毫四絲四忽三微，折合庫平銀七千七百六十一兩零五分九厘六毫四絲七忽，應令解還陝甘後路糧台，仍歸西征軍餉項下列收，報部查覈。

卷四

議覆陝撫請將潼關商稅展限摺

[**題解**] 本稿當作於光緒十年五月中下旬。陝西巡撫邊寶泉奏，潼關商稅遽難複額，仍請展限盡徵盡解。戶部認為，該撫所奏稅難複額等不符實情，陝省軍務平定已久，連年歲收豐稔，如認真整頓不難規復舊制，惟慮及各省厘卡未並、商貨不能暢行等原因，對陝省可再予展限，以便該撫等早為籌措。

奏為遵旨議奏事。

陝西巡撫邊寶泉奏《潼關商稅遽難複額仍請展限盡徵盡解》一折，光緒十年閏五月十一日軍機大臣奉旨：“戶部議奏。欽此。”欽遵於閏五月十二日由內閣鈔出到部。

據原奏內稱，查潼關商稅經前撫臣馮譽驥將遽難複額情形於光緒七年三月覆奏，旋准部覆：再予限三年，限滿照額徵解。奉旨：“依議。欽此。”欽遵在案。茲據藩司葉伯英詳稱，潼關商稅及三原縣歸併銀兩，原額止七千四百兩，乾隆十年始改一萬七千九百餘兩定額，聲明徵不足額，仍準確查。自後歷年照額徵解，後無虧欠。同治元年以後，陝甘、新疆發回相繼擾亂，關稅停徵，亂後試辦，自十三年三月至光緒三年二月，每歲徵銀二千六七百兩及三千四百兩不等。光緒三、四兩年，亢旱成災，遍及晉、豫、秦、隴，戶口逃亡，商賈歇業，自四年三月至七年二月，僅收銀九百兩及二千一二百兩有奇。自七年三月展限以來，至八年二月連閏徵銀二千九百餘兩，八年三月至十年二月徵銀三千二百餘兩及四千兩有零。計三年中，徵收銀數雖漸有起色，比較定額仍止一分及二分有餘不等，實緣今昔情形不同，一時遽難復舊。本年三月，又屆期滿，唯有仍照舊展限盡徵盡解，具詳請奏前來。奴才查陝省人困兵燹，複遭荒旱，稅務實少來源，且各省厘卡未並，商貨不能暢行，懇恩飭部將潼關商稅自本年三月起，再行展限三年盡徵盡解，一俟商販流通，即行奏請複額等語。

臣等伏查，潼關商稅並三原縣歸併銀兩，每年額徵銀一萬七千九百七十四兩零，向歸潼商道徵收。每屆徵不足額，均在經徵名下追賠。自同治初年軍興以來，停徵數載，迨軍務漸平，各該撫臣奏請試辦盡徵盡解，並疊次陳請展限。光緒七年，前陝西巡撫馮譽驥以潼關商稅未能複額，仍請展限，當經臣部體察情形，請自光緒七年三月起再行予限三年盡徵盡解，三年限滿，務當照額開徵，不准再請展限等因，奏准行知在案。

茲據該撫奏請稅難複額，應恩飭部覈准潼關商稅自本年三月起，再行展限三年盡徵盡解等情，查潼關商稅承平時照額徵解，前因發回擾亂停徵數年，嗣因地方災荒展限數次。現在陝省軍務平定已久，連年歲收豐稔，民氣已蘇，如果認真整頓，設法招徠，何難實力勉圖、規復舊制？若長此以遽難復舊為詞，三年一展限，於歲入権賦殊有關係。本應駁令照額開徵，惟據稱各省厘卡未並，商貨不能暢行，尚屬實在情形。且查該關近歲徵收數目，亦實屬漸有起色，自應再予展限，以便該撫等早為籌措。臣等公同商酌，請自光緒十年三月起，再行予限二年盡徵盡解。俟二年限滿，即行照額徵收，以重稅課。請相應請旨飭下陝西巡撫，嚴飭該關道即在此二年限內，早為設法實力稽徵，以圖規複乾隆年間舊制。二年限滿後，不得恃有成案再行瀆請，尚查有不實不盡，藉詞隱飾情弊，即行據實嚴參。所有遵旨議奏緣由，理合恭折具陳，伏乞皇太后、皇上聖鑒。謹奏。

光緒十年六月二十三日奉旨："依議。欽此。"

議複伊犂將軍請將軍需用款開單報銷摺

[**題解**] 本稿當作於光緒十年六月中下旬。伊犂將軍金順奏軍需用款開單報銷，戶部認為，據該將軍所開具清單未將員弁、薪水、口糧及軍火雜用奏諮立案，亦未遵部頒格式填寫四柱清單，籠統含糊，應令其遵照奏定章程，將所部人員薪糧及軍火、雜用章程等先行奏明立案，並勒限另行造冊奏銷，不准開單。

奏為遵旨議奏事。

伊犂將軍金順奏《軍需用款開單報銷》一折，光緒十年六月十二日軍機大臣奉旨："戶部議奏，單併發。欽此。"欽遵於六月十三日鈔出到部。

據原奏內稱，准部諮將光緒九年以前未經報銷各案向來開單者，照舊開單定限到部等因，自應遵照辦理。唯伊犂甫經收復，地方異常凋敝，各營日用所需皆自遠道採購及挽運到營，費既繁重，價倍高昂，實難悉符例章。計自光緒七年正月起截至八年十二月底止，共收到各省關協撥軍餉並部庫借款，及革員陳懋林繳前虧短等項，共銀二百八十三萬五千六百四十五兩九錢一分四厘八毫五絲，以入抵出，計不敷銀十萬零八千四百三十一兩三錢六分三厘五毫三絲四忽七微，已由各商號那墊支發。各款均系實用實銷，因與例章不合，未能悉照部頒格式分析詳開，惟有按照支用實數，繕具四柱簡明清單等語。

臣等伏查，光緒八年，臣部於議覆右庶子張佩綸奏《報銷免造細冊易茲流弊》折內，奏定章程內開，現在新疆甫定，營勇未盡裁撤，應令截至光緒八年十二月底止作為軍需報銷，九年正月以後用款作為善後報銷，向來開單者，截至光緒八年十二月止，照舊開單，先開兵勇、員弁名數與口糧實數及增勇、裁勇四柱清冊，再開收支銀數、款目四柱清單。自此次奉到部章之日始，新疆限九個月奏報到部，倘有應銷之款，此次限內並未開報，限外始行查出者，仍照舊例詳晰造冊，專案送部覈銷等因。又章程內開，從前未經奏明兵勇數目、管制員弁、薪水口糧及軍火雜用等項，統限三個月奏明報部，以後隨時增裁勇數、餉數，隨時奏諮立案，不准於奏銷後補報，亦不准隨冊聲明各等因。

光緒十年二月，臣部以伊犁將軍金順奉到奏准部章，迄今一年之久，並未將兵數、勇數、餉數按三個月限期奏報，亦未遵照奏定開單報銷格式，按九個月限期依限奏銷，是該將軍自行延誤，即應照案另行造冊請銷，不准開單以符奏案。奉旨：“依議。欽此。”經臣部行知該將軍，遵照各在案。

今據該將軍開具清單報銷前來，臣等查，該將軍仍未將員弁、薪水、口糧及軍火雜用奏諮立案，亦未遵照部頒格式填寫四柱清單，無人數，無例無章，無開支細數、起止日期，無存留、增添、裁剪案據，似此籠統含糊，臣部實屬無從覈辦。該將軍既不遵照奏定章程，臣部惟有照章議駁。相應請旨飭下伊犁將軍金順，遵照奏定章程，將所部滿、蒙、漢兵勇、委員、各色人等薪糧及軍火、雜用章程，先行奏明立案。報銷既已逾限，應另遵照奏案，另行造冊，不准開單。勒限本年十月以前，趕緊造冊奏銷，不得任意延宕。如再延誤，即由臣部將該將軍及承辦局員指名嚴參，以免積壓而杜弊混。所有遵旨議奏緣由，理合恭折具陳，伏乞皇太后、皇上聖鑒。謹奏。

光緒十年七月十二日奉旨：“依議。欽此。”

奏參甘肅交代征存未解督催不力大員摺

[**題解**] 本稿當作於光緒十年六月。藩司總匯錢糧督催乃其專責，然甘肅省諮報各府、州、縣交代，自同治十三年起至光緒九年四月止，征存未解銀兩積至十八萬七千餘兩之多，故戶部特參督催不力大員，請旨交部照例分別議處。

奏為特參督催不力大員，請旨交部照例分別議處，以示懲警，恭折仰祈聖鑒事。

竊臣等恭讀乾隆三十二年正月十七日聖旨："督撫為封疆大吏，藩司為錢糧總匯，一省之察吏糾貪，乃其專責。如遇屬員侵虧帑項，據實參劾，則屬員自必共知顧忌，何難使諸弊澄清？況督撫等皆朕所簡畀、深加倚任之人，亦何忍不共勵天良、力持公正？而乃專事彌縫，通同徇隱，甘蹈欺罔重罪而不辭？是使朕無一可信之大臣等因。欽此。"恭繹聖旨，誠以州縣之虧空，必須大吏破除情面，據實參劾，則州縣之虧空，無不立時敗露，以期諸弊澄清。乃近來世風日下，大吏意存見好，轉托寬大之名，曲為掩飾之計，必俟虧空之員或故或參，毫無著落，始以奏參、查鈔了事，徒有空名，侵虧遂成錮習。是以臣部近年嚴查交代，屢經陳奏，凡有征存未解之款，無不責令該管上司，破除情面，勒限及早嚴提，免致積成虧空。

伏查甘肅省諮報各府、州、縣交代，自同治十三年起，截至光緒九年四月止，征存未解銀兩積至十八萬七千餘兩之多。疊經臣部諮催，幾于唇焦舌敝，上年十二月臣部複飛諮該省，凡九年十二月以前各屬征有未解銀兩，統限十年二月掃數解司，或為數較多，一時難以措交者，總不得逾四月之限。該督於五月初旬一面報部，一面開單奏明，其有抗延不解者，即系虧空，由該督照例參奏。若逾限不奏，臣部定行參奏，以為玩泄者戒。所有光緒十年正月以後交代，務將現存銀兩飭令掃數解司，冊內不准捏報。存庫如有征存未解，即以交代未清、逕行參奏，並知照吏部各在案。原以交代苟無侵虧，何難登時起解，既稱存庫未解，顯系掩飾侵虧。乃甘肅接到臣部公牘，視同具文，限期久逾，並不參奏。臣部陸續接到交代各案三十餘起，征存未解各款又積至三萬餘兩之多，殊出意料之外。在臣部本可將該總督、藩司照徇庇例專案嚴參，第念從前征存未解之十八萬，現已完交大半，未解僅二萬餘兩，尚與一意徇庇、毫未提解者有間。惟新陳並計，征存未解各款又積至五萬餘兩，該總督、藩司並未勒令按限掃數批解，律以督催不力，實難辭咎。查藩司總匯錢糧督催，乃其專責，相應請旨飭下吏部，將督催不力之甘肅藩司，照例議處。陝甘總督有表率屬員之責，擬請飭下吏部，將督催不力之陝甘總督，分別議處，以示薄懲。仍勒限本年十一月以前，將各屬征存未解正雜等款，掃數提解司庫，開單報部查覈。如各屬有絲毫短解，即于十二月初旬，由該藩司詳請照虧空例，概予嚴參。該總督、藩司若應參不參，或延不報部，即由臣部扣計程限，于封印後，將徇庇屬員之總督、藩司，一併請旨議處，以為專事彌縫、通同徇隱者戒。此後各府州縣交代，如有征存未解，即由該督察照臣部歷年奏案，以交代未清，隨時立予參辦，不得稍有徇庇。臣等為清釐積弊起見，是否有當，伏乞皇太后、皇上聖鑒。謹奏。

光緒十年七月十二日奉旨："依議。欽此。"

議駁理藩院幫貼銀兩請復原額片

[**題解**] 本稿作時當與前篇同。理藩院奏請將戶部停放一半幫貼銀兩仍復原額，戶部認為現在時事萬分艱難，欽奉諭旨切實裁革冗費，未便將理藩院一半幫貼轉予歸複。

再，理藩院奏《請將戶部停放一半幫貼銀兩仍復原額》一摺，光緒十年六月初五日奉旨："依議。欽此。"由理藩院鈔錄原奏，移諮前來。

伏查臣部例載，理藩院養廉銀二千兩內，戶部堂司各官養廉銀內幫給理藩院銀一千兩銀[1]，庫司員養廉銀內幫給理藩院銀一千兩，此例定幫給銀二千兩之實在數目也。又查該衙門辦公飯銀，向於多倫諾爾稅員應支傾鎔解費雜用銀內，每年撥銀一千二百兩解交備用，嗣裁汰稅員改歸同知管理，仍由該同知照舊解交。乾隆三十八年欽奉諭旨："署不必解送，於戶部銀庫飯銀內，每年賞借銀一千二百兩。欽此。"旋於嘉慶六年，軍機大臣議奏酌減各處飯銀案內，將前項銀兩酌減三成，實領銀八百四十兩，按年由部支領，此辦公飯銀八百四十兩之實在數目也。合計兩項，共銀兩千八百四十兩，嗣於咸豐四年經臣部奏准發給銀票各半。咸豐十年複經臣部奏准，將一半票鈔停放，開放五成實銀，歷經照章辦理，劄付銀庫放給在案。

現在時事萬分艱難，欽奉諭旨，飭臣部切實裁革冗費，總理各國事務衙門複因海氛未靖，奏請費用餉需，經臣部會同軍機大臣會奏，所有臣部一切放款，容即分別裁減，奏明請旨施行。正擬將部庫各項雜支量為再行減裁，未便將理藩院一半幫貼轉予歸複。所有理藩院請將停放一半幫貼銀兩，仍復原額之處，應毋庸議。是否有當，伏乞皇太后、皇上聖鑒。謹奏。

光緒十年七月十二日奉旨："依議。欽此。"

［校注］

　　［1］　此句中"一千兩銀"之"銀"字，當屬衍文。

陝省度支告匱急宜厘定章程摺

[**題解**] 本稿當作於光緒十年七月。因陝西省度支告匱，戶部認為急宜確定章程，撙節用款，以裕餉源而清積弊，於是在本件奏請清厘陝省用款的奏稿中，亦附上厘定、清查陝省各事宜之清單，以便太后與皇帝瞭解具體情形。

奏為陝西省度支告匱，急宜確定章程撙節用款，以裕餉源而清積弊，恭折仰祈聖鑒事。

竊維陝西省近年歲入、徵收、節扣等項不下二百萬兩，而該省軍務平定十有餘年，從前歷任撫藩諸臣歲歲告窮，漫無整頓。本年四月間，臣部因海防漸行多事，部款待用孔多，奏令閩海、粵海、江漢三關，將曾經停過解陝月餉先後提還部庫，奏蒙俞允，行知該省遵照在案。現准陝西巡撫邊寶泉又以陝庫萬分支絀，請將此項月餉仍行解陝等因具奏前來，奉旨交臣部議奏。除由臣部另片覆陳外，惟查陝西在承平之年，原非入不敷出之省，考之國家舊制，該省舉凡一切地賦、糧折、鹽關課稅，歲額應收近二百五十萬兩。軍興以後，疆吏輒以元氣未複、物力未豐為詞，以邇日情形論之常例。歲入之外，抽收厘金應行解部者全行留用，而猶苦不足。於是官設錢鋪藉以周轉，周轉不給，繼以那移，那移又窮，仍複欠發，遂致頭緒繁雜、諸弊環生。銷冊不循定例，則有浮開之弊；欠發並未指名，則有欺矇之弊；補支已隔多年，則有冒領之弊；那移下年錢糧，則有牽混之弊；錢鋪屢支票本，則有影射之弊；庫款久未盤查，則有虧空之弊；兵餉並無定額，則有濫銷之弊；協餉既多欠解，則有延誤之弊。而于其闔省荒田，不能墾複，各屬征存，不與催提，歷任交代，不肯嚴參，而徒恃別省之接濟。此臣部不得不為之厘定章程以清積弊者矣。

　　方今時事艱難，理財之術，首在於覈實，節用斷非彷徨瞻顧所能行，亦非敷衍目前所能濟，臣部謹將厘定、清查陝省各事宜開具清單，恭呈禦覽。倘蒙聖明鑒納以為可行，仰懇飭下陝西巡撫邊寶泉，即按照臣部所奏各條督飭藩司，認真經畫，迅速奏明辦理，以杜濫支而足國用。該省從前歷任疆臣，既已後時未能整頓，統望現任撫藩諸臣，實力破除情面而黽勉為之。況臣部現在欽奉特旨，飭令切實裁革冗費，正在條議請行，且本年議複署湖廣總督卞寶第條陳裕餉，及會同軍機大臣奏請接濟各路餉需，兩次奏議，均已行知該省遵照。尤望該撫藩等竭力籌措，宏濟時艱，是該省之積年應裁應革事宜，自當早為厘定。所有臣等奏請清厘陝省用款緣由，是否有當？伏乞皇太后、皇上聖鑒訓示。謹奏。

　　光緒十年八月初五日奉旨："依議。欽此。"

謹將厘定清查陝省各事宜繕具清單恭呈禦覽

　　一　規複額餉，以節冗費也。查陝省常年餉額一百十五萬兩有奇，自軍興以來，軍餉迄無定額。以近年支發餉項而論，勇營練軍並一切雜支，歲需銀近七十萬兩。旗綠各營俸廉餉乾等項，六十四萬餘兩。合計歲支銀一百三十餘萬兩，較額餉增至十餘萬兩，年年欠發，歲歲補支，已非覈實之道。況國家經費有常，豈容任意加增，徒供靡費。在該省，不知量入為出，屢告奇窮，皆由自取竭蹶。應令將兵勇裁汰老弱，選練精銳，趕緊酌定額數。自光緒十一年為始，無論養兵養勇，兩項合計總不得逾額餉一百十五萬兩之數。所有軍裝一切雜項，均在其中，不得任意加增。

一　同治十三年以前未支各款，應概停支也。查陝省前因軍務奏明，將鹹豐十一年至同治十三年收支各款，匯案報銷，冊開收支數目，寥寥數語，臣部實屬無從稽查。據冊開收支各款，共銀五十一萬餘兩，既未造具細冊報銷，事涉杳茫，不合補發。所有同治十三年以前未支各款，無論何項，應概停支，毋庸再議，以清塵牘。

一　光緒八年以前，除武職廉奉、勇營欠餉外，未支雜款應概停支也。查陝省冊開，自光緒元年起至光緒八年止，未支、撥支俸工等項銀九千八百二十六兩零；未支潼關廳存留俸工銀一百二十五兩零；未支刊刷憲書工料銀一千六百九十七兩零；未支軍役並軍火二局頭目公食銀一千二百八十兩；未支鹹寧等廳、州、縣協濟夫馬工料銀二千七百六十三兩零；未支榆林等六縣老塘夫馬工料銀二萬一千二百八十三兩零；未支站雜夫馬小建銀一千三百一兩零；未支抽撥留霸廳摃夫工食銀一百一十一兩零；未支緝捕經費銀三萬五千八百八十八兩；未支甘省、青海等衙門銀二萬二千兩；未支平原州縣民欠未留支銀三百八十一兩零；未支協甘公用並兌甘學院養廉吏書口食銀六萬二千二百八十二兩零。以上各款，或因惰徵收不敷支，或已敷用無需籌補，或久未解交徒存欠數，或款目牽混並未指名。況每年尚且欠發，斷難將舊欠補清。若前後套搭補支，眉目不清，適滋弊混。所有光緒元年起至光緒八年止未支一切雜款，應概停支，毋庸補發。

一　欠發勇餉，武職俸廉、例乾，應令照章改獎也。查陝省光緒八年善後報銷冊開，欠發歷年勇餉銀五十六萬二千四百六兩零。又，司庫冊開武職俸廉例乾，自光緒元年起至光緒八年止，未支銀四十八萬八千二百一十一兩。究竟欠發何人之款，冊內並未聲明，既系籠統含糊，斷難按照補發。且北山各州縣，藉防勇口糧為津貼，人所共知，兵馬奏銷，並未照例造報。臣部屢將司庫簡明清冊移送兵部，據兵部片覆，該省歷年並未將官兵馬匹報部，無從考查，臣部更無從覈辦。現在庫款支絀，年積一年，終屬不能籌撥，應即截清界限，將光緒八年以前欠發勇餉及武職俸廉例乾銀兩，比照雲貴章程，改獎照常捐例銀實數，請給封典虛銜二項，不准補發現銀。庶免將來不肖之員濫支濫銷，再蹈山西、貴州補發欠餉之弊，致罹譴責。

一　未解銀兩，應嚴提備撥也。查陝省每年徵存未解雜稅簡扣等款，動至數萬在府、廳、州、縣，捏報存儲積久，遂成虧空。應令將光緒八年以前某府、廳、州、縣某年未解若干，某年補解若干，入於某年奏銷，詳細造冊送部，以憑查覈。嗣後各屬未解銀兩，該藩司務當隨時嚴提，如敢抗延不解，即將該員撤任，立予嚴參。該藩司若瞻徇情面，不肯認真辦理，以致造冊仍有未解銀兩，即由臣部將該撫藩指名嚴參，以昭炯戒。

一　不准擅自那移，以杜流弊也。查陝省冊開，每因支款不敷，將次年地丁那借，或向商民那借，無非藉口入不敷出，擅自那移。不知該省所入，每年總近二百萬，但將一切支款極力裁減，量入為出，斷無不敷。乃歷任撫藩坐聽奇窮，不圖變計，東牽西扯，成何事體？影射、乾沒流弊，更不可勝言，且那移錢糧，處分綦嚴，嗣後若再無故那借地丁，或向商民乞貸，臣部即照那移錢糧之例，據實嚴參，以杜弊混。

一　旗營欠餉應澈底清查也。查陝省光緒六年奏銷冊開，補支旗營光緒二、三、五等年未支俸餉等銀七萬二千四百零四兩四分八厘；光緒四年奏銷冊開，補發旗營欠餉銀五千兩。臣部檢查散冊，並未聲明系補支何人之項，各年銷冊旗營，並無未支銀兩，何以又有補支？再查光緒二年，西安將軍圖明額奏稱，陝西藩庫歷年欠發滿營餉乾銀二百數十萬兩。臣部檢查該省歷年奏銷冊內，旗營均無未支銀兩，何以奏稱欠餉至數百萬兩之多？倘未支給，年銷冊自應聲明，倘系減成，又不得將減成作為欠發。應令該撫澈底清查，據實報部嚴覈。並令該省於未經清查之前，不得再行補支旗營欠餉。

一　開支官錢鋪票本應澈底清查也。查陝省官錢鋪，自光緒元年起至八年奏銷止，共支過票本銀一百八萬二千八十六兩零，內除光緒元年司庫共收過已銷發錢折扣銀二十萬七千四百兩零外，歷年並未照章扣收。查光緒二年，前陝西巡撫譚鐘麟奏稱，官錢鋪流弊無窮，請自光緒二年正月起，將官兵俸餉改放實銀，停搭官票等因，既未照章扣收，即不得循舊支發。且查支發票本之內，每年動用銀數萬或十數萬兩，冊內聲稱採買製錢，究竟每兩換錢若干？此項錢文究存何處？作何開支？毫無憑據。查銷冊，並未開支錢文，實屬有意弊混，應令澈底查明。並將開設官錢鋪司庫積存贏餘若干，及因何不行停止之處，據實聲覆。

再據譚鐘麟前次奏稱，光緒元年以前，統計扣存票本銀四十二萬九千八百七十九兩零。此項銀兩現在何處存儲，是否那用？如業經那用，究竟入於何項奏銷？應令於三個月內，將歷年收放過官票數目，按年開具細數清冊，並將自開官錢鋪之日起，通共開設幾鋪，如何酌定章程，一併報部，以憑將舊案覈對是否符合。至歷年奏銷冊造冊存票銀一萬八千九百三十一兩，此項票銀是否官錢鋪票，何以多年並未動用，應令一併聲覆，以憑覈辦。

議駁陝撫請將閩粵漢三關月餉仍行解陝片

[**題解**] 本稿當作於光緒十年七月中下旬。陝西巡撫邊寶泉奏,因陝庫支絀無力籌撥協餉,請將閩、粵、江漢三關原協月餉仍行解陝。戶部認為陝省平定多年,徵收、節扣之歲入不下二百萬兩,其應解西路各餉應設法勻濟,所請事宜應毋庸置議。

再,陝西巡撫邊寶泉奏《為陝庫支絀無力籌撥協餉懇恩准將閩粵江漢三關原協月餉仍行解陝》一折,光緒十年七月十五日軍機大臣奉旨:"戶部議奏。欽此。"

據原奏內稱,陝省歲協西路各餉,全賴三關協餉接濟。光緒七年戶部議撥伊犁償款,停解閩、粵兩關協陝月餉,定期兩年撥還。九年四月,前撫臣馮譽驥奏准部議,自九年七月起照舊解陝,旋將閩海關協餉,自十年三月按月協撥。現在提款均屆期滿,各關尚未報解應協各餉,諮檄頻催,適准部諮三關月餉全數提還部庫。查陝省歲入銀一百六十餘萬兩,每歲總須銀二百萬兩有奇,歷屆報銷出入不敷。閩、粵、漢三關協餉,除江漢關月撥寧夏塔城銀八千兩外,歲實協銀二十六萬四千兩,陝省每歲協伊犁銀十八萬兩,塔城餉銀三萬兩,固原餉銀六萬兩,三共銀二十七萬兩,以之抵撥協餉已屬短絀,更無他款籌補。懇將閩、粵、江漢三關四成洋稅項下原協月餉,照舊解陝等語。

臣等查,閩、粵、江漢三關四成洋稅原系奏定解部之款,各省不准借用。同治七年,陝省變亂,兵餉極絀,是以將部款暫予外撥。

自上年，沿海辦防多系截留京餉庫儲，實難支拄，不得不將部款全行收回，酌盈劑虛，皆系隨時顧急，而邊防經費以及李鴻章、曹克忠、吳大澂等添隊募營，現在部領餉驟增五百餘萬之出款，入不敷出，岌岌可慮。現在畿輔籌備戰事，奏調各處兵勇不下二萬餘人，尚未指定餉項，臣部尤深焦急，方擬趕催三關提前報解並擬添撥防餉，以應急需。

查陝省平定多年，以近年情形而論，該省徵收、節扣，歲入不下二百萬兩。臣等猶望其撙節勻那，將應行解部之款酌量趕解部庫，以助沿海邊防。茲據該撫聲稱歲協西路各餉，本省無款可籌，仍請三關協餉接濟，查該省軍務初平，陝餉停解兩年，尚可設法挹注，此時該省久已大定，部款收回，何至萬難騰那？且現在邊海防務緊急，需用尤甚于伊犁償款，該撫深明大義，亦應以急固根本為要，相應請旨飭下陝西巡撫邊寶泉，嚴飭該藩司，惟有力圖撙節，共濟時艱，應解西路各餉，設法勻濟，所請將閩、粵、江漢三關原協月餉照舊解陝，應毋庸置議。理合附片具陳。謹奏。

光緒十年八月初五日奉旨："依議。欽此。"

議覆陝甘總督調撥勇營赴直應需月餉摺

[**題解**] 本稿當作於光緒十年七月底前後。陝甘總督譚鐘麟遵議調營赴直，其應需月餉應如何辦理？戶部認為，籌撥軍需以就近協解為捷，劃分餉項以截清界限為宜，該軍所需餉項應由浙江、江蘇批解，由譚鐘麟將餉項承領、支發及一切事宜區畫清楚，妥速奏諮辦理。

奏為遵旨議奏事。

光緒十年七月二十四日奉上諭："譚鐘麟奏《遵議調營》一折。前據譚鐘麟奏：擬抽撥馬、步五千人以資調遣，當經諭令派員帶赴直隸，擇地駐紮，請旨遵行。茲據奏稱，善慶請調雷正綰所部三營、馮南斌所統兩營，擬派馮南斌統領，由草地馳赴張家口，在甘籌給四個月行糧，隨後由部于協甘餉內指撥有著之款等語。甘省所調之營，著譚鐘麟於善慶指調五營外，另撥二千五百人，以符該督原奏五千人之數。其另撥之軍，應派何員統帶及由何處行走，均由該督酌度辦理。所須行糧，並著籌足四個月應用。將來到防後，該軍月餉如何給領，著戶部議奏。欽此。"欽遵由軍機處鈔交到部。

據譚鐘麟原奏內稱：臣於七月初七日奏請，抽撥甘肅馬、步五千人移裝近畿，茲據都統善慶請調雷正綰所部三營，馮南斌所統兩營，臣奉神機營諮，已飭將各旗歸併，五百人為一營，備齊行裝屆時即派馮南斌為統領，由草地馳赴張家口。如所調祇此五營，照行糧章程，每月需銀一萬五千兩。臣擬在甘籌給四個月行糧，到京後，由部于協甘餉內指撥有著之款，源源接濟。查浙江運司，六年奉部改撥山西協雷正綰營餉每月五千兩，八年曾解六萬，擬由浙江運庫每月撥五千兩，浙江厘金項下於協西征餉內撥五千兩，江蘇協西征餉內撥五千兩，共計一萬五千兩，為五營月餉，較由甘解京為捷等語。

臣部竊維，籌撥軍需總以就近協解為捷，劃分餉項尤以截清界限為宜。今據譚鐘麟奏稱，馮南斌所統五營到京後月餉，由浙江等省批解實為便捷，應如所奏辦理。由浙江運庫于協雷正綰軍餉內每月撥銀五千兩；浙江厘金項下於協西征餉內，每月撥銀五千兩；江蘇協西征餉內，每月撥銀五千兩，共計一萬五千兩，迅速提前趲解，以免貽誤。此馮南斌所統五營本年月餉，應由各省趕緊批解者也。

恭讀諭旨："著譚鐘麟於善慶指調五營外，另撥二千五百人，以符該督原奏五千人之數。"臣部伏查，另撥之二千五百人原有舊餉，該軍到防後自當仍由西征餉內就近指撥，惟另撥人數有定而馬、步軍餉迥殊。約計馬隊以二百五十人為一營，即需步隊五百人之餉，應俟譚鐘麟撥定馬、步勇數，酌定餉需，奏明劃撥，免致多寡不均。此另撥之二千五百人本年月餉，應由該督續行定議者也。

該軍所需餉項，既由甘省籌給四個月行糧，究竟何月起支何月截止，以及本年尚需若干，臣部無從懸斷，應由譚鐘麟查明確數，一面報部一面飛諮各省，星夜批解。劃撥必有確數，籌解免致稽延，此籌撥本年月餉，應截清數目者也。

關內外各軍，光緒十一年軍餉，臣部現擬改圖匯撥的款，所有甘肅調防畿輔之五千人明年應需坐糧，仍應由各省協甘餉內劃撥，加增行糧由臣部另籌發給。此籌撥明年月餉，應截清界限者也。

以上各節，皆以就近協解、截清界限為要。如蒙俞允，仰懇飭下兩江總督、浙江、江蘇各巡撫，將此次劃撥馮南斌月餉共銀一萬五千兩，趲前批解，毋稍短絀。並令陝甘總督譚鐘麟，將餉項應由何人承領、支發，及一切事宜應如何區畫之處，詳細妥速奏諮辦理。
所有遵旨議奏緣由，理合恭摺具陳，伏乞皇太后、皇上聖鑒。謹奏。

　　光緒十年八月十二日奉旨："依議。欽此"

核議烏魯木齊都統恭鏜三案收支軍餉摺

[**題解**] 本稿當作於光緒十年閏五月中下旬至六月前後。烏魯木齊都統恭鏜奏請烏垣三案收借支發餉銀及轉運匯費、駝價等各項軍餉叢銷，戶部奏報，所有烏垣第三案銷款除轉運、匯費、駝價應由兵部叢銷，屯工制買農具應由工部叢銷外，戶部應銷各款，已督飭司員查照例章分別准駁行查，具體情況在所附清單中已作詳細說明。

奏為叢銷前任烏魯木齊都統恭鏜第三案收支軍餉各款，恭摺仰祈聖鑒事。

查前任烏魯木齊都統奏《烏垣三案收借支發餉銀，並轉運匯費駝價，還前商款尾欠，找發歷年勇餉，遣回員弁、勇丁車價，滿營應領俸食，屯工購置牛種、農具各項數目照案請銷》一折，光緒十年閏五月初六日軍機大臣奉旨："該部知道，單併發。欽此。"欽遵於閏五月初七日鈔出到部。

據原奏內稱，烏垣收發餉項續造三案各款細數清冊所銷親兵、衛隊、土勇、馬勇兩營餉乾及各委員薪糧、紙紅等項，悉照前案開支。各省分局匯費及歸化城起運駝價亦系如前辦理。次案撥還商款，尚餘尾欠五千餘兩，業經找結。至歷年積欠勇餉五萬餘兩，酌以七折發清，免滋藉口。歷次資遣回籍文武委員、勇丁幾五百數十員名，所用車輛向歸善後局雇覓。現飭查明動用銀兩，並歸一案請銷。所有烏、古兩城滿營應支鹽糧，九年分仍如前案酌給津貼，以示體恤。

自本年正月起，遵照部文規複駐防舊例，除烏垣滿兵應食麥石，已歸迪化州倉儲項下支領外，古城所需倉糧，向在奇台縣倉支領，前經諮商劉錦棠請其飭撥，旋准覆稱，尚須諮查甘省成案，再行擬辦。是以古城現食糧料並烏垣馬料仍由奴才採辦，統歸此案開報。其餘官俸兵餉，一律照例開支。再，烏垣滿營左右兩翼于上年試辦屯田，採買牛只、馬匹、籽種、農具、車輛等件，所領價值附案造報。統計三案支銷，共銀十六萬二千餘兩，除收月餉並借墊用各項共銀十四萬六千余兩，尚不敷銀一萬五千餘兩等語，旋准兵部，將清冊諮送前來。

臣部查，烏魯木齊新兵衛隊一營，土勇、馬隊一營勇餉，臣部系按照恭鎧酌定章程覈銷。查章程內開，親兵衛隊營官一員，月支薪公銀一百二十兩，不扣建；哨官二員，每員月支薪水銀九兩；什長二十名，每名支鹽糧銀四兩八錢；正勇一百八十名，每名月支銀四兩五錢；長夫六十名，每名月支銀三兩。土勇、馬隊營官一員，月支薪公銀六十六兩；哨長五員，每員月支薪水銀七兩二錢；什長二十五名，每名月支鹽菜、馬乾銀六兩六錢；馬勇二百二十五名，每名月支鹽菜、馬乾銀六兩；長夫七十五名，每名月支口糧銀二兩四錢等語。至都統衙門、隨營辦事並台局文武員弁、滿營官兵，系照軍需則例開支。查軍需例載，派往軍營辦事文職，無論本省外省，道府各月支鹽菜銀四兩二錢，跟役八名；同知、通判、知州、知縣，各月支鹽菜銀四兩，跟役六名；佐雜各月支鹽菜銀二兩五錢，跟役三名，每名月支鹽菜銀五錢；官役各日支米八合三勺。又，各省駐防協領月支鹽菜銀四兩二錢，跟役六名，馬九匹；佐領、防禦各月支鹽菜銀四兩，跟役四名，馬七匹；驍騎校月支鹽菜銀二兩五錢，跟役三名，馬五匹；主事月支鹽菜銀四兩二錢，跟役八名，馬八匹；筆帖式月支鹽菜跟二兩五錢，跟役三名，馬五匹；甲兵月支鹽菜銀一兩五錢，馬三匹，二人合跟役一名，跟役各月支銀五錢；官兵各日支口糧米八合三勺，馬每匹日支乾銀五分。又，綠營總兵月支鹽菜銀九兩，跟役十四名，副將月支鹽菜銀七兩二錢，跟役十二名；

參將、遊擊各月支鹽菜銀四兩二錢。參將跟役十名，遊擊跟役八名；都司月支銀三兩，跟役六名；守備月支鹽菜銀二兩四錢，跟役六名；千總月支鹽菜銀二兩，跟役三名；把總、外委各月支鹽菜銀一兩五錢。把總跟役三名，外委跟役二名，跟役不支鹽菜。官役各日支口糧米八合三勺，應支馬匹，乘騎本營例馬。外委每二名，給馬一匹，每匹日支乾銀五分各等語。

所有官役口糧，系照甘省面勅作價章程，每員名各日支口糧面一勅作價，銀三分三厘三毫。至烏魯木齊都統、領隊大臣養廉，系照臣部則例開支。查例載，烏魯木齊都統，原額養廉銀一千八百八十八兩，加增銀五百兩；烏魯木齊領隊大臣，原額銀六百兩，加增銀二百兩，署有員之缺，減半支給。又，烏魯木齊滿營鰥寡孤獨人等，每名月給銀一兩，口糧面五十勅。在於官當鋪生息銀兩及吐魯番廳倉儲白麵項下給各等語。所有養廉銀兩，照章按八成支給。孀婦口糧，查新疆尚未規復舊制，仍暫准於軍餉項下動支。至心紅、紙張，應酌量事務繁簡覈減，擬請照上案覈減。各局書識，日支銀一錢，查與軍需則例相符。護勇每名日支銀一錢，查與關內章程相符。烏垣滿、漢義學二處，添設古城義學一處，每處每月束脩銀十二兩，系為培植人材起見，應請准其開支。至烏、古兩城滿營官兵，自本年正月起，規複駐防舊制，應支官兵俸餉、家口粳粟米折價、馬匹料折各項，自應遵照舊章支給。惟現在滿營官兵名數與舊制名數多寡懸殊，礙難率准，應令查明報部，再行覈辦。所有烏垣第三案銷款，除轉運、匯費、駝價應由兵部覈銷，屯工制買農具應由工部覈銷外，至臣部應銷各款，臣等督飭司員查照例章，分別准駁行查，另繕清單，恭呈禦覽。伏乞皇太后、皇上聖鑒。謹奏。

光緒十年八月二十三日奉旨："依議。欽此。"

謹將前任烏魯木齊都統恭鎧軍營第三案收支
各款銀兩糧石數目繕具清單恭呈禦覽

計開：

—— 舊管項下：據冊開，舊管實欠、初案報銷欠發勇餉銀五萬四千九百四兩八錢六厘四毫四絲，實欠息借商號尾欠銀五千一百九十五兩四錢二分等語。

臣部查，第一案應存並刪除共銀六萬四百六十五兩五錢九厘四毫三絲；第二案少伸湘平銀及刪除銀七千八百四十五兩四錢一厘八毫二絲八忽二[1]，共銀六萬八千三百十兩九錢一分一厘二毫五絲八忽。前令在第二案欠息借商號並欠發勇餉銀內扣抵，今該都統並未扣抵，應令照數賠補。

—— 新收項下：據冊開，共收庫平銀七萬四千兩，每百兩按三兩三錢伸平，共合湘平銀七萬六千三百六十八兩，並委員繳回川資湘平銀九百二十六兩三錢，共收湘平銀七萬七千二百九十四兩三錢等語，臣部本庫平，每百兩應伸湘平銀三兩六錢三分。計應伸平餘銀二千六百八十六兩二錢，共合湘平銀七萬六千六百八十六兩二錢。原冊計少伸湘平銀三百十八兩二錢，並繳還川資，合計共應收湘平銀七萬七千六百十二兩五錢。

—— 開除項下：第一冊開新兵衛隊二百六十三員名，土勇、馬隊三百三十一員名，共請銷銀三萬八千七百零六兩。臣部按照該都統奏報章程覈算，所支薪公、鹽糧、餉乾銀數，均屬相符。惟查上年十二月間，據該都統奏稱，親兵衛隊一營改作防勇步隊兩營，應支餉乾請自光緒十年為始，照楚軍坐糧開支。今冊開本年正月分餉乾等項，仍照舊支給，殊與奏案不合。惟現在兩營均已裁撤，自未便以正月分一月餉銀另改新章支給，應仍准其開銷，計准銷銀三萬八千七百零六兩。

又，第二冊開武營務處總理委員一員，幫辦二員，隨營文委員八員，武委員七員。查振字營既已裁撤，所有營務處隨營文武各員，即應一律全裁，計刪除銀三千二百九十五兩八錢五分八厘一毫七絲六忽。隨營稽察委員二員，上海轉餉所委員二員，歸化轉運局委員二員，山東坐催轉運局委員一員，古城轉運分局委員二員，都統衙門辦理折奏兼辦洋務務員二員，火藥局委員一員，軍裝局委員二員，支發局委員二員，發審局委員二員，共支鹽糧銀三千九百八十三兩五分二厘四毫九絲五忽，查與案章相符，應准開銷。都統衙門辦理文案委員五員，應照上案准留二員，刪去三員，應刪除銀三百七十七兩四錢一分八毫六絲九忽六微。格林炮教習、洋炮匠頭目各一員，查前案炮隊已裁，次案銷冊亦無，此名目應不准銷。統計第二冊，原請銷銀九千四百二兩六錢七分四厘五毫八絲三忽六微，照案刪除銀五千七十三兩六錢六分二厘一毫三絲六忽四微，共准銷銀四千三百二十九兩一分二厘四毫四絲七忽二微。

又，第三冊開都統衙門兵戶司總辦委員一員，共支鹽糧銀二百七十兩四錢七分一厘七毫一絲七忽六微，掛號、字識二名，共支鹽糧銀九十四兩四錢，查與案章均符，應准開銷。兵戶司辦事委員六員，應照上案准留五員，刪除一員，計刪除銀一百二十五兩八錢三厘六毫二絲三忽二微。隨轅差官十四員，應照上案准留守備四員、千總二員。都統衙門齎折差官八員，上案全無此等名目，應概刪除，共應刪除銀四千九十五兩一錢九分七厘七毫四絲八微。都統衙門滿漢巡捕四員，應支馬乾銀兩，查例載，副參領給馬七匹，今冊開例馬九匹，應刪除二匹，馬乾銀四十七兩二錢。找還商號尾欠銀五千一百九十五兩四錢二分，本案既未扣抵，應仍令該都統如數賠繳。領解軍餉經費，動用駄價、匯費，共銀二千七百六十兩三錢四分一厘四毫四絲，應由兵部覈銷。統計第三冊，原請銷銀一萬七千五十兩五錢九分九毫八絲九忽六微，內浮開銀一千一百七十一兩七錢六分，除由兵部覈銷及浮開銀數不計外，應由臣部覈銷實銀一萬三千一百一十八兩四錢八分九厘五毫四絲九忽六微，內應刪除銀四千二百六十八兩二錢一厘六毫，共准銷銀八千八百五十兩二錢八分七厘九毫四絲九忽六微。

又，第四冊開營務處月支心紅、紙張、書識銀兩，查振字營業經裁撤，所支銀兩應令刪除，計刪除銀五百八十二兩。其餘各局處所月支心紅、紙張，應照上案覈減。都統文案處、歸化轉連局，應減銀二十兩，准其月支銀十兩。上海轉餉所、山東坐催轉運局、古城轉運局，應減銀十六兩，准其月支銀四兩。支發局，應減銀十七兩；火藥局、軍裝局，應減銀七兩，均准其月支銀三兩，共准銷銀四千六百七十九兩二錢，刪除銀一千八百六十六兩。至書識、護勇，每名日支銀一錢，查與上案相符。計書識二十六名，護勇十名，共應支銀一千三百六十二兩。統計第四冊，原請銷銀一萬五百七十兩六錢八分，除駝馬夫價銀五千八百九十一兩四錢八分，應歸兵部覈銷外，臣部應銷銀四千六百七十九兩二錢，刪除銀二千四百十八兩，共准銷銀二千二百六十一兩二錢。

又，第五冊開烏魯木齊都統恭鏜應支一年零三個月二十五日養廉，八成庫平銀二千五百二十兩六錢六分六厘六毫五絲四忽，應准支湘平銀二千六百十二兩一錢六分六厘八毫五絲三忽五微。署烏魯木齊領隊大臣恩澤應支十二個月零六日一半養廉，八成庫平銀三百二十五兩三錢三分三厘三毫三絲，應准支湘平銀三百三十七兩一錢四分三厘四毫二絲九忽八微。署烏魯木齊領隊大臣富勒明額應支三個月零十七日一半養廉，八成庫平銀九十五兩一錢一分一厘一毫一絲一微，應准支湘平銀九十八兩五錢六分三厘六毫四絲三忽三微。古城領隊大臣魁福應支一年零三個月養廉，八成庫平銀六百九十九兩九錢九分九厘九毫八絲四忽。又應支副都統銜養廉八成，庫平銀二百八十兩，共應支庫平銀九百七十九兩九錢九分九厘九毫八絲四忽，應准支湘平銀一千十五兩五錢七分三厘九毫八絲三忽四微。

烏魯木齊滿營協領二員、佐領防禦四員、驍騎校二員、主事筆帖式二員、甲兵二百四十九名、滿營孀婦十六口。古城滿營協領一員、佐領防禦二員、驍騎校一員、甲兵二十四名、滿營孀婦三口，共應支銀二萬九千二百二十七兩九錢八分一厘三毫六絲一忽四微。

　　烏魯木齊滿、漢義學二處，共支束脩、油燭銀三百八十四兩，均查與上案相符。應准開銷。古城新設義學一處，共支束脩、油燭銀一百九十二兩，查上案無此名目，惟均系培植人材起見，自應照準。

　　致祭博克達山神，祭品應支銀十九兩七錢六分，查與例符，應准開支。墊發滿營屯工制買牛馬、籽種、農具等項，共銀二千七百七十二兩七分七厘五絲六忽。查屯工制買牛、馬、籽、種等項，應由臣部覈銷，農具等項應由工部覈銷。原冊開支數目，並未分析某項應支若干，臣部無從覈辦。又查此項銀兩，前據恭鏜奏報，作為隨缺地畝所需牛馬、籽種、農具等項，應由該營兵丁自行購買，所支銀兩，應知照工部，均不准銷。統計第五冊，原請銷銀三萬六千七百四十二兩四錢五厘八絲二忽九微，以散合總，除浮開虛數、扣抵養廉、少析湘平外，實應請銷銀三萬六千六百五十九兩二錢六分六厘三毫二絲七忽四微，應刪除銀二千七百七十二兩七分七厘五絲六忽，共准銷銀三萬三千八百八十七兩一錢八分九厘二毫七絲一忽四微。

　　又，第六冊開烏魯木齊滿營協領二員、佐領二員、防禦二員、驍騎校二員、主事一員、經制筆帖式一員、委筆帖式一員、前鋒校八員、前鋒小旗八名、前鋒十六名、催總八名、領催二十四名、馬兵一百四十名、騎手八名、匠役步兵四十二名、孀婦十五口，共支十年規複駐防常例餉糧料，折湘平銀八千二十兩八錢七分五厘八毫八絲三忽五微。

　　古城滿營協領一員、防禦一員、驍騎校一員、雲騎尉一員、經制帖式一員、委筆帖式一員、前鋒校二名、催領一名、前鋒三員、領催二名、馬兵十二名、騎手一名、步兵四名、孀婦三口，共支十年規複駐防常例餉糧料，折湘平銀一千九百六十七兩八錢四分四厘二毫四絲九忽七微。查烏魯木齊官兵俸餉、馬匹草料等項，緣從前該垣銷冊無存，茲特比照鹹豐五年伊犁巴燕岱滿營供支官兵俸餉銀糧奏銷，冊造分別覈計。除官兵馬匹草折銀兩，照例應行刪除外，其餘官員家口日支粳米、官兵粟米折價銀兩，官兵馬匹料折銀兩，本色馬料、官員俸銀各項支數，與伊犂舊章未能一一吻合。

再查烏垣滿營舊制官兵名數，額設領隊大臣一員、協領六名，佐領防禦、驍騎校各二十四員，前鋒二百四十名，領催一百二十名，馬甲二千三百四名，炮手四十八名，馬甲三百三十六名，匠役四十八名。計每佐領下，前鋒校、前鋒小旗、催總各一名，前鋒八名，領催四名，馬甲九十六名，步甲十四名。原以甲兵之多寡定協佐、防校、領前員名之多寡，今烏垣所存甲兵僅一百四十名，古城僅十餘名，不及當時十分之一。佐領、防校等員名目，應照數酌減以符體制。查冊開名數懸殊，與舊制未能符合。且烏垣前鋒、領催月餉，系屬扣建支給。古城前鋒、領催，及烏垣古城委筆帖式、馬甲、騎手、匠役、步兵人等，月餉均未扣建，亦與定例不符。至主事一員、筆帖式一員、委筆帖式一員，古城雲騎尉一員、筆帖式一員、委筆帖式一員，所支鹽菜口糧銀兩與定例亦未能符合，臣部礙難覈銷。應令該都統聲覆到部，再行覈辦。烏垣、古城孀婦共十八口，應支幫帖湘平銀七十二兩，應准開銷。統計第六冊，原請銷銀九千九百八十八兩七錢二分一毫三絲三忽二微，計共行查銀九千九百十六兩七錢二分一毫三絲三忽二微，准銷銀七十二兩。

又，第七冊開光緒七月六月起至十年四月止，總共遣散文武官弁二十四員，勇丁五百二十八名，傷殘弁勇十二員名，病故員弁、勇丁十二員名，給車六十八輛，共支車價銀六千七百六十兩八錢三分二厘。查資遣回籍車價銀兩，應由兵部覈銷。找發衛隊並土著馬勇欠餉銀三萬三千一百兩，應由臣部覈銷。臣部查上案冊報，共欠發勇餉銀五萬四千九百四兩八錢六厘四毫四絲。此次冊稱，內除已遣振字、馬步兩營，開花炮隊一百名，短發銀七千一百三十四兩四錢六厘，緣已遣散回籍，勿庸找給。尚欠發衛隊、土著馬勇兩營餉銀四萬七千七百七十兩四錢。現按七成找發，其餘百兩以下零數，亦概扣除。是以僅支前數，應准開銷統計。統計第七冊，原請銷銀三萬九千七百六十一兩四錢八厘，以散合總，計少覈銀九十九兩四錢二分四厘，實應請銷銀三萬九千八百六十兩八錢三分二厘，除由兵部核銷車價銀六千七百六十兩八錢三分二厘外，由臣部核銷實准銷銀三萬三千一百兩。統計全案，原請銷銀十六萬二千二百二十二兩四錢七分八厘七毫八絲九忽三微，內第三冊、第五冊總數共浮開銀一千二百五十四兩八錢九分八厘七毫五絲五忽五微。除將第七冊少核銀九十九兩四錢二分四厘如數扣抵外，計尚浮開銀一千一百五十五兩四錢七分四厘七毫五絲五忽五微。又除匯費、駝價、駝馬車價等項銀一萬五千四百十二兩六錢五分三厘四毫四絲，應由兵部核銷，照章另行駐案外，臣部應銷銀十四萬五千六百五十四兩三錢五分五毫九絲三忽八微，實准銷各款並少伸湘平，共銀十二萬一千二百五兩六錢八分九厘六毫六絲八忽二微，刪除銀一萬四千五百三十一兩九錢四分七毫九絲二忽四微，行查銀九千九百十六兩七錢二分一毫三絲三忽二微。

一　實在項下：據冊開不敷欠發各項湘平銀一萬五千九百二十八兩一錢七分八厘七毫八絲九忽三微，欠各處借項墊款湘平銀六萬九千兩，續收江海關報解十年春季庫平銀三千兩等語。

臣部查，本案冊造浮開銀一千二百五十四兩八錢九分八厘七毫五絲五忽五微，除第七冊少核銀九十九兩四錢二分四厘，應令如數扣抵外，尚計浮開銀一千一百五十五兩四錢七分四厘七毫五絲五忽五微，少折湘平銀三百十八兩二錢，刪除銀一萬四千五百三十一兩九錢四分七毫九絲二忽四微。共計浮開折平、刪除等銀一萬六千五兩六錢一分五厘五毫四絲七忽九微，合第一、第二兩案責令賠繳共銀六萬八千三百十兩九錢一分一厘二毫五絲八忽，並兵部刪除第一、第二兩案匯費、駝折等項銀一萬五千四百九十六兩。覈計共合銀九萬九千八百十二兩五錢二分六厘八毫五忽九微，應令該都統如數賠補。其續收江海關報解十年春季庫平銀三千兩，應按照每百兩三兩六錢三分，合伸湘平匯入下屆清冊，造報查覈。至行查銀九千九百十六兩七錢二分一毫三絲三忽二微，俟聲覆到日，再行覈辦。

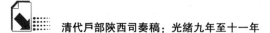

[校注]

　　[1] 原文中"二"或为衍文，或该字后应加计量单位"微"字。

議覆陝撫應行整頓各事宜次第查辦摺

[**題解**] 本稿硃批時間是光緒十年八月二十三日，其作時當在光緒十年正月中旬至二月前後。署理陝西府撫葉伯英奏，陝省應行整頓，各事宜次第查辦。戶部就原奏所及，從差徭弊實叢生、厘卡過密並厘捐粉飾、墾荒要政廢弛及道倉積弊難除等四個方面，對陝西之亂政作了詳細陳述，建議將鹹寧等二十三廳、州、縣應完道倉糧全行改征折色，應需兵米可與滿營妥議定規改為折色，酌中定價隨時開放，並將徵收耗羨明定章程作為各署公費，至墾荒厘金、差徭諸政，亦均須認真整頓，不得稍存粉飾。

奏為遵旨議奏事。

署理陝西府撫葉伯英奏《陝省應行整頓各事宜次第查辦》一折，光緒九年十二月二十七日軍機大臣奉旨："該部議奏。欽此。" 欽遵於十年正月初二日鈔出到部。

除委署章程及墾荒委員獎勵各節，應由吏部自行覈議具奏外，至差徭、厘金、營田、道倉等款，均系臣部應議之件。現經臣等再四酌覈，謹就原奏所及分為四款，為我皇太后、皇上陳之。

據原奏內稱，差徭各一款，查得當沖次沖各屬其裡局四十一處，公舉紳士經管，向按地糧攤錢供差，惟無攤數定章，每年所攤又不止一次，百弊叢生。節經前撫臣先後飭查、再三核減，雖經逐局定立章程，因原查不甚確切，仍未能有利無弊。各局弊端不一，而相同者，大率官之弊在將流差混入兵差，令裡局供之；紳之弊在自經收差錢，官不知確數。原議裡局餘錢採買義倉積穀，屆期查催，多以民欠差錢，藉口無項買穀。此外，冒濫侵欺，恐亦難免。現飭於善後局內設清查差徭局，已於十二月初四日開辦，揀選妥幹委員分赴各屬清查裡局積弊。凡原定章程未妥各款，覈明應留、應革、應減，另行妥議，稟候覈辦。上下公文，即用善後局關防，容俟查明核定，奏報後即行撤局。

臣部竊維，輕減差徭，必有治人而後有治法。陝省從前何嘗無減徭之奏？而辦法已與奏案懸殊。陝省從前何嘗無減徭之章？而攤派又與章程迥異。故行法必在於覈實，而立法莫要於得人。兵差藉資，民力已形苦累，而流差之擾，貽害無窮。牧令使胥，本地劣徒，比附為奸，功令所無，沿成俗規，衙署上下，久為利藪。論定制，則全應禁除；論物情，或稍留餘地。近年，惟山西一省將驛站、州縣、流差，立有定章，地丁征多之處，每正銀一兩，攤錢百數十文，至多不過二百文。徵收較少之處，每正銀一兩至多不過三四百文，專為雇備車馬。其過差酒席雜費，概由官辦，行已五六年，便民而不誤差，官亦無累。偏鄙各邑向有監派者，悉為裁革，州縣藉詞不遵私行加派，即行參辦，故能法立令行。山、陝情形相似，應可仿辦。大約必攤錢有定數，支應有定章，先將流差覆核，力去中飽，勿袒官吏，乃為實事。若遇兵差，臨時照各處向章，再為核減釐定，無論流差、兵差，必使實收實支，懸示帳目，官民共曉，胥役地痞無可弊混，或可稍輕民力，此亦不得已之下策。該撫若別有良法，更為盡善。總之，上司于私計、官套，或不盡體恤；州縣每於公事、民事不能盡知，民間底裡輒據一面之詞，謂州縣不敷辦公，曲為解護，是惟在該撫臣設法訪察，破除情面，認真釐革裁減，否則有名無實，與前撫馮譽驥之奏減差徭無異矣。

原奏又稱釐卡過密並釐捐粉飾一款，現經通盤查覈，於不礙釐捐大局而又可省商販報查處所，酌量裁減。擬將省城東關廓門三巡卡，合陽屬之坊鎮一查卡，並西安府屬之鹹陽縣、渭南之上漲渡、興安府屬紫陽縣、韓城之西石坡四釐卡，共卡八處，先行裁撤，以示體恤。通省尚存巡查厘金各卡二十八處，其中有無可以歸併之處，容俟查明情形，隨時酌減。至土藥厘金，每百觔收銀四十兩，商力實有未逮，行店雙稱招徠之弊，亦斷難准行，現已嚴行禁革。嗣後不分洋藥、土藥，俱按十六兩一觔官稱，每百觔收庫平厘銀二十兩。其各州縣新添抽收土厘，亦即酌量裁撤，以恤商情而昭覈實。

臣部查陝省厘金之弊不一，而厘卡過密，實為商累。該前署撫請將省城東關廓門三巡卡，合陽屬之坊鎮一查卡，並西安府屬之鹹陽縣、渭南之上漲渡，興安府屬紫陽縣、韓城之西石坡四厘卡，共卡八處先行裁撤，應如該署撫所奏辦理，以恤商艱。此已請裁撤各卡，應速行裁撤也。

再，查陝省厘金冊，岐山、蒲城、鄜縣、韓城等四縣，每年所收厘金，或數百兩，或僅數十兩，為數過少。又冊開，武功等州縣共收厘金銀兩千餘兩，並未分晰指名系何州縣。果有幾處，無非籠統含混，藉便侵漁。即使並無侵漁，而收數零星，涓滴之征，實屬無裨國計，徒滋苛擾。臣部擬令該撫詳酌，將抽收數目零星微少各處，概行裁撤，明示曉諭，以恤商艱而杜中飽。此未經裁撤各處，應分別裁撤也。

至土藥厘金，舊章每百斤收銀四十兩，固未免過多，該署撫奏請每百斤收銀二十兩，又未免過少。查鴉片一項，流毒中土，為害最大，多取之不為虐。臣部酌中定，擬比照關稅之例，按每百觔收庫平銀三十兩，不分洋藥、土藥，俱按十六兩一觔計算，不准再有雙稱名目，以杜取巧。此土藥厘金，應酌中定擬照例抽收也。

陝省近年報部收厘數目僅二十餘萬兩，較從前短絀甚多，輒藉口於收數不旺。臣額勒和布于上年奉命查辦陝西事件時，即疑收數雖間有不齊，何至年年短絀？現將光緒九年九月初十日藩司面遞厘金數目清單，與報部厘金款冊覈對，乃知其蒙混掩飾、造報不實，久已習為固然。查該藩司清單內開，自光緒二年起至光緒七年止，共存留銀二十九萬二千六百三十六兩，皆報部款冊所無。現經臣部查出，應令將前項存留銀二十九萬二千六百三十六兩，聽候部撥充餉，不准擅行動用。光緒七年以後存留若干，應令該撫轉飭查明，據實悉數報部。倘始終矇混，不以實報，別經發覺，即由臣部將該巡撫、藩司指名嚴參，以杜那移侵欺之弊。此存留釐金，應澈底清查、悉數報部也。

原奏又稱墾荒要政廢弛一款，竊查荒地名目，雖有營田叛產、旗營牧廠各屬民地之不同，均當趕緊招墾，其事則一。查營田叛產，共荒地四千一百二頃二十七畝零，招佃承種、納糧交租，按等則交足地租額數，即將其地換契，撥給該佃永遠為業。原議地租交納本色麥米，自光緒六年前，前撫臣馮譽驥奏明，截至五年止，計開荒地二千五百八十八頃九十九畝零。六年，新開荒地八百一十一頃四十七畝零，未墾荒地七百一頃八十五畝零。陳明酌定、變通章程等因，應收地租即以是年租為始，改收折色租。麥以京石折收銅製錢一千文，大米每京石收銅錢一千五百文，按年照數清完，各屬易銀解局，轉解藩庫收存。現營田熟地內，已交足額租，發契歸民管業地一千六十二頃九十九畝五分零。計自改收折色起，至本年十一月底止，各屬共應解庫平銀六萬四千五百一十二兩七錢七分一厘九毫。除歷年各屬扣留催租、查地委員薪水、書役口食，並棲流所粥賑各經費銀八千一百二十兩零，實收解局銀五萬六千三百九十一兩零。又收舊管鳳翔縣解局麥價庫平銀四千七百五十三兩零，又除省局歷年委員薪水及一切公用局費等銀六千九百四十七兩有奇外，現解存藩庫庫平銀五萬二千八百八十四兩六錢一分五厘三毫，存局庫平銀一千三百一十三兩二錢一分四厘三毫。此營田叛地荒熟，及改收折色地租各確數也。

惟查改收折色以來，雖曾按額清完，而派赴各州縣催租查地委員薪水及書役口食各項經費，支銷未免稍多，現飭另議章程，于支銷均當極力節減，不准稍有冒濫，所有現存藩庫庫平銀五萬二千八百八十四兩六錢一分五厘三毫，已劄飭藩司提歸正款奏銷冊內報部。至盩厔等縣所轄旗營牧廠、荒灘，現已諮會署理西安將軍溥俠，委員會辦。其各屬民荒，臣前在布政使任內，曾于省城設立督墾局，刊刻關防，揀派提調文案委員專司墾務，于本年六月初七日開局，擬立章程通飭各屬，先將實荒地數查報詳明，前撫臣馮譽驥未及具奏，前經臣複加整頓，並擬籌款購買耕牛發給承墾佃民，俾廣招徠，現經專案繕折具奏。

臣等伏查，陝省荒地有營田、有牧廠、有民地。其營田一項，原系叛產，迄今二十餘年，尚未全行開墾。即按年歲入數目，又匿不報部，藉便侵那。應令將光緒五年以前所收本色糧石，究竟每年收糧石若干，存儲若干，報部查覈。至光緒六年以來，改征折色，批解藩庫銀五萬餘兩。何以該年銷冊，並未列入收款、開支？委員薪水、書役口食，並棲流所粥賑各經費，何以並未列入報銷？應令一併報部查覈。總之，陝省錢糧諸多不清不實，無非藉便侵那。此後若再延挨矇混，臣部惟有據實嚴參。此項營田歲租，應照舊章責成地方官經收，專案報部，不必另派催租委員，徒滋紛擾。若可升科，即編入地丁額賦，由州縣一律征解。未墾荒地七百餘頃，亦照舊責成地方官勸民耕種，無庸另派委員。所有營田考成，即比照地丁之例另案辦理，以免牽混。至旗營牧廠一項，系滿營養贍及膏火等項之用，自應責成興平等四縣，認真整頓，毋任廢弛。所有民荒，更應嚴飭各屬勸民開墾，並將擬定墾荒章程及荒地實數，分析報部查覈。至該省於光緒七年存留牛具、籽糧銀三萬五千七百兩，何以報部冊內並未開列？難保無侵欺情弊，應令一併聲覆。再，陝省設立多局未免耗費，據前署撫葉伯英奏又有督墾局各項名目，應令將該省通共設有幾局，先行報部。嗣後，應將各局歸併一局，派員分股辦事，不得紛紛添設，徒滋蠹耗。

原奏又稱道倉積弊應認真覈減一款，查道倉應徵屯耕等糧，二百裡外之鳳翔等十州縣應完折色糧石，向由該州縣徵收解道，匯解藩庫兌收，報銷有案。不由道倉經收，無關弊竇，其應完本色糧石，近省之鹹寧等二十三廳州縣，俱花戶運糧交納，現系花戶親為兌交，概行平斛交收。惟米糧未能一律幹潔，勢不得不逐袋驗視。不肖胥役遂藉樣糧名色，每石取驗半升至六七合不等，又於交納之後，散落地下糧不任納戶自收。緣收糧上倉，地下亦不免有遺糧，胥役又藉土糧色一併歸收。疊經禁止，未盡革除，此收糧入倉積弊。又有距省稍遠，花戶因長途運糧不便，自赴省城糧鋪買糧交納，原系公平交易，地方官聽從民便，以期踴躍輸將。乃日久弊生，多有路遠花戶，並不親身來省，歷年俱托熟識糧鋪代納。嗜利鋪商，任意增昂，竟有每石市價增銀五六兩以上者。該花戶因省往返川資，又可暫緩交還，亦俱願受無詞。在倉胥役，遂與糧鋪勾串，抬價折收。現經查明革除，惟道倉每歲收糧十余萬石之多，其中小麥、粟米，俱不耐久儲，若僅照例每石准收耗糧七升五合，一經過夏，各廒氣頭廒底，生蟲黴變，為數不貲。若不寬為籌備，必虧折正數，無項彌補。前署撫臣劉典，同治八年曾經議擬裁減，惟未經明定限制，致胥役鋪商暗中剝削。現酌定每收正糧一石，除收耗糧七升五合外，准收餘糧五升以備彌補。並倉中書役、津貼之需，所有樣糧、土糧名目，全行革除。呈驗與落地之糧，俱令納戶收回，不准私取顆粒。所有餘糧，令照市估，另行公平變價，不准糧鋪抬價折收。業經先行出示通知，各屬張貼曉諭，嗣後夏秋兩季徵收，該道親赴倉所指查，倘有未除積弊，立即革除。

臣部伏查，陝省道倉積弊最深，臣額勒和布上年查辦時，於此事知之尚悉，查鹹寧等二十三州縣，皆赴省城道倉完納本色。內惟鹹、長二縣，本系首邑，完納尚近，其餘二十一處，近則百里內外，遠至三百餘裡內外，零星糧戶萬不能親自交納，各鄉、各州縣以至省城，層層皆有包納之人，數已不少，莫可究問。至交倉之弊，一曰加收升鬥。據倉書何德祿等供稱，倉內收支糧石，尖收平放，收米時每斛加一鬥八升等語。此外，尚有樣糧、土糧各項名目；一曰勒收使費。其具名目有鬥印銀、亭銀、亭錢、亭房錢、三班錢、鬥級錢、廒口錢、三小錢、過旗簽錢、篩子錢、斛夫錢、倉夫使錢、實收房錢、委員錢、公用錢、扇車錢、長造兩班錢，其苛派之弊不一，其貪殘之人亦不一。從中牟利衙署、糧鋪表裡為奸，糧鋪皆倚胥役為奸，包攬代納，串通分肥，高抬市價，每石按市價竟有增銀至十數兩者。至胥役，則專倚糧道為護符。從前糧道利於規費，歲入數萬金，皆取給於浮收。胥役承其意旨，更得肆其需索。又據糧道詳稱，將軍、巡撫向送規禮，託名辦公經費，衙門所食米石，亦仰給於道倉，上下征利，莫可究詰。道倉積弊，更僕難終，民膏幾何，豈能堪此蠹耗？夫弊之甚者，必改弦而更張之。臣等擬議，欲祛道倉之弊，非改徵折色，則中飽不能除。然改征折色，非優給公費，則各官亦苦不能自給。

臣等請言改征折色之便：花戶以銀錢交納，則樣糧、土糧無從勒收，其便一；在官徵收折色，則鬥級、廒口各項使費不能苛派，其便二；銀兩輕便易攜，立有定數，小民可免馱載車腳之費，其便三；折色由各州縣徵收匯解，遠縣零戶無須赴省完納，各縣無包糧之人，省城無包糧之鋪，其便四；完納不由糧鋪，則高抬市價之弊，不禁自除，其便五；糧道胥役無從串通糧鋪肆意需索，其便六；糧道既無浮收，則大憲亦不敢公然勒索規禮，上下均無可挾制，其便七。

然臣等以為便者，中飽之人必群起以為不便，大約總以關係滿營兵糧為詞。漕糧正供，尚可折征，豈陝省兵糧獨難改折？官兵有銀即可買米，豈容藉口兵糧堅護痼疾？臣等謂，議改折色，定以中等價值，兵可得食，行自無礙。如必執光緒三年陝省大荒之糧價以為例，不識陝省大荒之時，尚能照常開徵，放足本色兵米否？北省如河南，南省如兩湖、江安，自咸豐、同治年間，改征折色，民困大蘇，此折色之便見於各省者也。該前署撫原奏亦稱，鳳翔等十州縣應完道倉折色，向由該州縣徵收解道，匯解藩庫兌收，不由道倉經收，無關弊竇。此折色之便，見於陝省者也。

惟便於民者不便於官，必須養人以寬，而後可責其廉，更須明定章程，而後可杜其弊。鹹寧等二十三廳、州、縣，既改征折色，每正糧一升，定收正銀若干；正銀一錢，定收耗羨若干。合計每畝銀數，必較各州縣徵收民糧、地丁折征之數大為輕減，乃可施行，否則即同加賦。緣道倉計糧並不計丁，本系軍糧，未可與民糧並論。

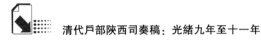

歲征正銀折放兵米，或稍留有餘，以備荒年。征不足額，補放兵糧，則兵民兩有。依賴所征耗銀，覈定經征州縣公費若干，糧道公費若干，將軍、巡撫公費若干，應由該撫臣酌定章程，以示體恤而昭覈實。嗣後如有另立名目、公行賄賂、苛派小民情事，一經發覺，照例治罪。

臣等鑒於漕糧改征一無貽害，想陝省供放本城兵糧，應可征放折色。況西安一帶，陝西沃壤，出糧之所，更不慮無可購買。如蒙俞允，相應請旨飭下陝西巡撫邊寶泉悉心覈議，將鹹寧等二十三廳、州、縣應完道倉糧，全行改征折色。應需兵米，即與滿營妥議定規，改為折色，酌中定價，隨時開放。並將徵收耗羨明定章程，作為各署公費。至墾荒厘金、差徭諸政，均須認真整頓，不得稍存粉飾，以副朝廷實事求是至意。以上四條，相應請旨飭下陝西巡撫迅速集議，務于本年封印以前，趕緊奏報，勿得視為具文。所有議奏緣由，理合恭折具陳，伏乞皇太后、皇上聖鑒。謹奏。

光緒十年八月二十三日奉旨："依議。欽此。"

議覆陝甘總督請撥赴直防軍月餉摺

[**題解**] 本稿作時當在光緒十年八月中旬。陝甘總督譚鐘麟奏報遵調馬、步防軍赴直啟行日期，並將其月需餉銀數目同時奏報，戶部認為，畿輔防務緊要，赴直防軍月餉以就近協解為捷，並在此奏稿中就餉項來源諸事宜作出了詳細安排。

奏為甘肅省遵調赴直防軍月餉請旨飭撥，恭摺仰祈聖鑒事。

本年八月十五日，准軍機處鈔交陝甘總督譚鐘麟奏《報遵調馬步防軍赴直啟行日期》一折，八月十四日奉旨："知道了。欽此。"又該督附奏《月餉銀數》一片，同日奉旨："戶部知道。欽此。"欽遵各交出到部。

查原折內稱，現派提督雷正綰總統馬、步十一營共五千人均歸節制，雷正綰親率步隊七營、馬隊兩營，自固原趨陝西、山西；赴直總兵馮南斌率步隊兩營，自寧夏走草地入張家口，已定於八月十二日拔隊啟行，九月中可至直境，聽候李鴻章知照分紮。自八月十二日起，照行糧給餉，臣已籌發四個月薪糧，共銀十三萬二千兩，交雷正綰匯領分給。以後月餉，或由江浙或另指他省于協甘餉內分撥。請飭部妥籌，責成各省先期解部，由雷正綰按月赴部請領。甘肅距京較遠，勢不能由甘轉解至各營，帳棚、洋槍子藥均已配帶齊全，目前盡可敷用。如日久需多，請飭直隸督臣李鴻章就近指撥應用，事後由甘歸款等語。

據原片內稱，所需行糧已籌足四個月，共銀十三萬二千兩，交雷正綰具領。查步隊行糧章程，大建月支湘平銀二千九百三十六兩一錢，小建月支銀二千八百四十五兩。馬隊大建月支湘平銀三千一百七十六兩七錢，小建月支三千八十兩二錢八分，加以每月統領公費四百兩，及沿途運解軍裝、軍火之費，則所帶之數或尚不敷，應由雷正綰報明甘肅糧台補給。以後月餉由部請領，應否仍照每營一月發庫平銀三千兩，令雷正綰伸合湘平具報，應由部酌議飭遵等因。

臣等伏查，畿輔防務緊要，前據都統善慶奏調甘省五營，複據陝甘總督譚鐘麟奏請擬抽撥馬、步五千人以資調遣。嗣據該督臣譚鐘麟具奏遵□調營，欽奉上諭："譚鐘麟奏遵擬調營一折，甘肅所調之營，著譚鐘麟於善慶指調五營外，另撥二千五百人以符原奏五千人之數。其另撥之軍，應派何員統帶，及由何處行走，均由該督酌度辦理。所需行糧，並著籌足四個月應用。將來到防後，該軍月餉如何給領，著戶部議奏等因。欽此。"當經臣部議覆籌撥軍需，以就近協解為捷。

據譚鐘麟原奏所稱，馮南斌所統五營到京後，月餉由浙江等省批解，實為便捷，應如所奏辦理，由浙江運庫，于協雷正綰軍餉內每月撥銀五千兩。浙江厘金項下於協西征餉內，每月撥銀五千兩。江蘇省於協西征餉內，每月撥銀五千兩，共計一萬五千兩。此馮南斌所統五營月餉，應由各省趕緊批解。其另撥之二千五百人，自當仍由西征餉內就近指撥。惟餉數有定，馬、步軍餉迥殊，應俟譚鐘麟撥定馬、步勇數，酌定餉需，再行奏明劃撥。

甘省現已奏明，籌給四個月行糧，究竟何月起支何月截止？應由譚鐘麟查明報部。甘省光緒十一年軍餉，現擬改圖匯撥的款，所有調防之五千人明年坐糧，應仍由協甘餉內劃撥，加增行糧，應另籌發給，並令該督將餉項應由何人承領、支撥一切事宜，應如何區畫，均詳細妥速奏諮辦理。於八月十二日具奏，本月奉旨："依議。欽此。"欽遵諮行，遵照在案。計該督應尚未接奉部議，今據奏報防軍啟行日期及月餉支數前來，查其所稱，雷正綰總統馬、步十一營共五千人，自八月十二日撥隊啟行，照行糧已籌給四個月薪糧，共銀十三萬二千兩，交雷正綰具領，並稱統領公費及沿途軍裝、軍火籌項所帶之數，或尚不敷，應由甘肅糧台補給。是該督區畫詳明，本年十二月十二日以前應需餉項，均已有著，自應照所議辦理。其本年十二月十三日以後月餉，亦應准照所請，每營一月撥給庫平銀三千兩，伸合湘平支放。

　　通查所有甘省遵調赴直之馬、步十一營共五千人，每月共應需餉銀三萬三千兩。除臣部前已撥定浙江運庫銀五千兩，浙江省銀五千兩，江蘇省銀五千兩，共計一萬五千兩，下尚短銀一萬八千兩，仍應再由各省應解西征協餉內，就近酌撥。山西省銀八千兩，河南省銀六千兩，山東省銀四千兩，共計一萬八千兩，連前一萬五千兩，以符三萬三千兩餉數，俾資應用。相應請旨飭下兩江督臣，浙江、江蘇、山西、河南、山東各撫臣，一體轉飭藩運各司等，迅即遵照臣部指撥各餉數，均于應解甘省西征各協餉數內，按月以庫平劃分批解撥督雷正綰行營匯收分放，不許稍有延欠，至誤戎機。並應令各省于每月解餉之時，即將動用何款、何人領解，分起報部。該提督雷正綰亦應於收餉之日，即將收到何省、何批、何人領解餉數，按月報明臣部備查。其軍火、子藥等項，並請飭下直隸督臣李鴻章查照譚鐘麟所奏，如該軍日久所需或多，應隨時由直隸就近撥用，以資接濟，陸續再由甘省按款歸還。其撥用各項數目，仍應隨時報明臣部，以備稽考。

　　惟查此項防軍五千人內，原有都統善慶所調步隊五營，現據譚鐘麟奏稱，所有馬、步十一營，均歸雷正綰於啟行時總統節制，九月中可到直境，聽候李鴻章知照分紮等。因是，將來此軍到防後，應否仍有分撥善慶營數，應由臣部諮明神機營敷覆，以便將來臣部于一切支發餉項俾有責成。至臣部前奏所稱加增行糧、另籌發給一節，現在甘省兵制餉章，臣部會同兵部正在籌議，此次所撥防軍餉項，均仍在甘省原籌協餉內分數劃撥，應俟甘省餉章議定後，再行分別辦理。其此項防軍一切支發細數，仍應由甘肅督臣譚鐘麟、提臣雷正綰等於每營每月三千兩數內，會商妥定，仍遵前次臣部奏案，詳細報部備查。所有臣部籌拔甘省調直防軍月餉緣由，理合恭折具陳，伏乞皇太后、皇上聖鑒。謹奏。

光緒十年九月初一日奉旨："依議。欽此。"

議駁烏魯木齊都統請撥巴里坤滿營的餉摺

[題解] 本稿作時當在光緒十年八月中下旬。烏魯木齊都統升泰奏，續籌巴里坤滿營的餉，懇恩飭部援案照撥，並請將各省欠項如數催令清解，以資接濟。戶部稱，巴里坤俸餉等款向由甘肅藩庫支領，該都統聲稱官兵俸餉無著、乏費糊口等，屬實在情形，待兵制餉數奏定，即由甘肅藩庫匯總估撥，至於各省欠解款問題，亦已作出補解安排。

奏為遵旨議奏事。

署烏魯木齊都統升泰奏《續籌巴里坤滿營的餉懇恩飭部援案照撥並請將各省欠項如數催令清解以資接濟》一摺，光緒十年八月十一日軍機大臣奉旨："戶部議奏。欽此。"欽遵十二日由內閣鈔出到部。

據原奏內稱，巴里坤滿營官兵所需俸銀口糧，向由甘肅藩庫請撥，自鹹豐四年後，因庫款支絀，回匪叛亂，糧餉久缺，兵苦異常，嗣於光緒五年二月經部議准撥銀一十萬兩，光緒七年五月，又經前都統恭鏜援案奏請續撥，複奉議准，撥銀一十萬兩，前後共銀二十萬兩。現准護巴里坤領隊大臣金貴諮呈內開，前項奉撥銀兩隨到隨散，五年所撥項內，除山東五萬兩、山西二萬兩均已領請不計外，河南原撥三萬兩，下欠一萬兩，七年奉撥項內，除河南三萬兩全數解清外，山西原撥三萬兩，下欠一萬五兩，山東原撥四萬兩，下欠五千兩。統計前後共收到銀十七萬兩，尚共欠銀三萬兩。即或全領，

亦僅能今年敷衍，若不續請籌撥，明歲即無餉可領。可否由甘肅藩庫撥解，抑或照案撥銀二十四萬兩以作三年之需等情前來。奴才查巴里坤地瘠民貧，前項撥餉未領到者，祇敷本年散放，來年無餉供支，惟有懇恩飭部續撥的餉銀一十萬兩，並懇飭下河南、山西、山東等省將前項欠餉清解，以諸挹注等語。

臣等伏查，巴里坤俸餉等款，向由甘肅藩庫支領，自軍興以來，烏魯木齊及巴里坤等城請領俸餉一概停支。光緒五、七等年，在於積欠新疆月餉項下，兩次共酌撥銀二十萬兩，均經臣部奏准在案。茲據該都統聲稱官兵俸餉無著、乏費糊口各節自系實在情形。惟查各省辦防、辦賑，軍務吃緊，無論山東一省海防、河工勢難兼顧，即山西、河南兩省，亦各有奉撥邊防緊要之款，若仍照前案續撥，恐亦有名無實。所有巴里坤滿營俸餉，現在臣部會同吏、兵二部改定甘肅、新疆兵制餉數，尚未據兵部會回，一俟此案會回由臣部奏定後，再由甘肅藩庫匯總估撥，以復舊制。所請續撥的餉一十萬兩，應毋庸議。至欠解之款，除山東欠解之五千兩，現值辦防，該省能否統籌兼顧，應行令該撫臣自行酌籌，其河南欠解一萬兩，山西欠解一萬五千兩，均應如數趕緊補解，以應急需。相應請旨飭下河南巡撫鹿傳霖，署山西巡撫奎斌，迅將欠解巴里坤餉銀，限十月內補解清楚，勿少延欠，是為至要。所有遵議緣由，理合恭折具陳，伏乞皇太后、皇上聖鑒。謹奏。

光緒十年九月初五日奉旨："依議。欽此。"

議覆伊犁將軍請撥蒙古王公俸銀片

[**題解**] 本稿當作於光緒十年八月底。伊犁將軍金順奏新疆、蒙古王公俸銀無款給發，請撥的款以便在外支領。戶部提出，待其撥定善後經費後，該款項即由伊犁將軍在此項經費內照章給領，毋庸另撥。

再，伊犁將軍金順奏《新疆蒙古王公俸銀無款給發請撥的款以便在外支領》一折，光緒十年八月二十三日軍機大臣奉旨："著戶部諮令陝甘總督照例辦理。欽此。"欽遵於八月二十四日鈔出到部。

據原奏內稱，查伊犁所轄舊土爾扈特和碩特王公台吉等每年應支俸銀，經戶部奏准規復舊制，自光緒十一年為始按年在外支領。惟查該蒙古王公台吉等，每年應支俸銀九千兩，伊犁現無經費，無從支發，應由陝甘總督照例按年預期撥解伊犁，以便給發等語。

臣部伏查，伊犁蒙古王公等每年共應領俸銀九千兩，向由伊犁將軍在於解到新疆經費項下，照數支撥，嗣因同治年間新疆失陷，暫改由部庫請領。本年經臣部奏准規復舊制，該王公等俸銀在外由伊犁將軍發給。茲據該將軍奏稱，伊犁現無經費，無從支發等語，臣部查督辦新疆大臣劉錦棠統籌官制、兵餉、屯田情形折內，請撥金順、錫綸善後經費銀十六萬兩，臣部現擬照數撥給所有伊犁土爾扈特等王公俸銀，應即在前項善後經費內動支，照章由伊犁將軍給領，毋庸另撥。如蒙俞允，應由臣部諮行伊犁將軍、陝甘總督遵照辦理。俟臣部撥定善後經費後，由陝甘總督轉解伊犁支放，並將該王公等借支俸銀，照例按年劃扣，報部查覈。是否有當，伏乞聖鑒。

謹奏。

　　光緒十年九月十七日奉旨："依議。欽此。"

議覆陝甘總督請撥赴直防
軍餉並關內餉數片

[題解] 本稿當作於光緒十年九月中旬。陝甘總督譚鍾麟奏籌撥赴直防軍餉項，戶部議覆：甘省調直各營月餉已按數劃撥，至關內現存各營明年兵餉問題，已行催吏、兵二部趕辦會奏，俟奏定後由戶部指撥。

再，陝甘總督譚鍾麟奏《籌撥赴直防軍餉項》一折，光緒十年九月十四日軍機大臣奉旨："戶部議奏。欽此。"欽遵由軍機處鈔交到部。

據原奏內稱，查由甘到直步隊九營、馬隊兩營，臣籌給四個月行糧，共發銀十三萬二千兩，自八月十二開撥之日起支，至本年臘月十二日止，足敷四個月之用。臣前請撥浙江運庫每月五千兩，浙江厘金局五千兩，江蘇協甘餉內五千兩，系指都統善慶所調五營而言。茲合馬、步十一營覈計，每月需銀三萬三千兩，自應另行籌撥。查閩海關原有協雷正縮專餉每月二萬兩，以此款改解戶部，隨時由雷正縮赴部請領，則合江、浙所解每月三萬五千兩，自本年臘月十三日起支，至十一年十二月底止，應可敷衍。甘省除此次調出馬、步隊，並裁撤步隊兩旗外，實存步隊二十一旗、馬隊十旗。照坐糧章程，此時關內防營每年需勇餉五十一萬二千兩，武職廉俸兵餉，每歲需銀四十六萬餘兩。赴直防軍在甘支發坐糧，每年約需銀二十五萬餘兩。臣前統籌關內外餉數折內，請撥關內十一年新餉一百二十萬，本係確數。茲除調赴直勇餉外，應請撥銀九十五萬兩，以備關內十一年之用等語。

臣部伏查，甘省調直五營月餉，前經臣部奏准，由各省應解西征餉內指撥。浙江運庫銀五千兩，浙江省銀五千兩，江蘇省銀五千兩，共銀一萬五千兩。嗣據該督奏稱，調直馬、步五千人，合前調五營，共馬、步十一營。經臣部覈計，每月共需銀三萬三千兩，複於各省應協西征餉內指撥。山西省銀八千兩，河南省銀六千兩，山東省銀四千兩，共計每月一萬八千兩，合前指撥之一萬五千兩，共銀三萬三千兩，經臣部奏准，行知遵照在案。是甘省調直各營月餉，已經臣部按數劃撥，現在該督奏請指撥閩海關原協雷正縮專餉之處，自係尚未接到臣部諮文，應毋庸議。

至關內現存各營，茲據該督奏稱，除調赴直勇餉外，請撥明年關內兵餉銀九十五萬兩。查該督《統籌關內外餉數》一折，臣部已行催吏、兵二部趕辦會奏，俟奏定後，再由臣部指撥。甘省調直各營餉章，亦應俟會奏後再行分別辦理。所有遵旨議奏緣由，理合附片具陳，伏乞聖鑒。謹奏。

光緒十年九月二十五日奉旨："依議。欽此。"

卷　五

會議督辦大臣奏請統籌新疆
兵餉官制屯田摺

[題解]　本稿硃批時間字跡模糊難辨，但據劉錦棠原奏鈔出到部時間及此折系戶部主稿，會同吏、兵二部辦理的情況推算，其作時當在光緒十年六七月份。因戶部於光緒十年一月底前後奏西路軍餉浩繁、急須統籌全域諸事，硃批著督辦新疆軍務大臣劉錦棠等定議後速行具奏，劉錦棠即按戶部原奏並結合新疆實際情形，奏報了擬留兵勇以定餉數、酌改營制以歸實用、酌定官制以一事權，及屯田歸兵徐議抵餉等四個問題。在戶部會同吏、兵二部議覆的這份奏稿中，也主要就劉錦棠奏章中提到的問題逐一作了回應，並就匯撥新餉應預為籌議，停止積欠亦應預行陳明等問題作了說明，新疆統籌兵餉、官制、屯田諸事宜，就此得以確定。

奏為遵旨議奏事。

督辦新疆軍務大臣劉錦棠奏，統籌新疆兵餉、官制、屯田情形，並陳欠餉不可折發，全疆宜聯一氣以規久遠一摺，光緒十年五月十七日軍機大臣奉旨："該部議奏。欽此。"欽遵鈔出到部。

據原奏內稱，承准軍機大臣字寄，光緒十年二月十七日奉上諭："戶部奏西路軍餉浩繁，急須統籌全域，並詳籌未盡事宜各折片：近年部庫及各省庫倍形支絀，而供億浩繁，以西路餉需為尤鉅，似此年復一年，殊非持久之道。部臣通盤計算，請飭統籌系屬顧念時艱、力圖久遠起見，著劉錦棠、金順、張曜、譚鐘麟，按照該部所奏各節，悉心區畫，切實籌商，將款項之應用、應抵，兵勇之應留、應汰，務就左宗棠原議三百數十萬之餉，量入為出，撙節開支，以期經久而昭覈實。定議後，速行具奏。原折片，均著鈔給閱看等因。欽此。"伏查全疆征軍之留戍者，除臣部諸軍外，明春、恭鏜所統各營近雖已散，而北有金順、錫綸之軍，南有張曜之軍，若伊犂、塔爾巴哈台、烏魯木齊、古城、巴里坤所存之旗兵，亦已漸次收集，餉章歧出，頭緒紛紜，以雲省費，誠有可省。左宗棠屢疏請設行省，實見時會所趨，舍此不足言治。勇糧，則積久愈深；協餉，則報解日短。部臣以定額餉、定兵額、一事權三者為當務之亟，誠極今日新疆之要圖。所貴先具規模，力求撙節於大局，則骨節靈通；於協濟，則力堪供億。謹按部臣原奏，就臣管見所及，綜舉四端：

一　擬留兵勇以定餉數也。查承平時新疆旗、綠各營數逾四萬，協餉系與甘肅並估，亂後情形迥殊於昔。安集延各部為俄所並，哈薩克、布魯特，大半歸俄，於是南、北兩路邊界，多與毗連，所在防範宜周，不僅伊犂一隅扼要也。從前額兵、職官，北路獨多，今則兩路並重。南路形勝，以喀什噶爾為最，阿克蘇、烏什次之。現擬規複兵額，全疆旗、綠定三萬一千人為准，應如部臣所議，將舊有之烏魯木齊、巴里坤、古城、庫爾喀喇、烏蘇、吐魯番各處旗丁歸併伊犂，即以伊犂將軍與塔爾巴哈台參贊為駐防旗制，合馬、步勇營共足萬人，餘以六千三百人歸喀什噶爾道屬，以四千五百人歸阿克蘇道屬，以六千四百人歸鎮迪道屬，其巴里坤鎮則定三千八百人。

新疆地廣人稀，精壯之丁遠來邊外，募之為兵，必須優給餉銀，方敷食用。勇營無款悉裁，勢宜仍照行糧支給。約計三年之內，當可設法將舊勇裁併，旗兵困亦少舒，再按坐糧起支。以馬、步三萬一千人並算，馬三步七，每年照行糧需銀二百九十一萬餘兩，照坐糧每年需銀二百十萬餘兩。茲除金順、錫綸兩軍外，臣與張曜所部共計二萬七千五百餘員名。適譚鐘麟息借陝西商款之三十萬兩，分解哈密十八萬，臣即勉為挪湊已將董字、定遠蜀軍改營為旗，裁併二千。張曜之嵩武軍自光緒元年出關，時閱十年，不無疲廢，擬商抽裁千數百人。伏讀諭旨："務就左宗棠原議三百數十萬之餉，量入為出。"揆時度勢，目前斷不能敷，無論如何兵勇共留三萬一千人，萬難再減。除已改之坐糧標勇、土勇外，餘存之營尚須照支行餉，則臣部應分餉銀百五十萬，加善後經費銀十四萬，添制軍裝器械銀十六萬；金順、錫綸共分餉銀九十四萬，加善後經費銀十六萬，添制軍裝、器械銀十萬；張曜共分兵餉、制辦銀四十萬，已需三百四十萬。頃接譚鐘麟緘商，關內須分餉銀百二十萬。是合甘肅、新疆現尚須的餉四百六十萬，較之向額四百一十五萬，僅多費銀四十餘萬，若舊勇裁畢，統改坐糧，新疆每年可省兵餉八十餘萬，其善後之三十萬兩，於三年後均可停止。則每年合關內外，止須協銀三百數十萬，適符左宗棠前奏所定之數，此通籌額兵以定餉數之大略也。

一　酌改營制以歸實用也。查向來駐防旗營，例分前鋒、領催、馬甲、步甲及養育兵，月餉、季糧各有等第。綠營分馬、步、守三項，今于伊、塔兩處共擬分兵萬人，必照旗例，則概須以次安設，成規稍繁，邊防關緊，征剿極不可忽。臣愚妄，擬伊犂分七千人，塔爾巴哈台分三千人，伊犂即就現存之錫伯、索倫、察哈爾、兀魯特，及現擬移烏魯木齊各城之旗丁內，挑選三千人以作旗兵，再于金順所部勇營挑留四千人，作為馬、步遊擊之兵，應如何歸舊設之伊犂總兵等官統馭，即由將軍轄制酌定。伊犂各城旗丁素多，此後生齒繁衍，似應酌添旗兵之額，既便安插，且即資其捍衛，並由將軍詳察籌擬。塔城挑留旗兵一千人，再於錫綸所部勇營挑留二千人，作為馬步、遊擊之兵。該處亦有綠營官弁，應由參贊酌奪，便於隨時調派，兵力實已不單，戰守自當確有把握。惟該兩軍並張曜之嵩武軍，均議裁汰舊勇，必須鉅款解到乃能分遣。應請飭下原協各該軍之省關，迅籌大批起解，以便各得趕定汰留，藉免賠累日後。

其三道所屬總二萬一千人，馬、步分編，擇駐險要。馬為馬營，步為步營，不相摻雜，有事出征，一兵可得一兵之用。左宗棠、楊昌濬等前議減兵加餉聲明，酌提馬、步數成，擇地團紮操練，技藝必須精強，槍炮務期有准，系為猝有戰事起見。關外防守較前尤須嚴密，正在複兵伊始，除酌撥各處，分汛足敷彈壓匪類、查緝盜賊外，餘兵隨所隸之將軍、參贊、巡撫、提鎮駐紮，常川練習，俾成勁旅。嚴除應差、掛名、離伍之陋習，即偶有蠢動，直減以朝食，不必悉藉客勇，始足以殄寇氛。餉則由勇改兵，舊本行糧，今議俟後複兵，改支坐糧。業經節省，因其既已著籍，不須往返川資，且室人聚處，糧餉所入，無顆粒分毫之浪擲。苟善用其經營之術，尚勉足以支撐。倘更減於坐糧，則將無以存活，何能養其鋒，緩急足恃？是則司農給餉，當持之以堅，不可久而覈減；邊將練兵，當馭之有道，不可從而冒侵，庶幾防剿兼資斥堠無驚，允堪靖鄰固圉。旗綠各兵，常駐其地，從此不須換防，兼衛身家，其志益固。此酌改兵制，以備征守之大略也。

一　酌定官制以一事權也。查關外向止鎮迪一道，近則南路添設兩道，並劃哈密通判以隸新疆，計廳、州、縣二十餘屬，回疆始有治民之官。旗丁概歸伊、塔駐防，前此之都統、參贊、辦事、協辦、領隊各官，若仍沿例簡放，則直無事可辦、無隊可領，坐使有用之材，置諸閒散之地。諸臣世受國恩，豈肯徒糜祿糈？且各州縣撫此孑遺，疲瘵不堪，每遇大僚過境，雖無不格外體恤，然如車馬所需，本系例所應供，況長途戈壁，使臣遄征，艱辛已極，有司守土，往往不待傳索，誼應稍盡東道之情。塞外百物騰昂，一差經過，恒致負累，茲欲從新整理。臣愚，擬請除留伊犂將軍、塔爾巴哈台參贊兩處旗營外，其餘兩路之都統、參贊、辦事、協辦、領隊各缺，概予裁撤。移烏魯木齊提督于喀什噶爾，移喀什噶爾舊有之換防總兵于阿克蘇，其所屬各營旗分防城隘，應更詳勘明確，再行定議。烏魯木齊地可兼扼南北，既裁都統，則臣原議請設甘肅、新疆巡撫藩司，未可再緩。鎮迪道屬之兵即作撫標，每歲協餉仍歸陝甘總督統估，按數分起撥解。關外各部，不許各自派員坐催守提，免耗薪水旅費，且免不肖委員挪餉帶貨，多索車馬，而攤銷抵餉之累亦將不禁自除。又，配造子藥所需物料，雖不必盡由內地置辦，而價昂工貴，甚不合算，應歸總督督飭甘肅、新疆總糧台分別購製，撥解各處應用，共需若干年，終由應分協餉內劃抵歸款。本地歲入之項，除伊、塔兩城不計外，三道所屬歲征銀六萬八千餘兩，額糧二十四萬餘石，撥發各營，扣收價銀。目前，但勉敷各文員廉俸、書役工食，及各軍台塘汛、驛站、卡倫兵丁、夫馬工料之需，日後墾荒益廣，額糧必增，入款可望起色。營旗各員，參用勇營之章，便於訓練。如副將作營官，即以中軍都司為總哨，千把、經制、外委為正、副哨長；參將、遊擊作營旗官，即以中軍守備為總哨，千把、經制、外委為正、副哨長；都司、守備作營旗官，即以中軍、千總為總哨，把總、經制、外委為正、副哨長，兵署即同行營壁壘。營官、總哨、哨長，共居壘中，兵房隨哨蓋建，無故不准出外，逐日操演，俾其當存銳氣，以免日久疏懈，漸就頹唐。否則，各居衙署，散漫無歸，驟難查察其應。如何安置眷屬，容再詳擬。

從此，官署兼仿行壘之式，則隊伍自然整齊；馬、步分起編列成營，則聲息自然聯絡。治兵之官不似往者之冗，牧令勤求民瘼，誠意感孚，使之渥沾聖化，去其阿奇木伯克之權，薄賦輕徭，相與維繫，數年之間，語言文字或可漸軌於大同，部臣所謂同是血氣之倫，綏之斯來，理有固然。此籌議官制、以一事權之大略也。

一　屯田歸兵徐議抵餉也。前准戶部諮抄折稿以餉款艱難，新疆南北兩路急需大興屯政，以裕邊儲。欽奉諭旨，飭臣等酌議辦理。方與諸臣熟商，此次戶部又以屯田抵餉為言。查屯田之說，自漢以後言兵農者，莫不引為足食節餉之大經，其制不一。唐之營田，明之衛田，所在有屯，後率有名無實。新疆旗屯、兵屯、商屯、回屯，酌收租糧，其效惟伊犁為最大，次則塔爾巴哈台亦設屯營，南路各城較少。現擬複兵，臣愚，請於裁勇後，除伊、塔兩處由金順等妥籌外，餘就各兵駐防之所，如有荒地可撥為之，酌數分給，即同己業。兵雖不皆土著，既經入伍，自各願有室家，令其操防之暇，從事隴畝，人情各營其私，致力自倍尋常。甲年無息，取償乙歲扣抵，複從其輕，必且樂此不疲。公家既得略抵餉項，口儲亦得藉以充盈，有恃不恐，其利可以。操券苟務期效，旦夕考成所迫，始長慮而卻顧，卒至無功，此興屯抵餉，難求速效之大略也。

抑臣有請者，部臣鑒於邇來勇籍之多虛冒，務求覈實歸併，有云補發半年欠餉，餘欠悉令報效，值此度支萬窘幾於籌無可籌，意謂似此清厘，雖較積欠大減，究於實數無虧。然如臣部各軍，則共情事大相徑庭，勇數並無浮報，入營悉屬的期，彰彰在人耳目，盡堪稽考。伏懇天恩矜念久征之勇，俟其裁撤，仍照原欠之數算找，則所全實大矣。全疆既籌經久之策，要在通力合作，將來統留兵勇三萬一千人，三道所屬縱橫約二萬裡，共擬分兵二萬一千，更難兼防外境。伊、塔分駐萬人，轄境比之昔年已形狹小，防戰亦應預籌。其與俄人交涉，守約立威，軍壘務須整飭，城防務須佈置，必兵數無缺，餉數無侵，斯鎮守非虛，士氣常振，紀律嚴明，則商賈不至裹足，戶民得以安居，強鄰亦當震懾。前者伊犁收還，臣即縷晰函商金順速為籌辦，泊未接其覆書。金順老成碩望，戰績卓然，一經振刷精神，加之整頓，自足為西域之長城。統計新疆近費已不下數千萬，俄壤緊接，嗣後但可進尺不能退寸，盡在邊臣激發天良，廉以持躬，恩以孚眾，更精求武備，聯為一氣，勿存旗綠之見，尚可互借聲援。積弊既除，鎧仗一新，軍容苟有可觀，成效乃有可睹。

如荷鴻慈垂誠，臣雖駑鈍，惟罄人十已千之力，稍酬高天厚地之施，金順等渥承眷畀，必常迅圖振奮，力保嚴疆久遠之規，實基於此矣。除關內兵餉一切，另由督臣譚鐘麟通籌具奏外，臣與金順、張曜等相距過遠，必待二函商，須延數月，重以西餉萬分拮据，去冬息借之銀定于四月歸楚，不特無款可還，而本年報解寥寥，即每月應發之鹽菜銀兩，亦苦無以點綴。萬窀所讬迫切，殆難言狀，惟有懇恩迅飭趕解，以濟然眉等語。

戶部查，甘肅、新疆平定有年，兵餉仍無限制。光緒九年無閏之年，各省應協各軍專餉，部墊伊犁軍餉並新疆月餉，甘肅、新疆常餉，共需一千四百五十萬兩。光緒十年有閏之年，共需一千五百二十七萬兩。以實解數目而論，光緒八年，各省解過各軍餉銀並劃還洋款，伊犂常年部墊及部庫另撥各款，實有九百餘萬兩。光緒九年解過各款，尚近八百萬兩。一耗於冗兵，再耗於冗員，三耗於冗費，窮年累月，限制毫無，度支幾何，豈能堪此？臣部是以有定額餉之奏。

國家經費有常，軍務大定，自當裁汰兵勇以節經費。除劉錦棠、譚鐘麟所部湘、楚各軍已陸續裁併外，其餘各處於事定之後，尚添募數營或數十營不等。考軍籍，則千萬有餘；覆實數，則百十不足。歲糜帑金數百萬，猶以為餉不足、兵不多。無一年不向商借、不請部儲、不欠勇餉，繪邊軍困迫之狀，幾難自存，致朝廷西顧之憂無時而釋。財匱於兵眾，力分於將多，地勢之廣狹不論，勇數之多寡無定，臣部是以有定兵額之奏。

新疆昔屬邊陲，今設郡縣，當時若不准改設郡縣，自應照舊設都統、參贊、辦事、協辦、領隊各官，既已改設郡縣，又不裁都統、參贊、辦事、協辦、領隊各官，冗費重重，臣部實無從籌措。至於大員太多，無異十羊九牧，州縣困於供應，黎庶苦於謀求，累官累民，其弊歸於累國。且勢均力敵，不相統屬，辦一事則互相觀望，議一事則各執是非。兼各官其官，各勇其勇；募兵各請專餉，報銷各立章程；餉則各自迎提，局則各自添設；眾心不相聯屬，百事皆無範圍。竭天下萬姓之脂膏，不足供西路各軍之揮霍，政出多門之弊，言不勝言，臣部是以有一事權之奏。

今據劉錦棠逐款議覆，臣部謹會同吏、兵二部，悉心切實籌議。查該大臣原奏內稱，規複兵額，全疆旗綠定以三萬一千人為准，應如部臣所議，將舊有之烏魯木齊、巴里坤、古城、庫爾喀喇、烏蘇、吐魯蕃各處旗丁，歸併伊犂。即以伊犂將軍與塔爾巴哈台參贊為駐防旗制，合馬、步勇營，共足萬人，餘以六千三百人歸喀什噶爾道屬，以四千五百人歸阿克蘇道屬，以六千四百人歸鎮迪道屬。其巴里坤鎮，則定三千八百人等語。

兵部查，全疆底定，亟應規複兵制以圖久遠而固邊防。今該大臣奏請規複全疆旗綠兵制，酌定額數分駐各處，所擬甚為妥協，應如所奏辦理。至各處應設旗綠各兵及分駐處所，應令該大臣即行分晰，造具花名清冊送部，並按季造報，以備查覈。至原奏內稱，除金順、錫綸兩軍外，臣與張曜所部共計二萬七千五百餘員名，臣已將董字、定遠蜀軍改營為旗，裁併二千；張曜之嵩武軍，不無疲廢，擬商抽裁千數百人等語。兵部查，全疆既經規複兵額，所存勇營，除挑留充補兵額外，其餘應分別裁撤，以節糜費。今該大臣奏稱，改營為旗，抽裁勇數，自系為節省餉項起見，應如所奏辦理。仍令該大臣將董字、定遠蜀軍已經裁定各營，並現擬抽裁張曜之嵩武軍勇丁，統俟裁定後，應留若干名，分造花名清冊，先行送部備查。嗣後，即將各營兵數及管帶員名、駐防處所，按季造冊，諮送兵部以昭覈實。

又原奏內稱，勇營無款，悉裁勢宜仍照行糧支給，約計三年之內當可設法將舊勇裁併，再按坐糧起支。以馬、步三萬一千人並算，馬三步七，每年照行糧需銀二百九十一萬餘兩，照坐糧每年需銀二百十萬餘兩，並稱左宗棠原議三百數十萬之餉，目前斷不能敷，兵勇共留三萬一千人，萬難再減。除已改之坐糧標勇、土勇外，余營尚須照支行餉，則臣部應分餉銀百五十萬，加善後經費銀十四萬，添制軍裝、器械銀十六萬；金順、錫綸共分餉銀九十四萬，加善後經費十六萬，添制軍裝、器械銀十萬；張曜共分兵餉、制辦銀四十萬，已需三百四十萬。頃接譚鐘麟來函，關內須分餉銀百二十萬，是合甘肅、新疆現尚需的餉四百六十萬。較之向額四百一十五萬，僅多費銀四十餘萬。若舊勇裁畢，統改坐糧，每年可省兵餉八十餘萬，其善後之三十萬，於三年後均可停止。則每年合關內外，止須協銀三百數十萬，適符左宗棠前奏所定之數等語。

戶部查，道光年間甘肅、新疆常餉冬撥案內，每年撥銀四百十數萬、四百零數萬不等。除留抵外，由鄰省調撥實止三百數十萬兩。軍興以來，餉鉅費繁，久無定額。此次經劉錦棠切實經畫，逐漸求省，雖未能遽複三百數十萬之舊額，辦理已具規模。臣部悉心酌核，以新疆各軍兵數、餉數合計，金順、錫綸共以一萬人為額，每年共分兵餉及各項銀一百二十萬兩。劉錦棠、張曜共以二萬一千人為額，每年共分兵餉及各項銀二百二十萬兩。細為覈計，已較金順、錫綸少分銀三十餘萬兩，是該大臣辦事一秉大公已可概見。即以承平時，全疆兵數與現在所撥各軍駐紮地段比較，南北各減去五千餘人，亦屬平允。所有新疆各軍應分餉銀，應如劉錦棠所奏辦理，相應請旨飭下金順、錫綸、張曜，一體遵照。

至關內一切事宜，經譚鐘麟極意經營，力求撙節，非如關外各軍之龐雜，每年關內所需兵勇餉項，臣部尚可以數計。查關內現留步隊三十旗，馬隊十二旗，每年需銀七十三萬六千餘兩。現存兵二萬二千餘名，每年需俸餉銀四十七萬餘兩，加之寧夏涼壯滿營及西寧勇餉、青海王公俸銀，每年約需銀二十萬兩，共需銀一百四十萬兩。該大臣原奏所稱，譚鐘麟來函，關內需分餉銀百二十萬兩，計少銀二十萬兩，當系該大臣未將寧夏涼莊滿營及西寧勇餉、青海王公俸銀並算在內。臣部統籌出入，以均節為計，原不徒以縮節為能，以求實效為心，亦不敢以求速效為美。所有關內外軍餉，光緒十一、十二、十三，三年無論有閏無閏，臣部擬請概以四百八十萬兩為准指撥。所需光緒十一年分餉項，即于本年秋季照新定餉額另行奏明，匯撥的款，統名之曰甘肅新餉。從前指籌軍餉，所謂甘肅常餉，新疆月餉，西征軍餉，老湘營專餉，雷正縮餉，穆圖善餉，專協米價伊犁軍餉，景廉月餉，榮全月餉，烏魯木齊軍餉，塔爾巴哈台軍餉，果勇馬隊專餉，巴里坤專餉，寧夏滿營專餉，涼壯滿營餉，西寧開花承隊專餉，嵩武軍駝乾，青海王公俸各項，名目不一，或有名無實，或一軍異名，或已非其人而仍稱其人，或已去其地而仍名其地，款目紛列，名實多乖，應悉刪除，以歸畫一。此匯撥新餉，應預為籌議者也。

至從前奏提積欠流弊，殊多當年月餉，各省已無力籌辦，而各軍奏提積欠紛至沓來，積欠尚未解清，又請奏提積欠，一處如此，處處效尤。各省物力只有此數，斷難新舊兼籌。在各軍收到積欠，則含默不言，月餉偶有短解，則大聲呼籲。在各省關，既以羅掘一空為苦；在臣部，彌以庫儲支絀為尤。興念及此，成何景象？今關內外，歲餉既以四百八十萬兩為准，所有各省關，歷年積欠應悉行停止補解，免致剜肉補瘡，徒滋輾轉。此停止積欠，亦應預行陳明者也。

再從前，月餉有添撥、有改撥，年歲既久，最易混淆。臣部擬將光緒十一、十二、十三等年甘肅新餉，按年於秋季預行奏撥，免致輾轉、添改，混淆不清。從前撥餉幾遍天下各省，每因籌辦海防，奏請改撥，承撥省分率又請改，公牘往返，道裡綿長，餉多延誤。嗣後奏撥甘肅新餉，臣部擬先就近省，再就次近省，酌量其從前應協西征等款餉數，多撥地丁、監課，俾餉款有著，既可節省路費，又免稽延。歲時統令各省籌解庫平，不准另立名目，並令各省派員解赴甘肅，腳價即在耗羨項下支銷，不准在協餉內劃扣。如此等近省、次近省，遇有別項應協款太多者，並由臣部酌量改指他省，以俾其專顧西餉。西征前借洋款，應令各省徑行歸還，亦無庸在新餉內劃扣。此按年指撥的餉以清界限，免扣腳價洋款，以足餉額，更應預先計及者也。

該大臣奏稱，三年之內當可將舊勇裁併，再按坐糧起支，新疆每年可省兵餉八十餘萬，其善後之三十萬兩，於三年後均可停止等因，是關外三年後，共需餉銀二百十萬餘兩。陝督譚鐘麟實心任事，具有遠識，三年之內，關內必能逐漸改並，亦可節省銀四十餘萬兩。是合關內外三年後，共需餉銀三百數十萬兩，應由該大臣等設法預行減並，免致臨時藉口不敷，奏請展限，別生枝節。光緒十四年所需餉項，須於十三年秋季撥餉以前，由該大臣等早為奏明估撥，用規久遠。

又原奏內稱，酌改營制已歸實用，並稱旗綠各兵當駐其地，從此不需換防各等語。兵部查原奏內稱，現擬伊、塔兩處共擬分兵萬人，伊犁分七千，塔爾巴哈台分三千。伊犁即就現存之錫伯、索倫、察哈爾、額魯特，及現擬移烏魯木齊各城旗丁內，挑選三千人以作旗兵，再于金順所部勇營，挑留四千人作為馬步、遊擊之兵。塔城挑留旗兵一千人，再於錫綸所部勇營，挑留二千人，作為馬、步遊擊之兵。三道所屬，總二萬一千人。馬步分編，擇駐險要，並旗綠各兵常駐其地，從此不須換防。該大臣系為因地制宜，以期兵歸實用起見，均准如所奏辦理。仍令該大臣務將規複兵額，擇其年力精壯、技藝嫻熟者，挑補並督飭當川訓練，認真操防。總期一兵得一兵之用，餉不虛糜。至旗綠各兵常駐其地，每年操演應需火藥、鉛丸、火繩，及應行添制各項軍裝、器械，應令該大臣俟製造時，即行造具名目、件數，並估需工料銀兩，細冊專案送部覈辦，並將每年操演次數、出數，需用藥鉛、火繩各若干，先期諮部立案，以備查覈。

又原奏內稱，俟後複兵改支坐糧，業經節省，倘更減於坐糧，則將無以存活。是則司農給餉，當持之以堅，不可久而覈減；邊將練兵，當馭之有道，不可從而冒侵等語。戶部查光緒十三年以前軍餉，以四百八十萬為准，光緒十三年以後軍餉，永以三百數十萬為額，既經奏明定案，豈至輕議更張。該大臣謂臣部當持之以堅，不可久而覈減，臣部謂該大臣等當行之以果，不可改而議增。倘經此議定，又有陳請擬增定額者，臣部實屬無從籌辦，定行奏駁。即此三年內撥餉寬裕，善後經費亦在其中。該處工程及一切雜款，均當於此取給，自不應另立名色，希圖請款。至此後，旗丁生存繁衍，該將軍若奏請添旗兵之額，亦應就地取材，或就額餉籌辦。多添一旗兵，即多裁一客勇，總不得稍逾餉額。夫朝廷養兵以固邊疆，以捍強敵，關係匪輕，而經費有常，亦不能舉有限之度支，徒供冗兵之蠹耗。昔人有言，以農夫百，未能養甲士一，奈何朘民之膏，養此無用之物乎？該大臣等務當選練精銳，簡汰羸弱，勿事姑息，勿務虛文，若邊將從而侵冒，設有緩急，必誤事機，尤當嚴禁。應由該大臣等嚴密訪查，如將領潛不畏法，有侵冒兵餉情弊，即據實奏明，請旨將該員拿問正法，以昭炯戒。

又該大臣原奏內稱，酌定官制以一事權，擬請除留伊犁將軍、塔爾巴哈台參贊兩處旗營外，其餘兩路之都統、參贊、辦事、協辦、

領隊各缺，概予裁撤。移烏魯木齊提督于喀什噶爾，移喀什噶爾舊
有之換防總兵于阿克蘇等語。兵部查，前據督辦新疆軍務大臣劉錦
棠所奏，請裁各城都統、參贊、辦事、領隊各大臣，並伊犁滿營，
改照各省駐防營制。烏魯木齊提督移駐喀什噶爾城，當經吏部會同
臣部議覆。所請裁撤各大臣及移駐各節，均應俟南路八城建置事宜
辦有成效，奉旨准設巡撫，再由該大臣會同陝甘總督，酌量情形，
奏明請旨辦理等因。光緒八年十一月十五日具奏奉旨："依議。欽
此。" 欽遵在案。

今據該大臣奏請，除留伊犁將軍、塔爾巴哈台參贊兩處旗營外，
其餘兩路之都統、參贊、辦事、協辦、領隊各缺，概予裁撤等因。
臣部查，該大臣所奏添設甘肅、新疆巡撫、布政使各一員，既經吏
部議准其所請，裁撤兩路之都統、參贊、辦事、協辦、領隊各缺，
自應准如所奏，概予裁撤。其應裁烏什辦事大臣、幫辦大臣，英吉
沙爾領隊大臣，庫車辦事大臣，喀喇沙爾辦事大臣，烏魯木齊都統，
巴里坤領隊大臣，葉爾羌參贊大臣、協辦大臣，和闐幫辦大臣，喀
什噶爾辦事大臣各缺，均未簡放，應毋庸議。其應裁之阿克蘇辦事
大臣富珠哩，吐魯番領隊大臣榮慶，烏魯木齊領隊大臣薩淩阿，古
城領隊大臣魁福，哈密辦事大臣明春，哈密協辦大臣祥麟，庫爾喀
拉、烏蘇領隊大臣雙全，應否來京聽候簡用之處，恭候欽定。

再，該大臣奏稱，請留伊犁將軍、塔爾巴哈台參贊兩處，其伊
犁參贊大臣一缺，塔爾巴哈台領隊大臣二缺，或裁或留，未據聲敘，
由該大臣即行奏明。至烏魯木齊提督移劄喀什噶爾，並移喀什噶爾
換防總兵于阿克蘇，系為因地制宜起見，亦應如所請。其烏魯木齊
提標，原設副參遊、都守、千把、外委等官，是否全行移撥喀什噶
爾駐紮，仍歸督提管轄之處，應由該大臣奏明辦理。

又原奏內稱，臣原議請設甘肅、新疆巡撫、藩司，未可再緩等
語。吏部查，前據督辦新疆軍務大臣劉錦棠等奏稱，新疆局勢大定，
請添甘肅巡撫、布政使各一員，並于南路回疆各城添設道、廳、州、
縣，當經臣部會同各部議複，准於回疆八城等各處添設道、廳、州、

縣等官，以資治理。至所請添設巡撫、布政使各一員，應俟南路八城建置事宜辦有就緒，再行酌量情形，奏明請旨，目前暫從緩議。庶佈置其有次第，而物力亦可稍紓等因。光緒八年十一月十五日具奏，奉旨："依議。欽此。"欽遵行文知照各在案。

今據該大臣奏稱，原議請設甘肅、新疆巡撫、藩司，未可再緩等因，欽奉諭旨："交該部議奏。"臣等查，新疆各城建置事宜，現在辦有頭緒，既據奏請添設巡撫、藩司，未可再緩，系屬實在情形，相應奏明請旨，准其添設甘肅、新疆巡撫、布政使各一員，以資鎮撫，俟命下之日，臣部即行知照軍機處，請旨簡放。

又原奏內稱，鎮迪道之兵即作撫標，營旗各員參用勇營之章，便於訓練等語。兵部查，前據該大臣奏稱，擬設甘肅巡撫，則烏魯木齊自須設立撫標官兵，南北兩路均宜另設額兵，添置總兵、副參遊、都守、千總、把總等官，以為永遠防邊之計。臣部議令，俟南路八城建置事宜辦有成效，奉旨准設巡撫，再由該大臣會同陝甘總督，酌量情形奏明辦理等因。光緒八年十一月十五日具奏，奉旨："依議。欽此。"現據該大臣奏請，將鎮迪道屬之兵，即作撫標營旗，各員參用勇營之章，便於訓練。如副將作營官，即以中軍、都司為總哨，千把、經制、外委為正副哨長；參將、遊擊作營旗官，即以中軍、守備為總哨，千把、經制、外委為正副哨長；都司守備作營旗官，即以中軍、千總為總哨，把總、經制、外委為正副哨長。應如所奏辦理。其鎮迪道屬之兵，即作撫標，亦應如所奏辦理。惟撫標應設各項兵丁名數，仍令詳細聲覆，並造具花名清冊，諮部備查。

又原奏內稱，歲餉仍歸陝甘總督統估，按數分起撥解。關外各部，不許各自派員坐催守提，免耗薪水、旅費。配造子藥，應歸總督督飭，甘肅、新疆總糧台分別購制、撥解各處。應用共需若干，年終由應分協餉內畫抵歸款等語。戶部查，甘肅、新疆歲餉，向由陝甘總督統估，自應如該大臣所奏辦理，按數分起撥解關外，不准紛紛迎提。該大臣、將軍等，務於光緒十一年正月以前，迅速將各省提催委員全行裁撤，一切薪水、局費、路費，即行停止，以免糜費。再查，張曜嵩武一軍向由河南省供支餉項，現在既由陝甘統估分撥，自不必專由河南省供支嵩武軍，報銷即截至光緒十年底止，由河南省造報。光緒十一年分，即由張曜一面會同劉錦棠等造冊奏銷，一面將清冊諮送陝甘總督備案。至各軍配造子藥，由關內分別購製，撥解各處應用，年終由應分協餉內劃抵，事極簡易，應如該大臣所奏辦理。

又原奏內稱，本地歲入之項，除伊、塔兩城不計外，三道所屬，歲征銀六萬八千餘兩，額糧二十四萬余石，撥發各營扣收價銀，目前但勉敷各文員廉俸、書役工食，及各軍台塘汛、驛站、卡倫兵丁、夫馬工料之需，日後墾荒益廣，額糧必增，入款可望起色等語。戶部查，新疆賦稅所入，敬稽《欽定西域同文志》《欽定西域皇輿圖志》《欽定新疆識略》諸書，從前承平之時，錢糧、錦布、牲畜、銅鉛、金玉、煤鐵及木稅、房稅、雜稅，歲有徵收，班班可考，且以伊犁為最詳。現在新疆各軍，請餉則案牘猥煩，歲入則絲毫不報。除劉錦棠屬境歲入，臣部尚知大概外，伊犁、塔爾巴哈台等處，臣部概不得知。在疆吏，固不敢私其貨財；在臣部，自應綜其出入。本年臣部奏催新疆歷年出入款目，原為清厘積弊起見。相應請旨飭下該大臣、將軍等，趕緊造報，不准任意宕延。其歲入銀糧各項，究作何項用款，應令該大臣等奏定章程，不得擅行動支，以重款項。劉錦棠迭次奏稱扣收糧價，究竟系作何價扣繳？各文員廉俸、書役工食，及各軍台塘汛、驛站、卡倫兵丁、夫馬工料就地取資，究竟某項應用若干，通年共需若干，亦應預行立案，免致報銷時往返駁詰。全疆熟地若干、荒地若干，應令該大臣等逐一區分，報部查覈。劉錦棠從前奏稱，新疆歲入各色糧三十余萬石，此次何以僅稱二十四萬石，應令詳細查明聲覆。又原奏內稱，屯田歸兵、徐議抵餉等語。戶部查，新疆軍餉全仰給於內地，並非善策，臣部欲為該處圖自立之計，是以屢議屯田，況乾隆、嘉慶年間，新疆開辦屯田已著成效，並非迂談。恭查《皇朝通典》第四卷詳載，新疆南北各城屯田，無慮十餘萬頃，且乾隆二十九年欽奉上諭："官兵錢糧，毋拘內地成例，量給地畝，學習耕種等因。"該大臣等，務當不畏其難，督率將弁，令兵勇於駐營之所，揀擇地畝，操練之暇，盡力耕種，以習勤勞，一二年後收穫豐盈，何難抵餉？兵有餘利，官有餘財，殊為兩益之道，昔人所謂勤則不匱也。

又原奏內稱，欠餉不可折發，全疆宜聯一氣等語。臣部查，甘肅、新疆軍餉，各省關雖不能如數解清，然近年解到軍餉，為數頗巨，在事諸臣，若預防兵久財殫之慮，早為改圖，何至欠餉累累，以數百萬計？在今日，籌此四百八十萬之的款，已屬艱難，倘更補發數百萬之欠餉，何從籌畫？該大臣以所部勇數並無浮報，請俟其裁撤，仍照原欠之數算找。臣部固不敢以不肖之心度人，謂關外諸軍概系浮報。然人言嘖嘖，輒謂勇營半系空名，如金順、錫綸兩軍，並不遵照臣部光緒八年奏案，將兵勇數目按季報部，亦不將營制餉項、一切末支奏定章程，並不將光緒七、八、九等年用款，造冊據實報銷，該兩軍有無欠餉，臣部實無由知。現議汰留兵勇、各軍欠餉實數，臣部尚難覈計。應截至光緒十年止，令該大臣等將現存某營兵勇實數若干，歷年欠發某營、某年餉項實數若干，於光緒十一年正月間，一面奏明一面分晰造具清冊送部，再由臣部酌量奏明辦理。各軍兵勇數目，仍應按季冊報，營制、餉項及一切雜支，亦須奏定，畫一章程。未銷各款，務當上緊報銷，不得故意延擱。至光緒十一年分，各省解到新撥的餉，原為關內外四百八十萬兩之需，總須按月勻放。本年餉項，不準將新餉率行填補舊欠，又啟新虧。

新疆密邇強鄰，整頓邊防，自常聯為一氣。際此時事艱難之日，正諸臣竭誠報效之時，譬諸同舟颶風必須共扶顛危，乃克有濟，豈可如劉錦棠所言，稍存旗綠之見，置國事於不顧？倘各有意見，必致貽誤邊防。昔相如屈于廉頗，寇恂下於賈複，該大臣等當無不效法前人，互相輯睦，以收眾志成城之效。

又原奏內稱，金順、錫綸、張曜各軍均議裁汰舊勇，必須鉅款解到，以便各得趕定汰留，並稱西餉報解寥寥，懇恩迅飭趕解等語。戶部查，西路各軍本年餉銀，臣部業於閏五月奏催，由五百里行知

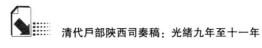

各在案。相應請旨飭下劉錦棠、金順、錫綸、張曜、譚鐘麟等就解到軍餉設法勻挪，速行趕定汰留。關外滿、蒙、漢兵勇經劉錦常奏明，共以三萬一千人為額，光緒十一年分關內外新餉又奏定四百八十萬兩之數，若不速定汰留，將來兵勇數目浮於三萬一千之數，勢必藉口不敷，多請撥餉。臣部則惟有查照鹹豐年間章程，令其減成發給，不能另外籌撥。該大臣等務須自行定計，庶免貽累日後。

所有遵旨議奏緣由，謹繕折具陳，伏乞皇太后、皇上聖鑒，訓示遵行。

再，此折系戶部主稿，會同吏、兵二部辦理，合併聲明。謹奏。光緒十年□□月。

會議伊犁將軍等奏請籌餉額並關內外兵餉片

[**題解**] 本稿光緒十年九月二十九日具奏，其作時當在光緒十年八月前後。伊犁將軍金順奏《詳籌餉額》一折，陝甘總督譚鐘麟奏《統籌關內外兵餉數目情形》一折，及金順奏烏魯木齊各城官兵、丁口歸併來伊無法安插一事，朝廷交戶部議奏。戶部會同吏、兵二部認為，甘肅、新疆兵餉應仍照四百八十萬兩指撥；請撥伊犁一處軍餉為數過鉅，戶部無力措撥，行糧、坐糧現時應仍照劉錦棠所議各節辦理以歸劃一，留抵餉數亦應續行定議。另外，伊犁宅全疆之上腴，至於烏魯木齊等處歸併伊犁旗丁，亦應妥為安插。

再，伊犁將軍金順奏《詳籌餉額》一折，准軍機處交，於光緒十年七月初七日奉旨："該部議奏。欽此。"又，陝甘總督譚鐘麟奏《統籌關內外兵餉數目情形》一折，於七月十八日奉旨："該部議奏，單併發。欽此。"欽遵鈔出到部。

戶部伏查，統籌西路全域之奏，始自臣部。今據該將軍等陸續覆奏，議論互有異同，在疆吏各有所見，不妨暢所欲言。在臣等，期於持平，要必衷諸一是。除劉錦棠所奏各節先於五月十七日奏到，由臣等另折會議具奏，張曜業經奏明，已諮商劉錦棠統籌辦理，應毋庸議外，所有金順、譚鐘麟各奏，臣部謹會同吏、兵二部，再為我皇太后、皇上陳之。

據譚鐘麟奏稱舊制礙難規複，莫若就現在防勇酌量裁併，一二年後，改勇為兵，分設提鎮各官，亦當照楚湘營制團紮操練，以提鎮為統領，以副參遊為營官，以都守為哨官。提鎮請旨簡放，哨官由外揀補，兵餉照土勇數目只分馬、步，烏魯木齊提標現有土勇七旗，再將巴里坤存兵一千零四十三名改為土勇，三旗不過增數十人，滿營照部議，將烏魯木齊、巴里坤兩城存兵歸併伊犁，作為駐防，可團聚訓練，以成勁旅。至各城大臣，似可暫緩簡放。關內防勇，現擬再裁步隊兩旗，尚留三十旗，將馬隊二營，改為兩旗，共留馬隊十二旗。關外除烏城土勇七旗不計外，湘軍應留一萬三千人，嵩武軍留四千人，伊犁、塔爾巴哈台共留八千人，合計兩萬五千人，分作步隊四十營、馬隊二十營。或分防處太多，即改為步隊六十旗、馬隊三十旗。至分紮之處，北路伊犁有滿兵二千，合所留八千，共計萬人。庫爾喀喇、烏蘇駐千人，精河千人，塔爾巴哈台二千人，均由伊犁大營分撥。自綏來以東，歸烏城兼轄南路，喀什爾為邊要重地應駐六千人，分兩千以紮和闐、葉爾羌，若應吉沙爾，距喀什、葉爾羌，均不甚遠，可兼顧也。阿克蘇為南路適中之地，應紮四千人，烏什路通納林，與布魯特接壤，可分千人駐之。若庫車、喀喇沙爾、吐魯番各駐一營，哈密當留五千人。所有南路防營及烏巴土勇，均歸大營兼顧等語。

又金順奏稱，烏魯木齊各城官兵、丁口，歸併來伊，實屬無法安插。伊犁為極邊扼要之區，若將駐防旗兵僅留三千定額，將來防勇撤後，所有操防屯務以及巡邊坐卡，實屬不敷分佈。現在統計兵額，伊犁駐防旗綠各營，應以一萬五千人為定額。南北各城，既已另籌辦法，則換防之制，自應停止。惠甯城滿營，即巴彥岱，現存人數尚少，應即歸入惠遠城旗檔以內，所有額設官兵二千二百一十員名，並巴彥岱領隊大臣一缺，均請裁撤。其惠遠城滿營、綠營，錫伯、索倫、察哈爾、額魯特等六營，現存人數尚多，所有額設官兵一萬五千有奇，仍應遵照舊制辦理。現在各營，原有官兵多寡不一，茲擬先行挑足五千人，內滿營官兵六百二十五員名，錫伯營官兵一千員名，索倫營官兵五百員名，察哈爾營官兵一千三百七十五員名，額魯特官兵一千員名，綠營官兵五百員名，以上五千員名分派各處，坐台守卡外，其餘分歸各領隊大臣，認真操練。惟此項官兵新挑入伍，未經訓諫，目前尚難資戰守。伏查奴才所部馬步兵勇、吉林官兵，並接統景廉、榮全舊部，及光緒七年奏添馬步五營，統計一萬五千餘人，現擬將前項兵勇選留，精練馬、步共一萬人，其餘概行裁撤。統計制兵、客兵一萬五千人，較之承平時駐防官兵一萬七千餘人，額數有減無增。後將挑補之五千額兵，訓練熟習，然後再將額兵挑補一千，即將客兵裁撤一千等語。

兵部查，前據劉錦棠奏稱，除留伊犁將軍塔爾巴哈台、參贊兩處旗營外，其餘兩路各大臣，概行裁撤，經臣部議准。今譚鐘麟奏稱，各城大臣暫緩簡放，與劉錦棠所奏大致相同，自應勿庸再議。金順奏請裁撤巴彥岱領隊大臣一缺，查劉錦棠前奏，請留伊犁將軍旗營，並未將將軍所屬各領隊大臣逐缺聲明。今該將軍奏裁巴彥岱一缺，應令會同劉錦棠妥商詳細具奏。至譚鐘麟所稱分設提鎮各官，照楚湘營制，以提鎮為統領，副參遊為營官，都守為哨官，應俟防營裁定、改勇為兵後，再由該督等奏明辦理。至譚鐘麟所擬關外兵勇數目，與劉錦棠所奏大略相同。惟金順奏稱，現在伊犁各營擬先行挑足五千人，並選留精練馬、步一萬人，統計制兵、客兵一萬五千人，與劉錦棠所擬兵勇數目較多，礙難核准，應仍照劉錦棠所議辦理，以免兩歧。

又，譚鐘麟原奏內稱，若設巡撫，則哈密地嫌磽瘠，不若移駐烏魯木齊，亦可控制南北等語。臣部查，前據督辦新疆軍務大臣劉[1]奏稱，請設甘肅、新疆巡撫，未可再緩。經臣部查新疆各城建置事宜，既經辦有頭緒，自應准其添設巡撫、布政使各一員，以資鎮撫。今據陝甘總督譚[2]奏稱，若設巡撫，則哈密地嫌磽瘠，不若移駐烏魯木齊，亦可控制南北等語，自系因地制宜起見，應由該督等酌度地方情形，奏明辦理。

又，譚鐘麟原奏內稱，關內現留步隊三十旗，馬隊十二旗，照坐糧每年需銀七十三萬六千餘兩，閏月在外。現存兵二萬二千余，合廉俸、公費、蔬紅、馬乾，約需銀四十七萬餘兩，計共需銀百二十萬兩。又寧夏涼莊三滿營及西寧勇餉，約需銀二十萬兩。關外留勇二萬五千人，照坐糧章程，步隊四十營，馬隊二十營，每年約需銀一百五十七萬餘兩，遇閏月加十二萬。烏城土勇七旗，再改巴里坤三旗，每年共需餉十五萬，伊犁滿兵每年約需二三十萬，合計需銀二百萬兩，若照向例，每年撥四百二十萬，除關內一百四十萬，尚餘二百八十萬。支給兵勇餉銀二百萬外，以八十萬為關外文武廉俸、台站轉運、善後局、義學、鹽桑之費。二三年後，關內撤勇改兵，歲可省三四十萬。關外防營改照土勇給餉，約可省二三十萬，則與左宗棠所定三百數十萬之數相符。又，賦稅留抵，查現在甘肅藩庫每歲所入地丁十一萬餘兩，雜稅、厘金三十餘萬兩，除支文職各官廉費、俸工、廩餼、孤貧、祭祀、驛站工料、站價、倒馬，一切例支款外，尚有轉運、善後之費，實無餘款可以抵撥。關外能抵若干，應由劉錦棠查覈辦理。自十三年為始，再定抵放多寡等語。

又，金順奏稱，惠遠城滿營等六營，額設官兵一萬五千有奇，計俸餉錢糧等項，每年需銀五十五萬餘兩，茲擬先行挑足五千員名，每年需銀一十八萬三千餘兩，現留之勇照行糧支給，以馬、步萬人並計，馬隊二千五百名，步隊七千五百名，每年需銀九十餘萬兩，加善後經費銀十六萬兩，添制軍裝、器械銀十五萬兩，統計挑補制兵、暫留客兵兩項，每年需銀一百四十萬兩。三四年後，客兵可以裁盡，所有此項客兵之餉全可節省，即歸所擬五十五萬餘兩之額數等語。

戶部查，譚鐘麟所擬關外兵數、餉數，比劉錦棠所擬較少，而金順所擬伊犁兵數、餉數，較劉錦棠、譚鐘麟等頗多。臣部統籌甘肅、新疆兵餉，三年之內，擬定每年共指撥銀四百八十萬兩。值此海氛不靖，各省關稅、厘金入款已極短絀，沿海益兵添勇，出款又苦倍增。臣部斟酌再三，所擬四百八十萬之款，尚恐難於籌濟，實不能再議加增。若將他處兵額驟令多為裁減以供伊犁增兵加餉之需，又恐他處過形單薄，不敷分紮。此甘肅、新疆兵餉，應仍照四百八十萬兩指撥，勿庸另議也。

查伊犁舊案，每年估調俸餉經費銀六十六萬餘兩，除覈減、折放、留抵外，實需銀二十一萬餘兩。塔爾巴哈台舊案，每年估調俸餉經費銀五萬餘兩，除覈減、折放、留抵外，實需銀二萬餘兩。臣部現擬撥金順、錫綸兵餉等銀共一百二十萬兩，較之道光以前舊案，幾加一倍，較之鹹豐年間成案已逾四倍，不為不優。該將軍請撥伊犁一處軍餉，已擬一百四十萬兩之多，為數過鉅。臣部無力措撥，未便率准，惟烏魯木齊、巴里坤等處，旗兵已經兵部議准，歸併伊犁，在在需款，且該處旗丁多形困苦，生計艱難，此時自宜優為體恤。除金順、錫綸共應仍留兵勇萬人，共應仍分用兵餉等項銀一百二十萬兩，均應仍照前奏辦理外，查臣部此次發定甘肅、新疆餉項，共計四百八十萬兩，各省應按庫平庫色起解。而甘省近年支放勇餉，均系以湘平動支，又以庫平庫色缺兩，折改湘平，每兩應扣出銀四分九厘三毫，有湖南省報部案據可查。惟查湖南省章程，其自行扣存節省銀兩，又系按每兩扣銀四分升平核算。今甘肅、新疆一切支款，即可按照湖南扣存節省章程，每銀一兩，扣出銀四分，則此項銀共四百八十萬兩，即可扣出銀近二十萬兩。此項扣平，臣部原擬令甘肅扣存司庫，封存、專儲急用。今應令其每年由譚鐘麟將此項扣出銀兩二十萬兩，以十萬兩解交金順，專作為伊犁旗營經費，三年後即行停止；以十萬兩擬存甘肅蘭州省城司庫，不准擅動，以備急需。此系臣部於無可籌畫之中，勉為伊犁旗營另籌惠濟，非能于伊、塔兩城留兵萬人外，再籌兵餉。若光緒十四年，伊犁兵餉等項，額數能如該將軍所奏，實須銀五十五萬餘兩，彼時即使兵額增補在萬人以外，臣部即按額餉五十五萬餘兩供之，亦屬可行。此另籌扣平十萬，作伊犁旗營經費，應續行奏明也。

臣部從前奏擬新疆兵勇數目不得逾四萬之數，聲明餉項按照土勇口糧及坐糧支給。劉錦棠所奏，則請多裁兵勇，開支行糧三年後，改支坐糧，臣部已行議准。誠以口糧減，則人數或可增多；口糧優，則人數自可減少。此臣部前折所以有兵勇浮於三萬一千，惟有令其減成支給之議。今譚鐘麟所擬關外兵勇數目，與劉錦棠大致相同，而口糧則由坐糧改支土勇口糧，是以較省。金順擬留人數較多，口糧又欲照行糧支給，臣部實屬無力措辦。此行糧、坐糧，現時應仍照劉錦棠所議各節辦理，以歸劃一。設該省無論何處再有，以此次定議人數，必須加增，臣部原難遙制，然餉力只此，自應按照撥定餉數，令其酌減成數，自行勻劑[3]支放，應再為聲明也。

甘肅、新疆兵餉，舊例本地原有留抵之款，並非悉仰給於內地。今據譚鐘麟奏稱，甘肅藩庫每歲所入地丁十一萬兩，雜稅厘金三十餘萬兩，除一切例支款外，尚有轉運、善後之費，無款可以抵撥。臣部查覈，該省出入與該督所奏，不甚懸殊。所有甘肅、新疆留抵餉數，應如該督所奏，自十三年為始再定抵放多寡。此留抵餉數，亦應續行定議，以省另撥也。

烏魯木齊各城旗兵，現經兵部議准歸併伊犁，亦應妥籌安插之道。查該處舊有旗屯，宅全疆之上腴，種一石收穫三十余石，且疊據該將軍奏諮聲稱，伊犁田地荒蕪，戶口稀少，是伊犁旗丁盡可墾種地畝，以裕衣食之原，合無仰懇天恩飭下伊犁將軍，遵照乾隆二十九年欽奉上諭："官兵錢糧，勿拘內地成例，量給地畝，學習糧種等因。欽此。"迅即選擇伊犁膏腴之地，奏明請旨賞給本城旗丁，及歸併旗丁等畝地，裨資生計。此烏魯木齊等處歸併伊犁旗丁，亦應妥為安插，以謀富庶也。

方今時勢艱難日甚一日，民生之困，困於養兵。此次議定甘肅、新疆協餉，三年內，每年共用四百八十萬兩，已耗數百萬農夫之力，而將帥猶以為餉不足、兵不多。語雲："均無貧，和無寡"，竊願二三大臣深味斯言，協心共濟，實我國家無疆之休。臣等愚昧之見，是否有當，伏乞聖鑒訓示。

再，此奏系由戶部主稿，會同吏、兵二部辦理，合併附陳。謹奏。

光緒十年九月二十九日具奏，三十日內閣奉上諭："戶部等部會奏議覆劉錦棠奏統籌新疆全域一折，前據劉錦棠奏，遵議新疆、兵數餉數一切事宜，當經諭令該部議奏，茲據會議覆陳。新疆底定有年，綏邊輯民，事關重大，允宜統籌全域，厘定新章。戶部前奏，以定額餉、定兵數、一事權三端為要圖。劉錦棠所議留兵、改營、設官、屯田四條，與該部所奏用意相同，即著次第舉行，以垂久遠。前經左宗棠創議改立行省，分設郡縣。業據劉錦棠詳晰陳奏，由部奏准允，設道廳州縣等官。現在更定官制，將南北兩路辦事大臣等缺裁撤，自應另設地方大員，以資統轄。著照所議添設甘肅、新疆巡撫、布政使各一員，其應裁之辦事、幫辦、領隊、參贊各大臣，及烏魯木齊都統等缺，除未經簡放有人外，所有實缺及署任各員，著俟新設巡撫、布政使到任後，再行交卸，候旨簡用。至伊犁參贊大臣一缺，塔爾巴哈台領隊大臣二缺，應裁應留，著劉錦棠等酌定具奏。

新疆旗綠各營兵數，及關內外餉數，均照議覈實、經理。國家度支有當，不容稍涉耗費。劉錦棠務當與金順等挑留精銳，簡練軍實，並隨時稽查餉項。如將領中有侵冒情事，即著據實奏參，從重治罪。餘均照所議，分別辦理，如有未盡事宜，仍著劉錦棠妥為籌畫，陸續陳奏，再由該部詳覈定議，另片奏。會議金順、譚鐘麟所奏兵餉各節，著依議行。欽此。”

[校注]

　[1] 原文如此，“劉”指劉錦棠。

　[2] 原文如此，“譚”指譚鐘麟。

　[3] 此字原文模糊不清，當為“劑”。

覈定陝甘兩省文武鄉試經費摺

[**題解**] 本稿當作於光緒十年八、九月份，是戶部就酌定陝甘兩省文武闈鄉試經費開支問題所上奏章，在奏稿所附清單中，戶部將酌擬陝甘兩省文武闈鄉試一切經費開支細數，分別作了詳盡彙報。

奏為酌定陝甘兩省文武闈鄉試經費，恭折仰祈聖鑒事。

查例載，陝西省文武兩闈，動支地丁銀七千五百七兩有奇，公項銀七千九百六兩有奇。又例載，甘肅省文闈與陝西合試武闈，動支建曠等三百九十六兩有奇，公用銀二百兩各等語。當定例之初，陝甘武鄉試原系分闈，文鄉試則系合辦，自光緒元年乙亥恩科始，經前陝督左宗棠奏准，將文鄉試分闈辦理。當時即應將兩省鄉試經費酌中定額，乃陝省入場人數較少，而經費幾與陝甘合闈時支款無殊，甘省入場人數無多，而經費又較陝甘合闈時支款更鉅。查陝西省冊開，文武兩闈經費除節扣外，共實支銀一萬一千餘兩。甘肅省冊開，文武兩闈經費除節扣外，共實支銀二萬餘兩，辦理既未畫一，數目因而懸殊，若不厘定新章，未免徒滋耗費。

查陝甘兩省合闈時，經費例支銀一萬五千餘兩，該省分闈以後，本應各半分支，惟合辦則經費較省，分辦則經費稍增。臣等揆理准情，酌中定額，陝甘兩省文闈經費擬每科各支銀一萬兩，武闈經費擬每科各支銀一千兩，似於撙節之中仍寓寬大之意。如蒙俞允，仰懇飭下陝甘總督、陝西巡撫，即自明年乙酉科為始，遵照新章辦理。除覈扣六分平外，其餘均以實銀開支，毋庸另行減折。倘支數有逾定額，即著落濫支濫銷之員，照例賠補。現在所定經費，已屬寬裕，如再科派小民致滋擾累，一經查出，即將該州縣並該管上司一併照例嚴參，以昭炯戒。所有酌擬陝甘兩省文武鄉闈一切經費清單，恭呈禦覽，並擬纂入則例，以期永遠遵行。是否有當，伏乞皇太后、皇上聖鑒訓示。謹奏。

光緒十年十月初三日奉旨："依議。欽此。"

謹將酌擬陝西省文闈鄉試一切經費繕具清單恭呈禦覽

— 正副考官盤費，每員額支銀五百兩，共應支銀一千兩。照例於出京時，由戶部先給銀二百兩，知會該撫，于應給路費內，照數扣存報撥。

— 修理貢院及需用器具、什物，中式舉人項帶、衣帽、皂靴一切工料，鹿鳴公宴米麵、豬羊、酒果一切食物，筆墨、油燭、紙張、柴炭，條例、試卷、試錄、題名錄一切雜項，解送、翻譯試卷、試錄，並解瓊林宴銀兩，一切腳價、盤費，共銀七千五百九十六兩八錢。

— 新科滿、漢舉人旗區，共折給銀八百兩，由該舉人自行制辦。此後或帶補或加廣中額，均按照名數勻給，不得再議加增。

— 新科滿、漢舉人會試盤費，每科共給發銀五百兩，或帶補或加廣中額，均照名數勻給，不得再議加增。至舊科舉人，毋庸再給路費。

— 解部會議瓊林宴銀一百兩。

— 解部飯食銀三兩二錢。

以上共銀一萬兩，在於該省耗羨項下動支銀八千兩，地丁項下動支銀二千兩，均扣六分平支給，照章將減平數目造入季冊，報部查覈。所有動用扣存銀兩，照例造冊題銷。

謹將酌擬陝西省武闈鄉試一切經費繕具清單恭呈禦覽

一　武闈器具、什物一切工料，米麵、豬羊一切食物，滿、漢武舉帽頂、木匾、筆墨、紙張、柴炭、試錄、題名錄一切雜款，齎送試錄等項一切腳價、盤費，共銀五百兩，作為定額。

一　新科滿、漢武舉人會試盤費，每科共給發銀五百兩，或帶補或加廣中額，均按照名數勻給，不得再議加增。至舊科舉人，毋庸再給路費。

以上共計銀一千兩，在於該省建曠銀內動支，均扣六分平支給，並照章將減平數目造入季冊，報部查覈。所有動用扣存銀兩，照例造冊題銷。

謹將酌擬甘肅省文闈鄉試一切經費繕具清單恭呈禦覽

一　正副考官盤費，每員額支銀六百兩，計二員共應支銀一千二百兩。照例於出京時，由戶部先給銀二百兩，知會該督于應給路費內，照數扣存報撥。

一　修理貢院及需用器具、什物，中式舉人項帶、衣帽、皂靴一切工料，鹿鳴公宴米麵、豬羊、酒果一切食物，筆墨、油獨、紙張、柴炭，條例、試錄、題名錄一切雜項，解送、翻譯試卷、文闈試卷、試錄，並解瓊林宴銀兩，一切腳價、盤費，共銀七千五百九十六兩八錢。

一　新科滿、漢舉人旗匾，共折給銀六百兩，由該舉人自行制辦。此後或帶補或加廣中額，均按照名數勻給，不得再議加增。

一　新科滿、漢舉人會試盤費，每科共給發銀五百兩，或帶補或加廣中額，均按照名數勻給，不得再議加增。至舊科舉人，毋庸再給路費。

一　解部會試瓊林宴銀一百兩。

一　解部飯食銀三兩二錢。

以上共銀一萬兩，在於該省地丁項下動支二千兩，雜稅項下動支八千兩，均扣六分平支給，照章將減平數目造入季冊，報部查覈。所有動用扣存銀兩，照例造冊題銷。

謹將酌擬甘肅省武闈鄉試一切經費繕具清單恭呈禦覽

一　武闈器具、什物一切工料，米麵、豬羊一切食物，滿、漢武舉帽頂、木匾、筆墨、紙張、柴炭、試錄、題名錄一切雜款，齎送試錄等項一切腳價、盤費，共計銀五百兩，作為定額。

一　新科滿、漢武舉人會試盤費，每科共給發銀五百兩，或帶補或加廣中額，均照名數勻給，不得再議加增。至舊科舉人，毋庸再給路費。

以上共銀一千兩，在於該省公用銀內動支二百兩，建曠銀內動支八百兩，均扣六分平支給，照章將減平數目造入季冊，報部查覈。所有動用扣存銀兩，照例造冊題銷。

需撥乙酉年甘肅新餉酌定章程並免撥數目摺

[**題解**] 本稿當作於光緒十年九月前後，是戶部就籌撥甘肅新餉問題所上奏章。奏稿中，戶部主要就光緒十一年分餉項豫撥數目以及擬指撥情況作了彙報，並對所有指撥、免撥餉項數目及酌定甘肅新餉章程繕具清單，一併附後。

奏為籌撥甘肅新餉，恭折仰祈聖鑒事。

竊查西路各軍餉銀，前經臣部於統籌全域折內聲明，俟該大臣等議覆後，臣部即于本年秋季，照新定額餉將光緒十一年分餉項，豫為奏撥。嗣據劉錦棠等陸續議覆，經臣部奏准，籌撥甘肅、新疆旗綠勇營光緒十一年分餉銀四百八十萬兩，內劉錦棠餉銀一百五十萬兩，加善食經費銀十四萬兩，添制軍裝、器械銀十六萬兩。金順、錫綸共分餉銀九十四萬兩，加善後經費銀十六萬兩，添制軍裝、器械銀十萬兩。張曜共分兵餉、制辦銀四十萬兩。關內勇營、綠營餉銀一百二十萬兩，寧夏涼莊滿營及西寧勇餉、青海王公俸，共銀二十萬兩。合計關內外，實需的款四百八十萬兩，統名之曰甘肅新餉，由甘藩庫統收分支等因。

又據陝甘總督譚鐘麟於《籌撥赴直防軍餉項》折內奏稱，除雷正綰、馮南斌調出赴直防軍馬、步十一營，此時關內防營每年需勇餉五十一萬三千兩，武職廉俸每年需銀四十六萬餘兩。赴直防軍在甘支發坐糧，每年約需銀二十五萬餘兩。前請撥關內十一年新餉一百二十萬兩，本系確數，茲除調赴直勇餉外，應請撥銀九十五萬兩等語。

臣部悉心覈計，除調赴直防勇餉外，光緒十一年分甘肅新餉實應撥的款銀四百五十五萬兩，謹按各省物力，分別指撥、免撥，以昭覈實。今擬指撥江西省銀八十三萬兩，四川省銀一百二十萬兩，山西省銀八十萬兩，山西河東道銀五十二萬兩，河南省銀一百萬兩，陝西省銀二十萬兩，供銀四百五十五萬兩。以上指撥款項，均系確數，不准經毫短欠。相應請旨飭下四川總督，江西、山西、河南、陝西各巡撫，一體遵照，于本年內趕解三成，以便來春接續供支。再于明年五月以前，批解三成，下余四成，統限明年十月內掃數解清。倘能依限照數解清，即由陝甘總督照案奏請優獎，如有視為具文，仍前延欠，即照貽誤軍餉例，指名嚴參。所有指撥、免撥數目，及酌定甘肅新餉章程，繕具清單，恭呈禦覽。至雷正綰、馮南斌統帶赴直勇餉，應由臣部另行奏撥。如將來海防無警，該軍撤回甘省，仍將坐糧銀二十五萬兩併入甘肅新餉計算，共撥銀四百八十萬兩，以符原議。合併聲明，伏乞皇太后、皇上聖鑒。謹奏。

光緒十年十月二十三日奉旨："依議。欽此。"

謹將指撥免撥餉項數目繕具清單恭呈禦覽

江西省每年應解西征軍餉七十八萬兩，伊犁軍餉十二萬兩，塔爾巴哈台軍餉二萬兩，甘肅常年兵餉二十四萬兩，統共應解銀一百一十六萬兩。茲除指撥光緒十一年甘肅新餉銀八十三萬兩外，尚有餘銀三十三萬兩，免其報解。

四川省每年應解西征軍餉五十二萬八千兩，伊犁軍餉三十六萬兩，塔爾巴哈台軍餉一萬四千兩，哈密軍餉六萬兩，又應歲協貴州軍餉五十萬兩，鹽厘應協貴州兵餉六萬兩。按糧津貼，應協貴州兵餉五萬兩，夔、巫監稅應協貴州兵餉五萬兩，統共應解銀一百六十二萬一千兩。茲除指撥光緒十一年甘肅新餉銀一百二十萬兩外，尚餘銀四十二萬二千兩，免其報解。

山西省每年應解西征軍餉六十一萬二千兩，伊犂軍餉四十八兩，塔爾巴哈台軍餉三萬兩，新疆月餉十二萬兩，寧夏軍餉一萬兩，青海王公俸九千一百兩，嵩武軍駝乾六萬兩，卓勝軍餉十九萬二千兩，富勒渾軍餉四萬八百兩，統共應解銀一百五十五萬三千九百兩。茲除指撥光緒十一年甘肅新餉銀八十萬兩外，尚餘銀七十五萬三千九百兩，免其報解。

山西河東道每年應解西征軍餉二十四萬兩，伊犂軍餉十八萬兩，京餉十五萬兩，統共應解銀五十二萬兩。茲指撥光緒十一年甘肅新餉銀五十二萬兩。

河南省每年應解西征軍餉十四萬零二百六十八兩，伊犂軍餉二十四萬兩，塔爾巴哈台軍餉三萬兩，果勇馬隊軍餉二萬四千兩，新疆月餉二十七萬兩，東三省俸餉十一萬兩，吉林軍餉六萬兩，嵩武軍餉五十五萬餘兩，甘肅常餉四十三萬兩，統共應解銀一百八十五萬四千二百六十八兩。茲除指撥光緒十一年甘肅新餉銀一百萬兩外，尚有餘銀八十五萬四千二百六十八兩，免其報解。

陝西省每年應解伊犂軍餉十八萬兩，塔爾巴哈台軍餉三萬兩，西征軍餉六萬兩，統共應解銀二十七萬兩。茲除指撥光緒十一年甘肅新餉銀二十萬兩外，尚有餘銀七萬兩，免其報解。

以上各省，原應解協餉銀六百九十八萬一百六十八兩，內撥給光緒十一年甘肅新餉銀四百五十五萬兩，其餘銀二百四十三萬一百六十八兩，均免其報解。

謹將酌定甘肅新餉章程繕具清單恭呈禦覽

一 舊有名目應悉刪除也。查臣部議覆劉錦棠《統籌關內外兵餉》折內聲明，所需光緒十一年分餉項統名之曰甘肅新餉，從前指撥軍餉，所謂甘肅常餉、新疆月餉、西征軍餉、老湘營專餉、雷正綰餉、穆圖善餉、專協米價伊犂軍餉、景廉月餉、榮全月餉、烏魯木齊軍餉、塔爾巴哈台軍餉、果勇馬隊專餉、巴里坤專餉、寧夏滿營餉、涼莊滿營餉、西寧開花炮隊專餉、嵩武軍駝乾、青海王公俸，各項名目，應悉刪除，以歸畫一。茲再聲明，俾承協省分無惑。

一 批解餉項應行厘定也。各路軍餉，從前紛紛迎提守催，徒滋耗費。臣部前已奏令，將各台局於光緒十一年正月以前概行裁撤，不准迎提守催。今指撥光緒十一年分甘肅新餉，應由承協省分派員解赴甘肅藩庫，統收分支，以符奏案。腳價一項，由承協省分支銷，不准在協餉內劃扣起解銀兩，照例按庫平庫色動撥，如有低潮短平等弊，即由陝甘總督責令原解省分補足，並行查參。再查各省從前批解餉銀，或一面具奏，一面報部，或專諮報部並不具奏，或隨時報解，或年終彙報，或未指名動用何款，或未聲明起程日期，殊不畫一。

臣部擬令承協甘餉省庫除由該省知照陝甘總督外，於每月初五以前，將上月曾否報解甘餉之處飛諮臣部。如有報解銀兩，務將動用某年某項銀若干兩作為協甘，某年某批協餉發交委員某人於某日起程，如未報解即于文內聲明某月並無報解甘餉銀兩，毋庸專折具奏，以免瑣瀆。陝甘總督亦於每月初五以前，將上月曾否收到各省協餉之處，諮報臣部。如已收到，務將所收某省某項銀若干兩，系協甘某年某批協餉，委員某於某日交甘藩庫收訖，如未收到，即于文內聲明某月並未收到協甘銀兩，並將某月日分撥某軍，某年某批銀餉若干，劃扣湘平若干，發交委員某人，于某日起程批解，一併開單報部。至各軍收到甘省分撥之餉，俟報部時再於報銷冊內，將所收甘省分撥某年某批餉銀若干兩逐一注明。如此，則臣部隨時互相考覆，以杜隱匿稽延之弊。

一 湘平銀兩應令劃扣也。查甘肅新餉，前經臣部奏明，各省應按庫平庫色起解，甘省以湘平動支，以庫平庫色折改湘平。按照湖南節省章程，每銀一兩扣出銀四分，前項銀四百八十萬兩，即可扣出銀近二十萬兩。每年由譚鐘麟扣出銀二十萬兩，以十萬兩解交金順，作為伊犁旗營經費，三年後即行停止。以十萬兩擬存甘肅蘭州省城司庫，不准擅動，以備急需等因。今指撥銀四百五十五萬兩，僅可扣出湘平銀十八萬餘兩，應令譚鐘麟于各省解到餉銀時，分批劃扣。除將伊犁族營經費十萬兩分批陸續支解外，其仍應扣銀八萬餘兩，亦應陸續劃扣，封儲蘭州省城司庫。嗣後無論何處，均不准擅行指提此款封儲銀兩，陝甘總督亦不得擅行動用。如不遵照奏案，即由臣部指名嚴參，以重庫儲而固邊圉。

　　— 甘肅新餉應按年指撥也。從前撥餉，有月餉、有歲餉，一經撥定，長年承協，或停或解，或改或添，或奏請截留，或指提積欠，新舊牽混，款目不清。嗣後，臣部於每年秋季，將來年甘肅新餉專案奏明，指撥一次，於冬撥案內聲明扣除。俟三年後，奏定三百數十萬額餉。之後所需光緒十四年兵餉，臣部再於光緒十三年歸入冬撥案內，一併估撥。

陝甘借用洋款議令各省按期歸還片

[**題解**] 本稿作時與前篇同，是戶部就陝甘借用洋款議令各省按期歸還問題所上奏章。為使歸還洋款之事以歸劃一，戶部擬自光緒十一年為始，將每期應還洋款本息令各省按期歸還，毋庸各海關分還本息，並將各省應行歸還第八期至十二期本息的具體數目，開列詳細清單一併附上。

再，前陝甘總督左宗棠於光緒七年借用洋款四百萬兩，向由各省關於應協西征餉內劃扣歸還。現在臣部奏定新章，匯撥甘肅新餉所有光緒十一年分餉銀，已經臣部專案另行奏撥。陝甘前借洋款，除前七期業經歸還不計外，自光緒十一年截至十三年，尚有五期，共應還本息銀二百八十六萬五千六百二十五兩，自應徑由各省解交江海關道匯齎，按期歸還。

惟向來歸還洋款，或由承協省分全行撥支，或由承協省分與海關分還本息辦理，殊不一律。臣部擬自光緒十一年為始，概令各省按期歸還，毋庸由各海關分還本息，以歸畫一，仍一面報部，一面知照陝甘總督備案。甘省報銷案內，亦毋庸將各省歸還洋款列收列支，以免重複。如蒙俞允，即由臣部行知兩江、兩廣、閩、浙、湖、廣、陝、甘各總督，江蘇、浙江、廣東、福建、湖北各巡撫，福州將軍，一體遵照。理合附片具陳，並將光緒十一年各省每期應還洋款本息，繕具清單恭呈禦覽，伏乞聖鑒。謹奏。

光緒十年十月二十三日奉旨：“依議。欽此。”

謹將陝甘前借四百萬洋款案內各省應行歸還第八期至十二期本息數目繕具清單恭呈禦覽

一　光緒十一年四月初一日，第八期，應還本銀五十萬兩，息銀一十二萬一千八百七十五兩。內浙江、湖北、廣東、江蘇、福建每省應還本銀十萬兩，息銀二萬四千三百七十五兩。

一　光緒十一年十月初一日，第九期，應還本銀五十萬兩，息銀九萬七千五百兩。內湖北、浙江、廣東、江蘇、福建每省應還本銀十萬兩，息銀一萬九千五百兩。

一　光緒十二年四月初一日，第十期，應還本銀五十萬兩，息銀七萬三千一百二十五兩。內浙江、湖北、廣東、江蘇、福建每省應還本銀十萬兩，息銀一萬四千六百二十五兩。

一　光緒十二年十月初一日，第十一期，應還本銀五十萬兩，息銀四萬八千七百五十兩。內浙江、湖北、廣東、江蘇、福建每省應還本銀十萬兩，息銀九千七百五十兩。

一　光緒十三年四月初一日，第十二期，應還本銀五十萬兩，息銀二萬四千三百七十五兩。內浙江、湖北、廣東、江蘇、福建每省應還本銀十萬兩，息銀四千八百七十五兩。

以上五省，共應還本銀二百五十萬兩，息銀三十六萬五千六百二十五兩。

豫籌烏魯木齊等處歸併伊犂
旗營俸餉路費摺

[**題解**] 本稿當作於光緒十年九月前後，是戶部就豫籌烏魯木齊等處歸併伊犂旗營俸餉路費問題的奏章。督辦新疆軍務大臣劉錦棠奏請將舊有烏魯木齊等處旗丁歸併伊犂，如此則歸併官兵所需光緒十一年分俸餉應由伊犂將軍發給，然驟改新章之際，戶部慮經費劃撥稽延，於是奏請令劉錦棠、譚鐘麟先就近墊發該官兵俸餉與路費。

奏為豫籌烏魯木齊等處歸併伊犂旗營俸響、路費銀兩，恭折仰祈聖鑒事。

查督辦新疆軍務大臣劉錦棠奏請將舊有之烏魯木齊、巴里坤、古城、庫爾喀喇、烏蘇、吐魯番各處旗丁，歸併伊犂，即以伊犂將軍與塔爾巴哈台參贊為駐防旗制，合馬步、勇營共足萬人，共分餉銀九十四萬兩，加善後經費十六萬兩，添制軍裝、器械銀十萬兩等因，當經臣部會同兵部議准在案，是烏魯木齊等處歸併伊犂旗營所需光緒十一年分俸餉，即由伊犂將軍發給。惟本年大雪封山之際，該官兵等未便啟行，應俟明年春間積雪融化，始能前往。所有該官兵等明年正、二兩月俸餉，每月約需銀萬兩，若由金順支發，當此驟改新章之際，竊慮劃撥稽延。臣部擬令劉錦棠、譚鐘麟就近墊發該官兵，等光緒十一年正、二兩月俸餉俟抵伊犂後，再由伊犂將軍遵照奏案供支。至烏魯木齊等處旗營，歸併伊犂應需路費若干，臣部無從遙度，若俟奏請指撥款項，又恐往返需時，臣部擬令劉錦棠、譚鐘麟將此項路費銀兩一併速為墊發。俟該大臣等覆明墊發確數，臣部即行籌撥的款歸還，以免貽誤。是否有當，伏乞皇太后、皇上聖鑒。謹奏。

光緒十年十月二十三日奉旨："依議。欽此。"

直隸應解新疆餉仍由部庫照數劃扣片

[**題解**] 本稿作時與前篇同，是戶部對直隸應解新疆月餉仍在部庫撥支直隸固本月餉內劃扣問題的請示。

再，直隸應解新疆月餉銀二千五百兩，向由部庫撥支直隸固本月餉內劃扣，作為伊犁軍餉。本年，臣部奏准停止伊犁部墊，由直隸總督派員徑解伊犁，無庸由部庫劃扣等因在案。複查光緒十一年分伊犁軍餉，已由臣部匯撥，惟烏魯木齊、巴里坤等處旗營俸餉、路費銀兩，尚未撥給，業由臣等另折奏明由劉錦棠、譚鐘麟等先行墊發，俟該大臣等覆明確數，再行撥款。臣部現擬將直隸應解新疆月餉銀二千五百兩，自光緒十一年正月為始，仍用部庫撥支直隸固本月餉內照數劃扣，一俟劉錦棠等覆明確數請撥，臣部由此項銀內動支。是否有當，伏乞聖鑒。謹奏。

光緒十年十月二十三日奉旨："依議。欽此。"

議覆督辦大臣請將哈密員役
照章開支廉費片

[**題解**] 本稿當作於光緒十年六月前後。督辦新疆事宜大臣劉錦棠等奏哈密辦事、協辦衙門應用員役，似應暫照向來額設章程開支廉費，戶部認為哈密辦事大臣、協辦大臣已由兵部議准裁撤，毋庸再籌撥支經費。

再，督辦新疆事宜大臣劉錦棠等奏《哈密辦事、協辦衙門應用員役似應暫照向來額設章程開支廉費》一片，光緒十年五月十七日軍機大臣奉旨："該部議奏。欽此。" 欽遵於五月十八日鈔出到部。

臣部伏查，哈密經費銀兩經臣部奏准暫緩指撥，並聲明河南已報解哈密餉銀一萬兩，委員、書役等所需口食令該大臣在前項銀內動支等因，行知遵照在案。今據劉錦棠等奏請，將哈密辦事、協辦衙門應用員役，暫照向來額設章程開支廉費之處，前經劉錦棠議將哈密辦事、協辦太臣裁撤，其未經裁撤以前，自應如所奏辦理。今哈密辦事大臣、協辦大臣現經兵部議准裁撤，即毋庸再籌撥支經費。是否有當，伏乞聖鑒。謹奏。

光緒十年十月二十三日奉旨："依議。欽此。"

議覆烏魯木齊都統請撥烏古旗營俸餉片

[**題解**] 本稿當作於光緒十年十月中旬。烏魯木齊都統升泰奏請添撥烏、古旗營兵歲需俸餉等項，戶部分光緒十年五月至十二月，及光緒十一年正、二月兩個時段，對其所需餉項作了指撥安排。

再，署烏魯木齊都統升泰奏《請添撥烏古旗營兵歲需俸餉等項》一折，光緒十年十月初八日軍機大臣奉旨："戶部議奏。欽此。"欽遵由軍機處鈔交到部。

據原奏內稱，烏、古二旗、營歲需俸餉，前次部議約計每月需銀一千餘兩，本系指大概而言，覆與冊造餉數實尚不敷分散，加以廉俸、薪費、川資等項，每年實需銀三萬三千六百一十餘兩。合無仰懇敕令劉錦棠、譚鐘麟等，即於西征餉內指定的款，按季照加劃撥，按季專員前向領取等語。

臣部伏查，烏魯木齊、古城官兵俸餉，前經臣部估計每月約需銀一千餘兩，奏請令劉錦棠、譚鐘麟于解到西征餉內撥給。茲據該署都統奏稱，每年實需銀三萬三千六百餘兩。臣等公同商酌，擬每月撥給銀二千七百五十兩，以為該旗營俸餉等項之用，自本年五月起截至十二月止，共應撥給銀二萬四千七百五十兩。擬請敕下督辦新疆事宜大臣劉錦棠、陝甘總督譚鐘麟，于解到西征軍餉內分撥協濟，派員解赴烏魯木齊，毋得稍有缺乏。至光緒十一年正、二兩月俸餉，臣部已另行奏明由劉錦棠等墊發，俟抵伊犁後，即由伊犁將軍從劃定新餉内照數供支。合併聲明，伏乞聖鑒。謹奏。

光緒十年十月二十五日奉旨："依議。欽此。"

劃撥雷正綰馮南斌防軍月餉摺

[**題解**] 本稿當作於光緒十年十月，是戶部就劃撥雷正綰、馮南斌防軍月餉一事的請示奏稿。因甘肅、新疆光緒十一年分軍餉另定新章，而西征等處軍餉令改解部庫，近畿防餉指撥辦法與從前不同，故戶部對雷、馮二軍月餉劃撥一事重新作了安排。

奏為劃撥雷正綰、馮南斌防軍月餉，恭折仰祈聖鑒事。

竊查都統善慶奏調雷正綰所部三營、馮南斌所統兩營，前據陝甘總督譚鐘麟奏稱屆時將所調五營派馮南斌統帶，當經臣部奏准，由浙江運庫于協雷正綰軍餉應解西征糧台款內，每月撥銀五千兩，浙江厘金於協西征餉內，每月撥銀五千兩，江蘇協西征餉內，每月撥銀五千兩。此原撥馮南斌防軍月餉之數目也。

嗣又欽奉諭旨：“著譚鐘麟於善慶指調五營外，另撥二千五百人以符該督原奏五千人之數等因。欽此。”旋據譚鐘麟奏稱，現派提督雷正綰總統馬、步十一營均歸節制。雷正綰率步隊七營、馬隊兩營，總兵馮南斌率步隊兩營，起程赴直。複經臣部奏准，於山西省應協西征餉內撥銀八千兩，河南省於應解西征餉內撥銀六千兩，山東省於應協西征餉內撥銀四千兩，此續撥雷正綰、馮南斌防軍月餉之數目也。合計前兩次西征餉內劃撥之款，共銀三萬三千兩。

又據譚鐘麟於籌撥赴直防軍餉項折內奏稱，加之統領費等項，每月請撥銀三萬五千兩，亦經臣部議覆，甘肅調直馬、步十一營軍餉，俟甘肅關內外餉數奏定章程，再行分別辦理。現在甘肅、新疆光緒十一年分軍餉既已另定新章，專責山西、河南、四川、江西等省一力供支，而西征等處軍餉經臣部奏令改解部庫，作為近畿防餉，已與從前辦法不同。所有臣部前兩次指撥浙江、江蘇、山西、河南、山東等省於應協西征餉內，劃解雷正綰、馮南斌月餉共銀三萬三千兩之處，應毋庸議。

查雷正綰一軍步隊七營、馬隊兩營，現已馳赴山海關之營口、大連灣一帶擇要駐紮，馮南斌所帶步隊兩營，改歸都統善慶節制仍紮直境。兩軍相距已有千里之遙，兩軍餉銀自應劃分為便。臣部籌撥近畿防餉原以專供近畿各軍，該兩軍拱衛近畿一帶，即可由近畿防餉內動撥。所有雷正綰軍餉並統領費等項，臣部擬于江蘇省應解近畿防餉內每月劃撥銀二萬兩，浙江省應解近畿防餉內每月劃撥銀九千兩，由該兩省星夜解交雷正綰行營兌收。至於馮南斌軍餉，臣部擬于浙江省應解近畿防餉內每月劃撥銀六千兩，由該省星夜解交都統善慶行營兌收，轉發馮南斌應用。如蒙俞允，仰懇飭下兩江總督、浙江巡撫，于文到日即行提前趕解兩個月餉銀，俾雷正綰、馮南斌兩軍本年十二月十二日以後獲資接濟，倘敢藉端延欠，致誤戎機，定照貽誤軍餉例將該督撫、藩司指名嚴參，以示懲警。

再，江、浙兩省除劃撥雷正綰、馮南斌軍餉外，尚有應解近畿防餉，仍應遵照臣部奏案，按限陸續如數批解部庫，藉供李鴻章、吳大澂、曹克忠等軍赴部領餉開放，如有遲延拖欠，臣部亦即指名奏參。是否有當，伏乞皇太后、皇上聖鑒訓示。謹奏。

光緒十年十一月初十日奉旨："依議。欽此。"

議駁陝撫令將藩司交代各款統行造冊摺

[**題解**] 本稿當作於光緒十年十月底。陝西巡撫邊寶泉奏藩司交代實系遵循舊章，請旨飭部仍將原冊備覈，該奏獲硃批恩准，但戶部認為陝省藩司交代原冊實與舊章不符，故再次聲明典例，強調奏銷以考當年財賦出入盈虛，交代以察各官任內有無虧短，二者性質有別，要求陝省所有藩庫一應經收、經放並實在錢糧，凡有一項收支即應有一項交代，令其逐一造具清冊送部查覈。

奏為藩司交代仍應將正雜收支各款統行造冊，以杜弊端而符定制，恭折仰祈聖鑒事。

陝西巡撫邊寶泉奏《藩司交代實系遵循舊章，請旨飭部仍將原冊備覈》一片，光緒十年十月二十二日軍機大臣奉旨："著照所請，戶部知道。欽此。"於十月二十三日鈔出到部。此案既經奉旨允許，臣部自應欽遵辦理，惟該省藩司交代原冊實與舊章不符，臣等未敢拘泥照準。敬再將臣部典例聲明，請旨遵行。

查據原奏內稱，准戶部諮，前署陝西藩司張端卿接收前署撫臣葉伯英藩司任內收支、兵、雜等款，交代未將不敷項下已支、未支各款分晰注明，協撥邊防軍務及賑撫動用銀兩亦未列入，駁飭另造清冊送覈等因。奉旨："依議。欽此。"欽遵諮行到陝。茲據藩司葉伯英詳稱，查陝省司庫交代向僅造報兵、雜、朋合三款。軍興後，營制未複，朋合無扣，歷任交代只造兵、雜兩款，其餘耗羨、厘金、裁減等項，另歸奏銷造報。光緒九年辦理清查，將接年未提防堵及善後局經費等銀劃撥清楚，覈計任內所收兵、雜銀數，較支款不敷。此項不敷之根，實已先由庫儲耗羨等銀湊撥，系在續徵兵雜款內撥還，並無蒂欠。其協撥邊防軍餉及賑撫等款，曆歸司庫奏銷內作支，由司會同善後局造具細冊請銷，不列交代，各歸各案，以清眉目。前造清冊，實系遵循舊章，委非任意捏報等情，奴才複查無異，相應請旨飭部，仍將原冊備覈，以省案牘等語。

臣部竊維，藩司交代，自應將一切經收經放並實在錢糧，逐一造具清冊，報部查覈，以杜侵虧等弊，若不通盤覈算，何從稽覈侵虧？查各省耗羨、所有各官養廉、吏役工食，向准其在於徵收銀內坐支，軍興以來，各省多提存司庫續行請領，而厘金、裁減等款，亦增於鹹豐年間。款項統由司庫收支，交代自應概行列入。該藩司依樣壺盧，只造兵雜，殆由不量時勢，是以執滯鮮通。試問向例，司庫奏銷何嘗有厘金等款？該藩司既不能執厘金等款為舊日所無，不行列入司庫奏銷，又何得以厘金等款為舊日所無，不行列入司庫交代？該藩司又以為耗羨、厘金、裁減，以及邊防軍餉、賑撫等款，曆歸司庫奏銷，不列交代，實系遵循舊章。臣部不知所謂舊章，系載在何年典例？臣部前次題准，令其逐一列入交代並非臆撰新章，均系恪遵《欽定大清會典》《欽定戶部則例》駁令更正。伏查會典內載，康熙十五年題准，各省布政使司管糧守道或有升降，將一應經收、經放並實在錢糧，令其逐一造具清冊交代。其交代錢糧，有侵欺透冒、那移墊解等弊，均照例處分，督撫不行覈明，曚混徇庇者，事發將督撫一併嚴加議處等語。

又，臣部則例內載，直省布政司錢糧每值奏銷交代，均責成巡撫及同城之總督親赴盤查，具結保題所盤錢糧無論正項、雜項，已入奏銷，未入奏銷，統行察覈，有虧那而扶同徇隱者，事發議處等語。臣部詳繹舊章所載，一則曰，一應經收、經放實在錢糧逐一造冊，並不曰僅造兵、雜、朋合三款，至耗羨等款無庸造冊也；一則曰，無論正項、雜項，已銷、未銷統行察覈，並不曰僅覈兵、雜、朋合三款，至耗羨等款無庸考覈也。

典例所載，斯謂舊章，賅括靡遺，亦易通曉。該藩司交代，自
應遵照舊章，將一應款目逐一造冊交代。毫無疑義，若照舊冊造報，
只可謂沿襲舊冊，不得謂遵循舊章，況例載交代，必曰交代清楚。
今據原奏內稱，各款不列交代，是有交有不交，既有不交，豈得謂
之交代清楚？揆之名實，殊不相符。如謂耗羨等款已列入司庫奏銷，
即可不列入交代，則交代案內所造之兵、雜兩款，亦系列入司庫奏
銷之項，該藩司交代，直可全不造冊？夫國家定例，意深慮遠，杜
漸防微，本非徒事虛文，亦不厭其繁複，奏銷既已造冊交代，又須
造冊者，蓋奏銷所以考當年財賦之出入盈虛，交代所以查各官任內
之有無虧短，仍系各歸各案，眉目有何不清？

　　原奏又稱，委非任意捏報，臣部查陝省原送交代清冊，既不將
款目統行列入，即所造兵、雜兩款，又未聲明某項已支、某項未支，
僅以不敷一語含糊了結。每值交代及備行盤查司庫之時，輒稱並無
存儲。臣等即以中人之家而論，尚不致一無所存，陝省司庫歲入歲
出數百萬金，何致每當交代盤查之時，恰值絲毫無有之日？其中不
實不盡，已屬顯然。且臣額勒和布前奉旨查辦陝省事件，據藩司面
遞清單內開，並未報部之款，以數十萬計，業經臣部奏明，請旨查
辦。謂非任意捏報，夫將誰欺？方今習尚因循，政事廢弛，弊端叢
起，舊制蕩然，近年各省藩司，頗有於交代之際不能量入為出，臣
部所以申明舊章，原為嚴杜透冒、侵欺等弊。仍應請旨飭下陝西巡
撫，將藩司交代認真覈實、清厘，所有藩庫一應經收、經放並實在
錢糧，凡有一項收支，即應有一項交代，令其逐一造具清冊，送部
查覈，以重庫款而符舊章。

　　至原奏內稱，九年辦理清查，將接年未提防堵及善後局經費等
銀劃撥清楚等語，究竟某年應提前項銀若干，某年未提銀若干，當
年何以未提，現在提出之款系提某年、某項銀若干，於某年月日司
庫間放銀若干，發交何人承領，均未報部有案。應令該撫按款撤
底[1]查明，于文到十日內即行報部查覈，不准稍涉含混，以杜濫支。
臣等為申明舊章，清厘積弊起見，是否有當，伏乞皇太后、皇上聖

鑒訓示。謹奏，請旨奏。

光緒十年十一月二十六日奉旨："依議。欽此。"

[校注]

　　[1]　撤底，當為"徹底"。

奏請盤查陝甘兩省司庫片

[**題解**] 本稿當作於光緒十年十一月初。因陝、甘二省司庫三十餘年來每遇應行照例盤查，則相習率請展緩，為慎重庫款預防虧空，戶部在本稿中請旨飭下陝甘總督、陝西巡撫遵照舊章，先將司庫一應收支實在款項據實盤查一次。

再，查道光以前各省司庫虧空之案層見疊出，自鹹豐年間軍興以來，各省司庫多未清厘虧空，絕少破案。臣部實不敢謂今之人心風俗，殆勝於古。恭讀嘉慶十一年諭旨："本年直隸、湖北俱有藩庫侵虧重案，不可不詳定章程以資厘剔。嗣後督撫到任及奏銷時，盤查司庫均當實力清查，並著于每年封印後，親赴藩庫將本年收支款項，逐一詳查，取結送部。如將來款項不清，將加結之督撫一併懲治等因。欽此。"又查臣部例載，司庫奏銷交代，督撫新任受事，均應一律盤查。陝、甘二省司庫，迄今三十餘年每遇應行照例盤查，相習率請展緩。從前該省系軍需省分，是以曆蒙特旨允行，今該省平定有年，相應請旨飭下陝甘總督、陝西巡撫，遵照舊章，于文到一月內，先將司庫一應收支實在款項，認真據實盤查一次，務令和盤托出，不得稍有徇隱。設有款項不清及虧空情事，即可早為歸結。倘自不盤查，別經發覺，即照例將扶同徇隱之督撫議處分賠。嗣後，該省司庫均應照例盤查，如再藉詞請准展緩，臣部惟有聲明定例，請旨更正。臣等為慎重庫款起見，是否有當，伏乞聖鑒訓示。謹奏。

光緒十年十一月二十六日奉旨："依議。欽此。"

奏參陝西藩司並議交代徵存
未解處分摺

[**題解**] 本稿當作於光緒十年十一月。因陝省未將各屬徵存銀兩掃數解司，冊內開列存庫，戶部於是在本稿中按相關規定，對不行查參州縣交代、列有徵存未解銀兩的陝西藩司葉伯英予以奏參，並強調今後陝省正、雜各項銀兩必須遵照戶部奏案及早嚴提，凡系應行解司之項務必掃數解司，概不准率報存庫。

奏為特參州縣交代案內列有徵存未解銀款不行查參之藩司，請旨交部議處以示懲警，恭摺仰祈聖鑒事。

竊查，藩司總匯錢糧、查覈是其專責，道府州縣應行解司銀兩，自應隨時嚴提，免致積成虧空。乃近來到部交代各案率報徵存未解，各省藩司無不意存見好，並不及早嚴提參辦，必俟虧空之員或故或參，始以奏參了事。查鈔徒有空名，侵虧遂成錮習，臣部屢經奏諮整飭，各省迄無實力奉行。上年清厘陝西省交代，複行令該省自光緒十年正月起，將各屬徵存銀兩飭令掃數解司，冊內不准開列存庫，如有徵存未解，即以交代未清奏參，並知照吏部在案。原以州縣徵收錢糧，例應隨徵隨解，若交代毫無侵虧，何難登時起解？既稱存庫未解，顯系掩飾侵虧。乃陝西省接到臣部公文，並不認真辦理，徵存未解開報如前。茲據該省於七月間送到光緒十年分交代文冊，複有耀州知州鄭思敬，接收前署州嚴恩任內交代，於六月初八日限內送司文稱，存庫未解扣建減平銀五十兩一錢二分六厘；調署安康縣知縣呂耀煒，接收前署知縣羅桂銘任內交代，於六月十三日限內送司冊造存庫未解鹽課銀七百八十一兩三分九厘。

查臣部例載，州縣交代，凡徵存未解銀兩，部中逐案登記，以初次限滿扣起，勒限兩個月，掃數提解藩庫，隨時專案報部，逾限不完，即將結報之員參辦等語。又查吏部則例內載，交代二參，定限已逾，仍無冊結繳司，該督撫即行指參議處。若不行查參，降一級調用公罪等語。是交代案內，如有應參處者自應即行奏參。今該藩司僅以勒催趕解為詞，並不詳請參辦。迄今又五六個月之久，仍未據專諮報部完交，即非徇庇屬員，究有不行查參之咎。

現值軍餉緊急之際，臣部未便稍予姑容，致各省紛紛效尤。相應請旨飭下吏部，將不行查參州縣交代列有徵存未解銀兩之陝西藩司葉伯英議處，以示懲警。並令將前項徵存未解銀兩，于文到日，即行查明有無虧空，據實參辦。嗣後陝西省正、雜各項銀兩，該藩司自應遵照臣部奏案隨時及早嚴提，並通行各屬，凡當交代之際，將已徵未解銀兩及扣缺、裁減等項，無論何款，凡系應行解司之項，統由前任官趕緊掃數解司。即交卸之日尾款，趕解不及移交後任，後任官于接印之日，即應登時批解，以期各清各任，概不准率報存庫，亦毋庸再按從前初次限滿，勒限兩個月提解藩庫辦理，致滋弊端。查後任官轉行造冊，原有四十日例限，如冊內仍有開報徵存未解，其責專在結報之後任官，應由該藩司詳請，將接收之員照起解錢糧設法延挨、顯有虧挪情弊例革職，提省查明是侵是挪，從嚴參辦。該管上司及監盤官不行參查，均照徇庇例奏參，並著該省督撫臣等一體認真嚴查。如藩司於應參案件有心徇隱，不行查參，即由督撫照徇庇例，將該省藩司隨案參奏。倘督撫、藩司均不參辦，經臣部再行查出奏參，即將該督撫、藩司一併照徇庇例，從嚴議處。臣等為清厘積弊起見，如蒙俞允，一俟命下之日，並擬通行各直省一律遵照辦理，暨行知吏部立案，將來列入章程。是否有當，伏乞皇太后、皇上聖鑒訓示。

再，此外陝西省交代尚有徵存未解各案十一起，未據分晰聲明，

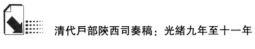
臣部已專諮行查，俟聲覆到日，再行分別覈辦。合併聲明。謹奏。

　　光緒十年十二月初四日奉旨："依議。欽此。"

議駁陝撫請將冬撥估餉展緩摺

[題解] 本稿當作於光緒十年十一月下旬。陝西巡撫邊寶泉奏請將冬撥估餉冊展緩，戶部認為其以錢糧尚多缺額為詞，奏請展緩造報估餉撥冊並不符合該省實情，故要求照例造具冬撥估餉清冊送部，以憑查覈估撥。

奏為遵旨議奏，恭摺仰祈聖鑒事。

陝西巡撫邊寶泉奏《請將冬撥估餉冊展緩》一片，光緒十年十一月七日軍機大臣奉旨："戶部議奏。欽此。"欽遵於十一月十八日鈔出到部。

據原奏內稱，冬季應造估餉撥冊，系通計一年出入款目豫造估撥，陝省地未全辟，錢糧尚多缺額，厘金複為洋票侵佔減色，入不敷出。且綠營兵制未複，酌支俸餉亦難循例開報，庫無存銀，無憑造冊請撥。懇將光緒十年冬撥十一年估餉各冊展緩等語。

臣等竊維，估造撥冊，國有常經，擅動錢糧，例應治罪，所以杜侵那之漸，抑專擅之權，法令森嚴，允宜遵守。陝西省軍務平定已久，兵餉等款自應照例造冊候撥，不得擅自動支。乃歷年以來積習相沿，率請展緩造報各項錢糧，疆吏得以專擅歲抄制用，臣部徒有空名。在此，既無由酌盈以劑虛；在彼，又不復量入以為出。臣部前於奏請整頓該省事宜摺內曆陳其弊，已在聖明洞鑒之中，毋庸再為縷述。

今據該撫奏請展緩造報估餉撥冊，乃以錢糧尚多缺額為詞。臣部查，該省錢糧近年雖未滿征，而每年實收起運地丁，已有一百十數萬兩，糧道折征及隨丁雜賦、鹽課，各項雜課、雜稅等款，又不下數萬兩。再查，該省現存旗綠各營，歲只需銀六十餘萬兩，細為覈計，尚有餘銀。即謂練軍勇營歲需銀六十餘萬兩，而該省厘金一款，司庫歲收二十七、八萬兩，合之地丁等款，已有一百四十餘萬兩。以之開支兵勇餉項一百二十餘萬兩，並無不敷。如謂洋票侵佔，厘金減色，何以甘肅著名瘠苦之區，每年所收厘金尚有四十萬兩，而陝西每年報部收厘數目，不過三十萬兩？可知厘金之減色與否，全在中飽之除與不除。且查該省厘金，並未報部之款，每年至八、九萬兩之多，是侵佔由於外銷，不得謂侵佔由於洋票。該撫又以兵制未複，難以循例開報為說，不知兵制雖未復舊，而各鎮標營官兵必有實數可稽。只就近年現存官兵，請撥來年應需俸餉，開報原屬不難，況應支俸餉久有定章，更屬易於估計。如謂庫無存銀無憑造冊，豈知估撥兵餉，並不悉指庫存實銀？查臣部則例內載，直省兵餉，該督撫于本年將下年四季，及再下一年春季應支數目，豫行確估，造具清冊，匯同該省實存司庫銀兩，並額征地丁、額征雜稅清冊各一本，於十月內諮部酌撥等語。該省司庫目前即無存銀，來年斷不能不征田賦。臣部近年辦理冬撥，遇庫無餘存省分，均系按照其冊報應行帶征節年錢糧，及下年應徵錢糧款目指撥。該省如實無存款，亦應照此辦理，不得謂造冊無憑。

方今習尚因循，舊章廢弛，而封疆大吏自圖私便，厭棄簿書。臣部總笢度支，惟有令其遵循舊章，未便聽其任意延宕。相應請旨飭下陝西巡撫邊寶泉，轉飭藩司，照例造具冬撥估餉清冊送部，以憑查覈估撥。如不候部撥，擅行動用錢糧，即由臣部指名嚴參，以重庫款。嗣後一切事務，均令照例辦理，不得違例奏請，上瀆宸聰，致幹參處。所有遵旨議奏緣由，理合恭折具陳，伏乞皇太后、皇上聖鑒訓示。謹奏。

光緒十年十二月初四日奉旨："依議。欽此。"

議駁陝撫請將清查冊結展緩片

[**題解**] 本稿作時與前篇同。陝西巡撫邊寶泉奏，陝省庫款奇絀，無存儲報撥之銀，故請將光緒十年十月底清查冊結展緩。戶部認為該省歷年奏報實多欺飾，所謂庫款支絀之說未敢輕信，其應照例將存儲應行報撥各款，造具冊結送部。

再，陝西巡撫邊寶泉奏，司庫正、雜各項銀錢，例宇十月底將已經報撥及存儲俟撥，並留支兵餉、建曠等項各存若干，清查明晰，造冊報部。惟陝省庫款奇絀，無存儲報撥之銀，實屬無憑查造，懇請光緒十年十月底清查冊結仍行展緩等因一片，光緒十年十一月十七日軍機大臣奉旨："戶部議奏，欽此。"欽遵於十一月十八日抄出到部。

臣部伏查，陝西省歷年奏報，輒稱並無存儲銀兩，何以該藩司葉伯英前於署巡撫任內奏稱營田一項，自光緒六年起改收折色，藩庫實收存銀五萬餘兩？互相覈對，該省歷年奏報，實多欺飾，已屬顯然。

又查前年，臣額勒和布奉旨查辦陝西事件，據藩司面遞厘金數目清單內開，自光緒二年起至光緒七年止，共存留銀二十九萬餘兩，皆報部款冊所無。業經臣部奏明，令將前項存留銀兩聽候部撥充餉，不准擅行動用。是該省矇混掩飾，造報不實，又屬顯然。

今據該撫奏稱，陝省庫款支絀，無存儲報撥之銀，臣部實未敢輕信。仍應請旨飭下陝西巡撫邊寶泉，確切查明，照例將存儲應行報撥各款，造具冊結送部，以符定例。如查覈確切，實在絲毫無存，即於冊結內注明，並由該撫加具印結送部查覈。嗣後，查出虧空、侵那、欺飾及擅動錢糧各弊，即由臣部將該藩司指名奏參，照例嚴懲。並將該巡撫照徇庇例議處，以示儆戒。是否有當，伏乞聖鑒。謹奏。

光緒十年十二月初四日奉旨："依議。欽此。"

卷 六

會議陝甘總督奏請試辦練兵摺

[**題解**] 本稿當作於光緒十年十月，屬遵旨議奏。陝甘總督譚鐘麟奏請試辦練兵，戶部認為，該督奏請裁勇練兵屬正辦之事，惟甘肅馬、步兵餉名目應再行妥議，津貼名目仍應續行聲覆，陝西軍餉應由該督與陝撫會商妥辦，並將經過籌議的甘肅練兵章程十二條清單一併附後。

奏為遵旨議奏，恭折仰祈聖鑒事。

陝甘總督譚鐘麟奏《請試辦練兵》一折，光緒十年九月二十九日軍機大臣奉旨："該部議奏。欽此。" 欽遵於九月三十日鈔出到部。

據原奏內稱，甘肅兵制經前督臣左宗棠、護督臣楊昌濬，照閩浙減兵增餉章程斟酌裁汰，奏奉部覆，允准在案。查裁減案內，只有團紮馬兵糧餉較厚，餘則每名歲加銀四兩，計每日不過多十余文，所增無幾，大約半供差操，半藉貿易、手藝謀生，欲其終歲。團紮朝夕操練，其勢有所不能。臣現與提鎮、司道商就，前督臣所定減省餉數、兵數，稍為變通。計甘省兩提五鎮及督標八處，均先行試辦練兵一旗，照勇營之制築壘，團紮朝夕訓練。營官則以本標副參遊、都守，久經戰陣、熟習營規者為之，自有廉俸不增，薪水但給津貼。哨官則擇都司、千把久于戎行者為之，雖候補武弁亦可委用，挑各標馬兵之精壯者三百七十人為一旗。計以馬兵、練步隊一旗，除底餉、糧價、馬乾，每歲每旗加銀四千兩。練馬隊一旗，除底餉、糧價、馬乾，每歲每旗加銀六千兩。將來撤一旗勇，即可練三旗兵，於餉需不無節省。如部議以為可，即推廣辦理。省城督標、甘肅提標，涼州、肅州、寧夏、西寧鎮標，各練步隊兩旗、馬隊一旗。河州鎮及固原提督轄境較寬，擬各練步隊三旗、馬隊一旗。計步隊十八旗，馬隊八旗，共七千六百六十人，平時團紮操演，其餘馬、步守兵，仍照裁減案內人數，先足馬、步之額，守兵則酌量勻撥，但就奏定每歲八十三萬餉數分別開支，不足則以糧價彌補，不必另請增餉。其改設官弁，尚有可裁者裁之。謹擬章程十二條，請旨飭部議覆遵辦。再，陝西兵制已函商撫臣邊寶泉酌度情形，仿照甘省辦法將弁兵覈實裁減，俟詳覆酌定，再行會奏等語。

戶部伏查，甘肅兵餉前於裁減案內奏定，以八十三萬餘兩為額。此次該督奏請裁勇練兵，不另增餉，本屬正辦，惟以馬兵、練步隊名實不符。查該督所擬練兵餉項，系由該督酌議新章，趁此兵未足額之際裁勇。練兵即須逐一厘定，務使名目不相混雜，以期永遠可行，免致後此再事更張，輒生異議。蓋法不可不變，法不可屢變。法不變，則制兵不可以複用；法屢變，則人得因緣以為奸。此甘肅馬、步兵餉名目，應由該督再行妥議也。

又查該督清單內開，營官除坐支標營廉俸、馬乾外，發給公費並無津貼名目。該督原奏聲稱發給津貼當系指公費而言，惟該督並未切實聲明，無憑臆斷。此津貼名目應由該督續行聲覆也。

又查該督原奏內稱，陝西兵制已商陝西巡撫，將弁兵覈實裁減。查陝省兵餉，本年經臣部奏定，無論養兵、養勇兩項，合計總不得逾常年額餉一百十五萬兩之數。現據該督章程內開，固原提標駐甘各營，每歲俸餉十三萬餘兩，此後由陝照數解甘藩庫支放。臣部悉心覈計，嗣後陝西軍餉即應以一百零二萬作為定額，所有軍裝一切雜項，均在其中。此陝西軍餉應由該督與陝撫會商妥辦也。

兵部查，裁勇練兵既可挽綠營之積習，亦可免勇營之虛耗，應請如該督所奏辦理。惟以馬兵練步隊，是以步隊而仍存馬兵之名，冊報必多牽混，應請飭下該督再行妥議，務期於因時制宜之中，仍不失循名責實之意，並將該省裁撤勇營數目，隨時報部備案。至陝西兵制應如何裁減之處，亦由該督會商妥議。

再，甘省額設及現存馬、步守各項兵數，分晰何營汛，即行造具細冊送部覈辦，並照例按年造冊，具題報部以備查覈。所有臣等會議該督原擬練兵章程十二條，謹逐款另繕清單恭呈禦覽，伏乞皇太后、皇上聖鑒。再，此折系戶部主稿，會同兵、工二部辦理，合併聲明。謹奏。

光緒十年十二月十六日奉旨："依議。欽此。"

謹將覈議甘肅練兵章程十二條繕具清單恭呈禦覽

一　據原單內開：馬隊一旗，設營帶一員，幫帶一員，先鋒三名，親兵一隊。內領旗一名，親兵十名。中、左、右三哨，每哨哨長一員，護兵三名。每哨馬兵三隊，每隊領旗一名，馬兵三十名。共一百二十五名，管帶、幫帶在外。又，書識一名，火夫十四名，哨長、馬夫三名等語。

兵部查，挑練馬隊一旗，共一百二十五名，擬設各項兵丁名數，覈與練軍章程大致相同，應如所議辦理。仍命該督即將各項兵丁，及由何營內挑練若干名，分造花名清冊先行送部。按季造冊報部以備覈銷時，應由戶部查覈名數。至火夫、馬夫、未將、營哨官，及每隊如何分用之處，詳細聲明。兵部無憑覈計，應令該督查明，連同步隊、伙夫，一併分晰報部，以憑覈辦。仍俟覈准之日，方准起支口糧，俾昭覈實。

一　據原單內開：步隊一旗，設管帶一員，幫帶一員，親兵四隊，每隊什長一名，親兵十名。中、左、右三哨，每哨哨長一員，護兵四名，每哨九隊，內抬槍兩隊，每隊什長一名，步兵十二名。刀矛小槍七隊，每隊什長一名，步兵十名。共三百七十名，管帶、幫帶在內。又，書識一名，清書一名，火夫三十五名等語。

兵部查，挑練步隊一旗，共三百七十人。應設各項兵丁名數，與練軍章程亦大致相同，應如所擬辦理。惟以馬兵、練步隊名實不符，應由該督再行妥議。

一　據原單內開：馬隊一旗，管帶官一員，除坐支標營廉俸、馬乾外，月支公費銀二十四兩，制辦旗幟、油燭、紙張在內。幫帶一員，月支薪水十二兩，馬乾、雜項銀二兩七錢，馬夫銀二兩四錢。哨長三員，每員月支口糧銀五兩四錢，馬乾、雜費銀二兩七錢。先鋒三名，每名月支口糧銀三兩九錢，馬乾、雜費銀二兩七錢。領旗十名，每名月支口糧銀三兩六錢，馬乾、雜費銀二兩七錢。親兵十名，護兵九名，每名月支口糧銀三兩三錢，馬乾、雜費銀二兩七錢。馬兵九十名，每名月支口糧銀三兩，馬乾、雜費銀二兩七錢。外書識一名，月支銀六兩，火夫十四名，哨長馬夫三名，均月支口糧銀二兩四錢。管帶、幫帶、書識公費、薪糧不扣建，餘均扣建。計每大建月需餉銀八百二十二兩，每小建月需餉銀七百九十六兩，按六大建、六小建合計，每歲共需餉銀九千七百八兩。以馬兵一百二十二名、練馬隊一旗，除每名每歲底餉銀十六兩，共合銀一千九百五十二兩。又，每名每歲糧八石，共糧九百七十六石，每石銀一兩二錢，合價銀一千一百七十一兩二錢。又每名每歲馬乾銀三兩，共合銀三百六十六兩，三共合銀三千四百八十九兩二錢外，每歲應加銀六千二百一十八兩八錢等語。

戶部查，該督所擬馬隊每旗公費薪糧等項，每月謹需銀七八百兩。通盤計算，較之楚軍馬隊坐糧，尤為節省，應如該督所議辦理。此項支款，均應由臣部覈銷。

一　據原單內開，步隊一旗，管帶官一員，除坐支標營廉俸、馬乾外，月支公費銀四十兩，制辦旗幟、油燭、紙張在內。幫帶一員，月支薪水銀十二兩。哨長三員，月支口糧銀七兩二錢。什長三十一名，每名月支口糧銀三兩六錢。親兵四十名，護兵十二名，每名月支口糧銀三兩三錢。步兵二百八十二名，每名月支口糧銀三兩。外書識一名，月支口糧銀六兩。清書一名，月支銀四兩。管帶、火夫一名，各哨隊火夫三十四名，均每名月支銀二兩四錢。管帶、幫帶、書識、清書公費、薪糧不扣建，餘均扣建。計每大建月需餉銀一千二百九十六兩八錢，每小建月需餉銀一千二百五十五兩六錢四分。按六大建、六小建合計，每歲需銀一萬五千三百十四兩六錢四分。以馬兵三百六十五名練步隊一旗，除每名每歲底餉銀一十六兩，共合銀五千八百四十兩。又，每名每歲糧八石，共糧二千九百二十石，每石銀一兩二錢，合價銀三千五百四兩。又，馬乾銀三兩，共合銀一千九十五兩。三共合銀一萬四百三十九兩外，每歲應加銀四千八百七十五兩六錢四分等語。

戶部查，該督所擬步隊每旗公費、薪糧等項，每月謹需銀一千二百餘兩。通盤計算，較之楚軍步隊坐糧，尤為節省，應如該督所議辦理。此項支款，均應由臣部覈銷，惟以馬兵練步隊名實不符，應令該督再行妥議。

一　據原單內開，甘省關內督標甘提肅州、涼州、寧夏、西寧、河州五鎮，及陝西、固原提標駐甘各營原額，共馬步守兵五萬七千五百七十二名。每歲共需兵餉、馬乾銀八十一萬九千四百七十六兩，加官弁俸廉、倒馬等項銀，一十八萬五千一百三十三兩八錢八分六厘，公費銀三萬四千七百八十兩三錢，合共歲需銀一百三萬九千三百九十兩一錢八分六厘。裁減兵制案內，議設兵三萬九千九百三十九名，每歲共需兵餉、馬乾銀六十一萬九千九百二兩三錢七分四厘，加官弁、廉俸等項銀一十七萬五千九十兩七錢五分二厘，公費、差費銀三萬八千七十一兩一錢一分六厘，合共歲需銀八十三萬三千六十四兩二錢四分二厘。較原額計，節省銀二十萬六千三百二十五兩九錢四分四厘等語。

戶部查，裁減兵制案內，歲需銀八十三萬三千五百四十兩四錢六分八厘。與該督此次所奏歲需銀八十三萬三千六十四兩二錢四分二厘，微有不合，應令該督查明報部查覈。

一　據原單內開，裁減兵制案內，每歲酌留官兵俸餉等項銀八十三萬三千六十四兩二錢四分二厘，內除官弁、俸廉公費等項銀二十一萬三千一百六十一兩八錢六分八厘外，每歲應需兵餉、馬乾銀六十一萬九千九百二兩三錢七分四厘。除議練馬隊八旗，歲需餉銀七萬七千六百六十四兩。步隊十八旗，歲需餉銀二十七萬五千六百六十三兩五錢二分。二共歲需餉銀三十五萬三千三百二十七兩五錢二分外，下餘餉銀二十六萬六千五百七十四兩八錢五分四厘。又，除照裁減章程，應募馬兵九千九百八十三名內抽練馬步隊馬兵七千五百四十六名，尚餘馬兵二千四百三十七名應估餉銀三萬八千九百九十二兩外，尚餘銀二十二萬七千五百八十二兩八錢五分四厘。照裁減案，募足步兵一萬五千九百七十八名，歲需餉銀一十九萬一千七百三十六兩，仍餘餉銀三萬五千八百四十六兩八錢五分四厘，以之酌添守兵不足，再以糧價彌補，不另增餉。惟固原提標駐甘各營，向來糧由甘發，餉由陝領，照裁減案內，每歲實需奉餉十三萬餘兩。此後擬由陝照數解甘藩司庫支放，以歸畫一等語。

戶部查，所餘馬兵二千四百三十七名，除應估餉銀三萬八千九百九十二兩外，尚有馬乾，該督並未並算在內。是否所餘馬兵不支結馬乾，抑系漏算？應令報部查覆。至原單內開，所餘餉銀以之酌添守兵不足，再以糧價彌補一節，查抽練馬步隊馬兵七千五百四十六名，每歲每名本色餉糧八石，共糧六萬三百六十八石。若照每石以一兩二錢折算，僅可折銀七萬二千四百四十一兩六錢，合之所餘餉銀三萬五千八百四十六兩八錢五分四厘，共銀十萬八千二百八十八兩四錢五分。以之抵補守兵一萬三千九百七十八名，歲需銀十一萬一千八百二十四兩，尚不敷銀三千五百三十五兩五錢五分。現據聲稱，練兵不給糧草，即可將草料二項彌補。

又原單內開，固原提督駐甘各營，每歲實需俸餉十三萬餘兩，此後由陝照數解甘藩司庫支放一節，應如該督所議辦理。自光緒十一年為始，由陝解甘藩司庫支放，以歸畫一。

一　據原單內開，練兵口糧照勇營之制，不另給本色糧石。所有馬隊一旗，兵一百二十二名，額支糧九百七十六石，每石合銀一兩二錢，共合銀一千一百七十一兩二錢。步隊一旗，兵三百六十五名，額支糧二千九百二十石，合銀三千五百四兩。即以抵充餉銀，如練兵有願領糧石者，亦照此價在餉內抵扣。又，馬兵每名每歲額支料五石四鬥，草三百六十束，茲改為練兵料草均不給發。計練馬隊一旗，每歲可省料六百五十八石八鬥，可省草四萬三千九百二十束。練步隊一旗，可省料一千九百七十一石，可省草一十三萬一千四百束等語。

戶部查，練兵餉糧，即以一兩二錢折價抵充餉銀，自應畫一開支，以杜影射。該督所稱練兵有願領糧石者，亦照此價在餉內扣抵之處，應毋庸議。再，查裁減案內，團紮馬兵，每馬一匹月給料一石二鬥，草六十束。留營馬兵，春冬二季每馬一匹月給料九鬥，草六十束；夏秋二季，每月給草六十束，總共歲需料九萬八千八百四十五石二鬥，草五百二十九萬九百二十束。除所餘馬兵二千四百三十七名，應占料一萬三千一百五十九石八鬥，草一百七十五萬四千六百四十束外，可節省料八萬五千六百八十五石四鬥，草三百五十三萬六千二百八十束。每料一石，前陝甘總督系按二兩合算，今即照該督所議，以一兩二錢折算。所有節省料，共應合銀十萬二千八百二十二兩四錢八分。草每束照舊合銀一分五厘，所有節省草，共應合銀五萬三千四十四兩二錢。以之抵補守兵餉項外，節省銀尚近十五萬兩。惟以馬兵練步隊，名實不符，應由該督妥議再行覈定。

— 據原單內開，糧價一項，裁減兵制案內按例價每石合銀二兩，惟市價各處不同，就甘省現時價值均不過一兩零，且有八九錢者。若照二兩抵算餉銀，則各兵得餉較少，不免苦累。茲按時價，酌中以每石一兩二錢合算，以示體恤等語。

戶部查，甘省月報糧價各處不同，誠如該督所雲，每石且有八九錢者。茲據該督按時價酌中以每石一兩二錢合算，應暫照所議辦理。若該省各屬糧價能一律平減之時，自應隨時再議減折，報部抵算。

— 據原單內開，挑練馬隊應需馬匹及制辦鞍轡等項，擬由公中先為借款購買給發，仍由該馬兵應領餉項內陸續扣還。其馬匹，即作兵丁私馬，庶兵丁視為己物，餧養經心可期，膘壯得力，遇有倒斃，仍由該兵丁餉項內扣銀買補等語。

戶部查，挑練馬隊應需馬匹及制辦鞍轡等項，既據該督聲稱，由公中先為借款購買給發，由該馬兵應領餉項內扣還，遇有倒斃，仍由該兵丁餉銀內扣銀買補，既不另請開銷，應如該督所議辦理。

一　據原單內開，挑練馬步隊應需號衣、子藥、火繩、槍炮、刀矛、鋤鏟、鍋碗各項，除各標營庫存領用不計外，余由省城軍裝局配發，帶有不敷，准發款購辦，仍由各標營例支公費內支銷。帳房一項，現系坐營，皆築壘以居，非另有徵調不發等語。

兵部查，挑練馬步隊應需號衣、子藥、火繩、槍炮、刀矛、鋤鏟、鍋碗各項，自系練軍必需之項，應如所奏辦理。仍令該督即將應需各項軍裝、軍火器械名目、件數，除各標營庫存若干由省局發給，及添制若干，並操演次數、出數，應用藥鉛、火繩各數目，分晰造具細冊，專案諮送兵部。至帳房一項，遇有徵調，應按幾月更換一次，並修制各項軍械年限，均有該督自行酌定，先期分別奏諮立案。一俟挑練成軍，即將入伍成軍日期、駐紮處所，詳細報部備查。嗣後，遵照兵部奏定章程，或按半年、或一年造銷一次，以昭覈實。

工部查，該督奏請挑練馬步隊應需號衣、子藥、火繩、槍炮、刀矛、鋤鏟、鍋碗、軍械等項，既經兵部准其添制，應令該督轉飭各該營，將所添制軍裝、器械、火藥等項，並採辦名目、件數，務須遵照例價，按年造具工料細冊，專案送部覈銷。至帳房一項，各標營既經築壘團紮，不准按年製造。倘遇有徵調添制，無須先期諮部立案。事後，方准造具細冊送部繳銷，以示限制。

一　據原單內開，練兵既抽撥團紮一如勇營之制，則朝夕訓練、升降、賞罰一切，悉由管帶主持。遇有革故缺額，均由管帶以標兵之精壯者挑補，庶情意聯絡，有事樂為之用。但管帶以在任官員充當，則本營有應辦公之事，自雖朝夕在營，專力訓練，必須得力幫帶為之照料，庶無貽誤。若哨長，則非管帶可比，尤須刻刻在營，始與兵丁相習。無論實缺、候補皆以能耐勞之員派充，以專責成而期得力等語。

兵部查，練兵遇有革故缺額，均由管帶以標兵之精壯者挑補，系為慎重選練起見，應如所奏辦理。如有出缺挑補，應隨時報部，以備查覈。至管帶以在任官員充當，必須幫帶為之照料，並哨長無論實缺、候補派充，該督系為整飭營伍、隨時訓練起見，亦應准如所奏，並令將派充各官奏明，諮部備案。

一　據原單內開，標營兵丁多長衣纓帽，奔走差使，講求儀節，若充練兵，則應帕首短衣，如勇丁之制，庶可使操練而習勤勞。且標兵餉銀無幾，半藉貿易手藝為養贍之資，一充練兵，口糧較優，即須日夜在營，非掛號不得擅離營壘。其餉銀無論底餉、練餉，概由練營總領分發，不與本營相涉等語。

兵部查，該督所奏練兵應帕首短衣如勇丁之制，庶便於操練，即須日夜在營，非掛號不准擅離營壘，系為整飭營伍、認真操練起見，應如所奏辦理。至該督所稱練兵餉銀，無論底餉、練餉，概由練營總領分發，不與本營相涉一節，戶部查，練兵餉銀自應畫一開支，以歸簡易，應如該督所議辦理。

議覆陝甘總督核扣湘平畫一餉章摺

[**題解**] 本稿當作於光緒十年十二月中旬，屬遵旨議奏件。陝甘總督譚鐘麟奏核扣湘平，餉章應歸畫一，戶部針對原奏提出的問題逐一作了解答和回復，指出甘肅、新疆各處無論滿營、綠營、練軍勇餉，統按湘平支給，均按四分戤扣湘平，以歸畫一，滿、漢文武廉俸仍照舊扣平六分，毋庸再按四分戤扣湘平。

奏為遵旨議奏，恭折仰祈聖鑒事。

陝甘總督譚鐘麟奏《餉章應歸畫一》一折，光緒十年十二月初八日軍機大臣奉旨："戶部議奏。欽此。"欽遵於十二月初九日鈔出到部。

據原奏內稱，准部諮議定，甘肅、新疆十一年新餉照湘平每兩扣四分，約計扣十八萬，以十萬解伊犂，八萬存甘庫等因。查湘平輕重不等，前督臣左宗棠所部楚軍勇餉，每兩扣三分三厘。茲照部議，每兩扣四分，惟光緒十年十二月以前已支者，無論已、未支之款，亦照三分三厘補給，以便報銷。自十一年正月起，按照部章每兩較庫平扣四分，以昭平允。惟滿綠各營兵餉，向例皆給庫平，此後應否照扣四分？滿、漢文武廉俸，本有六分減平之例，再扣四分，則每兩隻放九錢，是否一律照扣？請部覈覆，免致領餉時爭執。再查各省協餉，原來之平亦參差不齊。即甘蕃司部領庫平砝碼兩件，一重一輕，應請由部另頒百兩庫平一件存甘庫。十一年收放餉銀，由藩司眼同領解，各員照部頒庫平，較准百兩攜歸，以後照此領解，俾昭畫一而免浮議等語。

臣部伏查，各省從前開放湘平，劃扣參差，實多弊混。是以前於籌撥甘肅、新疆新餉折內奏明，令各省按庫平起解，由甘藩司統按每兩扣湘平銀四分。其扣出之款，約十八萬兩，以十萬兩解伊犂，八萬兩存甘庫，一以籌惠濟，一以備不虞。在臣部議扣湘平之初，即聲明湖南省劃扣湘平或每兩扣平三分六厘三毫，或每兩扣平四分九厘三毫，或每兩扣平四分，臣部酌中覈議，應以四分為准。

今據該督奏稱，光緒十年十二月以前未支之款，照三分三厘補給以便報銷，系為截清界限起見。惟原奏聲稱，補給尚有未合之處，查本年十二月臣部會同軍機大臣、總理各國事務衙門大臣，奏准籌畫軍餉條款內開，各項欠款不准擅行補還，統於光緒十一年五月報部，聽候設法清厘。臣部擬令該省將光緒十年十二月以前軍需、善後未支各款，統按每兩扣銀三分三厘覈計報部，銷案仍應逐款聲明已支、未支。如有未支，不准擅行補發，應俟將來聽候清理。其收到各省協餉，即按此數扣出，列入新收一切支款，無須由湘平折合庫平，以免周折。自光緒十一年正月起，甘肅、新疆各處，無論滿營、綠營、練軍勇餉統按湘平支給，均按四分覈扣湘平，以歸畫一。緣在京旗綠各營領餉，僅支五、六成有奇，每兩尚須扣六分平，甘肅、新疆兵勇餉項，僅按四分扣平，為數較少，似不為刻。此後，甘肅藩庫兌收協餉，即按庫平兌收，每兩按四分劃出湘平，再以湘平撥解新疆各軍。甘肅支發滿、綠、練勇餉項，亦按新定湘平辦理，庶免兩歧。至滿、漢文武廉俸，京外各省皆有六分減平之例，仍照舊扣平六分，毋庸再按四分覈扣湘平，以歸畫一。

再，查臣部本年十二月會奏籌畫軍餉條款內開，劃定各項減平，應令陝甘總督、甘肅新疆巡撫、伊犂將軍、塔爾巴哈台參贊大臣遵照奏案，將當例一切支款，新增一切支款，如何扣平，分款開報，由部查覈定章，期一切款目均可畫一覈扣，固不獨兵勇餉項扣平已也。夫權衡原有一定，不容意為重輕。臣部前次奏撥光緒十一年甘肅、新疆軍餉，已行令各省照例按庫平庫色起解，如有平色低潮，照例著落原協省分賠補，並照例參處。茲據該督聲稱，各省協餉原平參差不齊，殊屬有違定例。該督奏請由部另頒百兩庫平一件存甘庫，十一年分收放餉銀，由藩司眼同領解，各員照部頒庫平較准百兩攜歸，以後照此領解之處，應如該督所奏辦理。臣部現已知照工部，照例先行鑄定砝碼，俟該督派員請領，即行給發。是否有當，伏乞皇太后、皇上聖鑒訓示。謹奏。

　　光緒十年十二月二十日奉旨："依議。欽此。"

議覆陝甘總督請由部墊赴直
軍餉並湘平統費片

[題解] 本稿作時與前篇同，亦屬遵旨議奏件。陝甘總督譚鐘麟奏請將固原提督雷正綰所部甘軍月餉由部先行墊發兩月等因，戶部認為，墊發兩個月餉銀一事可行，至於湘平一節，應行劃一；另給統費一節，應行議駁；補發舊欠一節，應再行查。

再，陝甘總督譚鍾麟奏《請將固原提督雷正綰所部甘軍月餉由部先行墊發兩月等因》一片，光緒十年十二月初八日軍機大臣奉旨："戶部議奏。欽此。"欽遵由軍機處鈔交引部。

據原奏內稱，固原提督雷正綰所部甘軍前發四個月餉，至臘月十二日業將告罄，請旨飭部先行墊發兩月，以濟冬春之交，俟各省解到，由部扣還歸款。查雷正綰所統馬步十一營，舊欠餉銀共十三萬餘兩，瀕行時，臣已酌給三成，現由號商借銀四萬兌京，交雷營補發舊欠，以慰將士之心。惟馮南斌所統兩營現駐通州，此後月餉或由雷正綰匯領分撥，或由部按月於各省協餉內發給湘平銀六千兩，自應另給馮南斌統領費二百兩以資辦公。甘軍勇營，向皆扣平三分三厘，自十一年起是否照扣四分？應由部酌覈，分飭遵照等語。

臣等伏查，雷正綰月餉前經臣部於九月間奏明，由河南、山西等省於西征餉內劃撥。嗣據河南巡撫鹿傳霖奏稱，已籌出銀四千兩劃存撥解，迄今尚未據報解起程，而山西等省均無報解案據。臣部於十一月間，另定甘肅額餉及近畿防餉，時複奏准，將原撥河南、山西等省應協雷正綰軍餉停解，改由近畿防餉內劃撥，由江蘇省每月撥款銀二萬兩，浙江省每月劃撥銀九千兩，迄今亦尚未據報解。彼時臣部先慮及該二部或年前一時難於趕解，奏准應暫由部庫墊發雷正綰軍營一兩月之餉，免致缺乏，俟各省協餉解到，即行如數解還部墊，以清款目，行知各在案。

今據該督奏稱，雷正綰所部甘軍月餉業將告罄，請由部墊兩月以濟冬春之交，自係尚未接到臣部暫准由部墊一兩月諮文。現在江蘇等省，畢竟有無將撥款解到雷正綰行營，以及雷正綰應否赴部請領墊款，自應俟該提督報部之日，再行覈辦。如該提督實于年前餉不敷用，備諮到部請領墊款，即應由臣部墊發兩個月餉銀，俟各省協餉解到，即行如數解還部墊，以符奏案。

至於馮南斌月餉，亦經臣部奏明，由浙江省于應解近畿防餉內，每月劃撥銀六千兩，由該省另解，交都統善慶行營兌收，轉發馮南斌應用。該督此次奏請，於各省協餉內另撥給銀六千兩，仍係未接到臣部撥餉諮文，自應毋庸再議。此外該督所奏各節，有應畫一者，有應議駁者，有應行查者，合併陳明。如湘平一款，向無定章，臣部於十二月初八日會議籌餉折內奏明，各省非常例支銷款項，如練餉、勇餉、薪水以及一切雜項，均照湘平每兩扣銀四分之數，一律扣平支放。今據該督奏稱，是否照扣四分由部酌覈，應由臣部行知雷正綰及部統善慶，轉行馮南斌，自光緒十一年正月為始，令將收到協餉按庫平兌收，再按四分升合湘平仍行列入收款。其支放一切款目，均按劃定湘平開放，以符新章。此湘平一節，應行畫一者也。

再查統費一款，楚軍舊章，凡統領至三千人以上者，始給統領費，其所統不及三千人者無之。當時定章，原係酌量事務繁簡以示區別，今據該督奏稱應另給馮南斌統領費二百兩。臣部查覈，馮南斌所部僅一千人，與楚軍舊章統至三千人始行加給統費之條不符，臣部未便率准。此另給統費一節，應行議駁者也。

又，查補發舊欠一款，前據該督奏稱，酌給馬步十一營欠餉銀四萬余兩，于西安商號通融兌銀十萬兩，于京城由雷正綰分三次具領。今據該督奏稱，雷正館所統馬步十一營欠餉銀共十三萬兩，瀕行時已酌給三成，現由商號借銀四萬，兌京交雷營補發舊欠。臣部查覈，此次所發欠餉四萬兩，自系在前次所發欠餉之外，惟前次向西安商號通融兌銀十萬兩，並未聲明系發月餉，抑系補發舊欠？此次由商號借銀四萬兩，亦未聲明是否在前兌十萬兩之外，抑系在前兌十萬兩之內，臣部無從懸斷，應由該督詳細分晰報部，再行覈辦。此補發舊欠一節，應再行查者也。所有臣等遵旨議奏緣由，謹附片具陳，伏乞聖鑒。謹奏。

光緒十年十二月二十日奉旨："依議。欽此。"

核議伊犁善後各局動用經費銀兩摺

[**題解**] 本稿當作於光緒十年十月十六日後數日。伊犁將軍金順奏遵照部章,將各項公局分別裁併,並將動支銀兩報銷。戶部核議指出,該將軍奏請將中俄事務設局專司,可行;其銷冊仍與奏定章程殊多不合,此次姑且准銷;一切補發舊欠各款,其尚未報部各案不准擅議支發;從前用過局費可照成案覈銷;更夫、柵夫嗣後不准再行招募。並將所有准駁各款清單,在奏稿後一併附上。

奏為覈議伊犁善後各局支銷銀兩,恭摺仰祈聖鑒事。

伊犁將軍金順奏《遵照部章將各項公局分別裁併並將動支銀兩報銷》一折,光緒十年十月十六日軍機大臣奉旨:"該部議奏。欽此。"欽遵由軍機處鈔交到部。

據原奏內稱,准戶部諮鈔清單內開,伊犁保甲、屯墾事宜應責成伊犁同知、巡檢管理,毋庸另行設局,不准開支等語。遵照部章,自十年六月以後並歸地方官管理,十年六月以前應懇准其造冊報銷。又清單內開,固勒劄善後分局回務處由該同知辦理等語。查九年冬間,即將善後分局並歸總局,回務處並歸理事同知衙門經理。又清單內開,滿、漢義學,每月給束脩、油燭等銀十二兩,應照為烏魯木齊辦理,書筆、墨紙毋庸另行發給。此項經費,應在伊犁房租雜款項下動支等語。查書筆、紙墨,只此一次官為採買,以後照部章辦理。義學經費,應懇暫准動用善後經費,十年以後另籌款項度支。又清單內開,中俄事務並歸善後總局經理等語。查中俄交涉緊要,應懇准其設局專司以昭慎重。茲照戶部酌覈章程，造具領過口分、津貼、工費等項，分案造冊，奏諮覈銷等語。

臣部伏查，該將軍上年冬間報部設立各局，有善後總局、中俄事務局、固勒劄回務處、固勒劄善後分局、綏定城城鄉保甲局、綏定城東南兩關保甲分局、固勒劄保甲局、廣仁城保甲分局，紛紛派設委員，諸多糜費，是以臣部令其或歸併總局，或歸地方官辦理。今據將軍聲稱，業已分裁併，惟中俄事務局仍請設局專司等語。

臣部查，中俄事務局臣部原令歸併善後總局辦理，該總局原准設提調二員，辦事委員八員，經承二名，貼寫十二名，掛號號房一名，通事二名，局勇十六名，月支局費銀三十兩。該將軍此次奏請將中俄事務設局專司，即應由善後總局分撥所有，善後總局應改為提調一員，辦事委員六員，經承一名，貼寫十名，掛號號房一名，通事一名，局勇十名，月支局費銀二十四兩。中俄事務局改設提調一員，辦事委員二員，經承一名，貼寫二名，通事一名，局勇六名，月支局費銀六兩。

再查該將軍監修城工委員、隨營委員各處，又設立分局委員，其名目以數十計，委員以數百計，尚不在此次案內。應令該將軍遵照本年十二月十二日諭旨：「趕緊將一切冗員、一切冗費大加裁減，以節糜費，以濟兵食。」至此次銷冊，仍與臣部奏定章程殊多不合。惟伊犁初復，事同創始，且該將軍此次銷冊已照奏案將各局分別裁併，臣部自應酌理准情，將此案銷款分別准銷。光緒十一年正月以後，該城兵數、餉數、善後經費，均有定數，其一切支款若不先行立案，候部覆准，於報銷時率行濫支者，即照例章議駁，並著落該將軍及承辦委員分賠。

至從前一切補發舊欠各款，本年十二月間又有會同軍機大臣奏明條款，其尚未報部各案，亦應遵章加理，不准擅議支發所有。臣部覈銷此案津貼、口分、工食，系照臣部覈准章程。查章程內開，同知、通判、州縣，照章月支口分銀二十二兩八錢，佐雜月支口分銀十二兩，如有兼差，不另開支口分，酌給津貼十兩或十五兩。局勇每名日支銀一錢一分，通事、字識每名月支銀三兩，書吏支銀四兩八錢。

局費一項，除善後總局系照臣部奏定章程月支銀三十兩，其餘各局，臣部從前議令即行裁撤，不准開支局費。此次既經該將軍聲明裁撤，則從前用過局費，自可照覈銷烏魯木齊成案數目覈銷，月支銀六兩或三兩不等，惟嗣後應不准藉端再行設局。

更夫、柵夫月支銀三兩三錢，臣部從前原不准其用更夫、柵夫，今既聲明裁撤，此次亦應暫准開銷，嗣後仍不准再行招募。書吏糧折一項，臣部擬准其每名日支折色銀四分，以示體恤。嗣後，應令在伊犁收穫糧石內開支本色，每名照例日給米八合三勺，此次折價永遠不准援引。義學束脩每月支銀十二兩，與臣部奏案相符，應准開銷。臣等謹將准駁各款另繕清單恭呈禦覽，伏乞皇太后、皇上聖鑒。謹奏。

光緒十年十二月二十二日奉旨："依議。欽此。"

謹將覈銷伊犁善後各局支用銀兩繕具清單恭呈禦覽

一　據冊開，伊犁善後總局自光緒八年四月初一日開辦起，至九年十二月三十日止，共支銀一萬四百八十一兩七分等語。

臣部查，善後總辦局務巴彥岱、領隊大臣長庚，本有廉俸可支，應照奏定章程兼差之員，不准開支口分，所有冊開長庚口分銀三百九十兩，應行扣除，照章只准按月酌給津貼銀十五兩，計在總辦任內六個月，共應准銷銀九十兩，應刪除銀三百兩。候補直隸州知州遊春澤一員，月支口分銀二十二兩八錢，計接辦局務共十五個月，共應准銷銀五百六十七兩。伊犁鎮總兵劉宏發系實缺人員，與長庚事同一律，不應開支口分，據原冊內開，支口分銀六百七十二兩，應行扣除，照章只准按月酌給津貼，計在總辦任內十五個月，應准銷銀二百二十五兩，應刪除銀四百四十七兩。提調補用知州李永祜，月支口分、津貼，應准銷銀六百八十八兩八錢。京城鑲白旗護軍參領德克津布，原冊上未聲明有無俸銀可支，應令聲覆，再行覈辦，計行查銀四百六十二兩。辦事委員、補用知縣白遇吉，口分應准銷銀四百七十八兩八錢。至原冊內開伊犁滿營協領爾柯左領和陳泰，原冊並未聲明有無俸銀可支發銷。委員三員、文案委員二員，原冊僅稱系通同州縣官，並無職名，亦未聲明是否兼差。以上七員，應令聲覆，再行覈辦，共應行查銀三千四百四十四兩。

經承二名，貼寫十二名，各月支銀四兩八錢，與章程相符。惟糧折一項，折銀太多，臣部酌中定，擬每名照例日支米八合三勺，應暫准折銀四分。據原冊內開，經承、貼寫共支辛工糧折銀一千八百六十九兩二錢一分，臣部覈計，共應准銷銀一千七百三十八兩八錢，應刪除銀一百三十兩四錢一分。號房一名，通事二名，每名月支工食三兩。局勇十六名，每名月支銀三兩三錢，共應准銷銀一千二百七十九兩二錢六分。月支油燭、心紅、紙筆墨等項銀三十兩，與章程相符，共應准銷銀六百三十兩。統計全冊，原請銷銀一萬四百八十一兩七分，臣部實准銷銀五千六百九十七兩六錢六分，刪除銀八百七十七兩四錢一分，行查銀三千九百零六兩。

再查臣部奏定章程，伊犁善後總局並未准其設立總辦，此案批准開銷，以後不准開報。經承、貼寫口食，應令由屯糧、民糧款內動支本色，永不准援引此次銷案開支折色。

一 據冊開，伊犁中俄事務局自光緒八年四月十五日開辦起，截至九年十二月三十日止，共支銀三千二十九兩四錢四分等語。臣部查，兼辦局務、候直隸州遊春澤、護軍參領德克津布均開支津貼，應共准銷銀五百十二兩五錢。伊犁撫民同知雷銘三，自有廉俸、公費等項，不應開支口分。據原冊內開，共支口分銀四百六十七兩四錢，應改令每月發給津貼銀十五兩。計兼局務二十個月十五日，共應准銷津貼銀三百七十五兩，刪除銀九十二兩四錢。

據原冊內開，滿、漢辦事委員系參領官、州縣官，並無職名，

亦未聲明是否兼差，有無廉俸可支，率行開支口分，應令聲覆，再
行覆辦，計共行查銀九百十八兩四錢。經承一名，貼寫一名，月支
辛工銀四兩八錢，與章程相符。其糧折一項，每日應暫准折銀四分，
據原冊內開支二百六十兩五錢八分，臣部覈計共應准銷銀二百四十
二兩四錢，應刪除銀十八兩一錢八分。通事一名，月支工食銀三兩
六錢，局勇六名，每名月支銀三兩三錢，共應准銷銀四百六十兩五
錢六分。冊開該局心紅、油燭、紙張、筆墨月支銀二十兩，應比照
準銷烏魯木齊、古城轉運局成案，准其每月支銀六兩，應准銷銀一
百二十三兩，刪除銀二百八十七兩。統計全冊，原請銷銀三千二十
九兩四錢四分，臣部實准銷銀一千七百十三兩四錢六分，刪除銀三
百九十七兩五錢八分，行查銀九百十八兩四錢。

　　一　據冊開，固勒劄回務處自光緒八年四月初八日開辦起，截
至九年十二月三十日止，共支銀二千二百六十三兩三錢六分等語。
臣部查冊開，委管回務錫伯營總管色蒲賽賢，共支口分銀八百九十
六兩，該員系有俸人員，不應開支口分，照章只給津貼，應每月酌
給津貼銀十五兩。計在任二十個月，共應准銷銀三百兩，刪除銀五
百九十六兩。伊犁理事同知霍順武月支津貼銀十兩，應共准銷銀二
百兩。字識二名，月各支工食銀三兩，應共准銷銀一百十八兩二錢。
該將軍報部原案並無通事，應行刪除，計刪除銀五十九兩一錢。局
勇六名，每名月支工食銀三兩三錢，共應准銷銀三百九十兩六分，
月支油燭、心紅、紙筆等項三十兩，實屬浮多，應比照準銷烏魯木
齊、古城轉運局成案，准其月支銀六兩。計二十個月，共應准銷銀
一百二十兩，刪除銀四百八十兩。所有回務處，既據聲稱歸併理事
同知衙門辦理，嗣後永不准開支口分、津貼、局費等項。又據冊開，
固勒劄善後分局共支銀八百六十五兩五錢等語。臣部查，該局自九
年二月二十日開辦，截至十二月三十日裁撤止，系十個月十日，原
冊開十個月二十日，計多算十日。內補用知縣劉翰先月支口分銀二
十二兩八錢，除應准銷口分銀共二百三十六兩三錢六分外，應刪除
浮支銀六兩八錢四分。字識二名，通事一名，月各支銀三兩，共應

准銷銀九十一兩八錢，應刪除浮支銀二兩七錢。局勇六名，月各支工食銀三兩三錢，共應准銷銀二百一兩九錢六分，應刪除浮支銀五兩九錢四分。月支油燭、心紅、紙張等項公費，應比照準銷烏魯木齊、古城轉運局成案，准其月支銀六兩，應共准銷銀六十二兩，刪除並浮支銀二百五十八兩。據冊稱，裁撤後統歸伊犁善後總局辦理，此後不准另請開銷。統計全冊，原請銷銀三千一百二十八兩九錢六分，臣部實准銷銀一千七百二十兩三錢八分，刪除銀一千四百八兩五錢八分。

一　據冊開，保甲局自光緒八年八月初一日起，至十年閏五月二十九日改歸地方官籌辦止，共開支銀一萬四千五百一兩三錢五分等語。臣部查，伊犁綏定城保甲局員，補用直隸州知州龐謙，月支口分，應准銷銀五百二十四兩四錢。

原冊又開，委員系佐離官，四員共支口分銀一千一百四兩，並無職名，亦未聲明是否兼差，應令聲覆，再行覈辦，計行查銀一千一百四兩。經承一名、貼寫五名，各月支辛工銀四兩八錢，每名每月糧折銀應按四分覈給，共應准銷銀八百十四兩八錢，應刪除銀六十一兩一錢一分。局勇二十名，更夫二十名，守柵夫二十名，共六十名，月各支銀三兩三錢，共應准銷銀四千四百八十一兩四錢。原冊開，月支心紅、油燭、紙張銀二十兩，應比照準銷烏魯木齊支發等局成案，每月准支銀三兩，共准銷銀六十九兩，應刪除銀三百九十一兩。

又冊開，綏定城東南兩關保甲局委員二員，系佐雜官李宗嶽等，或無職名，亦未聲明是否兼差，應令聲覆再行覈辦，共應行查銀五百五十二兩。字識一名，月支工食銀三兩，共應准銷銀一百三十五兩八錢。局勇八名，更夫九名，柵夫九名，月各支工食銀三兩三錢，共應准銷銀一千九百四十一兩九錢四分。原冊開，月支心紅、油燭、紙張、筆墨銀十五兩，應比照準銷烏魯木齊支發等局成案，每月准支銀三兩，共應准銷銀六十九兩，刪除銀六百二十一兩。

又據冊開，固勒劄保甲分局委員、前甘肅高臺縣知縣徐應魁，月支口分銀二十二兩八錢，共應准銷銀二百三十九兩四錢。字識一名，月支工食銀三兩。局勇四名，更夫十二名，栅大十二名，各月支工銀[1]銀三兩三錢，共應准銷銀九百八十五兩八錢。原冊開月支心紅、油燭、紙張、筆墨等項銀十五兩，應比照準銷烏魯木齊支發局成案，准其月支銀三兩，計十個月十五日，共應准銷銀三十一兩五錢，刪除銀一百二十六兩。

又冊開，廣仁城保甲分局委員，補用鹽大使、方大用，月支口分共應准銷銀二百九十七兩六錢。字識一名，月支工食銀三兩。局勇四名，更夫八名，栅夫八名，月各支工食銀三兩三錢，共應准銷銀一千六百八十三兩六錢。原冊開，月支心紅、油燭、紙張、筆墨等銀十五兩，應比照準銷烏魯木齊支發等局成案，每月准支銀三兩，共應准銷銀七十四兩四錢，刪除銀二百九十七兩六錢。統計全冊，原請銷銀一萬四千五百一兩三錢五分，臣部實准銷銀一萬一千三百四十八兩六錢四分，刪除銀一千四百九十六兩七錢一分，行查銀一千六百五十六兩。

以上各局，據稱以後照章統歸地方官辦理，不得再行開支。

一　據冊開，支發義學等項銀二千九百十八兩七錢九分等語。臣部查，價買綏定城民房作為義學，共支銀三百六十兩，價買書籍等銀二百十四兩一錢，價買筆墨、紙硯等銀一百四十一兩八錢，修整綏定城官義學房屋工料銀一百六十一兩六錢九分。此案應否准銷，應由工部覈辦，嗣後照章不准開銷。又，運書籍等物車價銀一百三十兩，此案應否准銷，應由兵部覈辦，嗣後照章不准開銷。至伊犁義學十四處，每處每月各支束脩銀十二兩，與臣部奏定章程相符，共應准銷銀一千九百十一兩二錢。統計全冊，原請銷銀二千九百十八兩七錢九分，內除工部應銷銀八百七十七兩五錢九分，兵部應銷銀一百三十兩，臣部實准銷銀一千九百十一兩二錢。所有義學束脩，自光緒十年起，照章由地方另為籌款辦理。

統計全案，原請銷銀三萬四千五十九兩六錢一分，除兵、工二部應銷銀一千七兩五錢九分，自行照章辦理外，臣部應銷銀三萬三千五十二兩零二分，實准銷銀二萬二千三百九十一兩三錢四分，刪除銀四千一百八十兩二錢八分，行查銀六千四百八十兩四錢。

以上准銷各款，均令按照湘平開支。惟查此案並無收銀數目，又無管收，除在總冊，殊屬有違定例。應令趕緊補造送部，以便分清款目。嗣後，若不將款目、職名逐一聲明，即將承辦官員照錢糧造冊不分晰明白例參處，以杜弊混。

[校注]

　[1]　此處銀字，應為"食"，當為原文排印錯誤。

議駁伊犁軍台卡倫官兵報銷片

[**題解**] 本稿當作於光緒十年十一月下旬。伊犁將軍金順奏，伊犁南北兩路軍台、卡倫官兵光緒八、九兩年支領過鹽菜津貼等項銀兩，造冊諮部覈銷等因，戶部認為，其冊內開支餉項有與定例不合之處，原冊開具項目含混，應另行照例分析造冊送部覈銷。

再，伊犁將軍金順奏《伊犁南北兩路軍台卡倫官兵光緒八九兩年支領過鹽菜津貼等項銀兩造冊諮部覈銷等因》一折，光緒十年十一月十八日軍機大臣奉旨："該部議奏。欽此。"欽遵鈔出到部，旋准該將軍將銷冊諮送前來。

臣部查，冊內開支鹽菜等項，均無官員職名，僅稱系佐領藍翎委官、驍騎校等官，兵丁亦無花名，殊與定例不合。且查卡倫官兵，向例駐紮卡倫之時，發給鹽糧，撤回之日，即應住支，冊內均系全年開支。至底營餉銀，向例應另案開報，茲查卡倫官兵底餉鹽菜等項，合為一款，亦與定例不合。

再查原冊，有支無收，亦無管收，除在總冊，亦未聲明系按何項平色開支。似此種種含混，臣部實難覈辦。應請飭下伊犁將軍，將伊犁南北兩路軍台、卡倫支過銀兩，另行照例分晰造冊，趕緊送部覈銷。如再含混不清，即將承辦局員，照錢糧造冊不分晰明白例參處，以示懲警。自光緒十一年正月起軍台、卡倫官兵開支鹽菜等項，應令照例於兵餉項下動支，用符定制。理合附片具陳，伏乞聖鑒。謹奏。

光緒十年十二月二十二日奉旨："依議。欽此。"

議覆陝撫請將欠發勇餉分別辦理摺

[題解] 本稿當作於光緒十年十二月中旬前後，屬遵旨議奏件。陝西巡撫邊寶泉奏欠發餉銀分別辦理等事，戶部認為，陝省歷年用款不能量入為出，致欠餉累累，現在其欠餉改獎事宜應稍從緩議，各項欠發及其他支發款項，亦應趕緊依限逐一分析造冊報部。

奏為遵旨議奏事。

陝西巡撫邊寶泉奏《欠發餉銀分別辦理等因》一片，光緒十年十二月十二日軍機大臣奉旨："戶部議奏。欽此。"欽遵於十二月十三日鈔出到部。

據原奏內稱，准戶部諮，具奏《陝省度支告匱急宜厘定章程撙節用款》一折內開，查陝省光緒八年善後局報銷欠發歷年勇餉銀五十六萬二千四百六十兩零，年積一年不能籌發，應比照雲貴改獎章程，請給封典虛銜等因，行知前來。查前項欠發款項各殊，自宜分別辦理。如轉運、製造、北山防勇等項均可責令請獎。積欠勇餉若系已經遣散，亦可不發現銀。至於現存各營旗欠餉，前因庫款支絀，許俟稍緩補發。如竟不發實銀，殊不足以服眾志而恤兵艱。又同治元、二年辦理城防，動用官錢、鋪票錢，亦須折合銀兩，籌還票本所有欠發。已故延、榆、綏鎮總兵譚仁芳管帶親兵、馬隊薪餉銀二萬七千七百餘兩，遊擊任正時代統仁勝等營薪餉銀五萬三千七百餘兩，撫標仁勝五旗餉銀七萬七千餘兩，三共欠發銀十五萬一千六百二十餘兩，確系應發之款，必不可少。除譚仁芳病故後改員接帶，截算欠餉發過銀一萬三千七十五兩，遊擊任正時等裁撤長夫，發過銀一萬三百七十五兩外，尚欠銀拾（原文如此）二萬七千二百七十一兩零。連城防動用官錢、鋪票錢，折合銀五萬九千六百九十七兩零。統計欠餉票本，已發、未發共銀二十一萬一千三百十七兩零，均應分別發還。其餘歷年轉運、製造及北山防勇口糧，共欠發銀三十五萬一千四十餘兩，終難補發，應遵部議，准照雲貴改獎章程，按照常捐例銀實數，請給封典虛銜等語。

臣部伏查，陝西省歷年用款不能量入為出，以致欠餉累累，是以臣部原議照雲南、貴州改獎章程，請照例定實銀，改給封典虛銜。現在開辦海防捐輸，與昔時情形又有不同，若始將欠餉改獎，實於海防捐輸不無妨礙。所有陝西省欠餉改獎事宜，自應稍從緩議，一俟海防捐輸一年停止之時，再行分別辦理。

再查臣部本年十二月初八日會奏《籌畫軍餉章程》內開，各項欠發，勒限清厘，通飭各省將本年以前無論何項欠款切實查清。截至光緒十年十二月底止，各實有若干，系屬何年何月何項欠款，一一造具清冊統於光緒十一年五月報部，聽候設法清厘，分別停發。自光緒十一年起，概不准各省擅行補還等因，奏准行知遵照在案。應令該撫遵照奏定章程，趕緊依限分晰造冊報部，以便清厘。

查陝西省欠餉極多，臣部前次奏請令其改獎銀五十六萬餘兩，系指不敷之款而言。此外欠發餉銀，事隔數十年，以前為數在百萬以上，其實兵勇或早遣散，或已屢易其人，此款虛數盡在統領營官名下。臣部前於光緒八年奏定軍需善後章程，令將實欠銀數專案奏報，准其一律歸併報效請廣文武中額。臣部將來清厘欠餉，總應分別年限辦理。其年代遠者概行停發，即令照章歸併報效請廣文武中額。其年代近者，亦概行停發，俟海防捐輸停止之後，再行比照雲南、貴州改獎章程辦理，以免年年補發，致滋弊竇。至陝西省從前辦理城防，並無動用官錢、鋪票錢銷案，即歷年軍需善後銷案，亦僅稱系由司庫籌撥銀若干兩。而司庫銷冊亦未聲明此款系由何項動支，總由冊造含混，是以轇轕不清。

今據該撫聲稱，城防動用票錢應折合銀兩歸還票本，應令將某年動用票錢若干，發過某營票錢若干，如何作價折發籌還，票本如何折合銀兩，此項票本應由何處兌收，兌收之後應作何用，逐一造冊報部。並將歷年支發軍需、善後款項，某年動支某項銀若干兩，一併造冊報部。嗣後動用銀兩，務將動支某年某項，逐一聲明。如再含混，即將該藩司照錢量造冊不分晰明白例參處，以杜弊混。

再查補發欠餉一款，臣部前於光緒八年奏定章程，各司庫積欠未發各款，即系必應補發之款，以後必專案報部，俟接到部覆，方准覈發等因。今據該撫奏稱，發過欠餉銀一萬三千九百七十三兩零，又發過銀一萬三百七十五兩等語。該藩司何以不遵照奏定章程，不候部覆擅行補放？應令該撫轉飭查明，系於何年月日補發？動用何款？逐一聲明，將擅行補發之藩司參處。該撫聲稱欠發銀十五萬一千六百二十餘兩，確系應發之款，應令暫停補發，聽候清厘。其餘一切未發之款，均令遵照奏定章程，聽候臣部清厘，不准擅行補發，以杜濫支。所有遵旨議奏緣由，理合恭折具陳，伏乞皇太后、皇上聖鑒訓示。謹奏。

光緒十年十二月二十五日奉旨："依議。欽此。"

議覆陝撫查明營田租銀並裁局歸併情形片

[**題解**] 本稿當作於光緒十年十二月中旬。陝西巡撫邊寶泉奏報查明營田租銀實數並裁局歸併情形，戶部認為，陝省招民開墾考成不嚴，營田租賦之考成宜分別議定，對光緒六年夏季以前以及該年秋季後至光緒八年冬季以前收支各款應徹底查明，其裁併各局亦應遵照戶部會奏《籌畫餉需章程》，分析據實報部。

再，陝西巡撫邊寶泉奏《查明營田租銀實數並裁局歸併情形》一片，光緒十年十二月十二日軍機大臣奉旨："戶部知道。欽此。"欽遵鈔出到部。

據原奏內稱，查陝西省營田，自同治四年設局清查招墾，共計荒地四千一百二十七畝，至光緒六年夏季止，共墾荒地三千四百頃零四十餘畝。佃戶每年納租均未如額。歷年共收存京門麥十七萬九千八百一十石零，粟穀一萬五千五百七十五石零，粟米五千七百三十五石二門，白米二十一石四門。先因南山興、漢、商三府州屬倉儲空虛，提賣高陵等五州縣租課撥價買糧存倉，又因各屬歷年修倉變價，每季省城粥廠、大荔縣棲流所經費，及光緒三、四兩年旱荒散賑動用外，實存京門小麥三萬五千八百十九石零，粟穀一千七百六十石零，白米一石。興、漢、商三屬變價買存稻穀一萬八千二百七十三石零，粟穀九百三十二石零，光緒二年由局移解大荔縣河租銀九百十五兩。光緒六年折錢交租，每京門租麥，一門折收銅錢一百文，大米一門折收銅錢一百五十文，粟米一門折收銅錢五十文。

招墾遵辦，隨佃隨荒，計未墾並已墾複荒地共八百八十頃五十五畝。自光緒六年秋季改收折色起至十年九月底止徵收易銀，除去委員薪水、口食並大荔縣棲流所經費，實存庫平銀六萬六千八百二十四兩零。光緒九年年底及十年七月，兩次移解司庫銀六萬四千一百三十五兩零，局中尚存銀二千六百八十兩零。俟本年收積成數，即行匯解。所有九、十兩年解款，應列入本年奏銷報部。茲複更定新章，凡招募開墾、催收折租等事，概歸地方官承辦，其勤惰分記功過，以專責成。陝西省營田向有專局，現擬裁撤營田、招墾二局，概歸善後，改名營田所，派員分股辦事。該所每年薪水、口食一切經費，共需銀一千四百兩。省城現僅存善後、厘稅、保甲、課吏四局，不致再有蠹耗。其營田租銀支用經費，請以光緒十一年為始，再行造冊報銷等語。

臣部伏查，陝西省營田，招民開墾納租分別年限發照管業，其年限已滿、交租足額、領照管業之戶所納糧賦，即系正項錢糧，自應嚴定考成，以杜弊竇。今該撫既奏明營田事宜歸地方官承辦，而僅擬分記功過該州縣等，考成不嚴，小則惰征大則侵蝕，流弊勢將無所底止。臣部擬令該省將現在實有營田各屬，分別某州某縣，造具田畝數目、收銀科則清冊，趕緊于文到一月內送部。即在冊內田數下注明某縣實有若干頃畝，系已滿年限發照管業之田；某縣又有若干頃畝，系尚未滿年限，應分年交租、聽候給照之田。其已滿年限管業之田，如何起科？每縣光緒十一年實應徵此項科則銀若干？自光緒十一年起，即照一條鞭法編入各州縣地丁起運銀兩項下辦理，合計參罰，以嚴考成。其未滿年限尚未發照之田，所完分限租銀，光緒十一年分，每縣實應收租銀共有若干，一一將業戶應完租數詳細分開，並聲明某戶應至某年限滿發照，以便隨時編入正賦。未編入正賦之前，地方官徵收勤惰，即准如該撫所議分別功過辦理，嗣後此項冊籍，應令按年造送一次。此營田租賦考成，宜分別議定也。

至光緒六年以前所收本色，未據該省報部覈銷，究竟某年某月某州縣額征某項糧若干，已征若干，未征若干，某年提賣高陵等五州縣租課若干，每石賣價若干，漢、興、商三府州屬，究竟某處買某項糧若干，存倉若干，每石買價若干。各屬歷年修倉變價，究竟系何州縣、何年修倉，需費若干，每石變價若干，動存各若干。旱荒散賑，某州縣動用若干，漢、興、商三屬變價買存稻穀、粟穀，究竟系何州縣，何年變價，某項每石變價若干，買存稻穀、粟穀若干，每石價銀若干。省城粥廠、大荔縣棲流所經費，某年某項收支若干，委員究系何人，需用薪水等項各若干。光緒二年，由局移解大荔縣河租銀現存何處？臣部無憑查覈，應令造冊報部，以重款項。此光緒六年夏季以前收支買賣等款，應徹底查明也。

九、十兩年收支，既據聲明列入本年報銷，應俟銷冊到部，再行覈辦。至光緒六年夏季以後，改收折色，究竟某年某州縣額征錢若干，已完解若干，未完解若干，如何易銀，如何開支薪水、口食經費，臣部亦無憑查覈，亦應令造冊報部，以重款項。此光緒六年秋季以後、光緒八年冬季以前收支各款，應徹底查明也。

至各項局員，本年十二月已令各省督撫將省局卡裁併，酌定員數，嚴定薪水，破除情面，嚴定章程，並限令三個月將各局員數、銀資料實具奏，一面報部查覈，如不趕緊於三個月內報部，將來經部刪駁，即著落濫行，派委之上司全數賠補，並行參辦等因，行知各省在案。今據該撫奏稱，裁併各局，究竟某局額定員數若干，額定銀數若干，系於何項動支，均未聲敘。應令遵照臣部本年十二月會奏《籌畫餉需章程》分析據實報部，以憑覈辦。謹附片具陳，伏乞聖鑒。謹奏。

光緒十年十二月二十五日奉旨："依議。欽此。"

議覆四川總督請將代征黔釐仍解赴黔摺

[題解] 本稿當作於光緒十一年正月上旬。四川總督丁寶楨奏報請將川省代黔徵收釐稅仍解赴黔諸事，戶部遵旨具奏，逐一作了准駁。認為協餉方面，四川省並未絲毫多解，其代黔徵收釐稅應如該督所奏辦理，湖北、湖南、四川三省免解協餉數目甚巨，其現共應解貴州餉項均系有著的款，各該省自無諉卸拖欠之理，應令源源報解以應要需。

奏為遵旨速議具奏，恭折仰祈聖鑒事。

四川總督丁寶楨奏《請將川省代黔徵收釐稅仍解赴黔等因》一折，光緒十年十二月三十日軍機大臣奉旨："戶部速議具奏。欽此。" 欽遵於光緒十一年正月初一日鈔出到部。

據原奏內稱，准部諮指撥光緒十一年分甘肅新餉銀四百五十五萬兩，指撥四川省銀一百二十萬兩。又准諮開四川省每年應協貴州餉五十萬兩內，鹽釐應協貴州兵餉六萬兩，按糧津貼應協貴州兵餉五萬兩，夔、巫鹽稅應協貴州兵餉五萬兩，改令湖北省於光緒十一年批解銀五十萬兩，湖南省批解銀十六萬兩各等因。查川省原議協黔之餉，每年只解銀四十九萬兩，並無五十萬之多。蓋以黔邊鹽務局每年應解協黔抵捐銀四萬兩，又解京銀內改解黔省銀十二萬六千餘兩，又行黔鹽引內黔省應收釐稅，議明由川省代黔徵收釐稅銀十八萬兩。又因司庫奉撥黔軍餉銀十三萬四千四百兩，又奉撥茶課、鹽釐稅、津貼等項銀，解供黔省兵餉二十三、四萬兩，統計每年奉

撥銀三十六、七萬兩。司庫無從籌撥，因與前撫臣岑毓英議定，無
論軍餉、兵餉，每月實解銀一萬二千兩，共解實銀十四萬四千兩，
連黔邊局應解抵捐協餉及代征厘稅等項，每歲一切共只解黔省銀四
十九萬兩一併在內。今准部諮，指為歲協貴州軍餉銀五十萬兩文內，
所稱歷撥兵餉之鹽厘、鹽稅、津貼等銀十六萬兩，並文內未經敘及
之每年指撥兵餉茶課銀六、七萬兩。茲既將議定解黔之四十九萬兩
改歸他省撥解，又指出應協黔省兵餉之鹽厘、鹽稅、津貼等項應行
免解，而又將兵餉案內向來指撥之茶課一款並未提及，是川省于議
定解黔四十九萬兩之外，複需多解此款銀六、七萬兩。至原議解黔
四十九萬兩之內，有黔邊局代黔徵收厘稅銀十八萬兩，系禁私設關
卡、杜絕大弊。請將川省黔邊局每年代黔徵收鹽厘、鹽稅銀十八萬
兩，仍由川省以代征之項陸續解黔。其原撥湖北協濟黔省銀五十萬
兩，仍由湖北撥解銀三十二萬兩，餘銀十八萬兩，仍解甘肅交收，
以抵川省撥解。黔省十八萬兩之款如此一轉移間，甘餉既不至稍有
短絀，黔餉亦得以隨時濟用，川省尤得以永保邊岸，一舉而三省均
便等語。

　　臣部伏查，貴州應受四川省協餉，自光緒五年十月奏准議減後，
每月應解銀一萬一千二百兩，又每年應解代征厘稅銀十八萬兩，抵
捐銀十六萬六千兩，津貼、鹽厘稅，及秋撥冊報實存茶課等款，指
撥常年兵餉銀二十四、五萬兩不等，統計一年共應協銀七十餘萬兩。
嗣據雲貴總督於九年八月間《請改撥有著款項》折內聲稱，四川每
年籌解協餉銀三十二萬兩，代征厘稅銀十八萬兩，共合銀五十萬兩，
按年解清，是以臣部於十年十月奏撥甘肅新餉，將四川應協貴州餉
銀改解甘肅。即將湖北應解西征餉銀改解貴州，以抵四川按年應協
貴州餉銀五十萬兩之數。而津貼、鹽稅實存報撥茶課，均系臣部按
年另撥常年兵餉，不在五十萬數內。且此茶課一款，現已撥作四川
省兵餉，並未令其協濟貴州，是四川省並未絲毫多解。至津貼、鹽
厘、鹽稅，亦經改撥湖南厘金等銀十六萬兩，應由湖南照數協解貴
州，亦與四川無涉，均毋庸再議。

　　至所稱議定歲解銀四十九萬兩一節，系該督等外議辦法，部中未見明文，無從查悉。臣部現按貴州巡撫奏報每年收餉數目計算多寡，間有不齊，實不盡如該督所稱每年只解四十九萬兩之數。唯四川代黔徵收厘稅，本在五十萬兩數內，臣部前折改令湖北統解貴州五十萬兩，原為四川騰出十八萬兩有著之款，以便湊解甘肅新餉銀一百二十萬兩，俾免竭蹶。現在既據該督奏陳，代黔徵收厘稅系為杜弊，亦屬實在情形，應准如該督所奏辦理，將代黔徵收鹽厘、鹽稅銀十八萬兩，仍由四川協解貴州。覈計貴州協餉，除四川代征厘稅協解銀十八萬兩，又湖南撥解銀十六萬兩，覈與雲貴總督所奏四川每年共解銀五十萬兩之數，計僅短銀十六萬兩，應令湖北省於前次部撥貴州餉銀五十萬兩內，仍解貴州銀十六萬兩。其餘三十四萬兩，以十八萬兩按庫平庫色解交甘肅藩庫兌收，作為湖北省協解光緒十一年分甘肅新餉，下剩十六萬兩即行免其報解，以紓湖北省餉力。

　　統行複計湖北、湖南、四川三省，經臣部疊次奏請，免解協餉數目甚巨。現在共應解貴州餉五十萬兩，均系有著的款，各該省自無諉卸拖欠之理，應令源源報解，以應要需。至湖北、湖南每月尚有另案應解貴州協餉各四千兩，仍應如數報解，不得延宕。湖北省應解甘肅新餉銀十八萬兩，系甘肅、新疆各軍需用確數，與四川等省應解甘肅新餉，事同一律，應令于本年五月以前批解六成，下余四成，統限十月內掃數解清，不准絲毫短欠。倘能依限照數解清，即由陝甘總督照案奏請優獎，如有視為具文，仍前延欠，即照貽誤軍餉例指名嚴參。俟奏定後，再由臣部抄錄奏定甘肅新餉章程，一並行知湖北省遵照辦理。有所遵旨速議具奏緣由，理合恭折具陳，伏乞皇太后、皇上聖鑒訓示。謹奏。

　　光緒十一年正月十二日奉旨："依議。欽此。"

籌撥嵩武軍餉項並覈議一切事宜摺

[題解] 本稿當作於光緒十年十二月底，是對籌撥張曜嵩武軍餉項並覈議一切事宜情況的奏報。張曜一軍在新疆時應需餉項本由河南省供支，後轉甘肅藩庫分撥，其遵旨督率所部北來，戶部認為餉項自應另為議定。具體解決辦法：至光緒十一年二月底止，應需軍餉等項仍由河南省于應解甘肅新餉之外另行籌款供應，此後餉項由江蘇等地協解。

奏為籌撥張曜嵩武軍餉項並覈議一切事宜，恭折仰祈聖鑒事。

竊臣部於光緒十年十二月十二日，據河南巡撫鹿傳霖諮稱，准戶部諮開，張曜嵩武一軍向由河南省供支餉項，現在既由陝甘統估分撥，自不必專由河南省供支嵩武軍，報銷即截至光緒十年底止，由河南省造報光緒十一年分，即由張曜一面會同劉錦棠造冊奏銷，一面將清冊諮送陝甘總督備案等因。查嵩武軍奉旨飭調，督率所部北來聽候調遣，已於九月十六日自回疆喀什噶爾開拔，與戶部前議情事稍異。請將十一年分嵩武軍餉項如何籌撥，銷案如何冊報覈議，再該軍現正開拔需餉甚殷，未奉部覆以前應支餉項，仍照向章由豫籌解，以利軍行等語。

臣部伏查，張曜一軍在新疆時應需餉項由河南省供支，臣部於光緒十年九月奏定甘肅新餉，將該軍餉項由甘肅藩庫分撥，毋庸專由河南省支，應令河南省於光緒十一年歲解庫平銀一百萬兩，以為甘肅關內外各軍餉銀。今張曜遵旨督率所部北來，聽候調遣，雖未據劉錦棠奏諮關外應否全數募補兵勇，然光緒十年關外兵勇新定，統以三萬一千為額。十一年一年，共撥甘肅關內外新餉四百五十五萬兩，自未便驟令河南省由應解甘肅十一年新餉一百萬兩數內動款分解張曜，致餉章淆紊，與原議不符。是張曜一軍北來，餉項自應另為議定。

惟查該軍北來，管帶若干，營月需若干餉，均尚無報部案據。若以該軍在新疆時應分新奏定餉數計算，歲需餉銀四十萬兩，月需餉三萬數千兩。今據河南巡撫諮請，前因臣部擬暫照該軍每月需餉三萬五千兩之數，先為指省撥給半年餉項，以清界限。然該軍現已拔隊起行，此時雖經臣部指定半年餉需，仍恐一時有未能掃解之處。誠有如河南巡撫原諮所稱，該軍現在開拔，需餉甚殷，未奉部複，以先應支餉項仍由豫省籌解，以利軍行。今嵩武軍自喀什噶爾啟行，截餉之日起至光緒十一年二月底止，應需軍餉等項，即應仍由河南省查明，于應解甘肅新餉一百萬兩之外，另行籌款按數供應。其自光緒十一年三月起，至光緒十一年八月底止，該軍半年餉項，臣等公同酌擬，先共撥給庫平銀二十一萬兩。籌計每月撥給銀三萬五千兩，應撥江蘇省月解銀一萬五千兩，兩淮鹽運司月解銀一萬兩，浙江省月解銀五千兩，安徽省月解銀五千兩，於光緒十一年三月起，即按月照數起解張曜駐紮行營交收。此項銀兩，該三省、一鹽運司均由應解十一年近畿防餉銀數內，截留撥解。如蒙俞允，即由臣部行知兩江總督，江蘇、浙江、安徽、河南各巡撫，一體遵照辦理，不准藉詞宕延，致滋貽誤。至光緒十一年九月以後該軍餉項，應由鹿傳霖、張曜迅將嵩武軍營數、人數，按月實需餉數一切支放章程以及銷案，或由河南造報，或由張曜造報，分別奏諮報部，以便酌籌款數另為指撥，而銷案亦不至於兩歧。

再，張曜一軍由喀什噶爾開拔以後，新疆南路應否按額定兵勇數目募補，抑或於他軍兵勇逾額之處，商調填紮，應令陝甘總督、甘肅新疆巡撫報部，再行覈辦。合併陳明，伏乞皇太后、皇上聖鑒。
謹奏。

光緒十一年正月十二日奉旨："依議。欽此。"

議複伊犂將軍奏緩裁撤客兵添撥軍餉摺

[**題解**] 本稿當作於光緒十一年正月中旬。伊犂將軍金順奏請暫緩裁撤客兵及其他事項，硃批"著照所請"。戶部奉旨議覆，就加撥餉項問題做了安排，並指出現在海防吃緊、餉項萬分支絀，伊犂將軍金順對所撥軍餉務必量入為出，自行勻劑支放。

奏為籌撥軍餉，恭折仰祈聖鑒事。

伊犂將軍金順奏《請暫緩裁撤客兵等因》一折，光緒十一年正月初八日，軍機大臣奉旨："覽奏已悉，該營兵勇著照所請，准其暫緩裁撤等因。欽此。"欽遵由軍機處鈔交到部。

據原奏內稱，伊犂逼處強鄰，戰守極不可忽。奴才前擬將行營兵勇裁撤五千人，目下情形萬難裁減，仰懇天恩俯准暫緩裁撤，俟海疆局勢大定，再行奏明裁撤等語。

臣部伏查，關內外各軍餉銀前經奏准，餉項各有定數，兵勇各有定額，原不能再議加增。現據金順奏請暫緩裁撤兵勇，實與臣部會同兵部奏定伊犂兵額原議不符，惟既欽奉特旨，准其暫緩裁撤，自應為其加撥餉項。今擬添撥江西省銀二萬兩，陝西省銀十萬兩，四川省銀八萬兩，河南省銀五萬兩，以上共添撥銀二十五萬兩。相應請旨飭下四川總督，江西、陝西、河南各巡撫，將此次添撥銀共二十五萬兩，按數批解甘肅藩庫兌收，由甘肅轉解伊犂，俾資應用。一切事宜，均照奏定甘肅新餉章程辦理，以歸畫一。

現值海防吃緊，餉項萬分支絀，並請旨飭下伊犂將軍金順，協力裁減用款，務須量入為出，自行勻劑支放，並將估計本年一切支款如何撙節動用分晰報部查覈。倘海疆局勢稍定，該將軍務當裁勇節餉，以便雷正綰、馮南斌撤防後，就餉供軍。即海防一時未能告竣，仍當於一年內認真裁汰客勇，以符奏案。所有籌撥軍餉緣由，理合恭折具陳，伏乞皇太后、皇上聖鑒。

再，該將軍奏催光緒十年分月餉，已由臣部飛諮各省趕解，合併陳明。謹奏。

光緒十一年正月二十九日奉旨："依議。欽此。"

議覆陝甘總督迎接呼弼勒罕
玉樹會盟章程摺

[題解] 本稿當作於光緒十年十二月底。陝甘總督譚鐘麟奏《酌擬迎接呼弼勒罕玉樹會盟章程》各折片，戶部奉旨議奏，認為可按所奏辦理。

奏為遵旨議奏，恭折仰祈聖鑒事。

陝甘總督譚鐘麟奏《酌擬迎接呼弼勒罕玉樹會盟章程》各折片，光緒十年十二月二十三日軍機大臣奉旨："該衙門議奏，單二件，片二件，併發。欽此。" 欽遵於二十四日鈔出到部。

臣部查，迎接呼弼勒罕玉樹會盟二案，多年未結。茲據該督奏稱，前項用款當日經手之員早故，已領者免其追繳，未領者不准補發，請將光緒十年以前用款一律覈銷，應如所奏辦理，以清積案。光緒十年以後，另定新章，均屬妥協，頗能節省，亦應如所奏辦理。是否有當，伏乞皇太后、皇上聖鑒訓示。

再，章程內散、總數微有不符，由臣部行令查覈。至該督奏《請呼弼勒罕由內地行走》一片，應由理藩院會同臣部另行具奏，合併聲明。謹奏。

光緒十一年正月二十九日奉旨："依議。欽此。"

議覆四川總督請將甘餉改由兩湖抵解摺

[**題解**] 本稿當作於光緒十一年正月下旬。四川總督丁寶楨奏請將川省解黔之五十萬兩，仍由川省照解，另將指改解黔之湖北、湖南兩省抵解甘餉，戶部議覆，認為改解一事應如該督所奏辦理，所有湖南、湖北省應解光緒十一年分甘肅新餉，亦應令遵照奏定甘肅新餉奏案，統限當年十月內掃數解清，不准絲毫短欠。

奏為遵旨速議具奏，恭折仰祈聖鑒事。

四川總督丁寶楨奏《請將川省解黔之五十萬兩仍由川省照解另將指改解黔之湖北湖南兩省抵解甘餉》一折，光緒十一年正月十九日軍機大臣奉旨："戶部速議具奏。欽此。"欽遵鈔出到部。

據原奏內稱，准部諮議，撥甘肅新餉內，四川省應撥解甘餉銀一百二十萬兩，其每年應解黔省之五十萬兩，另改指湖北、湖南分撥等因，當將代黔徵收包解之鹽厘十八萬，陳請改解在案。惟查川省協黔之款，尚有抵捐銀四萬兩，又解京銀內，並改解銀十二萬六千兩。又司道各庫每年議定，無論兵勇餉項，實解銀十四萬四千兩，共合應解黔省銀四十九萬兩。今若將此當年得用之款一併改解甘省，而令湖南、湖北分款抵解，即使能如數接濟，而黔中望餉，刻不能緩。仰懇天恩飭部另議，將川省歷年解黔之四十九萬，仍按前數分解。另將扣抵解黔之湖南、湖北兩省，照數改撥抵解甘餉等語。

臣部伏查，光緒十一年分甘肅新餉，前經臣部奏定新章分別指撥，實因從前西路各軍餉章紛亂，撥遍各省，收解參差，是以照例定撥餉辦法，就近省指撥，令其棄總籌解以期妥實。又因所指各省餉力只此，故量為停改應解別項協餉，以期均勻。此上年指撥四川省協解甘肅新餉銀一百二十萬兩，隨停其應解貴州兵餉，令湖南、湖北改解之所由來也。

前據丁寶楨奏請，將代黔徵收厘稅十八萬兩，仍由川省協解貴州，臣部已經議准，奏令湖北省將指解抵補四川此項協黔銀十八萬兩，改解甘肅。今複據丁寶楨奏稱，所停川省協黔之款，尚有抵捐及部款改解，又按年實解兵勇餉項，合計共銀三十一萬兩，請仍由川省照解貴州。至甘肅新餉，即由抵解之湖南、湖北二省，照數改撥，並稱黔中望餉，刻不能緩，尚系實在情形，應如該督所奏辦理。

覈計四川省原應解甘肅新餉銀一百二十萬兩，內除應解貴州銀四十九萬兩，尚應解甘肅新餉銀七十一萬兩，合之伊犁將軍奏請暫緩裁撤客兵案內，添協四川省銀八萬兩，共應解甘肅新餉銀七十九萬兩。至四川省既將前項銀四十九萬兩全數仍解貴州，內除代黔徵收厘稅銀十八萬兩，已先議准仍由四川批解貴州，令湖北省以十八萬批解甘肅外，尚有銀三十一萬兩，自應令湖北省將前次指撥貴州餉十六萬兩，以十五萬兩批解甘肅藩庫，餘銀一萬兩，即免湖北省報解。前次指撥湖南省協解貴州餉銀十六萬兩，應令全數改解甘肅，毋庸解黔。

所有湖南、湖北省應解光緒十一年分甘肅新餉，應令遵照奏定甘肅新餉奏案，按庫平庫色于本年五月以前批解六成，下余四成，統限十月內掃數解清。此項銀兩，均系甘肅、新疆各軍所需確數，不准絲毫短欠。如蒙俞允，即由臣部行知四川、陝甘、湖廣各總督，甘肅、新疆、湖南、湖北、貴州各巡撫，一體遵照，並鈔錄奏定甘肅新餉章程，知照湖南巡撫辦理，以歸一律。所有臣等遵旨速議具奏緣由，理合恭折具陳，伏乞皇太后、皇上聖鑒。謹奏。

光緒十一年二月初一日奉旨："依議。欽此。"

遵議改撥嵩武軍餉項另籌撥補甘肅新餉摺

[**題解**] 本稿當作於光緒十一年二月上旬，是戶部就遵旨改撥嵩武軍餉項，並另籌撥補甘肅新餉諸事的奏報。戶部認為，既經奉旨，准由河南省照向章為嵩武軍解餉，至於其駝乾銀兩，應令山西巡撫于應解甘肅新餉銀內遵照諭旨分批如數籌解。

奏為遵旨改撥嵩武軍餉項，並另籌撥補甘肅新餉，以應急需而免貽誤，恭折仰祈聖鑒事。

光緒十一年二月初四日軍機大臣面奉諭旨："張曜奏《所帶嵩武軍餉項仍請由河南撥解並駝乾銀兩暫照向章撥解》各折片。嵩武軍奉調北來，需餉緊要，各照所請，仍由河南照向章按月籌解。駝乾銀兩，准其暫照向章由山西撥解，餘依議。欽此。" 欽遵同日由軍機處並原奏鈔交到部。

據原奏內稱，嵩武軍馬、步十四營，向由河南省撥解。大建月餉銀三萬七千一百三十四兩，小建月餉銀三萬六千三百二十八兩二錢。現在奉調北來，需餉緊要，若以三月為始，改由江蘇等省撥發，籌解需時，緩不濟急，懇請仍由河南省按月撥解，奏奉特旨允准。

經臣部先行飛諮河南等省遵照，並諮查提督張曜，前據督辦新疆事宜劉錦棠奏稱，該軍已留部隊二旗駐防關外，此次奉調北來，何以所部尚稱有十四營之多？與劉錦棠前奏不相符合，令趕緊將現存馬、步兵勇數目，及留防關外馬、步兵勇數目，分晰營名報部覈辦。旋據張曜諮覆，承准前因，查前據新疆巡撫劉錦棠奏明關外撥留兩旗，接准諮行之日，該提督已統隊先行，當飭後起各分統遵辦途次。准河南巡撫諮會奏請，將嵩武軍調回內地，汰弱募強以成勁旅，當經諮明河南巡撫並派員赴皖、豫一帶添募勇丁，按額挑補，以符向章。所有開除、挑補勇丁人數、日期，俟各分統造報到日，諮明河南巡撫覈查。中間截曠銀兩，按數截扣，所有嵩武軍馬、步，仍系十四營原額等語，諮覆前來。

臣等伏查，嵩武軍北來，月需餉項曾據河南巡撫諮請籌撥，經臣部據諮奏，令自甘啟行截餉之日起至十一年二月底止，仍由豫省于應撥甘肅新餉之外籌款供應，並由江蘇、兩淮、浙江、安徽四處應解近畿防餉內劃撥銀二十一萬兩，作該軍三月起至八月底上半年餉糈。九月以後，令張曜將所部營數月需餉數報部酌覈另撥，於正月十二日奏准行知，遵照在案。

今據該提督奏請，嵩武軍馬步十四營軍餉，仍由河南省按月撥解。複據諮明，俟各分統造報到日，將所有開除、挑補人數，截曠、截扣銀兩，諮明河南巡撫查覈。臣部檢查嵩武軍向章銷冊，與此次該提督所奏月餉銀數，尚屬相符。既經奉旨，准由河南省照向章解餉，自應將臣部前次奏撥河南、江蘇、兩淮、浙江、安徽等省應協嵩武軍餉銀毋庸置議。其張曜所統嵩武軍北來應需月餉，除上年十二月底以前，已由河南供支外，本年正月以後，應即在河南前撥甘肅十一年新餉銀內，劃分銀四十四萬兩，按月解交張曜兌收，以作嵩武軍本年月餉。

至該提督片稱，嵩武軍駝乾銀兩暫照向章按月撥解銀五千兩一節，應令山西巡撫于應解甘肅新餉銀內，暫行劃撥銀六萬兩，遵照諭旨，分批如數籌解，免誤要需。一俟防營紮定何處，由該軍即行奏明停減，以節糜費。惟河南、山西應解甘肅新餉，既經劃歸張曜銀五十萬兩，亦應另籌撥補。

臣等公同商酌，除前由近畿防餉劃撥浙江省月解張曜軍餉銀五千兩，一年應解銀六萬兩仍令解交部庫外，擬撥江蘇省銀十萬兩，安徽省銀二十萬兩，兩淮運庫銀二十萬兩，仍均送近畿防餉內改撥。

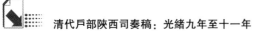

解交甘肅藩庫一切事宜，應照奏定甘肅新餉章程辦理，以歸畫一。

　　惟嵩武軍前在新疆，曾經劉錦棠議定抽裁千數百人，每年共應分用兵餉、制辦銀四十萬兩。今該提督照向章募勇，合計駝乾、兵餉，每年用款已在五十萬兩有零內。駝乾一款，此次系奉旨暫准撥解。今臣部雖按一年共撥解該軍餉項銀五十萬兩，該提督當念餉項不易，一俟紮定地方，立將駝乾一項趕緊認真裁汰。所募勇丁如能照在新疆原議酌量減募，仍按每年四十萬兩支用餉項，及所議裁汰、補募中間截曠銀兩，均宜切實截扣辦理，以昭撙節。相應請旨下兩江總督，江蘇、安徽、河南、浙江各巡撫，務當不分畛域，共體時艱，嚴飭各該藩司等迅籌大批，分解濟用。

　　至前次改撥近畿防餉，除江蘇一省業經報部，有款籌解外，其兩淮、安徽兩處，亦系按照每年實能批解銀數提撥，均系有著的款，並非添撥。所改甘肅新餉，更系需用確數，應令各該省于本年五月以前批解六成，下余四成，統限十月內掃數解清，不准毫絲蒂欠。倘能依限如數解清，即照前次奏准，統由陝甘總督照案奏請獎敘，如有視為具文，仍前延欠，即照貽誤軍餉例，指名嚴參。俟奏定後，再由臣部鈔錄奏定甘肅章程，一並行知江蘇等省遵照辦理。所有議奏緣由，理合恭折具陳，伏乞皇太后、皇上聖鑒。謹奏。

　　光緒十一年三月初二日奉旨："依議。欽此。"

議複陝撫裁併分卡並厘金外銷情形摺

[題解] 本稿當作於光緒十一年二月。陝西巡撫邊寶泉奏裁併分卡改收土藥厘金章程，並陳說厘金外銷情形，戶部認為，陝省厘金局卡業經該撫分別裁併，應如所奏辦理，然其歷年奏報厘金收支數目，除留支經費一款隨冊聲明外，其另行存留辦公一款從來未曾報部，其不報收款有四、五成之多，實不能不認真覈定，此次實存銀款及從前存留動用各數，仍應分別詳細覆奏。

奏為遵旨議奏，恭折仰祈聖鑒事。

陝西巡撫邊寶泉奏《裁併分卡改收土藥厘金章程並瀝陳厘金外銷情形》一折，軍機大臣奉旨："戶部議奏。欽此。"欽遵鈔出到部。

據原奏內稱，准部諮《議複陝省整頓各事宜》一折內開，應將收數零星各卡，再行裁撤，土藥比照關稅，每百觔收庫平銀三十兩。又陝厘報部數目蒙混掩飾，應將光緒二年起至七年止存留銀二十九萬二千九百餘兩，聽候部撥充餉，不准擅行動用。七年以後存留若干，應查明據實報部，以杜那移侵欺之弊等因。奉旨："依議。欽此。"欽遵諮行前來。查岐山、郿縣、蒲城、韓城四卡，岐山專收酒厘，眉縣酒厘外兼收百貨、土厘，歷久相安，應請照舊辦理。蒲城專收皮厘，應就近歸併大慶關卡。韓城專收土厘，應就近歸併芝川卡，毋庸由縣抽收。又武功、興平、盩厔、扶風、耀州、鄠縣、淳化、澄城、永壽、略陽、定遠、藍田、商南、乾州、佛坪、邠州、富平十七廳州縣，土厘前已裁撤至鄠縣等處，均截至九年年底止。所留武功、興平、盩厔、扶風、耀州五處，專收土厘與百貨，行商無涉，毋庸議裁。土藥厘金照新章，每百觔收銀三十兩。至存留厘金一項，部臣謂藩司面遞清單為報部款冊所無。查陝省自光緒二年起，每年酌提厘金一二成，為留外辦公款項。計截至九年止，共留銀三十八萬五千六百餘兩，除修理城池、倉廠、文廟、書院、貢院等工，及添買書籍，籌備墾荒牛、種，採辦省倉積穀，京官津貼，差徭生息，並地方一切事宜，節年動用外，現餘銀十六萬七千二百餘兩。現因撥餉借用，尚未撥還，實存銀不過十萬兩有奇。查酌提厘稅留外辦公，各省皆然，不獨陝省。若謂款不報部即為侵欺，何以部臣議加京官津貼，指于外省厘金、洋稅各提一二成，外銷款內湊籌解部，不幾導之以欺乎？且閻敬銘複奏，湖北扣留厘金串底，每歲至十萬串之多，另款存儲，何嘗報部？上年藩司葉伯英面遞清單，詳稱原委，當時並未駁請飭查，若果系侵欺，額勒和布查辦陝事，安有不附參究辦之理？茲准部議，乃謂現經查出，遽指為掩飾矇混，且明知留外應銷之款，輒令存儲候撥，倘始終不以實報，即將撫藩嚴參。奴才到任未久，本無所用其回護，就令部臣不察，坐以瞻徇之咎，在奴才固無解於撫同，在部臣，實未免於矛盾。況此等留外之款，撫藩兩署均有奏牘可稽，按款呈報，上下周知。陝省規複兵制，裁撤防營，撥解協餉，及議停官錢鋪籌發票，本需費正多，皆系目前難緩之圖，全賴此款通融。至於地方應辦諸務事機各有緩急，情勢各有重輕，既非部臣所能遙度，亦非部臣所能代謀。如必事無巨細概行諮部請示，款無多寡一律報部覈銷，繩以文法，稽以歲時，貽誤地方，誰執其咎？故外銷款項必不能無，但當論其為公為私，不當論其報部不報部。若竟盡力搜剔，竭澤而漁，設遇緩急，何以應之？奴才籌思再四，實未能附和部議。為此，懇將厘金外銷之項，仍歸本省公用，免其提撥充餉。嗣後厘金一項，應請仿照各省奏案覈計，每年收數酌提一成留外辦公，以示限制等語。

臣部伏查，陝省厘金局卡業經該撫分別裁併，應如所奏辦理。

洋藥厘金既照新章抽收，亦無庸再行置議。至臣部行查存留厘金一節，特欲清厘公家之款，以裨軍餉之需，乃該撫謂臣部為矛盾導欺，並論及臣額勒和布當時並未飭查，臣閻敬銘湖北扣留厘金串底，亦未報部，欽奉諭旨，飭臣部議奏，理合將此案原委，再為我皇太后、皇上陳之。

查陝西省歷年奏報厘金收支數目，除留支經費一款隨冊聲明外，其另行存留辦公一款，從來未曾報部。臣額勒和布前年欽奉諭旨查辦陝事，據藩司葉伯英面遞清單內開有此款，始知陝省厘金于向留局費外，又有此項存留辦公。其初，一年共收厘金三十四萬餘兩，提解司庫銀數萬兩。其後，遞年加增，遂至一年收厘金銀二十六萬兩，而提留辦公銀至十數萬兩之多。當以奉差查事，部中案牘未便全行攜帶，無從考覈，即擬於旋京後切實通查。旋京後，適據該署撫葉伯英陳奏，厘金當即細檢該省奏報厘金各冊。覈封此款，並無報部案據，是以覆奏行查。此當時在陝未能飭查，隨即行查之原委也。

至臣閻敬銘經手湖北厘金串底一事，前於光緒九年覆奏延茂條陳摺內業已陳明，緣湖北抽收厘金，向因商賈完厘零星，徵收滿錢，而市肆通用九八錢，是以一切支款，均以九八錢開放，而每千中出錢二十文，名曰串底。彼時湖北專恃抽厘養勇，厘卡亦密，每歲串底極多，不過十萬串。雖系零星提出，仍匯總歸入正項動用。臣敬銘在湖北兩司任內兼管糧台，正值粵匪猖獗、道路間阻，一切收支，多未能依限奏銷，不特厘金串底一項。臣于同治元年交卸，其後收支報銷均應由督撫經理，臣敬銘概無由知。至於各省抽收厘錢，大概皆有串底，臣部亦從未曾搜求涓滴，令其具報。蓋厘錢之有串底，不過等於羨余，原非徑提正項也。今查臣部案卷，近年如湖北、江浙各省，徵收厘金外銷銀錢，奏明提支一二成，為修理城池、衙署及一切經費之用，亦皆按年均行列冊聲報數目，實與陝西省厘金既留支經費，又從正項內另提鉅款，從不報部者不同。此湖北扣留厘金串底，仍系歸款濟餉，並非終不報部之原委也。

臣等公同查覈，陝西省存留厘金既有留支經費，又複提款辦公。今據該撫奏稱，每年酌提一二成。臣部檢查葉伯英所遞清單內開，光緒五、六兩年各收厘金銀二十四萬餘兩，存留各六萬兩，何止一二成？光緒七年，一年共收厘金銀二十六萬餘兩，而存留銀至十一萬餘兩之多，覈計已及四成，加以留支經費將及五成，通覈各省無此辦法。無論為公為私，斷難以公家正款任便取用，漫無限制，至於如此。即謂地方應辦各事，非臣部所能代謀，或致貽誤，臣等伏維，厘金之有外銷，類於地丁之有耗羨。查臣部例載耗羨章程內開，各省動用耗羨銀兩，有有定款、有定數者，有有定款、無定數者，均令各督撫酌盈劑虛，通融撙節，實用實銷。由部五年比較，通盤覈算，總不得出每年酌給九萬餘兩範圍之外。倘有任意支銷，即於濫動各官名下，著落賠補。至常例之外，有興作等項隨時動用各款，其數在五百兩以上者，奏明動用；在三百兩上下者，諮部辦理，仍於年底匯折具奏等因。是但關錢糧動用，臣部皆有考覈之責，矧值此時艱款絀，臣部正在多方籌餉，目睹陝省厘金不報收款有四五成之多，實不能不認真覈定，不得以矛盾導欺詆之也。

況各省地方應辦各事，無不當報部覈銷。如修理城池等工，果應辦理，應由工部覈銷。籌備墾荒等款，確應辦理，應由戶部覈銷。例准開銷者報部動用，斷無貽誤之理。查從前東南各省被兵最久，城池殘破頗多，故有奏明提留厘金修建者，然亦未嘗不報部，且止留厘一二成。陝省應修之城池各工，實非東南各省可比，何難報部動款辦理？至籌備墾荒諸事，固為要圖，然陝省從前所謂墾荒、差徭、積穀各案，畢竟成效如何，是貽誤地方與不貽誤地方，初不系於報部與不報部，明甚。

恭查上年七月，因署湖南巡撫龐際雲將鹽務經費移作軍需，欽奉上諭："令各省查明，如有似此可以移緩就急者，奏明辦理等因。"又上年十二月，臣部會奏籌餉，請將各省外銷項下撥解京官津貼移充部庫正項，歷經行知該省，遵照有案。今據該撫奏稱，該省此項留外辦公款項，歷年共留銀三十八萬五千六百餘萬兩，現尚實存銀十萬兩有奇，懇請將厘金外銷之項，仍歸本省公用，免其提撥，嗣後厘金一項，應請仿照各省奏案覈計，每年收數酌提一成，留外辦公等語。查臣部于上年十二月間，會同軍機大臣、總理衙門大臣等會奏籌餉，奏令各省將厘局各項應支各款，於四個月內逐款據實報部，由部覈定，再行一律照支。複恭讀本年二月初八日上諭："鳳陽、蕪湖各關，淮北、皖南厘金各局，動支公費及外銷款項，為數甚多。厘稅皆關國帑，豈得任意開支？即著該撫將各關局動支各款，詳加體察，何者可減，何者可裁，覈實籌計。提出若干，奏明報部備撥。此等情事，恐各省皆所不免，著各該督撫嗣後就該關局查明實在情形，一體覈實裁減，奏明辦理等因。欽此。"相應請旨飭下陝西巡撫，仍當詳查歷次部章，恪遵疊奉諭旨，迅速覈議，趕緊奏報由部覈定，再行一律照支辦理，勿稍延宕。至其自光緒二年起截至九年止，共留銀三十八萬餘兩，現實存銀十萬兩有奇，雖據該撫奏明，現因籌餉借用並地方公事，全賴此款，懇請免其提撥。惟方今餉項艱難，上年七月既奉諭旨，令各省查明經費各款移緩就急等因，陝西省早應一體欽遵籌辦。則此次實存銀款，及從前存留動用各數，仍應分別詳細覆奏。此時能否移就？歷來作何動用？迅速將一切清晰款數，再行切實報部酌覈。嗣後，未經報部覈定，不准再行任便提留，以重公項。所有臣部議奏緣由，理合恭折具陳，伏乞皇太后、皇上聖鑒訓示。謹奏。

光緒十一年三月初十日奉旨："依議。欽此。"

議覆陝撫交代解款錢糧比較
請免藩司處分片

[題解] 本稿當作於光緒十一年二月。陝西巡撫邊寶泉奏交代解款錢糧比較請免藩司處分一事，戶部認為，各項錢糧例應隨征隨解，而陝撫所謂現催批解並不屬實，至藩司應否免其議處，應由戶部諮應吏部查明自行辦理，陝撫應查照戶部歷次奏案及頒發單式，將光緒十年分舊賦比較照章奏報，並將八、九兩年比較分案一併補報。

再，陝西巡撫邊寶泉奏《請將藩司免其議處》一片，光緒十一年正月二十五日，軍機大臣奉旨："戶部議奏。欽此。"欽遵於正月二十六日鈔出到部。

據原奏內稱，准戶部諮，耀州、安康二州縣交代冊造存庫未解銀，久未報部。又光緒九年分錢糧比較，上三年完欠分數，亦未報部。先後請將藩司葉伯英交部議處，奏奉諭旨，欽遵諮行到陝。查耀州知州鄭思敬，於十年閏五月初四日到任，接收前署州嚴恩驛站交代冊造，扣存小建節減等銀五十一兩一錢二分六厘；署安康縣知縣呂耀煒，於十年四月二十日到任，接收前署縣羅桂銘倉庫錢糧交代冊造，扣存鹽課銀七百八十一兩三分九厘，均於六月初三、七月二十三等日，在於正展限內先後解交司庫，十二月業經匯案造報。至應造錢糧比較，軍興以來屢經奏緩，光緒十年二月部議，定以八年為始，規復舊例，八年比較，十年二月遵議開造。九年錢糧奏銷，十一月甫經齎送比較，正在趕辦，由藩司葉伯英具詳前來。奴才查耀州、安康交代存款，依限解清八年比較前，十二月十九日開單具奏，初復舊制，似與他省不同。二案既均未逾限，仰懇天恩飭部，將陝西藩司葉伯英免其議處等語。

臣部伏查，各項錢糧，例應隨征隨解，如有延宕，該藩司自應隨時照例詳參，不應專俟交代之際。查安康縣光緒九年征存未解鹽課銀七百餘兩，延至光緒十年八月，該撫將交代清冊諮部之日，尚稱未解；耀州扣減等銀五十餘兩，查系光緒十年五月以前之款，亦延至八月尚稱未解。臣部候至十二月，仍未據將存庫未解曾否報解，詳晰報部，是以將不行查參之藩司奏參議處。

今該撫奏稱，二案均依限解清。臣部查本年正月，該撫送到諮文內稱，安康縣存庫未解銀於十年六月初三日解交司庫，而原送安康縣交代冊，系十年四月初八日出諮，何以尚稱現催批解？覈計月日，難保非移後作前。至應否免其議處，事隸吏部，應由臣部諮應吏部查明，自行辦理。至舊賦比較，前因各省辦理未能畫一，經臣部先後附片奏令各省督撫，自光緒八年奏報七年比較起，按年開具比較清單，於每年十月內奏報到部。上年，臣部匯奏光緒九年分各省比較，陝西省仍未奏報，當經臣部隨案將該藩司奏請，先行交部議處在案。

今據陝西撫臣邊寶泉奏，應造錢糧比較，從前系於錢糧奏銷，後造辦九年錢糧銷冊，十一月甫經奏諮，是以比較尚未趕造，懇將藩司葉伯英免其議處等語。臣等複查，該省地丁題銷，屢經奏請展限，其九年分錢糧銷冊，亦在展限期內。此次比較，尚非故意遲延，所有該藩司應議處分，自應懇恩准其寬免。再查臣部考覈各省舊賦，系以未完之數為綱，如比較九年應徵舊賦，應將八年以前積欠未完銀兩統計作為額征，分作十成覈算。截至九年奏銷止，分別已完若干、未完若干，比較上三年完欠分數，開單奏報。今查陝撫奏報八年比較單內，系將該省額征之數統列，已完分數覈與向章不符。應由臣部將江西省奏報，單式鈔錄諮行該省查照辦理。相應請旨飭下陝西巡撫，查照臣部歷次奏案及頒發單式，即將光緒十年分舊賦比較照章奏報，並將八、九兩年比較分案一併補報。務于本年十月內奏報到部，以憑匯覈而符定制。所有臣等遵旨議奏緣由，理合附片具陳，伏乞聖鑒。謹奏。

光緒十一年三月十八日奉旨："依議。欽此。"

議駁陝撫上忙錢糧請免藩司處分片

[題解] 本稿當作於光緒十一年三月上旬。因陝省應造光緒十年上忙徵收錢糧分數冊籍，未據依限完報，戶部要求將陝西藩司葉伯英交部議處。陝西巡撫邊寶泉奏免議葉伯英，戶部認為，陝省光緒十年上忙錢糧分數已逾十一月底止限期，邊寶泉所請藩司葉伯英免其議處，礙難照準。

再，陝西巡撫邊寶泉奏《陝西藩司葉伯英應議職名懇恩免議》一片，光緒十一年三月初四日軍機大臣奉旨："戶部知道。欽此。"欽遵於初五日由內閣鈔出到部。

據原片內稱，准部諮，陝省應造光緒十年上忙徵收錢糧分數冊籍，未據依限完報，請將陝西藩司葉伯英交部議處，奏奉諭旨，欽遵諮行前來。查陝省光緒十年徵收上忙錢糧分數，前經奴才於十二月十九日附片奏明清冊，送部查覈，奉旨："戶部知道。欽此。"欽遵在案。前項冊籍奏報，既未逾限，所有葉伯英應議職名，懇恩戶部免其議處等語。

查臣部於鹹豐九年十一月奏定章程，各省統自十年分起，上忙限十一月底，下忙限次年五月底，分晰成數造報。欽奉上諭："各省徵收上下忙，如能依限完報，照案議敘。倘瞻徇隱庇，即將該藩司嚴參等因。欽此。"是各省上忙錢糧應截至十一月底止造報，久經通行，該撫自應遵照於十一月底奏報，方為不逾期限。今據該撫奏稱，陝省光緒十年上忙錢糧分數，於十年十二月十九日附片奏明，清冊送部。查系於十一年正月初八日始行奏到，已逾十一月底止限期，實與咸豐九年奏章不符。所請藩司葉伯英免其議處，礙難照準，除由臣部知照吏部仍應照例議處外，相應請旨飭下陝西巡撫，嚴飭藩司，嗣後每年徵收上下忙錢糧分數冊籍，務當遵照咸豐九年奏定章程，依限造報，以重賦課。理合附片具陳，伏乞聖鑒。謹奏。

光緒十一年四月初五日奉旨："依議。欽此。"

卷七

議駁大學士左宗棠請將胡光墉
扣存行用等項免追摺

[題解] 本稿當作於光緒十一年三月下旬。大學士左宗棠奏請免追胡光墉水腳行用補水銀兩，戶部認為，胡光墉經借華洋商款，從中取利，行用補水銀兩本系戶部據譚鍾麟、劉錦棠原諮著追，並奏明應解新疆城工緊要之款，該大學士所請礙難照準，除現存補水銀四萬餘兩先行趕緊解部外，其侵取銀十萬六千餘兩應迅即追齊解赴甘肅糧台。

奏為遵旨議奏事。

大學士左宗棠奏《請免追胡光墉水腳行用補水銀兩》一片，光緒十一年三月二十二日軍機大臣奉旨："戶部議奏。欽此。"欽遵由軍機處鈔交到部。

據原片內稱，臣前懇免革員胡光墉已發水腳行用補水銀兩一案，部臣以借款之初並未奏諮立案，均系不准支銷之款，並請旨飭下督辦新疆軍務劉錦棠、陝甘總督譚鍾麟確切查明，將行用補水水腳銀兩原借之初有無批准案據，送部備查等因具奏。奉旨："依議。欽此。"諮行前來，嗣經劉錦棠以胡光墉具報有案可稽，七年支項系屬援案開報，諮請戶部特予轉旋，奏請免追等因。又經戶部覈駁，礙難准行。臣維前項銀兩十萬六千七百八十四兩，除補水一款，現存滙豐洋行四萬一千餘兩，應由上海道提解外，其行用銀二萬兩，實系給福克具領，並非胡光墉侵蝕。至水腳保險銀三萬二百兩，鄂台有案可稽，非捏報可比。臣前交卸陝甘總督篆務，未及逐款陳奏，立案疏略之咎，百喙難辭。既經劉錦棠查明有案，仰懇特恩，俯念胡光墉經手行用、水腳、保險等項銀兩，實系因公支用，免其追繳。此外，不得援以為例等語。

臣等伏查，胡光墉侵取行用補水等項銀兩，上年疊據陝甘總督譚鐘麟、督辦新疆軍務大臣劉錦棠先後諮稱，胡光墉經借華洋商款，從中取利，查辦洋款單內，有胡光墉扣去銀十萬六千七百餘兩一款，應由胡光墉名下追還等因。當經臣部奏明，行令兩江、浙江等省于胡光墉名下追繳。旋因劉錦棠奏城工難停，請撥銀兩，臣部因水旱頻仍、海防吃緊，無可籌撥，惟胡光墉侵取行用等項十萬六千七百八十四兩，原系西征餉銀，應于胡光墉備抵產內著追填補，以為新疆工程之用。奏准行知，遵照在案。此臣部據諮著追胡光墉前借四百萬案內，扣存銀十萬六千七百八十四兩，應行解赴新疆之款也。

又據譚鐘麟、劉錦棠等諮稱，據委員查覆，前兩次所借，胡光墉均有扣存數目，且較此次為多等因。臣部以胡光墉前兩次扣存之款較此次為多，數目當以數十萬兩計，即一面飛諮陝甘總督及督辦新疆軍務大臣迅速查明確數，以憑盡數勒追，適據兩江督臣諮稱，胡光墉所扣補水銀兩，現尚存四萬一千餘兩，臣部複一面飛諮兩江，將現存補水銀兩四萬一千余兩向胡光墉勒追，作為胡光墉前兩次扣存之款，迅速解部以為新疆屯田之用。此臣部據諮著追胡光墉現存補水銀四萬一千餘兩，作為前兩次扣存數目應行解部之款也。

嗣于上年閏五月，大學士左宗棠奏稱，前次勒追城工銀十萬六千餘兩無可著追，請由部另撥城工用款，補水尚存銀四萬一千餘兩，應提解部等因。臣部以未經奏諮立案，不敢率准免追，奏令照臣部前次奏案，趕緊于胡光墉備抵私款內，先行提銀十萬六千七百八十四兩解赴甘肅糧台，並將現存補水銀兩趕緊解部奏明，欽奉諭旨，行知遵照亦在案。今據該大學士奏稱，前交卸陝甘總督篆務，未及逐款陳奏立案，既經劉錦棠查明有案可稽，懇恩免其追繳等情。查劉錦棠前諮，經臣部議覆，以息借洋款原案內並無補水行用等項，既未奏諮立案，均系不准支銷之款。即該大臣開單報銷行用等項，已據諮議駁。是劉錦棠所謂胡光墉具報有案可稽者，臣並無准銷案據。在臣部，職司度支，向憑案據。查各省息借洋款，並無行用等項章程，即該大學士息借六次洋款原案內，並無行用補水名目。此項銀兩，本系臣部據譚鍾麟、劉錦棠原諮著追，並奏明應解新疆城工緊要之款，該大學士所請免其追繳，礙難照準。相應請旨飭下大學士左宗棠、兩江總督曾國荃、浙江巡撫劉秉璋，仍遵照臣部前次奏案辦理。除現存補水銀四萬一千八十七兩五錢轉飭上海道，先行趕緊解部外，其侵取銀十萬六千七百八十四兩，迅即追齊，即派委妥員解赴甘肅糧台，勿再遲延，免誤要工。所有遵旨議奏緣由，是否有當，伏乞皇太后、皇上聖鑒。謹奏。

　　光緒十一年四月十三日奉旨："依議。欽此。"

覈議伊犂軍營支款章程摺

[**題解**] 本稿當作於光緒十一年三月，是就覈議伊犂軍營支款章程一事向朝庭所作的彙報，稿後附有戶部所酌議伊犂員弁兵勇薪糧及一切雜支章程清單。在奏稿中戶部指出，伊犂軍營餉數已巨，籌款維艱，應令伊犂將軍仍遵照戶部疊次奏案，就額餉數目酌留兵勇，更應懍遵諭旨、節約使用餉項。

奏為覈議伊犂軍營支款章程，恭折仰祈聖鑒事。

竊查伊犂軍營一切章程，疊據伊犂將軍金順報部立案，臣等督飭司員查照定章分款查覈，滿營則比照榮全歷年奏案，勇營則比照劉錦棠關外章程，一切雜支仿此辦理。惟查該將軍單開兵勇數目，已有一萬三千餘名，而雙全所部兵勇，及照常例支餉之官兵，尚未報部，無由概知。竊恐兵愈多而餉愈絀而兵愈貧，既無裨於邊防，徒有損於國計。現在甘肅、新疆經臣部奏定兵餉等項額數，伊犂、塔爾巴哈台兩處共額定銀一百二十萬兩，又籌濟滿營加增湘平銀十萬兩，合之本年，暫行加增二十五萬兩，共銀一百五十萬兩。餉數已巨，籌款維艱，應令該將軍仍遵照臣部疊次奏案，就額餉數目酌留兵勇，更應懍遵光緒十年十二月二日諭旨："各營餉項必須格外撙節，將各營或照土勇支餉，或減成開支，或屯田自給，以節餉需。"所有臣等覈議伊犂軍營支款緣由，理合恭折具陳，並繕清單恭呈禦覽，伏乞皇太后、皇上聖鑒。謹奏。

光緒十一年四月十三日奉旨："依議。欽此。"

謹將酌議伊犁員弁兵勇薪糧及一切
雜支章程繕具清單恭呈禦覽

一　馬步各營員弁兵勇行糧款。

據原單內開，親兵步隊中、前、左、右各一營，衛隊一營，禮字步隊五營，英字步隊四營，軍勝步隊三營，親軍馬隊一營，強勇馬隊一營，捷勇馬隊一營，又親兵副前營步隊一營，壯勇馬隊一營，勁勇馬隊一營，親兵步小隊一營，開花炮步隊一營，以上馬、步共二十五營。

步隊每營以五百人為定額，營官、幫帶、哨官、長夫、炮夫在外。每營官一員，月支薪水銀五十兩，公費銀九十兩，均不扣建。幫帶官一員，月支薪水由營官公費內酌給。哨官五員，每員日支銀三錢。什長五十名，每名日支銀一錢六分。親兵四十五名，每名支銀一錢五分。護哨二十名，每名日支銀一錢五分二厘八毫四絲。正勇三百八十五名，每名日支銀一錢四分。長夫一百八十五名，每名日支銀一錢。炮夫五十名，即子藥夫，每名日支銀一錢。以上步隊一營，每大建月共支銀二千九百三十六兩二錢。

又，馬隊每營以二百五十人為定額，營官、幫帶、哨官、夥勇、長夫在外。每營官一員，月支薪水銀五十兩，公費銀七十兩，均不扣建；幫帶官一員，月支薪水由營官公費內酌給；哨官五員，每員日支薪糧銀三錢，月支雜費銀一兩三錢，每員給馬夫一名，每名日支銀一錢；什長二十四名，每名日支銀一錢六分，月支雜費銀六錢，每名給馬夫一名，每名日支銀一錢；親兵三十六名，每名日支銀一錢五分，月支雜費銀六錢，每名給馬夫一名，每名日支銀一錢；護哨十名，每名日支銀一錢五分，月支雜費銀七錢，每名給馬夫一名，每名日支銀一錢；正勇一百八十名，每名日支銀一錢四分，月支雜費銀六錢，每名給馬夫一名，每名日支銀一錢；夥勇二十七名，每名日支銀一錢；長夫五十名，每名日支銀一錢；額馬二百六十匹，內營官三匹，其餘均各一匹，每匹日支草乾銀　錢。以上馬隊一營，每大建月共支銀三千一百七十六兩七錢。

以上步隊均以五百人為定額，惟親兵衛隊一營，於光緒五年添入新勇五百名外，添長夫、炮夫二百名，合原有之數，共成十哨，變通為左右兩翼，每月加支銀二千九百三十六兩二錢等語。

臣部伏查關外行糧章程，前經臣部議覆，督辦新疆軍務大臣劉錦棠折內開單，奏定在案。查章程內開，楚軍行糧章程，步隊以五百人為定額，營官、哨長、長夫在外。每營營官一員，月支薪水銀五十兩，公費銀一百五十兩，凡幫辦及營帳目、軍裝、書記、醫生、工匠薪糧，並制辦旗幟、號補各費在內。哨官四員，每員日支薪糧銀三錢；哨長四名，每名日支銀二錢；什長三十八名，每名日支銀一錢六分；親兵六十名，護勇二十名，每名日支銀一錢五分；正勇三百三十六名，每名日支銀一錢四分；夥勇四十二名，每名日支銀一錢一分。每營統用長夫一百八十名，每名日支銀一錢，內除搬運長夫三十六名由兵部覈銷外，其餘長夫一百四十名應歸戶部覈銷。以上共計步隊一營，每大建月支銀二千八百九十二兩二錢，小建月支銀二千八百零二兩四錢六分，均按湘平支給。

又，奏定關外馬隊行糧章程內開，馬隊以二百五十人為定額，營官、幫辦、字識、正哨官、副哨官、伙夫在外。營官一員，月給薪水並馬乾銀五十兩，公費銀一百兩，馬四匹，獸醫、鐵匠、旗幟、大小掃把、鐵刮、竹槽出自營官公費；幫辦一員，月支銀十六兩，馬一匹；字識一名，月支銀九兩，馬一匹；正哨官四員，每員月支銀十八兩，副哨官四員，每員月支銀十五兩，各給馬二匹；營官、幫辦、字識薪水馬乾，及營官公費均不扣建。什長二十五名，每名日支銀二錢六分；馬勇二百二十五名，每名日支銀二錢四分，均各給馬一匹；伙夫三十一名，每名日支銀一錢一分。以上共計馬隊一營，每大建月支銀二千二百二十四兩三錢，每小建月支銀二千一百六十兩三錢九分，馬乾均在其內，均按湘平支給。該將軍所擬條款，與臣部奏定章程不符，應令遵照臣部奏定章程辦理，以歸一律。如營制、餉數與定章不合，概不准銷。

一　馬步各營員弁、兵勇支發坐糧及土勇口糧款。

查臣部議覆劉錦棠奏定關外坐糧章程，步隊每營以五百人為定額，營官、長夫在外。每營營官一員，月支薪水銀五十兩，公費銀四十兩，幫辦及營帳目、軍裝、書記、醫生、工匠薪糧，並置辦旗幟、號補各費在內，均不扣建；哨官四員，每員日支薪糧銀二錢四分；什長三十八名，每名日支口糧銀一錢三分；親兵六十名，護勇二十名，每名日支口糧銀一錢二分；正勇三百三十六名，每名日支口糧銀一錢一分；夥勇四十二名，每名日支口糧銀九分；外加長夫一百七十六名，每名日支口糧銀八分，內除搬運長夫三十六名由兵部覈銷外，其餘長夫一百四十名應歸戶部覈銷。以上共計步隊一營，每大建月支銀二千一百九十九兩六錢，每小建月支銀二千一百二十九兩二錢八分，均按湘平支給。

又，馬隊坐糧章程，每營以二百五十人為定額，伙夫、長夫、馬夫在外。內營官一員，月支薪水銀五十兩，公費銀八十兩，幫辦、書記、獸醫、鐵匠、旗幟、大小掃把、鐵刮、竹槽、馬藥公用公費在內，均不扣建；正哨官四員，每員日支薪糧銀二錢四分，每員給夫二名，每名日支糧銀八分；副哨官四員，每員日支薪糧銀一錢六分，每員給夫二名，每名日支口糧銀八分；先鋒五名，每名日支口糧銀一錢四分，每名給馬夫半名，日支口糧銀四分；領旗二十名，每名日支口糧銀一錢三分，每名給馬夫半名，日支口糧銀四分；親兵二十名，護勇十六名，每名日支口糧銀一錢二分，每名給馬夫半名，日支口糧銀四分；馬勇一百八十名，每名日支口糧銀一錢一分，每名給馬夫半名，日支口糧銀四分；外伙夫二十七名，每名日支口糧銀九分；額馬二百五十二匹，內營官三匹，其餘均各一匹，每匹日支草乾銀八分。以上共計馬隊一營，每大建月支銀二千零五兩九錢，每小建月支銀一千九百四十三兩三錢七分，均按湘平支給。

又土勇每旗，章程不募公長夫。每旗旗官一員，月支薪水銀二十八兩，公費銀十八兩，馬乾在薪水之內，書識、紙張、馬藥、油燭在公費之內，均不扣建；哨官三員，每員日支薪糧銀二錢四分；什長二十八名，每名日支口糧銀一錢二分；親兵四十名，護勇十五名，每名日支口糧銀一錢一分；正勇二百五十二名，每名日支口糧銀一錢；夥勇三十一名，每名日支口糧銀八分。以上共計每旗大建月支銀一千一百八十兩三錢，每小建月支銀一千一百四十二兩四錢九分，均按湘平支給。官弁已發廉俸者，均隨時按名扣除，不另支給薪公。

又，前陝甘總督左宗棠所定土勇章程，每營以五百零二員名為定額，營官在外。內哨長四員，帶前、後、左、右四哨，營官自帶中哨。中哨一百四十二人，內什長十二名，親兵三十名，正勇一百名；前、後、左、右四哨，每哨九十人，內哨官一員，護兵一名，什長八名，正勇八十名，中哨十二隊，親兵三十名為二隊，正勇十隊。前、後、左、右哨每哨八隊，火勇四十九名。內營官一員，計火勇一名；哨長四員，計火勇四名；親兵共三十名為二棚，計火勇二名；正勇四十二隊為四十二棚，計火勇四十二名。其營官薪水每月三十六兩，不扣建，馬乾在內，外給私夫二名，每名月三兩；書識、紙張、馬藥、油燭一切公費，每月二十四兩。哨長每員日支銀二錢四分，什長每名日支銀一錢二分，親兵、護兵每名日支銀一錢一分，正勇每名日支銀一錢，火勇每名日支銀八分。以上土勇一營，每大建月支銀一千七百四十三兩，小建月支銀一千六百八十六兩一錢。

臣部查劉錦棠一軍，與該將軍同在關外，劉錦棠所部既能照坐糧及土勇章程辦理，該將軍自無不可仿辦。應令該將軍仿此章程，統按湘平支給餉項，以期節省。並將某營於某年月日改行支給之處，報部查覈。

一　瞻德、綏定兩城分設開花炮隊員弁、勇夫薪糧款。

據原單內開，瞻德城安設二十四磅前膛開花大炮一座，小十二磅前膛開花大炮二座，用炮長一員，什長三名，護勇四名，炮勇三十六名，車夫四名，火夫四名，車騾八頭。又，綏定城安設十八磅後膛開花大炮一座，十二磅後膛開花大炮一座，大十二磅削膛開花大炮二座，用炮長一員，什長四名，護勇四名，炮勇四十七名，車夫五名，火夫五名，車騾十頭。以上炮長二員，每員月支薪水銀三十兩，公費銀二十兩，均不扣建。什長每名日支口糧銀五錢，護勇、炮勇每名日支口糧銀二錢六分六厘六毫六絲六忽。車夫、火夫每名日支口糧銀一錢一分。每大建月兩處共支銀九百六十六兩六錢三分八厘一毫；小建月共支銀九百三十八兩八錢九分一厘五毫七絲四忽等語。

臣部伏查開花炮隊章程，前經臣部於議覆劉錦棠關外章程內奏定，炮長月支薪水銀十八兩，公費銀二十兩，均不扣建。什長每名日支銀三錢，護勇、炮勇每名日支銀二錢一分，車夫、火夫每名日支銀一錢一分。內地各省炮隊不得援以為例等因。今該將軍所報數月大半浮多，應令改照臣部奏定章程辦理，以歸一律。並令照湘平支給，以符定章。

一　吉林、黑龍江四起馬隊官兵人數、口分並勇號銀兩款。

據原單內開，吉江四起馬隊官兵，現存七百七十五員名，營總每月支口分銀四十兩，參領每員月支口分銀二十二兩，防禦每員月支口分銀十八兩，驍騎校每員月支口分銀十五兩，筆帖式每員月支口分銀十五兩，委官每員月支口分銀十二兩，甲兵月支口分銀十兩，系照光緒五年奏定章程支給。其有勇號官員，仍照關內章程每月支銀二十三兩二錢三分八厘六毫，兵丁減半支給等語。

臣部查同治十一年伊犁將軍榮全奏稱，塔城食貨、器用、柴草、羊隻昂貴，請將官兵口分加增，命自購買。營總每月口分二十九兩，參領每月口分二十二兩，防禦每月口分十八兩，驍騎校每月口分十五兩，筆帖式委官每月口分十二兩，兵每月口分十兩等因。今該將軍單開營總及筆帖式月支口分，較榮全章程浮多，應令概照榮全所奏原章程辦理，並按湘平支給。至官兵有勇號者，據原單內開，系照關內章程支給。究竟此項章程系何人何年月日奏准，未據分晰，應令聲明，再行覈辦。

— 綏靖馬隊員弁、勇夫薪糧款。

據原單內開，綏靖馬隊一營，營官一員月支薪水銀二十五兩，公費銀三十五兩，均不扣建。其哨官二員，護哨四名，什長十名，親兵十四名，正勇七十二名，火勇十二名，公夫二十名，額馬一百零五匹。所有餉項、馬乾雜費銀兩，系照前項馬隊章程減半支給，每大建月共支銀六百七十五兩二錢。此項馬隊於光緒八年十二月成營，九年正月照章開支餉項等語。

臣部查，綏靖馬隊人數並未成營，該將軍所擬章程應毋庸議，以免繁雜。

— 馬步各營並吉江四起馬隊官兵統領官公費員弁勇夫薪糧款。

據原單內開，以上馬步二十五營，綏靖馬隊一營，共設統領四員，每員月支薪水、公費銀二百兩，文案、營務等處公費在內。又親隨馬勇五十名，每名日支餉銀、夫價、馬乾雜費銀數，照前項馬隊正勇餉章支給。又設立吉江四起馬隊官兵統領一員，照光緒五年奏定章程，每月支口分銀九十兩，不扣建。又親隨馬隊一百零二員名，內哨官二員，護哨四名，什長十名，親兵十四名，正勇七十二名，火夫十二名，公夫二十名，額馬一百零五匹。所領餉項、雜費、馬乾銀兩，亦照前項馬隊章程支給。每大建月共支銀一千三百九十兩四錢等語。

臣部伏查，統領公費，前經臣部於議覆劉錦棠關外章程內奏定，凡統領自帶一營，本營之薪水、公費已足敷用，此外從優酌加。凡統至三千人以上者，每月加銀百兩；統至五千人以上者，每月加銀二百兩；統至萬人以上者，每月加銀三百兩。現在各處防營無事，只准給銀、不准加夫等因。今該將軍單開統領隨帶馬勇五十名，與定章不合，應毋庸議。至應設統領員數，應按兵勇數目酌定，如所統未及三千人以上者，概不准加給公費。吉江馬隊僅七百餘名，未及三千人，亦毋庸另給公費。其親隨馬隊並未成營，應即刪除，毋庸再議。

—　參贊大臣升泰赴北路勘分界務，招募親隨馬步隊員弁勇夫薪糧款。

　　據原單內開，參贊大臣升泰赴北路科布多、塔爾巴哈台等處勘分界務，招募親隨馬步兩隊，以壯聲威。衛隊步隊一營，計二百零三員名，內營官一員，月支薪水銀五十兩，公費銀九十兩，不扣建。其哨官二員，護哨八名，親兵十八名，什長二十名，正勇一百五十四名，長夫六十名，炮夫二十名，即子藥夫，所有餉項照前步隊章程支給。每大建月共支銀一千二百五十八兩四錢八分一厘六毫。又馬小隊一營，計一百零三員，每營官一員，月支薪水銀五十兩，公費銀七十兩，不扣建。哨官二員，護哨四名，什長十名，親兵十四名，正勇七十二名，長夫二十名，額馬一百零五匹。所有餉項、馬乾、雜費銀兩，系照前項馬隊章程支給。每大建月共應支銀一千三百四十九兩四錢。以上兩營，均於光緒八年冬季成營等語。

　　臣部查，參贊大臣升泰赴北路勘分界務之時，伊犁已有數十營之多，盡可撥給數營以壯聲威，何須另行招募，徒耗資糧？所有前項馬步、親隨隊人數，並未成營，應令刪除，以免繁雜。

　　—　馬步各營隨營文武員弁、勇夫、工匠等食糧款。

　　據原單內開，各營各起官兵僅支行糧，不敷食用，餉項未能按日支發，不得不另為酌給食糧，是以仿照張曜、宋慶兩軍章程，馬隊官兵、勇夫每名日支淨糧二觔，步隊官兵、勇夫暨隨營文武員弁、各局勇夫、工匠人等，每名日給淨糧一斤八兩，均由後路產糧之處，設局采運支發等語。

　　臣部查，劉錦棠一軍與該將軍同在關外，並未另支食糧。即嵩武軍各營勇丁糧價，亦經臣部奏令，在勇丁餉內扣繳，並未准其開銷。且張曜、宋慶所支餉數，系照豫軍章程，每營月支餉銀較之楚軍章程，每月少數百兩，尚未准其另支糧石。該將軍所部餉項，較之豫軍為優，豈有轉行加給糧觔之理？所請加給糧之處，與定章不符，應令刪除，概不准銷。

　　—　行營文案營務各局文武員弁口分款。

據原單內開，設立行營文案折奏處、營務處、滿營務處、收支餉局、采屯收支糧局、製造局、官炭窯、軍裝局、軍火局、車駝局、官藥局、發審處、稽查局、馬廠、草廠，陳總理幫辦外，其餘各項辦事委員有十六員、十四員、五六員、一二員不等，均系酌量軍務繁簡分別派委，所有應支口分，均照前署伊犁將軍榮全于同治十一、二兩年奏定章程，按照官階支給。副都統仍照舊例，每月支口分銀五十兩；協領、參領每月支口分銀二十三兩；佐領、防禦每月支口分銀十八兩；部院筆帖式、驍騎校每月支口分銀十五兩；道府每月支口分銀二十九兩；同知、通判、知州、知縣每月支口分銀二十二兩八錢；部院主事、口外主事職銜每月支口分銀二十七兩；佐雜每月支口分銀十二兩；參將每月支口分銀二十五兩；遊擊每月支口分銀二十二兩；都司每月支口分銀十八兩；守備每月支口分銀十七兩；千總每月支口分銀十四兩；把總每月支口分銀十二兩；經制、外委每月支口分銀十兩，均不扣建。其原奏所無之提督、總兵，仿照副都統，每月支口分銀五十兩；副將仿照參將每月支口分銀二十五兩。所有隨營差遣委員、巡捕，亦照官階支給。其隨營差弁無論品級，均照守備每月支口分銀十七兩。戈什哈照外委每月支口分銀十兩等語。

　　又據該將軍諮送清單內開，行營文案處總理委員一員，幫辦委員一員，監用關防委員二員，辦事、主稿、繕寫各項委員十四員；行營折奏處委員四員；行營營務處總理委員一員，幫辦委員一員，各項辦事委員十三員；行營收支餉局總理委員一員，各項委員七員；行營屯採收支總糧局總辦委員一員，幫辦委員二員，採買收支各項委員八員；行營製造局總理委員一員，幫辦委員一員，各項委員六員；行營官炭窯管理委員二員；行營軍裝局管理委員二員；行營軍火局管理委員四員；行營軍駝局總辦委員一員，幫辦委員一員，管車委員二員，管駝委員四員；行營官藥局管理委員一員；行營發審處委員四員；行營稽查局總查委員二員，分查委員共二十四員；行營馬廠委員二員；行營草廠委員一員；行營巡捕三員，戈什哈二十名；行營隨營差遣、文武委員十五員，隨營差弁三十九名等語。

臣部伏查，該將軍所用委員太多，名目太繁，應令遵照臣部會籌餉需奏案，酌其事可相因而理者總設一局，將各項應辦事宜，統歸其中，派員分股辦事。今擬准其設立行營總局一處，設立總理一員，幫辦委員二員，各項辦事委員共八員，責令委員分股辦事。該將軍所擬分設文案折奏處、營務處、滿營務處、收支餉局、發審處、稽查局委員之處，應毋庸議。至采屯收支糧局，應令歸舊設之糧餉處辦理。製造軍裝軍火，應令並為軍裝制辦總局，擬准其設立總辦委員一員，管理委員二員。官藥局、官炭窯，應令歸地方官兼管。車駝局、馬廠、草廠，應令歸舊設之駝馬處辦理。巡捕及隨營差遣、文武官弁，擬准共留十員。戈什哈准其留十二員，只准由旗營官兵內挑充，不准重支口分。至以上各員應支口分，查榮全所奏章程內開，協領、參領每月支銀二十二兩，該將軍所引不相符合，應令仍照榮全章程辦理。其副都統、提督、總兵、參將，榮全原奏並未議及口分，應如該將軍此次所奏辦理。臣部擬准設立員弁，均應按品照湘平支給，如有兼差，不另開支。該將軍奏請將隨營差弁無論品級，月支口分銀十七兩之處，應毋庸議。戈什哈月支口分銀十兩之處，亦毋庸議。

一　分設後路各局委員口分款。

據原單內開，並據該將軍諮送章程內稱，陝西催餉轉運局守催委員一員，解運委員六員；四川催餉轉運局守催委員一員，解運委員四員；山西催餉轉運局委員一員，解運委員五員；山西、河東催餉局守催委員一員；江西催餉局守催委員一員；山東催餉轉運局守催委員一員，解運委員三員；河南催餉局守催委員一員，解運委員一員；江漢關催餉局守催委員一員，守提湖北省軍餉委員一員，江漢關催餉局守催委員一員[1]，粵海關催餉局守催委員一員；包頭製造轉運總局總辦委員一員，幫辦委員一員，文案處委員二員，支發、製造、解運各項委員八員；三道河轉運局委員一員；寧夏轉運局委員二員；涼州轉運局委員一員；肅州轉運局委員一員；哈密轉運局委員一員；古城轉運局委員一員；瑪納斯采糧分局委員一員；塔爾巴哈台采糧分局委員二員；庫爾喀喇、烏蘇采糧分局委員二員，精河采糧分局委員二員，大河沿采糧分局委員一員，所有口分均照前項章程，按照官階支給等語。

臣部伏查，各項提催委員前經臣部於議覆劉錦棠統籌新疆兵餉、官制、屯田情形折內奏定，甘肅、新疆歲餉，由陝甘總督按數分起撥解，關外不准紛紛迎提。令該將軍等務於光緒十一年正月以前，迅速將各省提催委員全行裁撤，一切薪水、局費、路費即行停止，以免糜費等因。應令該將軍遵照奏案，將提催轉運各局全行裁撤。至各采糧分局，臣部前以關外糧價尚賤，無需采運，已令劉錦棠裁撤。該將軍同在關外，事同一律，應令一併裁撤，以免歧異。其口分銀兩，應毋庸議。

— 行營文武員弁、書識、通事、兵丁津貼款。

據原奏內稱，行營文武有任重事繁者，照前署伊犁將軍榮全奏定章程，于月支口分之外酌給津貼銀兩。總理委員月支津貼銀十五兩，幫辦委員月支津貼銀十兩，各項委員擇其勤奮酌加津貼銀兩，至多不過八兩之數。書識、通事、兵丁有當差勤奮者，亦加津貼銀兩，至多不過三兩等語。

臣部伏查，官員津貼與臣部辦過成案相符，應准分別按湘平支給。至書識、通事、兵丁，人數眾多，既有應支口分，該將軍所請加增書識、通事、兵丁、津貼之處，應毋庸議。

— 前後各台局支給心紅銀兩款。

據原單內開，前後各局月給心紅銀兩，行營文案處、折奏處、營務處、滿營務處、收支糧局、收支餉局、製造局共七處，每處月支心紅銀三十兩。官炭窯、軍裝局、軍火局、車駝局、官藥局、發審處共六處，每處月支心紅銀十兩。稽查處共十四處，每月共支心紅銀二十八兩。馬廠月支油燭銀五兩，草廠月支油燭銀五兩，巡捕月支油燭銀三兩，後路各局，每局月支心紅銀十兩等語。

臣部伏查，該將軍所設各局，臣部業於前款聲明分別裁併酌留，所有行營總局，擬比照劉錦棠所設行營糧台，月支筆墨、油燭、紙張銀三十兩；軍裝製造總局，擬比照劉錦棠所設軍裝制辦總局，月支筆墨、油燭、紙張銀二十四兩，均按湘平支給。其餘未准設立各局廠及巡捕，均不准開支筆墨、油燭、紙張銀兩，以示限制。

一　行營後路台局書識、帳目、勇夫、通事、倉夫、鬥級、秤手、工匠、醫生、獸醫等項工食款。

據原單內開，行營文案處書識二名，刷印匠一名，刻字匠一名，長夫二十名；營務處書識二名，通事二名，親兵二十名；收支餉局護勇四十名；收支糧局鬥級二名，秤手二名，護勇四十名，倉夫二十名；製造局各項工匠三十五名，火夫二十名；官炭窯帳目一名，燒夫六名，斫柴夫二十一名；軍裝局、軍火局每局書識一名，護勇二十名；車駝局書識一名，車駝夫六十名；官藥局帳目二名，醫生二名，獸醫三名，長夫二名；發審處書識一名，親兵八名；稽查處共十四處，書識二名，通事二名，親兵共六十四名；馬廠牧馬夫十二名；草廠長夫十六名。至後路各局，除包頭總局護勇四十名，陝西、山西催餉轉運局每局書識二名，護勇二十名，山東催餉轉運局書識一名，護勇十名，肅州轉運局書識一名，護勇二十名，其餘各局每局書識一名，長夫四名、六名、八名不等。以上書識帳目，仿照戶部則例、書吏章程，每月支口分銀四兩八錢。醫生每名照例歲支工銀六十兩；親兵、護勇照楚軍正勇坐糧章程，每名日支銀一錢一分；長夫、火夫、倉夫、鬥級、秤手、牧馬夫、燒夫、斫柴夫，均照楚軍長夫坐糧章程，每名日支銀八分；刷印匠、刻字匠、製造各項工匠均由內地調營，照例每名每日支工價銀二錢；通事每名照軍需則例設立公局貼寫工食章程，月支銀三兩；獸醫每名照軍需則例月支銀二兩；車駝夫均系隨時覓雇，每月支工食銀四兩五分等語。

臣部伏查，該將軍所設各局，臣部業於前款內聲明分別裁併酌留。所有行營總局擬准設書吏八名，通事二名，護勇四十名；軍裝制辦總局擬准設書吏二名，護勇二十名。至應支口分，書吏照臣部則例，日支京升粟米八合三勺，月支銀四兩八錢；通事照覈定伊犁善後章程，月支銀三兩；護勇照覈定伊犁善後章程，日支銀一錢一分，均扣建，按湘平支給。再查楚軍章程，各營均有醫生、獸醫薪工，應由公費內發給，不得另支。官藥局擬准照伊犁舊制，設官醫生一名，歲支銀六十兩，其餘各項均應刪除。惟車駝夫一項應由兵部覈辦，各項匠役應由工部覈辦。以上十三條，應由臣部覈銷。至兵、工二部應銷之款，均於各款內聲明。

—— 馬隊照章支給倒斃馬匹價值款。

—— 官設馬撥、撥弁、號書、馬夫口分工食糧料津貼銀兩款。

臣部查，嘉峪關外劉錦棠現已奏明安設驛站，該將軍似毋庸重複設立，馬撥應由臣部知照兵部辦理。

—— 轉運軍餉、軍裝、軍火、糧料等項腳價款。

臣部查，塔爾巴哈台參贊大臣錫倫冊報，塔城糧頭夷商自伊犁販運稻米，售價每觔合銀五分五厘，麥面每觔合銀三分等因。查塔城距伊犁一千九百里，該處且赴伊犁採買糧料，伊犁軍糧似毋庸赴他處採買。至腳價由兵部覈銷，應知照兵部辦理。

—— 解運軍餉、軍裝、軍火器械、員弁勇丁盤費款。

—— 行營添買駝馬支給料豆款。

—— 馬步各營打仗陣亡、受傷弁勇恤賞養傷款。

—— 軍營遣撤官弁、兵勇及假滿老弱傷殘病勇，並陣亡、病故員弁、兵勇靈柩回籍車腳價款。

以上七款，均由兵部覈辦。

—— 添購各項軍火、軍裝及一切零星應用什物款。

以上一款，應由工部覈辦。

[校注]

[1] 按：此句疑與上文"江漢關催餉局守催委員一員"重復。

議覆督辦大臣請將欠發軍餉指提解甘摺

[題解] 本稿當作於光緒十一年三月下旬。督辦新疆軍務大臣劉錦棠奏截算歷年欠發軍餉實數，並懇天恩飭部指提的款解甘清厘，戶部遵旨議奏，提出的辦法是，按各省關歷年欠解數目多寡，勻分三年，分別提撥，轉解關外，所有限期，截至光緒十四年年底作為限滿。

奏為遵旨議奏，恭折仰祈聖鑒事。

督辦新疆軍務大臣劉錦棠奏《截算歷年欠發軍餉實數並懇天恩飭部指提的款解甘清厘》一折，光緒十一年三月十七日軍機大臣奉旨："戶部議奏。欽此。" 欽遵由軍機處鈔交到部。

據原奏內稱，臣惟西征軍餉果令報解之數年清年款，營餉安有債欠？無如每年牽算，協餉之數至旺不過六七成，少則四五成不等。各省解款日短，臣軍欠餉所由日增。茲截至光緒十年止，除支發外，實欠發各營存餉湘平銀二百八十五萬五百九十兩八錢四分七厘七毫五絲七忽八微。惟有籲懇天恩俯允飭部專指協濟西征省分欠解項下，如數指提的餉二百八十五萬兩，分年、分批掃數撥解，再無延欠，臣得有所藉手，及早清償舊欠，改定坐糧。其臣軍馬步、弁勇並駐紮地段，業經照章、按季造冊送部。光緒八年以前欠發營餉實數，亦經照章造銷，其九、十兩年欠餉實數，茲已分年趕造細冊，容俟諸由督臣會覈具奏，此次邀免另造細冊等語。

臣部伏查，光緒十一年分甘肅、新疆軍餉雖已匯奏指撥，而光

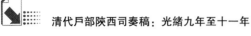

緒十年以前各省關欠解西征軍餉為數甚鉅，以致該大臣積欠勇餉迄
未清厘。茲據奏稱，由部專指協濟西征省分欠解項下，如數指提的
餉二百八十五萬兩，分年、分批撥解，俾得及早清償舊欠，改定坐
糧等語，自應如數指提，以清舊欠。臣等公同商酌，擬按各省關歷
年欠解數目多寡，分別提撥。應撥浙江省銀一百八十五萬兩，福建
省銀三十八萬兩，廣東省銀五十六萬兩，閩海關銀六萬兩。以上共
提撥銀二百八十五萬兩，均系光緒十年以前各省關積欠西征軍餉。
相應請旨飭下福州將軍，兩廣、閩浙各總督，福建、浙江、廣東各
巡撫，按照臣部指撥數目，勻分三年，解赴甘肅糧台，以便轉解關
外。所有限期，截至光緒十四年年底作為限滿，務須分年、分批趕
解，毋稍延誤。至兵勇數目季冊，據該大臣奏稱，業經按季送部，
臣部並未收到，應令查明究系何處延擱，即行查辦。歷年欠餉實數，
應令仍照臣部奏案，將某年欠發某營餉項若干分晰造冊送部，以憑
查覈。所有臣等遵旨議奏緣由，理合恭折具陳，伏乞皇太后、皇上
聖鑒。謹奏。

光緒十一年四月二十一日奉旨："依議。欽此。"

西征積欠餉銀變通辦理片

[**題解**] 本稿當作於光緒十一年三月下旬。因西征軍餉銀積欠較多，故戶部催促各省如數籌解之時，亦在該折中向朝庭提出三條變通處理辦法。其一，自光緒十二年起軍餉改支坐糧以節省餉銀；其二，新疆物產豐盈，可自籌款項藉資補苴；其三，俟海防捐輸一年限滿之後，按常捐例銀實數請給欠發餉銀統領營官封典、虛銜二項，將所欠餉銀實施改獎。

再，西征積欠餉銀，臣部已照劉錦棠所奏數目，另折奏請分別指提，各省果能如數籌解，則該軍舊欠自可全清。惟各省辦防日久，竭蹶堪虞，自當另備變通辦法，以求有濟。

查新疆三道所屬額兵定勇二萬一千人，馬三步七，若自光緒十二年起改支坐糧，每年約可節省銀五十萬兩。是十二、十三兩年，共可節省銀一百萬兩，即以後此節省之餉銀，補發昔日之舊欠，此截長補短之一法也。然改支坐糧，僅能彌補欠餉三分之一，勢不能不就地取資。新疆物產豐盈，幅員萬裡，厥有金玉、銅鐵、鉛錫、棉花、繭絲、氈罽、羽毛、齒革之利，而洋藥、土藥天山南北近年行銷尤多。且臣部前有會奏籌餉章程二十四條，該大臣可以擇要舉行，藉資補苴，此就地取資之一法也。

新疆若能自籌款項，二三年內當可彌補舊欠數十萬兩。下欠百餘萬兩，俟海防捐輸一年限滿之後，即照雲南、貴州改獎章程，按常捐例銀實數，請給封典、虛銜二項，一體改獎。大約欠餉不必專

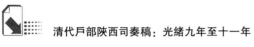

在勇丁，多在統領營官名下或承辦委員未領之項，統名之曰欠餉。今既准其改獎，眾人有頂戴之榮，公家省補發之款，成案具在，自可仿行，此因時制宜之一法也。

臣部所陳各節，事求實濟，尚非難行，如蒙俞允，即請飭下督辦新疆大臣劉錦棠斟酌情形，悉心籌辦，庶欠餉獲就清厘而度支亦可節省矣。臣等愚昧之見，是否有當，伏乞聖鑒，謹奏。

光緒十一年四月二十一日奉旨："依議。欽此。"

議覆督辦大臣登覆甘肅關外
防營口糧雜支章程摺

[**題解**] 本稿當作於光緒十一年四月，是對劉錦棠奏摺的奉旨回復。該奏指出，劉錦棠部防營口糧雜支等已照章程辦理，各項毋庸重複聲敘，而所請依照成案辦理各款，均應再行覈定。即：未定章之先已支出者分別准銷，既定章之後應支者應依章程辦理。在所附清單中，戶部就劉錦棠奏章中回復各項費用開支的覈定情況，再次作了詳細說明。

奏為複覈甘肅關外防營口糧及雜支章程，恭摺仰祈聖鑒事。

督辦新疆事宜大臣劉錦棠奏登覆關外章程一折，光緒十一年三月二十六日軍機大臣奉旨："戶部知道，單併發。欽此。"欽遵於三月二十七日鈔出到部。

臣部伏查單開各款，有已照章程辦理者，有請仍照成案辦理者。其已照章程辦理各款，毋庸重複聲敘，以免繁瀆。其請仍照成案辦理各款，均應再行覈定，以免紛歧。在未定章之先已支者，分別准銷。既定章之後應支者，自當照辦。雖新疆迴殊內地，而薪糧未便過優，當茲軍務久平，度支仍絀，惟有撙節用款，規復舊章。所有臣部覈覆各條，謹繕清單恭呈御覽，伏乞皇太后、皇上聖鑒。謹奏。

光緒十一年六月初三日奉旨："依議。欽此。"

謹將複覈甘肅關外防營口糧及雜支
章程繕具清單恭呈禦覽

一　奏定章程內開，查楚軍營制部隊行糧，舊制哨長日給銀二錢，今日支銀二錢六分六厘六毫六絲六忽，計多銀六分有奇，應令刪除。舊制每營用長夫一百八十名，只許減少不准增多，今用長夫一百九十二名，計多夫一十二名，應令刪除。再，舊制營官公費、醫生各費在內等因，今據該大臣覆稱，楚軍行糧章程前經左宗棠覈定，哨長每員日給薪糧共二錢六分六厘六毫六絲六忽，部議謂多夫十二名，指私夫而言，查加給私夫，系為激勵戎行起見，請仍准銷。至醫生，向系另支，不在公費之內等語。臣部查，該大臣聲覆各節，均與楚軍舊制不符，應令仍照臣部奏定章程辦理。

又奏定章程內開，步隊每旗多夫十二名，應另刪除等因。今據該大臣覆稱，前條業經聲明等語。臣部查每旗多夫十二名，與每營多夫數目相同，已於前款聲明，應令仍照臣部奏定章程辦理。

又奏定章程內開，查楚軍馬隊行糧舊制，每大建月支銀二千二百餘兩，單開月支銀三千一百餘兩，未免浮多，應令仍照舊制辦理，以歸畫一等因。今據該大臣覆稱，雖新章舊制稍有參差，實屬難於議減，請仍照原單立案等語。臣部查與楚軍舊制不符，應令仍照臣部奏定章程辦理。

又奏定章程內開，馬隊每旗人數以全營拆算，殊多不合等因。今據該大臣覆稱，裁勇乃可節餉，是以酌量並營為旗，請仍照原單立案等語。臣部查，裁勇節餉、並營為旗，應如所奏辦理，該弁勇等開支口分，應令照楚軍舊制，以歸一律。

又奏定章程內開，楚軍營制，步隊坐糧每營多夫十二名，應令刪除等因。今據該大臣覆稱，已於行糧款內聲明等語。臣部查多夫十二名，並醫生工食在公費內開支，已於行糧款內聲明，應令仍照奏定章程辦理。

又，奏定章程內開，楚軍營制步隊坐糧，每旗多夫九名，應令刪除等因。今據該大臣覆稱，夫數已於行糧款內聲明等語。臣部查，多開夫數自當刪除，應令仍照奏定章程辦理。

又奏定章程內開，楚軍馬隊每營坐糧舊制，並無雜費、公長夫，應照章刪除等因。今據該大臣覆稱于行糧款內聲明，向系循章辦理等語。臣部查，雜費、公長夫既為舊制所無，應令仍照奏定章程刪除。

又奏定章程內開，楚軍馬隊坐糧，每旗人數較全營已減一半，薪公亦應覈減，營官薪水應改為月支二十五兩，公費改為月支四十兩。再，每旗人數以全數拆算，殊多不合等因。今據該大臣覆稱，營官、旗官所管勇數雖有不同，而用款所差無幾，薪公已減去三分之一，難再覈減等語。臣部查，馬隊每旗弁勇應支口分，應令照覈定每營支數，按名發給。至旗官薪公，較之營官已減去一半，應如該大臣原議，月支薪水銀四十兩，公費銀五十兩，毋庸覈減。惟關內不得援引，以示區別。

— 奏定章程內開，關外開花炮隊，比照楚軍行糧章程酌量加增，炮長比照正哨官加倍支給，日支銀六錢，公費即照原議月支銀二十兩，不扣建。什長照步隊什長加倍支給，日支銀三錢。護勇、炮勇比照步隊正勇，加半支給，日支銀二錢一分。車夫、火夫仍照原議，每名日支銀一錢一分，內地各省不得援以為例等因。今據該大臣覆稱，關外地方寒苦，非厚給薪糧，不足贍其身家，難以議減等語。臣部查，開花炮隊薪糧按步隊行糧，或加倍或加半支給已屬優厚，難以再行議加，應令仍照奏定章程辦理。如將來有出征外域之事，再按該大臣原議支給，以勵戎行。

— 奏定章程內開，查楚軍舊制，凡統領自帶一營，本營之薪水、公費已足敷用，此外從優酌加。凡統至三千人以上者，每月加銀一百兩，加夫十名；統至五千人以上者，每月加銀二百兩，加夫二十名；統至萬人以上者，每月加銀三百兩，加夫三十名。今單開統領公費一款，與舊制不合，應照舊制辦理。現在各處防營並無出征之事，只准照章給銀，毋庸加夫等因。今據該大臣覆稱，各統領統費、長夫，礙難議減等語。臣部查楚軍舊制，軍中浪費最忌官員太多，夫價太多，臣部原奏章程系照舊制辦理，惟將長夫裁去。今擬長夫一項，仍准其照定章支給。至於統領按人數多寡加給統費、長夫，舊章均有限制，應令仍照奏定章程辦理。

一　奏定章程內開，總理營務處及分統各員，應按照舊制，按勇數多寡酌加公費，不得另按營務處分統名目重複另支。至文案應支書識薪水，辦公究系支給何營之項，應令查覆，再行覈辦。小馬隊一哨，舊章無此營制，應令歸併成營。各營旗員弁、勇夫，每員名月給米折銀四錢五分，應悉刪除等因。今據該大臣覆稱，查營務處一員，月支薪公銀二百兩；分統五員，月支薪公銀二百兩，公費銀一百二十兩。因各分統不能無文案、支應、書識各員幫司冊籍，各員薪水，即於公費一百二十兩內支給，至總理營務處最為繁劇，不得不優給薪公。至小馬隊一哨，各分統臨陣打仗賴其護衛，平日調遣亦資驅使，米折一項於九年九月底裁止，請照原單分別覈銷立案等語。臣部查營務處一員，事務較繁，應如該大臣原議，月支薪公銀二百兩，如有兼差不得重支。查楚軍舊制，營官公費一項，幫辦及管帳目、軍裝書記、醫生、工匠薪糧，均在其內，該分統各員按前條分別所統勇數多寡，加給統費，所有文案支應、書識薪水，即應在內開支，自不得於統費之外另開薪水公費。小馬隊口糧，應准照前條馬隊行糧章程支給。應用火夫，照章按哨官一員用火夫一名，什長、散勇十一名，共用火夫一名。

一　奏定章程內開，督催糧運總局、屯采總局、采運局、柴草局、柴草站，應令全行裁撤。行營軍裝置辦總局，以及行營辦理文案，押運差遣文武員弁，應令大加裁減，酌定額數報部。至應支薪水，擬照關內章程量為加增。文職道員、武職提督月給銀六十兩，知府、總兵、副將月給銀五十兩。同通州縣、參遊，月給銀三十五兩，佐雜都司月給銀二十五兩，守備月給銀二十兩，千總月給銀十六兩，把總月給銀十二兩，經制、外委月給銀十兩等因。

今據該大臣覆稱，督催糧運、屯采、柴草各局站，漸次裁併，究難全行裁撤，至行營軍裝置辦總局以及行營辦理文案、押運差遣文武員弁薪水，若僅照關內章程少為加增，尚無以示體恤，請照原軍立案等語。臣部查，本年伊犂將軍金順奏定章程，提督、總兵月支銀五十兩，道府月支銀二十九兩，副將、參將月支銀二十五兩，同知、通判、知州、知縣月支銀二十二兩八錢，遊擊月支銀二十二兩，都司月支銀十八兩，守備月支銀十七兩，千總月支銀十四兩，把總、佐雜月支銀十二兩，經制、外委月支銀十兩，業經臣部照準在案，是伊犂章程較該大臣原議，已屬節省。臣部上年議覆該大臣之時，照關內章程量為加增，實較伊犂章程為多。該軍與伊犂各營同在關外，官員薪水一項，未便獨為過優，應令仍照奏定章程辦理。至關外所收糧料劃充軍食，即使必須轉運，各營無事盡可輾轆自行運送。如仍以為不便，則屯田自當及時舉辦，以省飛挽之勞。

新疆軍務久平，一切委員亟應裁撤。現在所存局站各若干，委員各若干，應令遵照奏案大加裁減，酌定額數報部查覈。

—　奏定章程內開，督催糧運總局、屯采總局、采運局及柴草站，均已議裁，所有經承、貼寫、字識均應裁撤，紙張、筆墨、油燭銀兩，亦毋庸開支。至糧台及軍裝硝藥局經承、貼寫，應比照臣部則例，書吏日支京門粟米八合三勺，月支銀四兩八錢，扣建支給等因。今據該大臣覆稱暫難全裁，業於前條陳明，其應行裁撤者，截至九年底酌量裁撤，歸地方官供支，未裁糧台各局站，經承、貼寫、字識若照軍需例章支給，家口無可養贍，請照原單立案等語。

臣部查軍需則例，書吏月支銀三兩，該大臣立案之初，臣部以關外地方遼遠，是以援照戶部例載，新疆書吏月支銀四兩八錢，日支京門粟米八合三勺覈給，較之軍需例為優。現查伊犂將軍金順奏報章程，亦按四兩八錢之數開支，臣部已行覆准。該大臣與伊犂將軍同在關外，事同一律，未便兩歧，應令仍照奏定章程辦理。

—　奏定章程內開，各台局需用護勇、纏回字識、通事翻譯若干名，應令酌定額數報部查覈等因。今據該大臣覆稱，分別事之繁簡，覈實支給口糧等語。臣部查，單內仍無額數，應令酌定報部查覈。

一　奏定章程內開，關外糧料充積，覈計該軍人數支食之外，尚勝[1]二十余萬石，所有採買糧料，及應需倉夫、鬥級口食，應毋庸議等因。今據該大臣覆稱，哈密、吐魯番各城，征獲無多，不得不由關內州縣及附近糧石稍多之處，設局分采，各局雇用倉夫、鬥級需用工時，請照原單立案等語。臣部查，關外亟應開辦屯田，藉省轉運，已於前款聲明。如倉夫、鬥級工食必不可少，應令按照楚軍長夫坐糧章程，每名日支銀八分，仍將額數報部查覈。

一　奏定章程內開，保甲、蠶桑各局文武員弁、經貼、護勇、雜色人等，應令全行裁撤，改歸地方官辦理，毋庸另支薪糧並紙張、筆墨、油燭銀兩等因。今據該大臣覆稱，地方遼闊，保甲各局未便遽裁。蠶桑雖著有成效，傳習間有未精，除將各局裁併五處歸地方官辦理外，其餘蠶桑各局未便全行裁撤等語。

臣部查，南路既設州縣，編查保甲、勸課農桑，均系牧令之責，似毋庸仍照從前辦法多派委員，惟安設州縣事同創始，應令該大臣將現存幾局委員若干，雜色人等若干，分別再行裁減，酌定額數報部。應需紙張、筆墨、油燭銀兩，應如該大臣原議十二兩及八兩之數支給，委員薪水，經承、貼寫、字識、通事應照前條覈定之數支給。所有保甲、蠶桑各局護勇應令刪除，以節糜費。該大臣務當陸續裁併，截至光緒十二年十二月底止，應令一律全裁，改歸地方官辦理，以示限制而符定章。

一　奏定章程內開，義學經費即在房租雜稅內動支，用過銀兩，按年專案報部查覈等因。現據該大臣覆稱，已飭各廳州縣就地統籌，竊恐房租雜稅不敷，勢不能不由軍需款內添給造報，屆時隨案聲明，免其專案報銷等語。臣部查，義學經費應令該大臣查明房租雜稅是否敷用之處，報部查覈，如有不敷，即在善後經費內動支，毋庸由軍需款內添給，以免牽混。

——　奏定章程內開，糧料無須轉運，已於前款聲明等因。今據該大臣覆稱，采運糧料情形，已於第八條內聲明，請仍照原單立案等語。臣部查，各營現在無事，盡可令長夫自行搬運，並屯田自給，應令該大臣分別辦理。

　　——　奏定章程內開，各營均有公費，所有醫生薪工，應由公費內發給。再查軍需例載，醫生每名月支工食銀三兩，跟役一名，月給鹽菜銀五錢。醫生、跟役每名日支口糧米八合三勺，所有各台局醫生，應令照例支給，並酌定額數報部查覈。又關外傳種牛痘，系屬創始，痘醫工食，應如該大臣原奏辦理。醫生跟役照例准給一名，月給鹽菜銀五錢，日支口糧米八合三勺，藥資需銀若干，應令定額報部。一俟流傳既廣，即行撤局，用款就地籌給，另案報部等因。今據該大臣覆稱，醫生薪工，若照軍需則例支給，實屬不符，且查此項薪工，本不在營官公費之內，請照覈銷。其痘醫跟役，應請照通事火夫一體支給，照原議給跟役二名，以資使用。藥料元無定數，勢難預定，至種痘能否於三年內撤局，屆時酌量辦理痘局用費。十年以後，各廳、州、縣能否就地籌款支給、另案報銷，業已通飭妥議辦理等語。

　　臣部查，各營醫生工食，定章在公費內支給，已於前款聲明。至各台局醫生，查伊犁將軍原奏章程，照例歲支醫生工食銀六十兩，該大臣即照此辦理。臣部原議照軍需則例支給之處，應毋庸議。關外種痘，系屬創始，該大臣請將痘醫跟役照通事火夫一體支給，照原議給跟役二名之處，應暫如所議辦理，俟撤局時停支痘局用費。既經通飭妥議，俟議覆後再行覈辦。

[校注]

　　[1]　勝，即"剩"。

奏參藩運司道委解軍餉遲延摺

[**題解**] 由奏稿原文中 "現截至六月初十日止" 句及文後所附接旨時間知，本稿當撰於光緒十一年六月中旬。光緒十一年四月，陝甘總督譚鐘麟因新疆軍餉拖欠嚴重，且發生伊犂馬隊譁潰、東赴哈密索餉事件，故奏請朝廷催飭戶部解餉。然各省超過時限一月，報解數目與奏案依限報解六成之數仍相差甚巨，故戶部在此稿中，請求朝廷對不能按期批解軍餉的江西、四川等地藩司，按章給予 "違限一月以上，罰俸一年" 的處罰，並在奏章後附上各省欠解軍餉的詳細清單。

奏為特參委解軍餉遲延藩運司道，請旨交部議處，並請飭催各省趕緊大批起解以固軍心而免貽誤，恭折仰祈聖鑒事。

竊查甘肅、新疆光緒十一年分軍餉，疊經臣部奏明，共指撥銀四百八十萬兩，定限各省五月以前批解六成，下餘四成，限十月內掃數解清。照從前舊制，由甘肅司庫統收分支，並聲明系該省關內外各營應需確數，絲毫不容短欠。本年陝甘總督譚鐘麟以各軍需餉甚急，伊犂馬隊譁潰，東赴哈密索餉，奏請飭催臣部，以現在將屆五月，各省報解數目覈與奏案依限報解六成之數，所欠甚巨，應令各省務遵定限掃數解清，一面報解、一面報部。截至六月初十日止，如報部起解銀數不及六成，即由臣部指名奏參。其五月後應解四成餉銀，如截至十一月初十日止，各省報部起解銀數仍有短欠，亦即由臣部參辦等因。於光緒十一年四月初三日具奏，欽奉上諭："甘肅、新疆軍餉關係緊要，各該省並不依限報解，欠數甚巨，殊屬延玩。著各該督撫迅將本年應解甘肅、新疆軍餉，遵照部定期限，掃數解清。如再延欠，即由該部分別奏參。欽此。"欽遵由五百里行知各該省，遵照在案。現截至六月初十日止，以五月前應解六成銀數統行計算，各省共應解銀二百八十八萬兩，僅據報解銀一百八十八萬兩，尚欠解六成銀一百萬兩。以各省報解數目分款覈計，除山西、陝西、江蘇三省已據依限解足六成外，其餘各省均未解足六成。關外地方遼遠，即使各省依限批解，再由甘肅轉解新疆，尚有六七十站路程，已虞緩不濟急，倘聽各省延宕，欠餉過巨，難保不再滋生事端。查吏部章程內開，軍營需用糧餉，該藩司接准奉撥、部文具批、遴派妥員起解，如該藩司委解遲延，由戶部確查文到月日，指名嚴參。違限一月以上，罰俸一年；二月以上，降一級留任，三月以上，降一級調用；四月以上，降二級調用，五月以上，降三級調用；半年以上，革職俱公罪等語。

各該省既逾五月以前期限，實屬委解遲延，若不據實奏參，深慮將來貽誤。相應請旨飭下吏部，將未行解足六成之江西、四川、河南、安徽、湖南、湖北各藩司，兩淮監運司，山西、河東道，均照軍營需用糧餉委解遲延、違限一月以上章程議處，並令各該省將欠解六成銀兩，趕緊照數批解，如再延宕，由臣部查明，按照吏部章程違限月日，續行奏參。如有貽誤，另照貽誤軍餉例嚴參。至五月起應解四成銀兩，原限十月內掃數解清，應即請旨飭下兩江、湖廣、四川各總督，江蘇、湖南、湖北、江西、河南、安徽、陝西、山西各巡撫，轉飭藩運司道，提前大批起解，倘能依限將全年餉數解清，由陝甘總督照案奏請優獎。倘有延欠，仍由臣部分別奏參。所有起解限期及各省已解、未解數目，謹繕清單恭呈御覽，伏乞皇太后、皇上聖鑒訓示。謹奏。

光緒十一年六月十八日奉旨："依議。欽此。"

謹將光緒十一年分甘肅新餉限期及各省已解
未解數目謹繕清單恭呈禦覽

山西省原撥銀八十四萬兩，五月以前應解六成銀五十萬四千兩，已據報解第一至第六等批銀共五十二萬兩，覈計解足六成並解四成銀一萬六千兩。下余四成銀三十二萬兩，應令依限解清。

陝西省原撥銀二十萬兩，五月以前應解六成銀十二萬兩，已據報解第一、二等批銀共十二萬兩，覈計已解足六成。下余四成銀八萬兩，應令依限解清。

江蘇省原撥銀十萬兩，五月以前應解六成銀六萬兩，已據報解第一批銀六萬兩，覈計已解足六成。下余四成銀四萬兩，應令依限解清。

以上三省藩司均已依限解足六成，俟將五月起至十月止應解四成銀兩依限解清，再行分別獎敘。

江西省原撥銀八十五萬兩，五月以前應解六成銀五十一萬兩，已據報解第一、二等批銀十萬兩，覈計尚欠解六成銀四十一萬兩，應令趕緊補解。其餘四成銀三十四萬兩，亦應依限解清。再，該省原奏動撥銀二十四萬九千兩，僅據報解銀十萬兩，現按實解數目覈計，合併聲明。

湖北省原撥銀三十三萬兩，五月以前應解六成銀十九萬八千兩，已據報解第一批銀二萬兩，覈計尚欠解六成銀十七萬八千兩，應令趕緊補解。其餘四成銀十三萬二千兩，亦應依限解清。

河南省原撥銀六十一萬兩，五月以前應解六成銀三十六萬六千兩，已據報解第一至第三等批銀共二十五萬兩，覈計尚欠解六成銀十一萬六千兩，應令趕緊補解。其餘四成銀二十四萬四千兩，亦應依限解清。

兩淮鹽運司原撥銀二十萬兩，五月以前應解六成銀十二萬兩，已據報解第一批銀四萬兩，覈計尚欠解六成銀八萬兩，應令趕緊補解。其餘四成銀八萬兩，亦應依限解清。

湖南省原撥銀十六萬兩，五月以前應解六成銀九萬六千兩，已據報解第一批銀二萬兩，覈計尚欠解六成銀七萬六千兩，應令趕緊補解。其餘四成銀六萬四千兩，亦應依限解清。

四川省原撥銀七十九萬兩，五月以前應解六成銀四十七萬四千兩，已據報解第一、二等批銀共四十一萬兩，覈計尚欠解六成銀六萬四千兩，應令趕緊補解。其餘四成銀三十一萬六千兩，亦應依限解清。

安徽省原撥銀二十萬兩，五月以前應解六成銀十二萬兩，已據報解第一批銀六萬兩，覈計尚欠解六成銀六萬兩，應令趕緊補解。其餘四成銀八萬兩，亦應依限解清。

山西、河東道原撥銀五十二萬兩，五月以前應解六成銀三十一萬二千兩，已據報解第一至第七等批銀共二十八萬兩，覈計尚欠解六成銀三萬二千兩，應令趕緊補解。其餘四成銀二十萬八千兩，亦應依限解清。

以上六省藩司、一鹽運司、一鹽道，均未依限解足六成，應行議處。並令將五月前欠解六成及五月起至十月止應解四成銀兩，依限掃數解清，以免貽誤。

議複陝甘總督登複甘肅關內防
勇口糧雜支章程摺

[題解] 本稿當作於光緒十一年五月底或六月初。光緒十年，戶部對西路餉章厘定章程，隨後朝廷交陝甘總督譚鐘麟部議覆，此稿為戶部對譚鐘麟部奏《登複部議關內章程》一折的回復。奏稿所附清單中，針對譚鐘麟所請甘肅關內防勇口糧雜支章程變通各款，戶部逐一作了准駁。

奏為複覈甘肅關內防勇口糧及雜支章程，恭折仰祈聖鑒事。

陝甘總督譚鐘麟奏《登複部議關內章程》一折，光緒十一年五月二十三日軍機大臣奉旨："該部知道。欽此。"欽遵於五月二十四日鈔出到部。

臣部伏查，西路餉章從前多系權宜辦理，實與舊制未能脗合。疊經該督裁減，節省頗多。上年複經臣部厘定章程，以為經久之計。現據該督議複，除已照章辦理各款，毋庸重複開列外，其聲請變通各款，自應分別複陳。謹另繕清單，恭呈禦覽，伏乞皇太后、皇上聖鑒。謹奏。

光緒十一年六月二十四日奉旨："依議。欽此。"

謹將複覈甘肅關內防勇口糧及雜支
章程繕具清單恭呈禦覽

一 奏定章程內開，各營公費，醫生、工匠薪糧在內等因，今據該督複稱，醫生、工匠並未格外開支，至省城軍裝軍火局工匠，另行開支，不與營制相涉等語。臣部查，營中修補軍械，向應在營官公費內開支，至軍裝軍火局製造工匠，原不與營制相涉，既據分析聲明，應如所複辦理。

——奏定章程內開，楚軍馬勇章程並無雜費，應照章刪除等因。今據該督複稱，前奏試辦練兵馬隊亦有雜費，已奉複准，此案事同一律，應照舊支給等語。臣部查，公長夫雜費等款，本年據督辦新疆事務大臣劉錦棠奏請，仍照成案辦理，業經臣部議駁，緣楚軍舊制，馬隊行糧每營每大建月支銀二千二百餘兩，若照該大臣所奏，馬隊坐糧每營每大建月支銀二千一百九十八兩零，是雖有坐糧之名，實與行糧無異。且前經另案奏明，現在防營無事，自不當仍照打仗時間支口糧，是以量為刪駁。今該督聲稱，練兵馬隊雜費已奉複准，此案事同一律。臣部查覈楚軍餉數，實與練兵餉數不同，練兵口糧每旗每大建月支銀僅八百二十二兩，楚軍坐糧每旗每大建月支銀一千一百二十二兩九錢，再除刪減公長夫雜費外，每大建尚月支銀一千零二十六兩三錢。臣部於練軍口糧准其開支雜費者，以練軍餉數本少於楚軍坐糧，量為刪除雜費者，以坐糧銀數本多。細為覈計，事非一律，今仍照奏定章程，將楚軍雜費刪除。

——奏定章程內開，馬隊每旗薪水應改為月支二十五兩，公費改為月支四十兩。再查每旗人數，以全營拆算，殊多不合等因。今據該督複稱，改營為旗，原因餉項支絀，實出於不得已。旗官每月已減銀四十兩，若再減少不敷辦公，請仍照原章辦理等語。臣部伏查，此款前經劉錦棠聲明，業經臣部複准在案，應如該督所奏辦理，以歸一律。

——奏定章程內開，查楚軍舊制，凡統領自帶一營，本營之薪水、公費已足敷用，此外從優酌加。凡統至三千人以上者，每月加銀百兩；統至五千人以上者，每月加銀二百兩；統至萬人以上者，每月加銀三百兩等因。今據該督複稱，部議統至三千人以上者加銀百兩等因，即以統三千人者覈計，一營薪公得銀一百五十兩，加統費共銀二百五十兩，約計每統千人合銀八十餘兩。現在關內已改營為旗，應先按旗覈算，擬請凡自帶一旗者，已領本旗薪公，此外再有兼統之旗，按每旗加銀三十兩。如只係統率，並未自行管帶，則全無薪公，應酌加統費。擬統二三旗者，月給銀一百兩；統五六旗者，月給銀二百兩；統至十旗內外者，月給銀三百兩等語。臣部查楚軍舊制，統領應自帶一營，所加統費必須在三千人以上，係通行定章。該督所奏與舊制未能符合，應令仍照奏定章程辦理。

—— 奏定章程內開，西寧開花炮隊應將營制、餉項報部等因，今據該督聲複，西寧辦事大臣聲稱已造冊報部查覈等語。臣部查，此項炮隊章程，尚未到部，應令趕緊報部覈辦。

—— 奏定章程內開，該省設有幾局委員人等若干，應令酌定額數報部等因，並未據該督聲複，仍應令趕緊送部覈辦。

議複陝撫登複用款章程分別辦理摺

[**題解**] 本稿當作於光緒十一年四月下旬，是對前陝西巡撫邊寶泉所奏《遵議查明用款章程分別辦理》及《查明補發欠餉及城防動用官錢鋪票本》兩折中所議處理陝西省用款問題的回復。奏稿正文只說事由、文字無多，然折後所附清單則對邊寶泉奏報所涉規複額餉、停支同治十三年以前未支各款、停支光緒八年以前未支雜款、欠發俸廉餉乾改獎、嚴提未解銀兩、不准擅自挪用、清查旗營欠餉、清查官錢鋪票本等八個問題，逐一作了分析與答覆。

奏為複覈陝西省用款章程，恭折仰祈聖鑒事。

調任河南巡撫、前陝西巡撫邊寶泉奏《遵議查明用款章程分別辦理》一折，又《查明補發欠餉及城防動用官錢鋪票本》一片，均於光緒十一年四月十五日奉旨："戶部知道。欽此。"欽遵於四月十六日鈔出到部。

臣部竊維，國家財用出入本有常經，自軍興以來，出款屢增，是以日形支絀。上年臣部奏請厘定陝西省用款，現據該撫複陳，餉額略具規模，欠款業經停發，未支廉俸餉乾分別改獎，未解正雜款目勒限嚴提，錢糧則無須那移，官票則已議停止。惟旗營欠餉，臣部原未議及辦法，僅令清查。一切既據聲明，自應分款覈複，謹另繕清單恭呈禦覽，伏乞皇太后、皇上聖鑒訓示。謹奏。

光緒十一年七月十六日奉旨："依議。欽此。"

謹將複覈陝西省用款章程八條繕具清單恭呈御覽

一 規複額餉一條。臣部原議，以陝西常年額餉一百十五萬兩有奇，應自光緒十一年為始，除撥固原提督駐甘各營歲餉銀十三萬餘兩外，無論養兵、養勇，以一百零二萬兩作為定額，軍裝雜項均在其中等因。今據該撫複稱，查鹹豐八年無閏之年，共估餉銀一百七十萬餘兩，又固原城守等十八營，估餉銀十三萬兩，二共需銀一百三十萬餘兩。鹹豐十年有閏之年，共估餉銀一百二十八萬餘兩。又固原城守等十八營，估餉銀十四萬餘兩，二共需銀一百四十二萬餘兩。此承平時陝省額餉合計不止一百十五萬兩，分計亦不止一百零二萬。自十一年起，除提標五營及歸陝十八營照章劃除，由甘供支不計外，陝西三鎮四協旗營、勇營，薪餉、製造各項，委員薪水、書役口食，共歲需銀一百十萬二千三百十一兩。以承平無閏之年額餉比較，除撥甘歲餉外，尚減支銀十九萬餘兩等語。

臣部伏查，陝西省從前有換防庫車等處，官兵歲需餉銀四萬四五千兩，糧料五千數百石，草一萬三四千束。今換防新疆官兵業經會奏停止，則前項應行扣除，以原支餉銀並糧草折價計算，共應扣除銀六萬餘兩。又前據陝甘總督譚鐘麟奏稱，部議固原提督所轄十八營，歲餉十三萬兩，由陝照數解甘。查鹹豐七年前，督臣樂斌因甘餉不敷，將固原提屬兵餉改由陝省支發，折內聲明：固原提標五營歲需俸餉八萬八千余兩，向在陝藩庫支領；固原城守等十八營俸餉十一萬四千餘兩，系由甘藩庫支放。因兩省章程不一，請統歸陝西支放，共歲需銀二十萬二千餘兩。據陝藩司稟稱，五營即在十八營之內，每歲由陝解銀十三萬歸甘統發，則數目多寡懸殊。查裁減案內，陝提所屬駐甘十八營，歲需銀十三萬二千六百三十七兩一錢八分七厘，提標五營不在十三萬之內，容俟數目覈定再行會奏。臣部查，陝西省造送冬撥估餉，冊報無閏之年，由甘肅歸陝西領餉之固原城守等十八營，歲需俸餉等項銀十三萬數千兩。又固原提標歲需俸餉等項銀八萬數千兩，共銀二十二萬餘兩。固原城守等十八營，及提標五營兵餉，營制前經陝甘總督于裁減甘肅制兵案內奏請更定，自應由陝西照前數移歸甘肅支放。是陝西兵餉案內，應扣除銀二十二萬餘兩。合之停止換防官兵裁扣銀六萬餘兩，共應扣除銀二十八萬兩。即按該撫此次奏稱陝省無閏之年，需餉銀一百三十萬兩計算，除應扣銀二十八萬兩外，只該銀一百零二萬兩，與臣部原定額餉之數適相符合。該撫未將新疆換防官兵及提標五營俸餉等項扣除，是以奏稱不止此數。又誤將應行扣除之項，作為減支。陝西兵制餉項事宜，疊據譚鐘麟奏稱，會同該撫具奏，應再令該督撫會商妥籌，照額餉數目，分別有閏、無閏，趕緊劃定，于本年冬撥前奏明辦理，以便指撥來年兵餉。將來前項銀兩，除武職俸廉照舊覈扣六分平外，其餘兵勇餉項及薪水、製造等款，應照甘肅省辦法，統按四分覈扣湘平，封儲陝西藩庫，以備緊急之需，照例不准擅自那用，並將封儲銀兩按年報部查覈。

一　停支同治十三年以前未支各款一條。臣部原議，無論何項應概停支。今據該撫複稱，未支銀五十一萬八百八十八兩二錢二分一厘，即一概停支等語。臣部查，該撫所奏與臣部原議相符，此後不再補發，應毋庸議。

一　停支光緒八年以前未支雜款一條。臣部原議，令將未支一切雜款停支，無庸補發等因。今據該撫複稱，查八年以前未支雜支，共銀十五萬八千九百四十一兩一錢一分五毫，除已發不計外，共未支銀十五萬九百七十一兩六錢八厘五毫，即概停支，不再補發等語。臣部查，該撫所奏，與臣部原議相符，此後不再補發，應毋庸議。

一　欠發俸廉餉乾改獎一條。臣部原議，令將欠發歷年勇餉銀五十六萬二千四百六十兩零，又武職俸廉例乾未支銀四十八萬八千二百十一兩零，截清界限，將光緒八年以前欠發勇餉，及武職俸廉例乾銀兩，比照雲貴章程，改獎照常捐例銀實數，請給封典虛銜，不准補發現銀等因。今據該撫複稱，八年以前欠發勇餉五十六萬二千四百六十兩六錢九厘四忽五微內，有欠發仁勝等旗餉銀十五萬一千六百二十兩二錢六分一厘，系近年新欠必須補發之款。上年總兵譚仁芳病故，酌發銀一萬三千九百七十餘兩，又裁減長夫、補發仁勝等旗銀一萬三百七十五兩，又遣撤仁勝左軍左旗，補發銀一萬一千七百八兩七分六厘，下餘未發銀十一萬五千五百餘兩。遵照部議，暫緩覈發。若各營遇有裁減、遣撤，仍須如數補發，應隨時奏明辦理。其餘欠發勇餉銀三十五萬一千一百四十三兩三分二厘四忽五微，欠發武職俸廉、例乾等銀四十八萬八千二百十一兩六錢五分五厘七毫，二共欠發銀八十三萬九千三百五十四兩六錢八分七厘七毫四忽五微，即一概停發現銀，俟臺灣捐輸停止，准其請給封典虛銜。惟其中有本人名下欠數多而請獎有餘，或欠數少而請獎不敷，自應准其移獎親友，照常捐例銀實數覈計，用示體恤。

又據另片奏稱，陝省各營遠年欠餉共百餘萬兩，早經停發，惟光緒八年善後報銷，複有覈准未支銀五十六萬餘兩，其中新欠餉銀十五萬一千六百餘兩。上年酌給，皆係萬難緩發之款，此補發欠餉，由奴才飭局遵辦，並非藩司擅發等語。

臣部伏查，該省遠年欠餉百餘萬兩，據稱早經停發，嗣後即應永行停止補發，並分晰開具清單送部存案。至光緒八年案內，欠發勇餉五十六萬二千四百六十兩零，臣部原奏令其改獎，既據該撫聲稱，內有十五萬一千六百二十兩二錢六分一厘系近年新欠，萬難緩發，除補發外，下餘銀十一萬五千五百餘兩，暫緩覈發，遇有裁減、遣撤，仍須如數補發，隨時奏明，應如該撫所議辦理。

再，除城防動用官錢鋪票本銀五萬九千六百九十七兩零，下餘欠發勇餉並武職俸廉、例乾，共銀八十三萬九千三百五十四兩六錢八分七厘七毫四忽五微，奏請改獎，覈與臣部疊次奏明准其按照雲南、貴州改獎章程，照例定實銀改給封典、虛銜，俟海防捐輸一年停止再行辦理，原案均屬相符。至該撫請准其移獎親友一節，查以捐抵欠，事屬變通，苟非寬以相收，積欠何由清款？溯查貴州廉俸抵捐，臣部於光緒五年奏准遵行後，雖未指定如何移獎，而該省歷次請獎均經臣部覈准有案。今陝西欠發廉俸等項銀兩，既與黔省廉俸抵捐事同一律，自應准其援照辦理。至將來開辦此項抵捐時，該撫務當按卯造具捐冊諮送臣部覈獎，一俟抵完欠款，即行截止，以示體恤而昭限制。

一　嚴提未解銀兩一條。臣部原議令將光緒八年以前某府、廳、州、縣，某年未解若干，某年補解若干，入於某年奏銷，造冊送部等因。今據該撫覆稱，未解銀一萬一千五百十七兩四錢五分六厘四毫，現已勒限催提，俟催齊另行專案造報。如再延宕，分別撤參等語。臣部查，未解銀兩應令趕緊催提，一面分別列入奏銷，一面分造清冊專案報部，以憑覈對。如有絲毫未解，即待奏參。

一　不准擅自那移一條。臣部原議，令將支款極力裁減，若再無故那借地丁，或向商民乞貸，即照那移錢糧例覆參等因。今據該撫複稱，旱荒辦賑，向商稱貸，未還銀十七萬七千四百六十八兩五分七厘五毫五絲三忽四微，仍須陸續歸還。至預提地丁一節，倘勇營再裁支數更減，自可無庸預提等語。臣部查，乞貸預提，實非善策，仍應照臣部前議，並應令認真墾荒升科、裁減用款，以裕度支。至前借未還銀兩，應令將商人姓名並欠款細數，報部查覈，再行辦理。

一　清查旗營欠餉一條，臣部原議，以該省奏銷冊開補支旗營俸餉，並未聲明補支何人之項，再光緒二年西安將軍圖明額，奏陝西藩庫，欠發滿營餉乾銀二百數十萬兩，該奏銷冊內並無未支銀兩，何以欠餉至數百萬兩之多？應清查報部等因。今據該撫複稱，旗營俸餉，近年尚無掛欠，惟支款內裁減節省等銀，應照章計扣，作收入銷。前造二、三、五等年銷冊，已照扣存在收款內列收，誤照實支之數入銷，未將扣除裁減節省銀兩列支。故於六年銷冊內，將扣除裁減節省銀七萬二千四百四兩四分八厘一毫作為補支，以符收支大總。又於四年二月，籌發銀五千兩，作為補支。至歷年欠發滿營餉數，諮明現任將軍吉和，查造清冊，計自同治元年七月起至光緒元年十二月底止，共欠發銀二百十三萬三千一百七十六兩三分九厘，業將清冊諮部等語。

　　臣部伏查，補支旗營款項，既據該撫聲明，應毋庸議。惟造冊所貴真實清楚，嗣後應不准因彌縫錯誤，空立收支。至該省旗營餉項，從前並未造具細冊報部，亦未聲明欠餉若干，前項銀兩歷年未經覈銷，且事隔多年更屬無從查覆。當茲庫款支絀，籌畫維艱，該旗營官兵等世受國恩，亦必情殷報效，所有光緒元年十二月以前欠發旗營銀兩，自應照該省兵勇欠餉辦法，一律停支，不再補發。應由該將軍、巡撫，會同覈辦，再行覆奏。其光緒二年以後有無欠款，應令查明分析報部查覈。嗣後該省旗營餉項，應由該撫源源接濟，毋再短欠，以恤兵艱。

　　一　清查官錢鋪票本一條。臣部原議，以該省官錢鋪自光緒元年起至八年奏銷止，共支過票本銀一百八萬二千八十六兩零，內除光緒元年司庫共收過已銷發錢折扣銀二十萬七千四百兩零外，歷年既未照章扣收，即不得循舊支發。且查支發票本，每年動用銀數萬，或十數萬兩，每兩換錢若干，錢存何處？作何開支？又前陝西巡撫譚鐘麟奏，光緒元年以前扣存票本銀四十二萬九千八百七十九兩零，現在何處存儲？究入何項奏銷？應將司庫積存盈餘若干，及如何不行停止，並歷年收放過官票數目，造具清冊報部查覈。至歷年奏銷冊造存票是否官錢鋪票，何以未用等因，今據該撫複稱，自同治元年四月起，在省城設立恒通錢鋪一處，出放錢票，搭放兵餉、廉費等款。光緒二年譚鐘麟因假票滋弊，請停錢票。光緒三、四年旱災，奏明仍行搭放，計共出票一百四十四萬串。查收支數目，光緒二年譚鐘麟奏明，截至光緒元年年底止，尚有未回票一百五十四萬七千五百六十四串零。票本一項，于同治十三年暨光緒元年奏銷案內聲明，共存票本四十二萬九千八百七十八兩三錢八分三厘。以支放錢票按市估折合謂之票本，雖有其名並無實銀存庫。又光緒元年扣票本銀二十萬七千四百兩六錢八分一厘，內有收回票本銀六千七百五十兩，除劃扣外，實存票本銀二十萬六百五十兩六錢八分一厘。又元、二、三、四等年，陸續扣存四成票本銀四千六百八十五兩五錢一分三厘。又三、四等年，因賑出放新票一百四十四萬串，扣回票本銀五十二萬二千二百三十三兩七錢六分五厘。以上共扣回票本銀一百十五萬七千四百四十八兩三錢四分二厘五毫。計自光緒元年起至八年年底止，共發過銀一百八萬二千八十六兩二分六絲，內有採買製錢，系收銷銀票支用，計司庫應存票本銀七萬五千三百六十二兩三錢二分二厘四毫四絲。並同治元、二等年城防動用錢票，應還票本銀五萬九千六百九十七兩三錢一分六厘，均應歸入收銷錢票之用。其中盈餘一款，系司庫給發庫平，較市平銷大長餘，所積原為鋪內委員薪水、鋪夥勞金、房租等項之用。嗣因委員、鋪夥虧那盈餘，經譚鐘麟奏參勒追，光緒三年清查，改歸票本項下，以後再無盈餘名目。計自光緒元年起至八年年底止，應需薪水、勞金經費，並刷印新票、買銀、發餉、辦賑，及以銀易錢開票，共對半錢十一萬九百二十七串五百八十五文。內除光緒三年十一月以前未歸票本項下盈餘錢二萬九千三百六串九百九十八文，實動用票本錢八萬一千六百二十串五百八十七文，自應專款歸還，擬在厘金外銷項下籌銀收回。原票一俟收完，即當停止。至冊造存庫票銀一款，系前撫臣喬松年刊刷，於每月軍餉搭放三成銀票，共發過票銀十九萬八百六十六兩，收回票銀十萬兩，續收一萬八千九百三十一兩，未用票銀一千一百三十四兩，共存票銀十二萬六十五兩，尚有未回票銀七萬一千九百三十五兩。此項票銀，無論已回未回，均同廢紙，現擬將已回之票銷毀，未回之票不拘何時，回日驗銷等語。

又據另片奏稱，從前辦理城防，那用官錢鋪對半票錢十一萬九千八百串，按市估折合本銀五萬九千六百九十餘兩。同治十二年以前，請銷通省城防經費，開單列銷不敷項下，即有此票本在內，蓋單開簡明，數目未經分析。現在清查官錢鋪，自應由司撥還買錢收票等語。

臣部查，該省奏銷冊內，向未聲明每銀一兩搭放錢若干文，按何價折合，出票若干，亦未報部。薪水、勞金等款概無奏諮章程，城防經費項下，均未聲明有無票本。收支款目轇轕不清，應仍令將官錢鋪歷年一切收支款目，造具細冊送部，再行覈辦。至該撫所稱籌銀收回原票，一俟收完即當停止一節，應如所奏辦理。惟於隨時收完若干後，即報部一次備查。其前撫喬松年任內刊刷銀票，既據聲稱無論已回未回，均同廢紙，分別銷毀，驗銷應毋庸議。

議覆陝甘總督遵議礦務情形片

[**題解**] 本稿當作於光緒十一年六月下旬。陝甘總督譚鐘麟奏《遵議礦務情形並試辦金廠章程》一折，經軍機大臣轉交戶部，此稿即為戶部對譚奏所論礦務問題的回復。奏稿中，戶部肯定譚鐘麟觀點，同時揭露了各省不肖官紳藉開採礦產、集股招商之機，設心周利之情形。奏稿陳述譚鐘麟原奏提出的資源有盡而民用無窮的觀點，迄今亦不無振聾發聵之意義。

再，陝甘總督譚鐘麟奏《遵議礦務情形並試辦金廠章程》一折，光緒十一年六月十八日軍機大臣奉旨："戶部知道。欽此。"欽遵鈔交到部。

臣部查，上年據左都御史錫珍等條陳開礦一案，經臣部奏令各省體察情形，妥議覆奏在案。茲據陝甘總督譚鐘麟奏稱，甘肅西寧大通縣舊有金廠，取金以床，亂後廢弛。光緒八年，委員招商試辦五十床，九年裁撤委員，改令總商包課，所繳金色極低，且欠課甚多，追比迄未足額。嗣經另定章程，招股商總其事，試辦三十床，十年課金六十兩，如額征足。此後金苗若旺，漸推漸廣，床多則課增。地方官但令稽察床數，隨時報明西寧道，課金由商徑繳道署，不經胥吏之手。他如銀銅鉛礦，關內甚稀，如察有苗可采，亦可以挖金之法試行。甘南產鐵，向來間采，時行時止，並無大宗。煤性燥烈有毒，本地居民未有用煤者，地瘠民貧，戶鮮殷實，何能廣集資本，別謀生計等因。所陳系屬實情，應如所議辦理。

至該督並陳天生五材以利民，用即以養，產材之處，無限貧民。中國產煤之處為多，如湖南之煤，大江南北舟楫運用不窮，歷時數百年，食利數萬眾，若以機器取之，則百年之利十年可盡。十年之外，民奚賴焉？如謂地之所生，取攜不竭，外洋諸國何以有缺煤之患？且用機取，必雇洋匠，一廠歲需工價萬金，而機器轉運費亦不貲，利歸洋人，於民無益而有損。近年集資招匠，仿西法開採，率[1]因虧本而罷，此天下共聞共見等語，所論尤不為無見。

　　且不惟此也。臣部查五金各礦，系天地自然之利，如果經理得人，未盡無益。乃近來各省頗有不肖官紳，身家本非殷實，無論何省何人，欲開何處之礦，率創擬開礦章程。在南北兩洋，稟請集股招商開採，每局或集股銀五六十萬兩，或二三十萬兩不等。各富商聞系官辦，遂多踴躍集資。該官紳自以身系出名稟准之人，遂在局總司其事，將股銀或任意揮霍，或暗謀別利，始則以外洋機器未到，礦師尚未得人為辭，繼而故露虧空拮据情形，後竟開採無期。或甫經開採，即雲集資不敷，再按股加資，否則停止。各商恐其資本終歸無著，將股票轉售於人，於是股票必大見跌賤。該首事官紳即就賤價，將股票浼[2]人收回，一轉移間，坐收厚利。非必真辦礦務，其設心罔利，最為可惡。

　　今據陝甘總督譚鐘麟奏陳前因，臣部亦略舉近來集資辦礦之流弊，相應請旨飭下各該省督撫，一體查照臣部奏覆左都御史錫珍等條奏原議及此次奏案，妥慎辦理。其未覆奏各省，務宜迅速妥議奏覆，並嚴定稟請招股章程，以厚民生而杜弊竇。理合附片具陳，伏乞聖鑒。謹奏。

　　光緒十一年七月二十四日奉旨："依議。欽此。"

　　[校注]

　　[1] 率，據上下文意，當為"屢"。

　　[2] 浼，讀 měi，古同"浼"，懇托。

議駁直隸總督請加甘軍防營柴草價銀摺

[題解] 本稿當作於光緒十一年七月中旬。大學士、直隸總督李鴻章奏請給固原提督雷正綰防營發放柴草價銀，硃批"著照所請，戶部知道"。戶部得旨後，在本稿中遂以直省軍餉各有定章，並無柴草價銀發放先例，及雷正綰所部開支行糧口分頗優等理由予以否決。奏稿所稱言之成理持之有故，頗具不容辯駁的力量。

奏為請旨事。大學士、直隸總督李鴻章奏《固原提督雷正綰防營請發給柴草價銀》一片，光緒十一年七月十一日軍機大臣奉旨："著照所請，戶部知道。欽此。"欽遵由軍機處鈔交到部。

據原奏內稱，准固原提督雷正綰文稱，統率各營駐防營口，糧料柴草昂貴，勇丁月餉僅敷糧料等項，柴草價無出，且奉部刪除步隊長夫、馬隊先鋒、領旗長夫雜費，馬乾各項，以致軍用不敷。擬照淮軍章程，將柴草按日折銀發給，即在原撥額餉、雜款內勻給請覆奏等因。查請給柴草價與淮軍定章相符，按每勇丁日給三勺，合銀五厘四毫，仰懇天恩俯准，以示體恤而免騷擾等語。

臣部伏查，直省軍餉各有定章，甘肅、新疆勇營，系按楚軍章程辦理，雖窮邊絕塞，並無柴草價銀，提督雷正綰統帶楚軍，自應循照楚軍定制。今該提督議增柴草折價，乃以該處糧料、柴草昂貴，軍用不敷為詞。查奉省系出產糧料、柴草之區，商民販運四出，價值本不昂貴。以楚軍章程而論，本有行糧、坐糧之分，雷正綰一軍在甘肅向支坐糧，調赴北洋，臣部議令照行糧支給，旋據雷正綰將勇營支款報部，臣部覈與行糧定章不符。長夫一項，照章刪除人數，先鋒、領旂舊章無此名目，令其照舊改為什長；至雜費、馬乾，向章一併開支，並不另立名色，令其照前大學士曾國藩楚軍行糧定章，逐一更正。覈計行糧銀數，較之原領坐糧，每營每月加增銀數百兩，本屬優厚，勇丁所需柴草，即應自行採買，毋庸再增折銀。再以豫軍、楚軍章程比較，查宋慶所部豫軍，尚不及楚軍口分之優，在宋慶軍餉較少，駐紮奉省多年，並無柴草價銀，軍用未嘗闕乏。雷正綰軍餉較多，又與宋慶同在奉省，即無柴草價銀，軍用何至不敷？至雷正綰聲稱，柴草價銀即在原撥額餉、雜款內勻給，似無庸另撥款項。

惟查臣部所撥雷正綰月餉二萬九千兩，應升湘平銀一千餘兩，除戶部應銷之勇餉統費、委員薪水、神機營教習、官兵支款外，每月約餘銀三四千兩，原系稍留餘地，一則慮協餉不繼，一則備各項要需。前因江蘇、浙江軍餉尚未解到，臣部已兩次墊發銀十一萬六千兩，部庫關係根本，此後萬難屢行墊發。若不將解到餉銀撙節動用，惟按應受協餉數目盡數添支，協餉偶未解齊，必至又呼饑困。且雷正綰購買軍械銀一萬二千九百餘兩，據陝甘總督諮稱無款可撥，臣部前已行令，在該提督月餉余銀內自行劃還。覈計每月餘出餉項，必須四月之久始能將軍械價銀還清。今若加增柴草價銀，占定用款，此後各項用款不敷，更從何處動撥？其意以為柴草折價，每勇日給五厘四毫，似屬微末。然涓涓不已將成江河，各省若互相援引，照淮軍加增折價，以百萬兵勇計之，每歲永增二百餘萬之出款。溯查乾隆四十六年奏添武職養廉，初由耗羨項下給發，繼因耗羨不敷，遂至動用地丁正項公費，賞恤亦由正項開銷。其時大學士阿桂即上疏陳論，以為國家經費驟加，不覺其多，歲支則雖為繼，恐數十年後，經費不支。迄嘉慶年間，果致帑項大絀，遂有阿桂老成之諭旨。近今庫款支絀，倍於嘉慶年間，小民之財力已竭，各軍之費用日增，既增之後，幾同定例，日引月長，遂不復裁，如淮軍之柴草價銀是已。

臣等公同商酌，各軍支餉本有定章，縱使口分素少，亦不容以
並無柴草價銀，任令勇丁騷擾。況雷正綰所部開支行糧口分頗優，
如敢任意騷擾，軍法安在？該軍向按楚軍定章辦理，楚軍並無柴草
折價。現經奉旨允准，仍應據實陳奏，請旨更正。臣等為慎重度支
起見，伏乞皇太后、皇上聖鑒訓示。謹奏。

　　光緒十一年七月二十四日奉旨：“依議。欽此。”

議覆西寧大臣請將馬貢銀兩發商生息片

[**題解**] 本稿當作於光緒十一年七月中旬。西寧辦事大臣李慎奏請將玉樹各番族馬貢銀一千二百餘兩提交西寧府發商生息，所得息銀供其公務開支。戶部奉旨議奏，同意其提取馬貢銀兩一千兩發商生息。同時要求：此項息銀如若支絀，不得以正雜錢糧撥補；下屆馬貢銀，循案報司不得再行截留；此項發商生息銀以往的提用帳目不清，應一併核查聲覆。

再，西寧辦事大臣李慎奏《請將馬貢銀兩發商生息以資辦公》一片，光緒十一年七月初六日，軍機大臣奉旨："該衙門議奏。欽此。"欽遵於七月初七日鈔出到部。

據原奏內稱，查鹹豐十年，前任大臣福濟曾於剿撫番族經費內，提銀二千兩發商生息，歲獲息銀二百兩，作為調換鎮標兵丁酧賞之資，迨至回亂，成本提用無存。因查有歷年扣存青海王公預借俸餉等項，暨阿裡克族自光緒元年起至八年止馬貢銀四百八十三兩五錢二分，共湊獲庫平銀二千兩，於光緒八年十一月間，由道庫發交西寧府發商生息，每歲息銀二百兩批解奴才衙門，作為每年派員前往各旗族辦公津貼，暨通事、勇丁等路費犒賞之需。惟近年公務較繁，息銀無幾，時有支絀之虞，所有本年征獲玉樹各番族馬貢銀一千二百九十五兩零，將此項銀兩一併由道庫提交西寧府發商生息，統計每歲有三百余金。嗣後造入交代，無論何項緊要事件，不准提用本銀，下屆收有馬貢銀兩，自應循案聽候藩司撥用，以符舊制等語。

臣部伏查，馬貢銀兩向系藩庫撥用之款，該大臣自應諮商陝甘總督會奏，以歸畫一。現既據該大臣奏明，欽奉諭旨 "飭令議奏"，臣等公同詳酌，此項銀兩系以生息辦公，並非按年開支正項，事尚可行。擬令于本年征獲玉樹各番族馬貢銀兩內提銀一千兩，合之已交西寧府發商生息本銀二千兩，共三千兩，應如該大臣所奏，發商生息，不准提用本銀。並令將發交何商，如何生息，先行報部備案。支用數目，按年報部覈銷，以重款項。

　　惟查近今通弊，往往從前應就息銀動用之款，旋因無可開支，遂請將司庫錢糧撥補，以致正供日絀。嗣後如無此項息銀，不得請將一切正雜錢糧撥補，以杜流弊。此次收穫馬貢，除提用銀一千兩外尚餘銀二百九十五兩，應令報司候撥。下屆馬貢，循案報司不得再行截留，以符舊制。如蒙俞允，即由臣部行知陝甘總督、西寧辦事大臣，一體遵照。至前任大臣福濟于剿撫番族經費內提銀二千兩，系於何時何事提用？入於何案報銷？所扣青海王公預借俸餉等項，歷年應扣若干，已扣若干，未扣若干，光緒八年發商生息銀二千兩，究於何時報部，所收息銀若干，已支若干，未支若干，應令該大臣逐一聲覆，臣部以憑查覈。所有遵旨議奏緣由，理合附片陳明，伏乞聖鑒。謹奏。

　　光緒十一年八月初二日奉旨："依議。欽此。"

議駁陝撫請將道倉隨收土糧樣糧
照舊辦理摺

[題解] 本稿當作於光緒十一年七月中旬，意在請求朝廷杜絕陝西收糧流弊。原陝西巡撫邊寶泉奏請將道倉收糧中已經革除的土糧、樣糧名目繼續保留，且允許糧鋪包攬墊納。戶部認為，此舉不惟與例章不符，並與該省自行奏明之案不合，只會使小民受害更深，故予反駁否定。

奏為請杜收糧流弊、以恤民艱恭摺仰祈聖鑒事。

陝西巡撫、調補河南巡撫邊寶泉奏《遵旨清查道倉積弊》一摺，光緒十一年七月初六日軍機大臣奉旨："戶部知道。欽此。"欽遵於七月初七日鈔出到部。

據原奏內稱，道倉收糧，每石應徵耗糧七升五合，查道倉每歲收糧十數萬石，每石浮收二鬥，實屬太多，土糧取至鬥余，尤可駭異，茲定為每正糧一石，連耗隨收餘糧一鬥，以少半保廒，大半充費。土糧則更名，每石不得過四升，屯衛每石不得過三升。樣糧為數極微，無關弊竇，應仍其舊。花戶赴倉交糧，不准留難挑駁，倘糧鋪墊納在先，即提出另存備抵等語。

臣部伏查土糧、樣糧名目，實屬不經。上年據署陝西巡撫葉伯英奏稱，樣糧、土糧全行革除。該撫複行添此名目，不惟無此例章，並與該省自行奏明之案不符。且包攬墊完，大幹例禁，今該撫聲明任糧鋪墊納，明明許其包攬，亦與定例不符。臣部若不援例議駁，恐猾吏、蠹役、奸商因該撫奏明有案，以為曾經奉旨准收土糧、樣糧，並聽包攬墊納，明目張膽，益無顧忌，較之未經查辦以前，小民受害更深。且徵收本色，各省若皆援此成案，流弊更何所底止？相應請旨飭下陝西巡撫認真整頓，仍遵前旨，破除積習，務期實惠及民，是為至要。所有請杜收糧流弊緣由，理合恭折具陳，伏乞皇太后、皇上聖鑒。謹奏。

光緒十一年八月初二日奉旨："依議。欽此。"

遵議由部撥還甘省籌墊軍餉片

[**題解**] 本稿作於光緒十一年八月初四後、初十日之前，因所涉事件緊急，故奏報、禦批都十分及時。伊犁發生欠餉兵亂事件，朝廷命戶部緊急撥款救援，此為戶部說明款項來源，以及後續彌補措施的奏稿。

再，光緒十一年八月初四日奉上諭："譚鍾麟奏密陳伊犁現在情形，據稱弭亂之策，一在籌款以清欠餉，一在擇人以整營規。金順所部各營欠餉約計三十餘萬兩，可以了結等語，著戶部撥銀三十萬兩，解交甘省。未到以前，譚鍾麟無論何款先行籌措實銀三十萬兩，迅解劉錦棠軍營。欽此。" 欽遵由軍機處交出到部。

臣等竊維，前項銀三十萬兩既由譚鍾麟先行籌解劉錦棠軍營，臣部動撥銀兩，亦應趕緊解交甘省。擬即于部庫四成洋稅項下撥銀三十萬兩，遵照奏章，行知順天府派委妥員赴部請領，迅速解甘，以免貽誤。惟部庫自上年辦防以來，入款日少，出款愈多，深虞不敷。開放此次由部庫動撥銀兩，擬即於光緒十年以前積欠伊犁軍餉之江海、江漢二關，每關指提銀十五萬兩，共銀三十萬兩，限令一年內解部歸款，以重庫儲。伏候命下，即由臣部行知、一體遵照。所有撥款緣由，理合附片具陳，伏乞聖鑒。謹奏。

光緒十一年八月初十日奉旨："依議。欽此。"

覈議烏魯木齊古城滿營開支俸餉薪費摺

[**題解**] 本稿當作於光緒十一年八月，是對烏魯木齊、古城滿營官兵開支俸餉、薪費各款核查情況的彙報。在奏稿所附清單中，分舊管項、新收項、開除項、實在項四個部分，對烏魯木齊都統升泰上報滿營官兵開支各款的核查核銷作了詳細說明。

奏為烏魯木齊、古城滿營官兵開支俸餉、薪費各款分別覈銷，恭折仰祈聖鑒事。

竊據署烏魯木齊都統升泰諮稱，添撥烏、古滿營官兵俸餉暨各員弁薪費等項，奉准由西征項下籌撥銀二萬四千七百五十兩。茲自光緒十年五月起至十二月底止，連閏計九個月，烏、古兩營員弁支過廉俸餉薪、面價、雜費等項，共用湘平銀二萬一千二百二十八兩八分一厘六毫五絲三忽七微，造具清冊，諮送查覈等因前來。

臣部查，烏魯木齊、古城滿營官兵俸餉，由西征軍餉項下撥解動用，查與臣部奏案相符。該城都統、領隊應支養廉銀兩，查與臣部則例開支數目亦尚符合。惟該署都統支食署任全廉並兼支本任全廉，查與臣部定例不符。其兩城滿營官兵名數，臣部于上年覈銷前都統恭鏜第三案銷冊時，因官兵名數及應支俸餉各項與舊制多有不符，業經行查，未據聲覆，今此案仍多不符，自應照案查令聲覆。該城檔房各處月支心紅、紙張銀兩，前據該署都統報部清折內稱，系照承平時例案酌給，臣部並無此項案據，行令送部覈辦，今尚未據送部。該城開支面勦一項，前經臣部議令，無庸置議，今此案仍支此項，自應照案行令刪除。至冊造款目，有收支無管存，覈與四柱清冊定式不合。所有該兩城此案銷冊，臣等督飭司員查照例章，分別准駁行查，另繕清單恭呈禦覽，伏乞皇太后、皇上聖鑒。謹奏。

光緒十一年八月二十六日奉旨："依議。欽此。"

謹將覈議烏魯木齊、古城滿營官兵支過各銀兩分別准駁行查，繕具清單恭呈禦覽

計開：

一　舊管項下。冊內並未開載臣部查前都統恭鏜請銷第一案、第二案、第三案共應賠繳、刪除銀九萬九千八百十二兩五錢二分六厘八毫五忽九微，續收江海關報解十年春季庫平銀三千兩。每百兩按照三兩六錢三分，合伸湘平銀三千一百八兩九錢，均應列為舊管銀項。共計該城應有舊管銀十萬二千九百二十一兩四錢二分六厘八毫五忽九微。

一　新收項下。據冊開，西征項下共撥湘平銀二萬四千七百五十兩等語。查與上年臣部奏定自十年五月起至十二月底止，由西征軍餉內分撥銀數相符，應毋庸議。

一　開除項下。據冊開，烏魯木齊都統長順自光緒十年四月二十六日補授起，至八月初八日升授正白旗漢軍都統之日止，連閏計四個月十二天，系未到任之員，應支一半養廉，按八成折合湘平銀三百六十一兩九錢七分三厘三絲八忽八微。署烏魯木齊都統升泰自十年四月二十六日署任起，至八月初八日止，連閏計四個月十二日，系署有員之缺，應支一半養廉。又自十年八月初九日起至年底止，計四個月二十日，系署無員之缺，應支全廉。均按八成，折合湘平共銀一千一百四十三兩八錢五分四厘一毫二絲一忽七微。署都統升泰，兼支本任伊犁參贊大臣，養廉自十年五月初一日起，至十二月

底止，連閏九個月，支食全廉，按八成，折合湘平銀九百三十二兩
六錢七分。署烏魯木齊領隊大臣富勒銘額，自十年四月初一日起至
年底止，連閏十個月，系署有員之缺，應支八成一半養廉，又應支
副都統銜，自夏季四月起至年底止，三季三成俸銀，共折合湘平銀
三百一十二兩四錢八分七厘六毫二絲九忽。古城領隊大臣魁福，自
十年四月初一日起至年底止，連閏計十個月，應支八成養廉實銀四
百六十六兩六錢六分六厘六毫六絲六忽六微，又應支副都統銜，自
四月初一日起至十二月底止，六成養廉折減銀二百四十兩，又應支
夏季至年底止三季俸銀，折合三成銀三十四兩八錢七分五厘，共折
合湘平銀七百六十八兩四錢五分九厘六毫一絲九忽。以上五項共支
養廉，按八成折合湘平銀三千五百十九兩四錢四分四厘四毫一絲八
忽五微各等語。

　　臣部查，烏魯木齊都統並領隊大臣每員應支養廉銀兩，按八成
折給，都統應支一品俸銀，領隊大臣應支二品俸銀。按三成折給，
與例案均屬相符，每百兩伸湘平銀三兩六錢三分，與臣部奏案相符。
惟該署都統升泰，自五月初一日起至八月初八日止，半支署任養廉；
八月初九日起至十二月底止，全支署任養廉；又複自五月初一日起
至年底止，全支本任參贊大臣養廉。查例載升遷事，故員缺，由現
任官兼署者，全支本任，半支署任，其署任養廉扣存造報。由現任
官遞署，不兼本任者，各就署任遞支等語。該署都統是否由現任官
兼署，抑由現任官遞署，未據聲明。且其層疊開支全廉，與例不合。

　　又署烏魯木齊領隊大臣富勒銘額，應支副都統銜，三季俸銀按
三成折合湘平銀三十六兩一錢四分九毫六絲二忽五微，冊內並未聲
明於何年月日奉准加銜，究於何時起支，殊難考覈，均應行查。俟
該署都統聲覆到日，再行覈辦。

　　至前任烏魯木齊都統長順，應支養廉少支湘平銀九錢八分六毫
七絲二忽九微，應予更正。

　　統計以上廉俸各項，共請銷湘平銀三千五百十九兩四錢四分四
厘四毫一絲八忽五微，應准銷銀一千四百六兩七錢七分九厘三毫三

絲四忽三微，行查銀二千一百十二兩六錢六分五厘八絲四忽二微。

又據冊開，烏魯木齊滿營協領二員，佐領二員，防禦二員，驍騎校二員，主事一員，筆帖式一員，委筆帖式一員，前鋒校八名，前鋒小旗八名，前鋒十六名，催總八名，領催二十四名，馬兵一百四十名，炮手八名，匠役、步兵四十二名，孀婦十五口，自五月初一日起至年底止，共支米折俸餉、鹽菜、幫貼湘平銀一萬八十四兩三錢一分四厘八毫二絲二微。古城滿營協領一員，佐領一員，防禦一員，驍騎校一員，雲騎尉一員，筆帖式一員，委筆帖式一員，前鋒校二名，催總一名，前鋒三名，領催二名，馬兵十二名，炮手一名，步兵四名，孀婦三口，自五月初一日起至年底止，共支米折俸餉、鹽菜、幫貼湘平銀一千六百九十一兩五錢九分二厘九毫一絲五忽各等語。

臣部查，烏魯木齊並古城官弁名數，除孀婦共十八口與案相符，應准照支幫貼外，餘與舊制不符，開支餉銀與臣部例案亦多不符。前於覈銷都統恭鏜第三案收支軍餉款內，奏准行查在案，並于上年十月諮行該署都統速即聲覆，再行覈辦亦在案。該署都統並未逐款詳細聲明，應仍令迅速聲覆，到日再行覈辦。統計烏、古兩城滿營官兵應支俸餉各項，二城並計，共請銷湘平銀一萬一千七百七十五兩九錢七厘七毫三絲五忽二微。除孀婦十八口照案准銷銀一百六十二兩外，餘俱仍令行查，計共行查銀一萬一千六百十三兩九錢七厘七毫三絲五忽二微。

又據冊開，烏魯木齊滿營領隊、檔[1]房、巡捕廳月需心紅、油燭等銀三十兩左右，翼協領固山處各月支公費銀二兩五錢左右，翼牛錄檔房各月支公費銀三兩，旗倉月支公費銀一兩，義學二處，每處各月支束脩銀十二兩。古城滿營領隊、檔房、巡捕廳月需心紅、油燭等銀十七兩，牛錄檔房月支公費銀三兩，義學一處，月支束脩銀十二兩，各月支面一百觔，每觔合銀三分三厘三毫各等語。

臣部查，義學三處，月支束脩銀兩與前都統銷冊支數相符，應准開銷。各房處月支心紅、紙張各項，上年十月該署都統報部清折內稱，系照承平時例案酌給，臣部以部中並無此項案據，未便率准，行令該署都統將例案詳細開報，再行覆辦。若非照例辦理，援引近年新章，即應照臣部覆辦前都統恭鏜第三案報銷准支數目，發給行令聲明，報部在案。該署都統此次文冊內，並未將前查例案開報附送，應仍令迅速開報，到日再行覆辦。至義學三處，前都統冊報並未開支面勛，所以此案開支面勛一項，應令刪除。統計公費、束脩等項，共請銷湘平銀九百七十一兩九錢一分。除義學三處照案准銷束脩共銀三百二十四兩外，刪除面勛銀八十九兩九錢一分，行查銀五百五十八兩。

又據冊開，自五月初一日起至年底止，都署折奏兼營務處委員一員，月支薪費銀三十兩，折費銀十兩。文案兼發審處委員一員，月支薪水銀三十兩，心紅、紙張銀四兩。軍裝局兼稽查火藥局、支發局兼糧料局委員各一員，各月支薪水銀二十兩，各支紙張等項銀四兩。兵戶司正辦兼司六房稿件委員一員，月支薪水銀三十兩，紙張、油燭銀十六兩。兵戶司兼收發案卷並繕六房檔委員五員，每員月支薪水銀十六兩；巡捕一員，月支薪水銀二十兩；差弁八員，月支薪水銀十四兩；掛號、字識二名，月支銀六兩；格林炮教習一員，月支薪水銀九兩；洋炮匠頭目一員，月支薪水銀十六兩；每次齎折差弁二名，盤用銀一百兩，計四次，共銀四百兩。自十年十月起至次年正月止，發給巡城兵丁月給炭資銀十兩，守棚兵役月給炭資銀四兩，把守都署頭二門夫役共四名，月支工銀三兩。各局處委員各月支面九十勛，差弁、掛號、字識各月支面六十七勛八兩，每勛按三分三厘三毫合價折給各等語。

臣部查，齎折盤川銀兩，應歸兵部覆銷。其格林炮教習並洋炮匠頭目支給薪水銀兩，前次曾經奏令刪除，此次仍應照案辦理。支面勛給價各款，前經臣部查稱，前都統英翰銷冊內稱，嗣後津貼糧料，概行停支。該署都統所請支給各局處委員、巡捕、差弁、掛號、字識、面勛之處，應無庸議，行令遵照在案，此款應仍刪除。至各局處應支薪費、心紅、紙張、油燭等項，與臣部上年十月議覆該都統准支數目相符。惟各局處委員，系何職銜，姓名究系有無，應差未據聲敘，應令將委員銜名開列，聲覆到部再行覈辦。至巡城、守棚兵役應支炭資銀兩，該兵等是否由該城馬、步兵內挑出供役，亦未聲明。如系馬、步各兵，已食有糧餉，不應重複開支。都署把門夫役四名，每名月支工銀三兩，據稱前折漏未開列，究竟系照何例案支給，均未聲明。以上三項，應令聲覆到部，再行覈辦。

統計以上薪水、面觔各項，共請銷湘平銀四千九百六十兩八錢一分九厘五毫。除齎折川費銀四百兩，應由兵部覈銷，格林炮教習並洋炮匠頭目薪水，共銀二百八十二兩九錢四分六厘，面觔折價銀六百七兩八錢一分九厘五毫，應照案刪除外，餘應行查，計行查銀三千六百七十兩五分四厘。

統計全冊，共請銷湘平銀二萬一千二百一十八兩八分一厘六毫五絲三忽七微，除齎折川費銀四百兩應由兵部覈銷外，臣部應銷銀二萬八百二十八兩八分一厘六毫五絲三忽七微；內照案刪除銀九百八十兩六錢七分五厘五毫，實准銷銀一千八百九十二兩七錢七分九厘三毫三絲四忽三微；行查銀一萬七千九百五十四兩六錢二分六厘八毫一絲九忽四微。

再，查前都統長順應支養廉銀兩款內，少支湘平銀九錢八分六毫七絲二忽九微，應予更正。此案現應准銷湘平銀一千八百九十三兩七錢六分七忽二微，刪除銀九百七十九兩六錢九分四厘八毫二絲七忽一微。其行查銀一萬七千九百五十四兩六錢二分六厘八毫一絲九忽四微，應並上案行查銀九千九百九十六兩七錢二分一毫三絲三忽二微，由該署都統一並迅速聲覆到部，再行覈辦。

一　實在項下。原冊並未開載，臣部查，此案冊造該署都統請銷銀二萬一千二百二十八兩八分一厘六毫五絲三忽七微，以本案新收款項覈計，實餘存銀三千五百二十一兩九錢一分八厘三毫四絲六忽三微。又本案刪除銀九百七十九兩六錢九分四厘八毫二絲七忽一微，應令列入下屆舊管項下。至前都統恭鏜任內所收江海關報解月餉三千一百八兩九錢，前都統恭鏜應賠繳銀九萬九千八百十二兩五

錢二分六厘八毫五忽九微，共銀十萬二千九百二十一兩四錢二分六
厘八毫五忽九微，亦應令該署都統列入下案舊管項下，報部查覈。

[校注]

　　［1］底本與參校本中，此字均模糊不清，據下文可知爲“檔”。

續參藩司委解軍餉遲延摺

[**題解**] 本稿當作於光緒十一年九月中旬前後。因光緒十一年六月十日至十八日間，戶部已有奏摺參劾委解甘肅新疆軍餉遲延各藩司，此為時隔三個月左右的再次奏參，故曰"續參"。江西、湖北、湖南三省應解甘肅新餉中六成之數本應於光緒十一年五月以前解清，但遲至九月仍未起解，遑論其餘四成，而山西等省雖已解六成，仍欠解四成銀數，故戶部對其繼續奏參，並在奏稿所附兩張清單中，開列了欠解四成及六、四成並欠省份的名單及其所欠銀兩數目。

奏為續參委解軍餉遲延藩司，請旨交部議處，並請飭催各省趕緊大批起解，以固軍心而免貽誤，恭摺仰祈聖鑒事。

陝西總督譚鐘麟奏缺餉情形一片，光緒十一年九月初五日軍機大臣奉旨："戶部議奏。欽此。"欽遵由軍機處鈔交到部。

據原奏內稱，金順所部，茲以三十萬勻給，不過暫安反側。以後月餉，必須按期支領。前月接劉錦棠函稱，現在鹽菜亦不敷支，囑臣無論如何為難，必須代借二三十萬，情詞迫切，閱之心悸。而各省協餉不以時至，且每解一批，必三閱月方到。縱使全解，而到喀什和闐等處，當在明年四五月，萬灶所託，一旦不舉火，則相率譁然，斷未有一日不食，而能相安無事等語。

臣部伏查，甘肅、新疆光緒十一年分軍餉，疊經臣部指撥，共銀四百八十萬兩。定限各省五月以前批解六成，下余四成，限十月

內掃數解清。照舊制，由甘肅司庫統收分支，並聲明系該省關內外
各營應需確數，絲毫不容短欠。前因陝甘總督譚鐘麟以各軍需餉甚
急，有伊犁馬隊譁潰之事，由臣部奏催，於光緒十一年四月初三日
欽奉上諭："令各該督撫迅將本年應解甘肅、新疆軍餉，遵照部定期
限掃數解清。如再延欠，即由該部分別奏參等因。欽此。"嗣因五月
以前批解六成之限，截至六月初十日限滿。臣部請將欠解各省，照
逾限一月以上章程議處，奏准行知在案。茲據該督奏稱餉不敷支，
情詞迫切，倘聽各省延宕欠餉過巨，難保不再滋生事端。查吏部章
程內開，軍營需用糧餉，該藩司接准奉撥、部文具批，遴派妥員起
解。如該藩司委解遲延，由戶部確查文到月日，指名嚴參。違限一
月以上者罰俸一年，二月以上降一級留任，三月以上降一級調用，
四月以上降二級調用，五月以上降三級調用，半年以上革職，俱公
罪[1]等語。臣部現查得江西、湖北、湖南三省應解甘肅新餉，于本
年五月以前應解六成之數，迄今逾限日久，仍未能依限解清，實屬
委解遲延，若不續行奏參，深慮貽誤。相應請旨飭下吏部，將未行
解足六成之江西、湖北、湖南各藩司，均照軍營需用糧餉委解遲延，
違限二月以上章程議處，並令各該省督撫藩司，將欠解六成銀兩，
趕緊照數批解。如再延宕，由臣部查明，按照吏部章程違限月日，
續行奏參。如有貽誤，另照貽誤軍餉例嚴參。至五月起，應解四成
銀兩，原限十月內掃數解清，應令一併起解，不得藉詞延宕。所有
本年甘肅新餉，除陝西、江蘇二省已掃數提前解清，由陝甘總督查
明，照案分別奏請獎敘外，其餘各省，僅據將五月以前六成解清，
十月內應解四成，仍未掃數批解。限期伊邇，應並請旨飭下兩江、
四川各總督，山西、河南、安徽各巡撫，轉飭藩運司道，迅速大批
起解。倘能依限將全年餉數解清，由陝甘總督照案奏請優獎。倘有
延欠，仍由臣部分別奏參。

　　謹將江西等三省欠解六成並四成銀數，山西等省已解六成、欠
解四成銀數，各繕清單一分，恭呈禦覽，伏乞皇太后、皇上聖鑒訓
示。謹奏。

光緒十一年九月二十五日奉旨："依議。欽此。"

[校注]

[1] 公罪，《唐律疏議‧名例》："公罪，謂緣公事致罪而無私曲者。"

謹將光緒十一年分各省應解甘肅新餉已解
六成欠解四成數目繕具清單恭呈禦覽

計開：

山西省原撥銀八十四萬兩，已據報解第一至第六等批，共銀五十二萬兩。覈計解足六成，並報解四成銀一萬六千兩，下余四成銀三十二萬兩，應令依限解清。

河南省原撥銀六十一萬兩，已據報解第一至第六批，共銀四十四萬六千兩。覈計解足六成，並報解四成銀八萬兩，下余四成銀十六萬四千兩，應令依限解清。

兩淮鹽運司原撥銀二十萬兩，已據報解第一二三等批，共銀十二萬兩，覈計解足六成，下余四成銀八萬兩，應令依限解清。

安徽省原撥銀二十萬兩，已據報解第一二批，共銀十二萬兩，覈計解足六成，下余四成銀八萬兩，應令依限解清。

山西、河東道原撥銀五十二萬兩，已據報解第一至第九批，共銀三十六萬兩，覈計解足六成，並報解四成銀四萬八千兩，下余四成銀十六萬兩，應令依限解清。

四川省原撥銀七十九萬兩，已據報解第一二三等批，共銀五十六萬兩，覈計解足六成，並報解四成銀八萬六千兩，下余四成銀二十三萬兩，應令依限解清。

總計本年應解甘肅新餉，除陝西省原撥銀二十萬兩，江蘇省原撥銀十萬兩，業據掃數解清不計外，山西等四省，兩淮一司、河東一道，通共應解銀三百一十六萬兩，除已解銀二百十二萬六千兩，尚欠解一百三萬四千兩。所以應解四成銀兩，截至十月限滿，應令趕緊提前解清，再行分別獎敘。

謹將光緒十一年各省應解甘肅新餉欠解六成並
欠解四成銀兩數目繕具清單恭呈御覽

計開：

江西省原撥銀八十五萬兩，五月以前應解六成銀五十一萬兩，僅據報解第一二三四等批，共銀二十四萬九千兩，覈計尚欠解六成銀二十六萬一千兩，應令趕緊補解。其餘四成銀三十四萬兩，亦應依限解清。

湖北省原撥銀三十三萬兩，五月以前應解六成銀十九萬八千兩，僅據報解第一批銀二萬兩，現雖據報解銀四萬兩，又據報解銀七萬兩，並無起程日期。覈計尚欠解六成銀六萬八千兩，應令趕緊補解。其餘四成銀十三萬二千兩，亦應依限解清。

湖南省原撥銀十六萬兩，五月以前應解六成銀九萬六千兩，僅據報解第一二三四等批銀八萬兩，覈計尚欠解六成銀一萬六千兩，應令趕緊補解。其餘四成銀六萬四千兩，亦應依限解清。

總計本年甘肅新餉，江西、湖北、湖南三省共應解銀一百三十四萬兩，五月以前共應解六成銀八十萬零四千兩，僅據報解銀四十五萬九千兩，仍欠解六成銀三十四萬五千兩。各該省均未依限解足六成，逾限在二月以上，應行議處。並令將五月前六成銀兩，趕緊補解，其自五月起至十月止，應解四成銀五十三萬六千兩，亦應依限解清，以免貽誤。

籌撥丙戌年甘肅新餉並厘定章程摺

[**題解**] 本稿硃批時間為光緒十一年九月二十五日，其撰寫當在九月初。丙戌即光緒十二年 （1886），奏稿就該年甘肅新餉籌撥、分配事宜作了彙報，並在所附清單中，對已酌定甘肅新餉章程各條款進行說明。因為章程是今後保障甘肅新餉按時解到的法令性文檔，故清單中對所涉及改動的地方，都逐一作了闡述。

奏為籌撥光緒十二年分甘肅新餉，恭折仰祈聖鑒事。

竊查甘肅關內外各軍餉銀，前經臣部於《議覆督辦新疆軍務大臣劉錦棠等統籌兵餉官制》折內奏明，光緒十一、十二、十三三年，合旗綠勇營，無論有閏無閏，概以四百八十萬兩為准，按年於秋季奏撥，統名之曰甘肅新餉。其應分餉數，劉錦棠餉銀百五十萬兩，加善後經費銀十四萬兩，添制軍裝、器械銀十六萬兩；金順、錫綸共分餉銀九十四萬兩，加善後經費十六萬兩，添制軍裝、器械銀十萬兩；劉錦棠擬令嵩武軍抽裁千數百人，張曜一軍共分兵餉制辦銀四十萬兩；關內勇營、綠營餉銀一百二十萬兩。寧夏、涼莊滿營及西寧勇餉、青海王公俸，共銀二十萬兩。此四百八十萬兩軍餉，原議應分數目也。

上年關內調派勇丁十一營赴直，交雷正綰、馮南斌統帶，其餉銀另由近畿防餉內劃撥。該兩軍坐糧，每年約銀二十五萬兩，即於奏撥甘肅新餉時扣除。嗣因金順所部勇營欽奉特旨，准其暫緩裁撤，加撥餉銀二十五萬。經臣部奏明，俟海疆局勢稍定，令金順裁勇節餉，以便雷正綰、馮南斌撤防後，就餉供軍。張曜所部又因調防近畿，未能抽裁，劃出銀五十萬兩，另由河南、山西供支，不在甘肅新餉之內。張曜從前駐紮喀什噶爾，由劉錦棠募勇填紮，複由臣部奏明，撥補銀五十萬兩歸劉錦棠支用。此現在關內外應分餉數，應仍按四百八十萬兩籌撥之實在情形也。

西陲地方遼遠，自應照案於秋季預行指撥。複據陝甘總督聲稱，瞬屆估撥十二年甘餉之期，奏請力為籌維確估有著之餉。臣部悉心覈計，除張曜、雷正綰、馮南斌各軍調防近畿，另有專餉不計外，光緒十二年分甘肅新餉實應撥的款銀四百八十萬兩。今擬指撥山西省銀八十四萬兩，河東道銀五十二萬兩，河南省銀六十一萬兩，陝西省銀二十萬兩，湖北省銀三十三萬兩，湖南省銀十六萬兩，江蘇省銀十萬兩，兩淮銀二十萬兩，安徽省銀二十萬兩，江西省銀三十六萬兩，四川省銀一百二十八萬兩，共銀四百八十萬兩。以上指撥款項均系確數，不准絲毫短欠。相應請旨飭下兩江、湖廣、四川各總督，山西、河南、陝西、江蘇、湖南、湖北、安徽、江西各巡撫，轉飭藩運司道，一體遵照。截至光緒十一年十二月底止，務須趕解三成，以便來春接續供支。截至光緒十二年四月底止，再行批解三成，下余四成，統限光緒十二年九月底止掃數解清。倘能依限照數解清，即由陝甘總督照案奏請優獎，如有視為具文，仍前延欠，即由臣部照例奏參。謹將上年甘肅新餉章程分別釐定，繕具清單恭呈禦覽。

再，四川省應協甘肅新餉銀數，較上年加增銀四十九萬，系因鮑超一軍裁撤，騰出的款，是以量為改撥，俾甘餉有著。合併聲明，伏乞皇太后、皇上聖鑒。謹奏。

光緒十一年九月二十五日奉上諭："戶部奏《籌撥甘肅新餉》一折，甘肅關內外各軍餉銀，關係緊要，現經戶部分別餉數，酌定章程，將光緒十二年新餉指撥山西省銀八十四萬兩，河東道銀五十二萬兩，河南省銀六十一萬兩，陝西省銀二十萬兩，湖北省銀三十三萬兩，湖南省銀十六萬兩，江蘇省銀十萬兩，兩淮銀二十萬兩，安徽省銀二十萬兩，江西省銀三十六萬兩，四川省銀一百二十八萬兩，共銀四百八十萬兩。請飭依限報解，著該督撫等嚴飭各該司道，按照部撥數目，于本年十二月底止，趕解三成，至來年四月底止，再解三成。其餘四成，統限九月底掃數解清。各該省如能依限完解，即由陝甘總督照案奏請優獎，倘仍前延欠，即著戶部照例奏參。欽此。"

謹將酌定甘肅新餉章程繕具清單恭呈禦覽

計開：

一　各項名目應照章刪除也。查西路軍餉，向來名目不一，前經臣部奏明刪除。自光緒十一年為始，關內外各軍應分餉項，統名之曰甘肅新餉，以歸畫一。茲再聲明，俾承協省分無惑。

一　批解餉項應照章辦理也。查西路催餉各處坐省委員，前經臣部奏令，於光緒十一年正月以前，將各台局概行裁撤，不准迎提守催。聞各處尚未盡撤，殊多糜費，應令全行盡撤。所有甘肅新餉，由承協省分派員解赴甘肅藩庫統收分支，腳價由承協省分支銷，不准在協餉內畫扣。起解銀兩，照例按庫平庫色動撥。如有低潮短平等弊，由陝甘總督責令原解省分補足，並行查參。承協甘餉省分，於每月初五以前，將上月曾否報解甘餉之處飛諮臣部，如有報解銀兩，務將動用某年某項銀若干兩作為協甘某年某批協餉，發交委員某人，于某日起程，如未報解，即于文內聲明某月並無報解甘餉，毋庸專折具奏，以免瑣瀆，仍一面知照陝甘總督查覈。陝甘總督亦於每月初五以前，將上月曾否收到各省協餉之處，諮報臣部。如已收到，務將所收某省某項銀若干兩，系協甘某年某批，協餉委員某，與某日交甘藩庫收訖，並將某年月日分撥某軍某年某批餉銀若干，劃扣湘平若干，發交委員某人，于某日起程批解，一併開單報部。

如未收到，即于文內聲明某月並未收到協甘銀兩。至各軍收到甘省分撥之餉，俟報銷時，再於冊內將所收甘省分撥某年某批餉銀若干兩，逐一注明，由臣部隨時考覈，以杜隱匿稽延之弊。

　　一　解餉延遲應照章議處也。查吏部處分章程內開，軍營需用糧餉，該藩司接准奉旨、部文具批，遴派妥員起解。如該藩司委解遲延，由戶部確查文到月日，指名嚴參。違限一月以上罰俸一年，二月以上降一級留任，三月以上降一級調用，四月以上降兩級調用，五月以上降三級調用，半年以上革職，俱公罪等語。各該省倘不依限清解，即由臣部照章奏參。如有貽誤，另照貽誤軍餉例參辦。

　　一　湘平銀兩應照章劃扣也。查甘肅新餉，前經臣部奏明，各省應按庫平庫色起解。甘省以湘平動支每銀一兩扣銀四分，前項銀四百八十萬兩，即可扣出湘平銀近二十萬兩，每年由陝甘總督於收到餉內，陸續劃扣。以十萬兩作為烏魯木齊、巴里坤、古城旂兵歸併伊犂旂營經費，三年後即行停止。現在該三處旂兵議歸併古城，改設城守尉，如仍由伊犂將軍管轄，即將前項銀解交伊犂。如改歸巡撫管轄，應解交甘肅新疆巡撫支放。其餘十萬兩，照章封儲，蘭州省城司庫不准擅動，以備急需。嗣後無論何處，均不准擅行指提此款封儲銀兩，陝甘總督亦不得擅行動用。如不遵照奏案，即由臣部指名嚴參，以重庫儲而固邊圉。

議駁山西巡撫請將道庫應解
甘肅新餉酌減片

[**題解**] 本稿當作於光緒十一年九月中旬前後。山西巡撫奎斌請求將河東道光緒十二年分協解甘肅新餉量予酌減，戶部對此予以反駁，認為無論從山西正雜課銀額入、實入還是實出看，該省都有能力完成甘肅新餉五十二萬兩的指撥任務，故其提出的量予酌減請求，應毋庸議。

再，署理山西巡撫奎斌奏《請將指撥河東道庫十二年分甘肅新餉量予酌減》一片，光緒十一年九月初六日軍機大臣奉旨："戶部議奏。欽此。" 欽遵鈔出到部。

據原奏內稱，河東道歲征額課銀五十二萬兩，比年新陳遞積開辦壬午綱，至本年八月已屆一年，共征正雜課銀四十一萬五千餘兩，除應解部紙價暨年額例支銀三萬四千餘兩，可備撥者不過三十八萬餘兩。來年甘餉若仍照上年五十二萬之數指撥，無可籌措，請將十二年分甘肅新餉量予酌減等語。

臣部伏查，河東道年額入銀五十六萬五千餘兩，實不止五十二萬之數。除應解紙價及年額例支銀三萬餘兩，額入銀尚有五十三萬兩。臣部指撥甘肅新餉銀僅五十二萬兩，自可照數籌解，未便聽其惰征。此以額入計之，不能酌減一也。

河東道光緒八年造報奏銷，該年已完正雜等款並續完各項，共收銀六十二萬餘兩，又舊管銀四十三萬餘兩。九年收銀五十九萬餘兩，又舊管銀四十九萬餘兩。十年收銀五十二萬餘兩，又舊管銀四十四萬餘兩。臣部指撥甘肅新餉銀僅五十二萬兩，覈計實收數目，亦足供支。此以實入計之，不能覈減二也。

河東道光緒八年造報奏銷冊開，解伊犁西征、寧夏各處兵餉共銀五十六萬兩，九年解京餉、伊犁西征餉共六十一萬兩，十年解京餉、伊犁西征餉共五十八萬兩，臣部現在指撥甘肅新餉僅五十二萬兩。此外該道並無協解京外各餉，較之從前出款已少。此以實出計之，不能為之覈減三也。

臣等公同商酌，應令該撫轉飭該道，實力督徵引課，以裕餉源。所請將河東道十二年分甘肅新餉量予覈減之處，應毋庸議。理合附片具陳，伏乞聖鑒。謹奏。

光緒十一年九月二十五日奉旨："依議。欽此。"

議覆伊犁將軍請催上年欠餉摺

[**題解**] 本稿當作於光緒十一年九月二十一、二日前後。伊犁將軍金順以裁撤客兵亟需鉅款為由，請將欠解伊犁光緒十年分月餉掃數撥解。戶部認為，積欠軍餉各省皆然，伊犁所得軍餉已多，且部庫前已撥銀三十萬兩足數裁撤之用，金順從前請款裁勇均屬空言，此次應加強對其核查，毋得使僅以空言搪塞而耗餉需，同時戶部亦表示對各處欠解伊犁軍餉者繼續分別行催以按時籌撥。

奏為遵旨速議具奏事。

伊犁將軍金順奏《請催欠解伊犁光緒十年分月餉》一折，光緒十一年九月十九日軍機大臣奉旨："戶部速議具奏。欽此。"欽遵由軍機處鈔交到部。

據原奏內稱，各省關每年應解奴才軍營月餉銀二百六十三萬五千兩，自光緒十年正月起至十二月底止，所解不過三分之一。前此東南有事，奴才奏准暫緩裁撤客兵，現在中法和議已定，自應趕為裁併，非有鉅款難辦。光緒十一年分月餉，自本年正月起至五月底止，僅解銀十四萬數千兩，何能騰挪裁遣之費？現擬將馬步各營兵勇裁併，各省催餉、後路轉運各局安設馬撥以及隨營文武員弁，亦擬裁撤，惟薪水、口糧，從未如數發給，刻下裁遣不能不量為找發。籲懇天恩飭下各該將軍、督撫、監督等，將欠解伊犁光緒十年分月餉掃數撥解，以應急需等語。

臣部伏查，天下財賦只有此數，斷未有撥款浮於所入而能掃數解清者。積欠軍餉，各省皆然，從無一年之內數次譁潰如伊犁者。新疆平定前，督臣左宗棠奏令該將軍將勇營裁併，臣部亦屢次奏請裁遣客勇冗員。劉錦棠、譚鐘麟遣撤不下三萬餘人，該將軍並不裁減，且更加增，加以局費一項，每年支款至三十餘萬兩，盡耗軍餉，濫應濫支，徒以欠餉為名，屢煩聖聽。如以餉解不足，未能遽裁，劉錦棠、譚鐘麟所部軍餉何嘗解足？如謂餉需尚少，以伊犁一隅之地，歲實收銀百數十萬兩，較之由山西、河南全省旗綠勇營兵餉，已數倍之。伏念國家財賦取之盡錙銖，而該將軍用之如泥沙，此臣部所為長顧太息而不能已於言也。光緒十年分，伊犁軍餉各省關上年報解及本年續解銀數，已有九十餘萬兩，寔[1]不止三分之一，合上年部庫墊銀二十一萬兩，共寔收銀一百十一萬餘兩，為數本屬不少。本年正月起至七月止，據陝甘總督誻報，共解伊犁餉銀五十六萬六千餘兩，又解扣收湘平銀六萬六千餘兩，二共銀六十三萬餘兩。倘撙節開放，尚可勻支。該將軍此次奏請裁併兵勇，裁撤各局及安設馬撥，據稱找發需款。臣部恭查光緒十一年八月初四日上奉："譚鐘麟密陳伊犁現在情形，據稱彌亂之策，一在籌款以清欠餉，一在擇人以整營規。金順所部各營，欠餉約計三十餘萬兩，可以了結等語。著戶部撥銀三十萬兩，解交甘省。未到以前，譚鐘麟無論何款，先行籌措寔銀三十萬兩，迅解劉錦棠軍營。欽此。"譚鐘麟自必遵旨籌解。臣等已於部庫撥銀三十萬兩，由順天府派員解交甘省，是伊犁得此鉅款，足敷裁撤之用。

查該將軍上年報部兵勇數目，共有三十四營，以每營約需月餉三千兩計之，即使補發數月欠餉，前項三十萬兩即可裁撤二十餘營，誠如譚鐘麟所雲可以了結。惟查金順從前請款裁勇，均屬空言，相應請旨飭下署理伊犁[2]將軍錫綸，會同甘肅、新疆巡撫劉錦棠，一俟前項銀三十萬兩批解到營，迅將金順所部兵勇大加裁撤。各省催餉、後路轉運各局安設馬撥，以及隨營文武員弁，概行全裁，報部查覈，毋得僅以空言搪塞，致耗餉需。伊犁軍營有此三十萬兩，已敷遣撤二十餘營之費，若議全裁，尚須寬籌款項，臣部擬再將各處

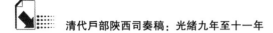

欠解伊犁光緒十年分軍餉分別行催。除直隸、湖南二省，閩海一關，業據解清，山東一省現有河工不能兼顧，山西、四川、陝西、湖北、河南、江西、江蘇等七省，河東一道，本年均有應解甘肅新餉，未便行催，致令挪新補舊又啟新欠，均應毋庸置議外，查光緒十年分江海、江漢、粵海等三關，每關各應解銀二十三萬六千二百五十兩，共計銀七十萬八千七百五十兩，並未解清。相應請旨飭下兩江、湖廣、兩廣各總督，江蘇、湖北、廣東各巡撫，粵海關監督，迅將該關欠解伊犁光緒十年分軍餉掃數籌撥，派員解交伊犁，以資遣撤。所有臣等遵旨速議具奏緣由，理合恭折具陳，伏乞皇太后、皇上聖鑒。謹奏。

光緒十一年九月二十五日奉上諭："前據金順奏《請催各省關欠解伊犁月餉》一折，當諭令戶部速議具奏。茲據奏稱，查明光緒十年分伊犁餉數，江海、江漢、粵海等三關，各應解銀二十三萬六千二百五十兩，共計銀七十萬八千七百五十兩，並未解清，請飭迅解等語。伊犁現值裁撤勇營之際，找發欠餉需款甚殷，著曾國荃等迅將各關欠解伊犁光緒十年分軍餉掃數籌撥，派員解交以資應用，毋稍宕延。欽此。"

[校注]

[1] 寔，通"實"。

[2] 本稿中"伊犁"一词中的"犁"与"犂"通用，此处用"犂"字。

議覆甘肅新疆巡撫請給撫藩廉俸片

[**題解**] 本稿當作於光緒十一年八月中、下旬。甘肅新疆巡撫劉錦棠奏請將新疆巡撫、藩司歲支廉俸、公費比照江蘇支給，公費仍照關外各官章程酌加。戶部認為，江蘇近年銷案對此項費用已均裁減三成，而新疆地處極邊，可按以前成案辦理。至於酌加公費一節，因與定例未符，應毋庸議。另，巡撫既發廉俸，其督辦大臣公費即應停支。

再，甘肅新疆巡撫[1]劉錦棠奏《請議給新疆巡撫藩司歲支廉俸公費》一片，光緒十一年八月十五日軍機大臣奉旨："戶部議奏。欽此。"欽遵鈔出到部。

據原奏內稱，臣與藩司魏光燾業于本年四月先後抵任。前設甘肅新疆巡撫、布政使，仿照江蘇建置大略辦理歲支廉俸，應否比照江蘇巡撫、布政使成例支給，仍照關外各官章程酌加公費等語。

臣部伏查例載，正從一品歲支俸銀一百八十兩，正從二品歲支俸銀一百五十五兩，督撫兼尚書銜支一品俸銀，侍郎銜支二品俸銀各等語。查甘肅新疆巡撫劉錦棠，由巡撫加尚書銜，應按從一品俸銀開支，布政使魏光燾應按從二品俸銀開支。至撫藩養廉，該撫援引江蘇成例，臣部伏查例載，江蘇巡撫歲支養廉銀一萬二千兩，蘇州布政使歲支養廉銀九千兩等語。江蘇省近年銷案均裁減三成，惟新疆地處極邊，自非內地可比，合無仰懇天恩俯准，將甘肅新疆巡撫養廉，照江蘇巡撫成例，歲支銀一萬二千兩。新疆布政使養廉，

照蘇州布政使成例，歲支銀九千兩。該撫藩廉俸，即于新疆所收銀兩內動支，除扣六分減平外，毋庸減成，以示體恤。內地各省，不得援以為例。至請照關外各官酌加公費一節，臣部查，新疆道員以下例有公費，該處將軍、都統等官及江蘇撫藩，例無公費銀兩，自以職分較崇、養廉較優之故。該撫奏請酌加公費，覈與定例未符，應毋庸議。

再查光緒六年前，督臣左宗棠以劉錦棠督辦軍務無廉項可支，奏請每月支給公費銀五百兩，奉旨允准在案。現在該撫既有廉俸，自應于起支廉俸之日，停支督辦大臣公費。至該撫藩衙門應設吏役若干，照何例章辦理，應令報部覈辦，免致報銷時往返駁詰，致滋弊端。是否有當，伏乞聖鑒。謹奏。

光緒十一年九月二十五日奉旨："依議。欽此。"

[校注]

[1] 此處原文為"甘肅新巡疆撫"，當屬排字錯誤。

甘省積存草束應令變價並停發未支各款片

[**題解**] 本稿當作於光緒十一年九月中旬，與下篇《議駁陝甘總督請將關外欠餉另由江蘇籌解折》當同時所作，原文排印此篇在前。針對陝甘總督譚鐘麟奏稱清厘欠餉之事，戶部認為甘肅省錢糧應行清厘，還有二端須即行辦理：一為歷年積存草束應速令變價清完，一為未支各款應概行停發。如此清厘目的，是為了清積案而杜弊混。

再，譚鐘麟原奏內稱，關內各營欠餉三十餘萬，現飭各營官傳詢勇丁共圖報効，准其移獎子弟戚友，俟有成議，再行奏請分別給獎一節，系為清厘欠餉起見，應俟該督奏報後，再由臣部將欠數查確奏明請旨。惟錢糧一事，必須逐款清厘，否則此塞彼開，於事無濟。臣部悉心審度，甘肅省應行清厘者尚有二端：

一則歷年積存草束應速令變價也。查甘肅省每年實收草三百十餘萬束，實支草二百餘萬束，每年存草不下百餘萬束。上年該督請改辦練兵，不給草束。此後餘存草束，自應更多，實無缺乏之慮。查該督司庫奏銷冊報，截至光緒八年底止，共儲草一千八十八萬六千三百三十一束零。應令照章變價，每束變銀一分五厘，共計可變價銀十六萬三千二百九十四兩零。勒限於光緒十二年十二月底止，一律變價清完，解司報部查覈，以杜延挨侵蝕之弊。所有收穫銀兩，並令照例封儲蘭州省城司庫，以備邊防要需。至光緒九年正月起，所收草束仍照舊辦理。

一未支各款應概行停發也。查甘肅省簡明奏銷冊開，自同治八年起至光緒七年止，共未支銀三百六十六萬一千八十七兩零，又光緒八年一歲共未支銀十一萬二千五百八十一兩零。前據該督奏稱額支之數，亦不如例，是此項未支之款，未必皆照例應支之款。且簡明冊造款目，寥寥數語，臣部亦不能知其應否開支。現當庫款支絀之時，此項未支款項十餘年既未開支，將來亦必無從找發，應令將前項銀兩概行永遠停發，以清積案而杜弊混。

　　以上二條，仰懇飭下陝甘總督譚鐘麟再行確查辦理，切實覆奏，庶臻妥協。謹附片陳明，伏乞聖鑒。謹奏。

　　光緒十一年十月十七日奉旨："依議。欽此。"

議駁陝甘總督請將關外欠餉
另由江蘇籌解摺

[題解] 本稿當作於光緒十一年九月中旬。陝甘總督譚鐘麟認為戶部指撥浙江、福建、廣東三省補解新疆欠餉恐力有未逮，奏請將劉錦棠所部欠餉另由江蘇籌解。戶部指出，新疆三道駐軍若改支坐糧，自可節省餉項，就地取資亦可自籌款項，欠餉多在統領營官或承辦委員名下，今其改獎亦為解決之一法，總之，求人莫若求己，江蘇物力並非有餘，關外欠餉另由江蘇籌解之法行不通。

奏為遵旨議奏事。

陝甘總督譚鐘麟奏《請將劉錦棠所部欠餉另由江蘇籌解》一片，光緒十一年九月初五日軍機大臣奉旨："戶部議奏。欽此。"欽遵由軍機處鈔交到部。

據原奏內稱，劉錦棠一軍欠餉，經戶部指撥浙江、福建、廣東，十年以前舊欠二百八十萬兩，揣該三省目前情形，恐系必不可得之數。另片所籌變通辦法，如新疆制兵餉，每年百數十萬，現在未撥，此款何能作抵，即就地取材，收效在數年後。其欠項如營官薪公之類，或可令捐輸給獎，若勇丁則十數年辛苦摶節，留此為事畜之資，概令報捐，在彼固所不甘，於情亦所不忍。查劉錦棠所部湘軍，本由金陵每月給餉四萬五千兩，截至十年底止，尚欠二十六個月。若分兩年按月起解，得此百餘萬有著之餉，可藉以維繫軍心。仰懇天恩飭部覈議，與江南督臣曾國荃籌商辦理等語。

臣部伏查劉錦棠一軍欠餉，前經臣部指提浙江等省積欠銀二百八十萬兩，定限三年勻分批解，各省果能如數籌撥，該軍舊欠自可全清。惟因各省辦防日久，同形竭蹶，是以另備變通辦法以求有濟。查新疆三道，所屬額定兵勇二萬一千人，馬三步七，若自光緒十二年起改支坐糧，每年約可節省銀五十萬兩，是十二、十三兩年，共可節省銀一百萬兩。即以後此節省之餉銀，補發昔日之舊欠，此臣部原議截長補短之一法。今據該督聲稱，制兵餉未撥，何能作抵，于臣部原議不免參差。查劉錦棠所部現在開支行糧，每年指撥兵餉等銀二百三十萬兩，原系統計新疆兵勇而言，無分制兵額勇。若改支坐糧，每年即可騰出銀五十萬兩，並非無款可抵。惟改支坐糧，僅能翹補欠餉三分之一，勢不能不就地取資。籌餉章程二十四條"可以擇要舉行藉資補苴"，此又臣部原議就地取資之一法。今據該督聲稱，收效當在數年後，似于臣部原議未能深悉。查新疆既設行省，舉凡鹽課茶課、牙稅、洋土藥稅，皆可舉辦。早辦一日，早收一日之效，正不必待數年後也。新疆若能自籌款項，二三年內當可彌補舊欠數十萬兩，下欠百餘萬兩，即照雲貴章程改獎。大約欠餉不必專在勇丁，多在統領營官名下或承辦委員，未領之項統名之曰欠餉，皆可令其改獎，此又臣部原議因時制宜之一法。

　　今據該督聲稱，勇丁有所不甘，於情亦所不忍，似于臣部原議不免誤會。查營官有薪水、公費，委員有薪水、局費，至承辦、採買之款，亦有未領者，惟欠餉以在營官名下者為最多。原議逐一分明，固未嘗令將實在欠發勇丁餉項，責令改獎也。總之時勢艱難，度支匱乏，全賴二三大吏共相維持，既有所費於前，當思彌補於後。諺有之曰"求人莫如求己"，若不自籌變通辦法，徒欲仰給於他人，就便另行籌撥，恐亦必不可得之數。且江蘇物力並非有餘，該督所請將劉錦棠欠餉另由江蘇籌解之處，應毋庸議。相應請旨飭下陝甘總督譚鐘麟，會同甘肅新疆巡撫劉錦棠，查照臣部前奏變通辦法，清厘舊欠，切實籌畫，以紓朝廷西顧之憂。臣部指提浙江、福建、廣東十年以前舊欠，業經奏定，擬即專諮行催，令其陸續籌解稍資

彌補，以慰各軍之望。所有遵旨議奏緣由，理合恭折具陳，伏乞皇
太后、皇上聖鑒訓示。謹奏。

光緒十一年十月十七日奉旨："依議。欽此。"

奏參甘省下忙案內征存未解州縣等官摺

[題解] 本稿為奏參稿，當作於光緒十一年十月初。光緒十一年九月二十七日，戶部接陝甘總督譚鐘麟諮文，稱據甘肅布政使譚繼洵詳稱光緒十年下忙，本限於十二月底截清完解，然仍有階州等地未按期完成。戶部據此將現任階州、直隸州知州葉恩沛等二十三人予以參奏，建議均照徵收正項錢糧延緩不解、遲限半年以上例議處。

奏為特參甘肅省征存未解州縣等官，請旨交部照例議處，以杜虧那事。

竊臣部於光緒十一年九月二十七日，准陝甘總督譚鐘麟諮稱，據甘肅布政使譚繼洵詳稱，查光緒十年下忙限十二月底，截清完解。查已報未解銀兩，系階州、涇州、化平、皋蘭、隴西、平涼、靜甯、華亭、安化、甯州、合水、環縣、董志縣丞，甯朔、靈州、寧靈、花馬池州同、文縣、成縣、西固州同，崇信、鎮原、硝河城州判等處未解之項。所有各該處解銀遲延職名先行開揭，並勒限催解，俟解收之日，統計逾限日期，詳請諮部議處。□[1]理合造具總散清冊，詳請諮部等情，據此相應諮部查覈等語。

臣等查冊開，階州直隸州，未解銀一千五兩九錢七分八厘；涇州直隸州，未解銀四十三兩二錢九分五厘；化平廳，未解銀二十三兩五分一厘；皋蘭縣，未解銀一兩八錢五分；隴西縣，未解銀五兩四錢二分四厘；平涼縣，未解銀四十四兩五錢五分；靜甯州，未解銀一百十二兩六錢三厘；華亭縣，未解銀一千四百二十九兩一錢五分九厘；安化縣，未解銀八百二兩九錢六分五厘一毫；甯州，未解銀二千七十六兩六錢一分二厘六毫；合水縣，未解銀六百二十兩五錢三毫；環縣，未解銀八十八兩五分三厘八毫；董志縣丞，未解銀二百五十二兩五錢九分二厘四毫二絲五微；甯朔縣，未解銀一百九十六兩六錢六分一厘；靈州，未解銀十四兩五錢；甯靈廳，未解銀一百四十兩三錢二分九厘二毫；花馬池州同，未解銀一兩五錢三分六厘；文縣，未解銀二十二兩七錢三分三厘；成縣，未解銀八十兩五錢四分三厘；西固州同，未解銀六兩一錢三分四厘；崇信縣，未解銀五百十七兩四錢五分；鎮原縣，未解銀一千一百九十四兩九分五厘；硝河城州判，未解銀二百一兩七錢七分八厘。以上共未解銀八千八百八十二兩三錢九分三厘五毫二絲五微。

臣竊維，州縣等官之虧空，由於錢糧征存未解積久，遂致侵那。倘有絲毫尚未解司，即當立行奏參，不應俟解收之日，再行統計逾限日期開參，為此延宕地步。查臣部則例內載，各直省征存上忙錢糧，按限將實征實解細數造冊送部備查。俟下忙報解銀數之後，該督撫一面造冊諮報，一面查明各州縣錢糧，若有已征未解者，即行照實參奏，儻有疏漏，即將該督撫藩司參處。未解銀兩，即在該州縣名下著追，如致無著，各該上司分賠等語。

今甘肅省州縣等官，於征存應行解司之項，延緩不解至半年以上，未便姑容，自應查照陝甘總督開送職名，請旨飭下吏部，將現任階州、直隸州知州葉恩沛，現任涇州直隸州知州胡韻蘭，現任化平廳張潤，現署皋蘭縣知縣俞志敬，現任隴西縣知縣李健枝，現任平涼縣知縣陳延芬，現任靜甯州知州朱銑，現任華亭縣知縣黃廷鐘，現署安化縣知縣黃仁治，前署寧州知州宋之章，前任合水縣知縣朱材濟，現任環縣知縣丁佩璐，前署董志縣丞黃燾，現任甯朔縣知縣吳樹德，現任靈州知州孫承弼，現任甯靈廳吳福鐘，現任花馬池州同李陞，現署文縣知縣范廷梁，現任成縣知縣李竣，現署西固州同杜紹勳，現署崇信縣知縣易策謙，現任鎮原縣知縣劉玉衡，現任硝河城州判康鈞，均照徵收正項錢糧延緩不解，遲限半年以上例議處。經此次奏參之後，仍延玩不解，再按限續參。儻系設法延捱，顯有虧那情弊，另由陝甘總督指名嚴參，毋任虧空。所有特參征存未解各官緣由，理合恭折具陳，伏乞皇太后、皇上聖鑒訓示，謹奏。

光緒十一年十月二十五日奉旨："依議。欽此。"

[校注]

[1] 此字底本及校本均模糊難辨。

陝省籌撥海防餉銀請將撫藩從優議敘摺

[**題解**] 本稿當作於光緒十一年十月。因前陝西巡撫邊寶泉、陝西布政使葉伯英在戶部並未向陝西指撥海防定款情況下，自行籌劃軍需，解到海防餉銀十七萬五千餘兩，故戶部請求對該撫藩交部從優議敘。

奏為請旨事。

竊查陝西省自同治元年以來，辦理防務繼以旱荒，不惟無餉解京，且資他省協濟，雖由時局之多艱，要亦經理之未善。上年臣部奏請將江漢、閩海、粵海三關四成洋稅項下，每年應協陝西餉銀共二十六萬餘兩改解部庫，是該省入款已減於前。臣部複慮其不敷，另行奏定用款章程，亦只望其量入為出。乃該撫邊寶泉、藩司葉伯英顧念根本，籌畫軍需，疊據自行解到海防餉銀十七萬五千餘兩，並非臣部指撥海防定款。該撫藩均能竭力籌維，洵屬急公。可否仰懇天恩，將前陝西巡撫調任河南巡撫邊寶泉、陝西布政使葉伯英，均交部從優議敘。以昭激勸之處，臣等未敢擅便，伏乞皇太后、皇上聖鑒訓示，謹奏。

光緒十一年十一月初四日奉旨："邊寶泉、葉伯英均著交部從優議敘。欽此。"

革道胡光墉侵取公私款項請交刑部治罪摺

[**題解**] 本稿當作於光緒十一年十月前後。光緒九年十一月間，因胡光墉將京城、上海等處所開阜康各字型大小同時全行歇閉，致虧公私各項款目紛繁，其中所虧公款迄光緒十一年已扣滿二年，仍未掃數完繳。故戶部此奏，請一面速將已革道員胡光墉拏交刑部治罪，一面請將其家屬押追著落，以掃數完繳虧空公款。同時，也請求朝廷下旨給各相關衙門，將胡光墉原籍財產及各省寄頓財產查封報部、變價備抵。在奏稿所附清單中，戶部詳列了胡光墉侵蝕公款未繳之數目。

奏為已革道員侵取公私款項，請旨拏交刑部治罪，以正國法而挽頹風，恭折仰祈聖鑒事。

竊從前虧空各案在於官，官所侵者國帑，而不及民財。近年虧空流弊，在以商充官，複以官經商，至舉國帑、民財皆為所侵吞，而風俗乃大壞。二三年間，各省奸商以虧空之人並未嚴懲，任其事外逍遙，相率無所忌憚，每因存借匯兌銀兩，聚積益多，遂萌侵蝕奸計，藏匿現銀，輾轉效尤，紛紛倒閉歇業。京外屢為騷動，市井益為蕭條，疊據疆吏奏諮，實為從來罕有之事，而敗壞風氣為今厲階，則自已革道員胡光墉始。

查胡光墉籍隸浙江，出身市儈，積慣架空罔利，最善交結宦場，一身兼官商之名。遇事售奸貪之術，網聚公私款項盈千累萬之多。胡光墉起意侵欺，突於光緒九年十一月間，將京城、上海、鎮江、寧波、杭州、福州、湖南、湖北等處所開阜康各字型大小，同時全行歇閉，人心浮動，道路囂然。臣部以胡光墉經手公款必巨，即日飛諮各直省，扣抵著追。嗣據各省關報虧欠公款數目，由浙江著追者，共銀一百六十一萬三千九百餘兩，至虧欠江海、江漢兩關，及兩江採辦軍火、電線經費，採購桑秧等銀七十八萬六千八百餘兩，由各省關自行著追者，尚不在內。其虧欠紳民私款，據兩江總督聲稱，都中有八十萬兩，至虧欠各省紳民私款若干，未據報部，尚不在內。

臣部複以胡光墉所虧公私各項款目紛繁，總以扣還公款為先，尤當以追繳實銀為斷。疊經行催，牘累數尺，而胡光墉居心狡詐，任意宕延，迄今扣滿二年，仍未掃數完繳。由浙江著追公款，尚欠四十九萬八千一百餘兩；由兩江著追公款，尚欠二十萬八千一百餘兩。若任其虧空，不予嚴懲，年復一年，公款必致無著。況現在京協各餉，由商號匯兌者尚多，非懲一警百，流弊將無所底止。查刑部《詐欺官私取財條例》內開，京城錢鋪，將兌換現銀票存錢文侵蝕、閉門逃走，立行拘拏送部監禁，一面將寓所資財及原籍家產，分別行文查封。仍押追在京家屬，勒限兩個月，將侵蝕藏匿銀錢全數開發完竣。若逾期不完，無論財主、管事人及鋪夥，侵蝕賠折，統計未還藏匿及侵蝕票存錢文，原兌銀數在一萬兩以上，擬絞監候等語。胡光墉開設銀號，用計侵取官私銀兩，重於錢鋪侵蝕兌存票錢，同時歇閉遍及各省，官民受害者甚多，不獨京城一處。且扣滿兩年未繳，久逾兩月限期，侵匿公私款項，更不止一萬兩之數。律以京城錢鋪侵蝕銀錢之例，其罪已無可逭。

又查例載，內外諸司統攝所屬，有文案相關，涉及非所管百姓，但有事在手者即為監臨。又具職雖非統屬，但臨時差遣、管領提調者，亦是監臨主守各等語。又例載，起運官物，長押官及調物人若有侵欺者，計以監守自盜論等語。查胡光墉前以江西候補道員，管理上海采運局，月支薪水銀五十兩，與各省向用交移，往來承領各項公款，又有差遣管領起運之責，於虧空事發之後，始行革職。迄今延不完繳，律以監守自盜，罪更難容。相應請飭下浙江巡撫，一面速將已革道員胡光墉拿交刑部嚴追，定擬治罪，一面將胡光墉家屬押追著落，掃數完繳。並請飭下步軍統領衙門、順天府五城、浙江巡撫暨各直省督撫，將胡光墉原籍財產及各省寄頓財產查封報部、變價備抵，毋任隱匿其虧欠。紳民私款，迅即開明數目諮送刑部，以憑著追。所有胡光墉侵蝕公款未繳數目，臣等另繕清單，恭呈御覽。

再查，中外通商以來，商務較重，一切公款或由商號匯兌，或交給管領或承辦採買，常與外洋交涉。又有官員兼營商務，湊集公私股份開設行店公司，均有匯兌、管領、購辦、交涉之事，若不嚴定章程，何以杜絕虧空？應並請旨飭下刑部，按照臣部所指各節嚴定罪名，通行各省，俾知炯戒。臣等為整飭風俗，力杜虧空起見，理合恭折具陳，伏乞皇太后、皇上聖鑒訓示。謹奏。

光緒十一年十一月十二日奉旨："依議。欽此。"

謹將胡光墉侵取公款未繳數目繕具清單恭呈御覽

— 虧欠承解江海關歸還部軍餉銀三萬九千四百兩。

— 虧欠浙江巡道公款銀四萬七千六百七十五兩七錢六分七厘。

— 虧欠浙江綱鹽局公款銀三萬一千二百三十二兩五錢六分五厘。

— 虧欠兩江公款銀二十萬三千十八兩六錢七分七厘。

— 虧欠閩海關稅銀七萬兩。

— 應繳甘肅息借洋款四百萬兩案內，扣存行用等銀十萬六千七百八十四兩。

以上六款，共銀四十九萬八千一百十一兩九厘，系由浙江著追之款，現仍未繳。

一　應繳兩江匯還直隸墊發阜康欠京都票銀一萬五千兩。

一　虧空上海道公款銀十八萬兩。

一　虧空上海采運局採購桑秧等銀一萬三千一百十七兩四錢七分五厘。

以上三款，共銀二十萬八千一百一十七兩四錢七分五厘，系由兩江著追之款，現仍未繳。

一　虧空上海道採辦軍火銀二十萬兩。

一　虧空借撥長江電線經費銀五萬兩。

一　虧空淮南收買場鹽銀十一萬七千兩。

以上三款，共銀三十六萬七千兩，亦系兩江著追之款。據兩江總督聲稱，或呈出典產作抵，或分年歸還，究竟現在是否全數追完，並是否在浙江代追兩江公款二十萬三千餘兩之內，應令聲覆。

統計以上公款，共銀一百七萬三千二百二十八兩四錢八分四厘，除行查銀三十六萬七千兩外，仍未繳銀七十萬六千二百二十八兩四錢八分四厘。惟胡光墉侵取公款情罪不一，應令將各省前項公款，某系交給管領，某系起運批解，某系差遣承辦，逐一詳細報部，由刑部定擬罪名結案。

議覆陝撫厘金外銷情形片

[**題解**] 本稿當作於光緒十一年八月前後。前陝西巡撫邊寶泉奏請，將陝省提留外銷款留歸本省公用，並免于向戶部聲覆作何動用。戶部認為，陝西省厘金外銷，其報部留支經費合計所留實不止二成，至存留辦公已用之款，亦應報部聲覆，嗣後應將留支經費、存留辦公合為一款，共提一成，以示限制而杜濫支。

再，前陝西巡撫邊寶泉奏《遵議覆陳》一折，光緒十一年七月二十三日軍機大臣奉旨："戶部知道。欽此。"欽遵鈔出到部。

據原奏內稱，准戶部諮《議覆厘金外銷情形》一折，令將提留外銷一款此時能否移就，歷來作何動用，報部酌覈等因。查提留外銷一款，部議謂其太多。查自光緒二年起至九年止，共留銀三十八萬餘兩，與報部收數合計，所留實不及二成，內除隨時動用外，尚餘銀十六萬餘兩。上年籌餉借用六萬兩，實存十萬兩有奇，是實支仍不過一成。自來此等款目，未必悉符例章，若將作何動用補報，必幹駁詰往返諮查，徒增公牘，於實政無裨。相應籲懇天恩，準將此項餘款歸於本省公用，嗣後覈計每年厘金收數，提留一成，以示限制等語。

臣部查，陝西省厘金外銷，其報部者曰留支經費，向以支銷局用，每年約提一成；其不報部者，曰存留辦公，每年所提又約一成，或多至四成。臣部檢閱查辦陝事案內，據藩司葉伯英清單內開，始知該省有此名目，屢經駁查，今據該撫覆陳，臣部再加考覈，自光緒二年起至九年止，該省共收厘金銀二百七十一萬餘兩，所提留支經費、存留辦公兩款，共銀五十八萬餘兩，合計所留實不止二成。內除存銀十六萬餘兩，已用銀四十一萬餘兩，實支仍不止一成。至存留辦公已用之款，前據該撫聲稱，系修理城池、敖倉等工，籌備墾荒牛種、採辦積穀等項之用，臣部以例准開銷，自應報部。今據覆稱，款目未必悉符例章，則非照例准銷之款。可知既據聲明，系因公勳用，並非臣部准其開銷，倘有不實不盡情事，則惟該撫邊寶泉是問。

又，存留辦公未用之款，前據該撫聲稱，規複兵制、裁撤防管、撥解協餉及議停官錢鋪票本，皆賴此款通融。臣部以海防需餉孔亟，恭查上年湖南省將監務經費移作軍餉，欽奉上諭："令各省查明，如有此可以移緩就急者，奏明辦理等因。欽此。"是以令該省將此項能否移就，切實報部。今據覆稱，請將此項餘款歸於本省公用。臣部查，借用銀六萬兩業經諮報提還，原款共實存銀十六萬兩。現在沿海撤防，非從前緊急情形可此，所有此項餘存銀兩，應如該撫原議辦理，以資公用，倘有侵蝕弊混，別經發覺，定當參辦嚴懲。從前存留辦公銀兩，既已准其存留，以後存留辦公銀兩，總當予以限制。恭讀本年二月初八日上諭："厘稅皆關國帑，豈得任意開支。著各該督撫，嗣後各就該關局查明實在情形，一體覈實裁減等因。欽此。"旋據各省陸續報部，且有只准開支八分不及一成者。嗣後陝西省厘金外銷，應將留支經費、存留辦公合為一款，共提一成，以示限制而杜濫支。該撫原奏，系于留支經費一成外，另提存留辦公銀一成，合計至二成之多，覈與通行定章不符，臣部實未便率准，應毋庸議。所有複覈厘金外銷緣由，理合附片具陳，伏乞聖鑒。謹奏。

光緒十一年十一月二十日奉旨："依議。欽此。"

覈議陝省餉項並裁減北山防勇善後局費摺

[**題解**] 本稿當作於光緒十一年十一月初。針對前陝省巡撫邊寶泉報呈光緒十一年餉項，戶部認為，乙酉年俸餉薪糧應按該撫原議，以一百八萬兩供支，丙戌年應照一百零二萬兩之數撥給，以複額餉而符舊制。另，自光緒十二年正月起，北山防勇擬令一概遣撤、停支，同時將延安府知府及延長等十七縣俸廉、役食照例按十成發給，以免勇糧挪為辦公津貼。所有陝西省善後局委員經書、清書、勇丁紙張等費，亦應一併刪除以節靡費。

奏為裁減陝西省用款，以複額餉而符舊制，恭折仰祈聖鑒事。

竊臣部於光緒十一年十月二十四日，准前陝西巡撫邊寶泉諮稱，估計光緒乙酉年各防營旗官弁、勇丁薪餉，照依應支餉章計算，共需銀五十七萬二千七百餘兩。查照歷年發過成案酌量，掛欠約估需實銀四十八萬七千餘兩，下餘掛欠各營勇餉銀八萬五千七百餘兩，原系節省開支，以後再不補發，仍須歸案列為節省不發造報。此外尚有估計北山各屬防勇，以及製造善後局經費等項，共銀八萬三千七百餘兩，連前項合計，共實估需銀五十七萬七百餘兩。又旗綠各營官兵俸餉，共需銀五十三萬一千六百二十餘兩。旋經查明，九年道倉不敷由司折發銀三萬五千一百餘兩，十年道倉本色粟米敷支，應少折發銀一萬五千一百餘兩。綠營俸餉，照實缺收五估造，較九年多銀二千一百餘兩。以上二項，在於多估折發款內劃扣，計不敷銀一萬七千八百餘兩，止實需銀五十一萬三千七百餘兩。連防營官弁計，十一年統需俸廉薪餉銀一百八萬四千四百八十兩一錢三分一厘。通盤籌畫，實已兵無可裁，餉無可減等語。

臣部伏查，發、撚各匪平定有年，陝西省又非現辦邊防省分，是以臣部于上年奏請規復舊制，除固原提標、城守等籌畫歸甘肅支餉不計外，陝西省旗綠勇營等餉，應照舊制每年以一百零二萬兩為額。嗣據該撫估撥乙酉年兵餉冊開，共請撥銀一百八萬四千四百八十餘兩，另有掛欠勇餉銀八萬五千七百餘兩，當即查此款以後是否仍須補發，抑或按年以實估之數開銷。茲據該撫覆稱，再不補發，仍須列為節省造報。臣等竊維，凡事貴於覈實，該藩庫不必虛列節省之款，徒使國家負欠餉之名，所有前項勇餉，應令按四十八萬餘兩實數支銷，並將覈定實支餉數章程報部，毋庸另立節省名目，以照[1]覈實。該省近年入款未能如額，庫款空虛，非將出款極力裁減，規複額支，鮮克有濟。若每年撥餉一百八萬餘兩，較之額餉，多至六萬有奇，揆諸制用常經，未免浮費。

臣等查北山防勇，系以實缺知府、知縣管帶，每年開銷薪水、口糧等項銀四萬三千八百九十餘兩，本非定例。臣部擬令自光緒十二年正月為始，一概遣撤、停支，如謂盜賊出沒，自當責成民壯、差役會同營汛嚴拏。如謂伏莽未清，時虞竊發，應責令延綏等鎮練軍、勇營會剿。倘謂邊缺瘠苦，必藉勇糧為津貼，此乃實情。緣自軍興以來，廉俸、役食減成，瘠苦之區不能自給，臣部擬自光緒十二年正月起，將延安府知府俸廉、役食，及延長、延川、膚施、保安、安定、安塞、宜川、甘泉、靖邊、定邊、鄜州、中部、宜君、米脂、清澗、吳堡、懷遠等十七縣俸廉、役食，照例按十成發給，除扣六分平外，毋庸減成，俾資辦公，固不得藉勇糧為津貼也。

至善後局開支局費，每年開支銀五千一百餘兩，亦非定例。查甘肅省所設甘肅、新疆糧台善後局，據陝甘總督奏稱，已行裁撤。所有陝西省善後局委員經書、清書，勇丁紙張等費，應令一併刪除。統計裁減兩項，每年約可省銀四萬九千餘兩。今按額餉一百零二萬兩覈算各防營旗官弁、勇丁薪餉，共估銀四十八萬七千餘兩。加以

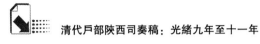

旗綠各營官兵俸餉，共估銀五十一萬三千餘兩，二共銀一百萬兩。餘銀二萬兩，即作為製造軍裝、器械之用。乙酉年俸餉、薪糧，應按該撫原議，以一百八萬兩供支。丙戌年即照一百零二萬兩之數撥給，以複額餉而符舊制。際茲時局多艱、度支匱乏，臣等夙夜悚愧，無以仰對朝廷，唯有力守量入為出之常經，徐為未雨綢繆之至計。顧擬議在臣部，而奉行在疆臣，相應請旨飭下陝西巡撫鹿傳霖，將用款認真裁減，切實聲覆。所有規複額餉緣由，理合恭折具陳，伏乞皇太后、皇上聖鑒訓示。謹奏。

光緒十一年十一月二十八日奉旨："依議。欽此。"

[校注]

　[1] 照，當為"昭"。

議覆盛京將軍奏請補發雷正
縉修營尾銀片

[**題解**] 本稿當作於光緒十一年十一月下旬。盛京將軍慶裕奏
請補發陝西固原提督雷正縉修營尾銀，戶部認為，該營餉項實有餘
款修建營房，應由該軍月餉餘款內開支，不得另行動撥。

　　再，據盛京將軍慶裕奏《請補發陝西固原提督雷正縉修營尾銀》
一片，光緒十一年十一月十七日奉旨："該部知道。欽此。"欽遵由
內閣鈔出到部。

　　原奏內稱，前據雷正縉請將一年兩次修建帳房之費修建營房，
當經奴才由奉天練餉項下先發給湘平銀一萬兩。茲據雷正縉函稱，
該軍九營修建營盤七座，用過工料等項，共合湘平銀一萬二千七百
十九兩七錢八厘，請將尾銀照數補給等情前來。自應仍由奉省練餉
項下，照數給發各等語。

　　臣等伏查，雷正縉軍餉，前經臣部議令江蘇省月撥銀二萬兩，
浙江省月撥銀九千兩，共月餉銀二萬九千兩。該提督所統步隊七
營、馬隊兩營，查照例章覈計，該營應支官弁、勇夫、雜支等項
月餉，章程以大、小建勻算，每月應支銀二萬五千一百餘兩，計
每月尚餘銀三千八百余兩，原系稍留有餘，以備協餉不濟及各項
雜支之需。該營餉項實有餘款修建營房，即應由該軍月餉餘款內
開支，不得另行動撥。所有雷正縉用過前項工料銀一萬二千七百
十九兩七錢八厘，應令該提督于月餉內陸續劃出，歸還奉天練餉，

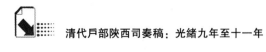

俾免輾轉而杜重支。臣等為劃清款目起見，是否有當，謹附片具
陳，伏乞聖鑒。謹奏。

光緒十一年十二月初六日奉旨："依議。欽此。"

奏參江西藩司委解新餉遲延片

[**題解**] 本稿當作於光緒十一年十二月初。因江西省委解光緒十一年分甘肅新餉，至該年年底仍不及四成，故戶部請旨飭下吏部，將該藩司照軍營需用糧餉委解遲延違限三月以上章程議處。協餉之難，由此可見。

再，查光緒十一年分甘肅新餉，疊經臣部指撥，共銀四百八十萬兩，定限各省五月以前批解六成，下余四成，限十月內掃數解清，並聲明系該省關內外應需確數，絲毫不容短欠。嗣以各省未能依限批解，經臣部兩次奏參，請將各藩司議處，奏准行知各在案。

現當歲暮，所有甘肅新餉除四川、山西、陝西、湖南、湖北、江蘇、安徽、兩淮、河南、河東道均已掃數解清外，惟江西一省僅報解銀二十九萬九千兩，較之原撥銀八十五萬兩之數，批解不及四成，迄今久逾五月以前期限，實屬委解遲延。相應請旨飭下吏部，將該藩司照軍營需用糧餉委解遲延，違限三月以上章程議處，並將欠解銀兩趕緊批解，如再延宕，再按定限續行奏參，以警效尤而杜延玩。所有奏參江西藩司欠解軍餉緣由，謹附片具陳，伏乞聖鑒。謹奏。

光緒十一年十二月十四日奉旨：“依議。欽此。”

議駁安徽巡撫請將甘肅新餉展限籌解片

[**題解**] 本稿當作於光緒十一年十二月中旬。安徽巡撫吳元炳以安省地丁等款入不敷出甚巨，且近年厘金減色不敷湊撥等因，奏請將來年甘肅新餉展限籌解。戶部從與舊案餉數比較、以定例期限相衡、以應入各款計算諸方面予以反駁，要求其按期批解，不得延誤。

再，安徽巡撫吳元炳奏《請將來年甘肅新餉展限籌解》一摺，光緒十一年十二月一日，軍機大臣奉旨："戶部議奏。欽此。"欽遵於十二月十二日鈔出到部。

據原奏內稱，奉撥光緒十二年分甘肅新餉銀二十萬兩，分限三批清解，飭於十一年十二月底，先解三成。惟安省地丁等款，以入抵出不敷甚巨，近年厘金減色，不敷湊撥。就目前情形而論，本年應解、應支之款已屬萬難清楚，若再加以來年解款，委實無款可籌。懇將奉撥光緒十二年分甘肅新餉，原限本年十二月底應解三成銀兩，展限十二年二月初批解。並將十二年四月底應解三成銀兩，展限至六月初批解。其九月底應行清解之四成銀兩，展限至十月底清解等語。

臣部伏查安徽省應解甘肅餉銀，道光年間每年承協銀三十萬兩，光緒十年以前每年承協銀二十七萬兩。臣部現在指撥該省銀二十萬兩，實已減少於前，自應依限籌解。此以舊案餉數比較，未便准其展限，一也。

承協餉項省分，例應豫解來春一季兵餉，下餘款項例應九月解清。臣部奏定甘肅餉章，委系遵循舊制、通行各省之案，豈能輕議更張？此以定例期限相衡，未便准其展限，二也。

如謂地丁等項不敷，則由未加整頓之故。安徽省地丁，南屯蘆課正耗缺額甚巨，各屬荒地缺征每年至四十餘萬兩之多，水旱幾同定例。每年緩徵，皆在四十萬兩上下，加以每年未完十餘萬兩雜稅一項，較道光年間又短征七萬餘兩，總計每年少征銀百餘萬兩。若能稍加整頓，年前應解甘肅三成餉銀，為數止六萬兩，籌撥原不為難。再于厘金等項嚴杜侵欺，不但出款毫無不敷，即供支一切，綽有餘裕。此以應入各款計之，實未便准其展限，三也。

新疆逼近強鄰，地方遼闊，稽其道裡，萬裡而遙。縱使依限掃數解清，尚慮稽延貽誤，緣協餉解到甘肅已數千里，由甘肅分撥各軍，如塔爾巴哈台、喀什噶爾等處，又六七千里，本年冬季報解之款，次年夏間始能解到。九月以前報解之款，下年春季始能兌收。邊塞苦寒，士卒枵腹，未有一日不食而能相安無事者。臣部以新餉最關緊要，非同則項供支，疊經奏定章程，逾期不解則嚴參，依限解清則優獎。若率准展限，不守定章，各省紛紛效尤，餉章必致紊亂，且邊軍炊爨不繼，恐難執法相繩，脫有譁潰，誰執其咎？此以目前情形論之，更未便准其展限，四也。

凡此數者，臣部籌之已熟計之已深，不獨安徽一省臣部難以曲從，無論何省，臣部皆未便率准。應令趕緊起解，毋得稍涉延宕。該撫奏請展限之處，應毋庸議。所有臣等遵旨議奏緣由，理合附片具陳，伏乞聖鑒。謹奏。

光緒十一年十二月二十四日奉旨："依議。欽此"

停止嵩武軍駝乾銀兩片

[**題解**] 本稿當作於光緒十一年十二月初，為戶部奏請停撥廣西巡撫張曜所統嵩武軍駝乾銀之奏章。嵩武軍同治年間調赴甘肅關外剿賊，由山西省每月籌撥駝乾銀俾資轉運新疆，以助平定之事，然時過境遷，此例臨時供支之款仍未停解，戶部故有是奏。

再，廣西巡撫張曜統帶嵩武一軍，同治年間調赴甘肅關外剿賊，經前綏遠城將軍定安奏准，由山西省每月籌撥駝乾銀五千兩，俾資轉運新疆平定，當例所無之款，理應速裁。上年該軍調防近畿，尤非甘肅關外情形可比，該撫奏請將駝乾暫照向章撥解，欽奉特旨允行。迄今又屆一年，未據該巡撫自行奏請停止，此等暫行撥解之款，未便任令視同常例供支。臣等公同商酌，擬令將該軍駝乾銀兩截至乙酉年十二月底止，即行停支，以節糜費。理合附片陳明，伏乞聖鑒。謹奏。

光緒十一年十二月二十四日奉旨："依議。欽此。"

議駮伊犁將軍請將軍需用款
照立案章程覈銷摺

[題解] 本稿當作於光緒十一年十一月中旬。伊犁將軍金順奏軍需用款請照立案章程覈銷，戶部認為，該將軍所奏有不實之處，如所謂概行覈減款項一事，戶部認為即不特未概行裁減，較原章程尚有加增，至於所裁減之款，亦均屬該將軍不合例章濫支濫應者。更嚴重者，金順所部支銷各款向系籠統開單報銷，濫支款項極巨，銷冊雜亂無章，故其奏請軍需用款仍照前此立案章程覈銷之處，委難准行。

奏為遵旨議奏事。

伊犁將軍金順奏《軍需用款請照立案章程覈銷》一折，光緒十一年十一月十一日軍機大臣奉旨："戶部議奏。欽此。"欽遵於十一月十二日鈔出到部。

據原奏內稱，准戶部議覆，奴才前此奏諮立案軍營支款章程，與例不符，概行覈減，諮行前來。竊維奴才一軍，地處極邊，久經兵燹，百物凋零，迥異內地，一切款目，不得不因地因時變通辦理。今部臣以奴才立案章程與例不符，議令概行覈減。查此項報銷，均系早經支發之款，其間官弁、兵勇或陣故、假旋制辦軍實，或時閱數載，已往之事無從著追。籲懇天恩俯準將未經報銷軍需用款，仍照此前立案章程覈銷等語。

臣部伏查該將軍所部支銷各款，向系籠統開單報銷，一切章程並不報部。臣部前於光緒八年奏定軍需善後報銷章程十四條，令各省將兵勇數目、營制、薪水、口糧及軍火雜用等項，統限三個月奏明報部。逾限既入，未據覆陳，疊經臣部行催，於光緒十年十一月間，始據該將軍開具章程立案。臣部循照定章分款覈覆。滿營則比照榮全歷年奏案，勇營則比照劉錦棠關外章程，一切雜支仿此辦理。今據該將軍奏稱，戶部將支款章程概行覈減，上煩宸廑，令臣部議奏。臣部伏查，上年該將軍報部章程內開滿營支款，參領每月口分銀二十二兩，防禦每月口分銀十八兩，驍騎校每月口分五十兩，委官每月口分十二兩，甲兵每月口分十兩。勇營支款，哨兵日支銀三錢，什長日支一錢六分，親兵日支一錢五分，正勇日支一錢四分，長夫日支一錢。雜項支款，委員口分一項，副都統月支五十兩，佐領防禦月支十八兩，道府月支二十九兩，同知、通判、州縣月支二十二兩八錢；部院主事、口外主事職銜月支二十七兩，佐雜月支十二兩，參將月支二十五兩，遊擊月支二十二兩，都司月支十八兩，守備月支十七兩，千總月支十四兩，把總月支十二兩，經制、外委月支十兩，提督、總兵月支五十兩，副將月支二十五兩，並于月支口分外，酌給津貼。總理委員月支津貼銀十五兩，幫辦委員月支津貼十兩，各項委員亦酌加津貼，至多不過八兩。書識人等工食一項，書吏月支銀四兩八錢，醫生歲支銀六十兩，通事月支銀三兩，局勇日支銀一錢一分。

以上各款，臣部均如該將軍報部章程悉行照準，奏牘具在，可覆按也。該將軍為此已甚之詞，以惑眾人之觀聽，謂臣部于該營支款章程，概行覈減，所奏殊屬不實。

且臣部議覆章程，不特未概行裁減，較原章程加增者尚有之。如步隊營官，該將軍原章月支銀一百四十兩，臣部議令月支銀二百兩；馬隊營官，該將軍原章月支銀一百二十兩，臣部議令月支銀一百五十兩。既照舊章加給，又烏得以概行覈減為言？將軍若謂臣部分別覈減則可，今乃以概行覈減入奏，不惟事之所無，抑亦理之所未有也。

夫臣部所裁減者，不合例章濫支濫應之款而已。以滿營論之，該將軍接統榮全舊部，即應循照榮全定章。查榮全章程，營總月支口分二十九兩，筆帖式月支口分十二兩，該將軍改為營總月支四十兩，筆帖式月支十五兩。當西陲本定之際，已異榮全進剿之時，國家經費有常，理應規復舊制。榮全所定之款已屬過優，該將軍乃更增于榮全定章，臣部自不得不照章議減。

　　然臣部所減滿營支款，止營總、筆帖式口分，其他固無所苛求也。以勇營論之，據該將軍聲稱，系照楚軍章程，臣部查楚軍餉章，乃前大學士曾國藩所定。該將軍部隊餉章，尚鮮不符，惟馬隊多不相合。綏靖馬隊人數且未成營，至統領公費，定章必統至三千人以上始准酌加。該將軍並未照此覈給，當即查照楚軍舊章，令其更正。臣部議覆該將軍者此舊章，議覆劉錦棠者仍此舊章，並非於該將軍獨事苛求也。

　　該將軍所部開花炮隊，令其照臣部議覆劉錦棠關外章程辦理，以歸一律。炮長約支十八兩，公費二十兩，什長日支銀三錢，護勇、炮勇日支銀二錢一分，較之行糧餉章，或加倍支給，或加半支給，實已破格從優，為各省所無。臣部並聲明，內地不得援以為例，是臣部未嘗不因乎地也。該將軍請于支銀之外，一切人等，照張曜、宋慶加給食糧，臣部以劉錦棠系同時剿賊之人，所部楚軍與該將軍同在關外，並未另支食糧，且張曜、宋慶餉數系照豫軍章程，每營月支餉銀較楚軍餉章每月少數百兩，尚未准其另支糧石。該將軍所部餉項，較豫軍為優，未便准其加給食糧。是臣部議駁，亦未嘗不因乎時也。該將軍所設各局心紅銀兩，臣部令將行營總局照劉錦棠所設行營糧台月支油燭、筆墨、紙張三十兩，軍裝製造總局照劉錦棠所設軍裝製辦總局月支油燭、墨筆、紙張銀二十四兩。劉錦棠所部數萬人，所轄地方數千里，事務較該將軍煩劇數倍，所支止有此數。該將軍事務較簡，臣部即令該將軍照劉錦棠章程覈減支給，亦不為過，況又未嘗再為覈減也。

　　原奏以為關外迥異內地，臣部詎不謂然。查甘肅關內譚鐘麟，按坐糧開支，至練軍餉數且較坐糧更少，惟該將軍所部開支行糧，一切雜支實已倍優於關內。即以關外相衡，劉錦棠所部七旗照土勇章程給餉，較坐糧已少，較行糧尤少。惟該將軍不獨概按行糧開支，於行糧之外更欲加增各項用款，此則臣部不敢任其麼費者矣。

原奏又稱，官弁、兵勇或陣故、假旋制辦軍實，或時閱數載已往之事，無從著追。臣部查，該將軍銷冊內開欠發之款，累至百萬，既稱已往之事無從著追，此等已往之欠款，又何不雲官弁、兵勇或陣故、假旋制辦軍實，或時閱數載無須補撥乎？再查上年該將軍奏摺內，以欠餉不可折發為言，是濫支之款，既無從著追，又必補發，補發之款，果何人承領？此實臣部所不解，更不敢任其濫支者矣。無論濫支款項有可著追，即使無從著追，例有明文，應責成經手之員賠補。該將軍濫支款項極巨，銷冊雜亂無章，現在到部者已有數案，臣等疊派滿漢司員二十餘人詳加考覈。有一人而數處重支者；有其人已故、已撤，仍行開支者；有原系甲兵，繼而升補官階，既支兵丁餉銀又支官員口分者。至於局費一項，每年開報不下三十餘萬兩之多，又為從來罕見之事。倘任其浮支冒銷，流弊何所底止？該將軍請將未經報銷軍需用款，仍照前此立案章程覈銷之處，臣等公同商酌，委難准行，應毋庸議。所有遵旨議奏緣由，理合恭折具陳，伏乞皇太后、皇上聖鑒訓示。謹奏。

光緒十一年十二月二十四日奉旨："依議。欽此。"

後　　記

　　2016 年年中，原西北民族大學教授高人雄先生在醞釀申請國家社科基金重大項目《全西域文整理與研究》時，邀我作為第一子課題負責人參與她的研究工作。2017 年 11 月該項目獲批後，在着手搜集相關資料過程中，我見到了這部《戶部陝西司奏稿》（光緒九年至十一年）的影印本，本來我要搜集整理的西域文獻主要集中在唐代及唐前時期，但這部奏稿的內容引起了我的興趣。於是，從 2018 年年初開始，前後花了約一年半時間，我陸陸續續閱讀、點校了這部書籍。

　　文字輸入與點校的工作當然是艱辛的。由於我用的底本是新疆人民出版社一九九六年出版的馬大正先生主編《清代新疆稀見奏牘彙編》中所收錄之影印本，該本部分頁面文字在當時油印時，可能就已經存在破版或版面漫漶不清處，所以這部影印件閱讀起來並不方便。後經多方搜求，我又找到了臺灣學生書局一九七六年印行的《戶部山西司奏稿·戶部陝西司奏稿》（全書共四冊）影印件，這兩個本子，經過仔細比對，我發現它們實屬同一版本，區別可能只在於印製時間不同。兩書均存在部分頁面文字模糊不清的問題，所幸殘損文字所在頁面部位並不雷同，這就給互校帶來了方便。所以，目前整理標點後的這部奏稿，基本就沒有了文字上的殘缺問題，此頗令我欣慰。

　　點校古代文獻，對點校者的古代文化知識積累、文史功底及句讀能力等，實為極大考驗。點校過程中遇到的專業術語、繁難句讀等，我也曾向專業人士請教，但畢竟限於才疏學淺、知聞有限，呈現在大家眼前的這部書稿，肯定仍存在不少錯誤，祈請讀者諸君多多諒解！

本書的順利出版，得到了喀什大學"新疆中華民族多元一體格局歷史與文化研究中心"以及喀什大學學術著作出版基金的資助，更得到了學校領導丁邦文書記、羅浩波副校長以及科研處、人文學院等部門的大力支持。他們的全力相助，令我感動不已，也使我對未來的學術研究工作充滿了信心！喀什大學地處祖國西陲，科研資源有限，學校領導對教學及科學研究工作的支持與鼎立相助程度，實非同一般。

借本書付梓之機，我也要感謝人文學院楊波教授、歐陽偉教授，他們為此書及早面世奔走先後，付出了辛勞；也感謝高人雄教授對我工作的支持，以及在點校中提供的幫助，謝謝！

最後，我還要感謝中國社會科學出版社郭鵬老師為此書出版付出的艱辛勞動。疫情給本書的編輯出版工作帶來了干擾，後期編校經費的拮据也給本書出版增添了困難，但是郭老師辛苦備嘗、包容有加，令我感動，片言只語實難傳感激之情！

李世忠
2023 年 12 月 1 日

—